Für Anja, Papa, Martin und Jürgen

... und für das Lebendige in Jedem

RAINER WEGENER

GETRIEBEN !

Ein innerer und äußerer Radreisebericht

Morbus Huntington als Motor zum Leben

Die Deutsche Nationalbibliothek verzeichnet diese Publikation in der Deutschen Nationalbibliografie; detaillierte bibliografische Daten sind im Internet über http://dnb.d-nb.de abrufbar.

Umschlaggestaltung und Design:
Vanessa Ahrens, Am kurzen Holze 5, 38302 Wolfenbüttel,
este.envy@web.de
und
godik rohde, Über dem Heisterbeeke 23, 38170Evessen,
godik@gmx.de

ISBN-13: 9783837065657
Copyright ©2009 Rainer Wegener

„Herstellung und Verlag: Books on Demand
GmbH, Norderstedt".

Inhaltsangabe

Vorwort und Einleitung

Ende September 2006

Zusammen mit meinem Bruder Martin hatte ich vor kurzer Zeit einen Diavortrag über Kanada in der Berliner Sternwarte am Treptower Park gesehen. Wir standen anfangs staunend vor den Plakaten und wir, die wir uns als Nordlandreisende, ein wenig auskannten, waren gespannt auf die Landschaftsbilder und den Vortrag. Nun nach fast 2 Stunden Staunen mischte sich auch das Gefühl hinzu, das da noch etwas fehlte. Es war der Bericht über eine 4 Wochen Tour in British Columbia, von daher zeitlich begrenzt, und die Vortragenden waren zum ersten Mal in Kanada gewesen. Sie waren bisher in asiatischen oder afrikanischen Ländern unterwegs und man merkte ihnen an, dass sie in der Reiseplanung unsicher waren und mit einem hohen Maß an organisatorischem Aufwand darauf zielten, perfekte Landschaftsbilder zu produzieren und diese zu vermarkten. Es fehlte ein wenig an Individualität, Abenteuerlust und persönlicher Geschichte oder gar persönlicher Betroffenheit. Der Bericht schien mir ein wenig aufgesetzt.

Im Gespräch mit Martin erzählte ich zum ersten Mal, dass ich eine interessantere Story über Kanada oder Alaska hätte zum Vortrag bringen können, wenn da nicht meine sprachlichen Schwierigkeiten, Wortfindungsstörungen, Konzentrationsmängel, Vergesslichkeit und mein persönliches, unsicheres Auftreten sowie meine Körperzuckungen wären.

Nun kam ich auf die Idee, anhand meiner Tagebuchaufzeichnungen aus dem Jahr 1996 einen Rahmen für einen Lichtbildervortrag zu entwerfen, und schon bald begann ich mit den ersten 5 Seiten, die mir nur so direkt in die Tastatur fielen.

Unverzüglich gab ich sie Tomek, meinem langjährigen Freund und Reisebegleiter im Frühjahr 2006 zu lesen.

Er fand sie klasse, rückte seine alten Dias raus, und wir sprachen über Trends. Er meinte, es wäre nicht klar, was ich eigentlich niederschreiben wollte. So, wie ich ihm meine Ideen beschrieb, konnte es ein Reisebuch für Nordlandliebhaber sein, ebenso gut ein Radreiseführer, Erlebnisbericht, Kurzessay mit humoristischem Touch, Selbsthilfebuch etc. Ich müsse mir vorher schon über die eingeschlagene Richtung klar sein.

Genau da lag mein Problem. Mir war unklar, wen ich ansprechen wollte, wen ich als Adressaten oder potentiellen Leser gewinnen wollte. Wer war die Zielgruppe, die ein wenig Interesse für mein Buch haben könnte? Zunächst war es als Radreiseführer von mir gedacht, aber als ich meine Tagebuchaufzeichnungen aus dem Jahr 1996 rekapitulierte, wurde mir klar, dass meine Reise untrennbar mit meiner individuellen Geschichte verknüpft war.

Ich schrieb also zuerst einmal einfach drauf los.

Mein Schreiben wurde schon bald immer sicherer, weil ich aus dem Moment heraus schrieb und mich zunächst nicht um zeitliche Genauigkeit oder hundertprozentige Ortsangaben kümmerte. Mein Humor kam hinzu und kennzeichnet einen Großteil dieses Buches.

Ich habe mir den Humor im Laufe der Zeit angeeignet und die Rückmeldungen meiner Freunde geben mir die Gewissheit, dass es mittlerweile zu meinen größten Fähigkeiten gehört, über mich lachen zu können.

Ich benötigte Humor, um dieses Buch zu schreiben.

Nun ist es also doch ein innerer und äußerer Radreiseführer geworden, der Wert legt auf meine Erlebnisse, mein Handeln, meine Erinnerungen und meine Emotionen.

Ich richte mich an Menschen und Familien, die von einem Moment zum anderen in eine nicht vorhersehbare Situation gelangen und auf Wesentlichstes zurück geworfen werden. Ich wünsche ihnen, dass sie in solchen Situationen grundlegende Verstrickungen in ihren Familienstrukturen erkennen können und familienorientierte Lösungen finden.

Darüber hinaus wendet sich das Buch an Menschen, die suchen und neue Wege erproben, egal aus welcher Situation oder Motivation heraus sie bedingt sind. Ich bin der felsenfesten Meinung, dass die Suche ein uralter Instinkt eines jeden Menschen ist und mancher diese Form des

Sich Selbst Bildens in politischen, religiösen oder beruflichen Aspekten findet.

Warum ich das Buch nicht schon 1996 geschrieben habe, wird mir bewußt durch jede Zeile, jedes Wort, jeden Satz, den ich nun, 10 Jahre später, schreibe. Zum einen gibt es mittlerweile Computer, die auch mich als Grobmechaniker auf der Tastatur die meisten Fehler retuschieren lassen, ohne den Papierverbrauch in astronomische Höhen zu katapultieren.

Zum anderen bin ich reifer geworden und diese Reife läßt mich nun erzählen, von mir, meinen Empfindungen, meinen Gefühlen, meinen Gedanken, meinen Taten und es ist eben nicht nur ein reiner Radreisebericht geworden, sondern eine Erzählung, welche wahrnimmt, welche spricht, welche lacht, welche mitreißt, welche anrührt, welche Tränen bringt, zumindest bei mir, und ist somit eine Geschichte über mich geworden, mit Präsenz und Dasein.

Des Weiteren ist es ähnlich wie ein I-Ging, ein Buch der Wandlungen, der Entwicklung, der ewigen Suche und dem ständigen Finden!

Weiterhin habe ich aus Krankheitsgründen meine Arbeitsstelle im Mai 2007 reduziert und somit mehr Zeit für andere Dinge neben meiner Freundin, Partnerin und Geliebten Anja, neben dem Radeln und nutze die Zeit mit Erinnerung sammeln und reproduzieren. Warum also nicht eine Geschichte über mich schreiben?

Mittlerweile habe ich Distanz zu dem Geschehen, den für mich dramatischen Erlebnissen, Einschnitten, Begebenheiten, welche ein außenstehender wahrscheinlich anders wahrnimmt. Ich war auf Grund meiner Vorgeschichte sensibel gegenüber kleinsten Geschehnissen, welche ich häufig aufbauschte zu einem Mount Mc Kinley oder wie die Indianer in Alaska ihn nennen, Denali, übersetzt der große Weiße, wobei meine Berge aus meiner Sicht schwarz waren, aus der Sicht von Freunden, ein weißer Hügel und von Unbekannten gerade mal die Größe eines Maulwurfhaufen einnahmen. So unterschiedlich sind Tatsachen. Heute bewerte ich diese Tatsachen als das was sie sind, nämlich überwiegend kleine, unbedeutende Maulwurfhaufen, manchmal ist auch ein Hügel dabei, aber die Höhe des Denali erreichen sie schon lange nicht mehr.

Wie es dazu kam, könnt Ihr auf den nächsten Seiten Weiterlesen, vielleicht auch erfühlen, und ich freue mich, wenn Ihr euch ein wenig einfangen laßt.

Nach 320 Seiten entlasse ich Euch im Sinne von Geben und Nehmen. Ich gebe Euch meine Story, ihr gebt mir Euer Ohr! Dieses Geben und Nehmen ist mir sehr wichtig und deshalb möchte ich Euch liebe Leser-Innen auffordern, mir Eure Rückmeldung zu schreiben.

Entweder unter Rainer Wegener, Seelower Str. 2, 10439 Berlin oder unter rainer.wegener@web.de als Mail.

Danke!

.

Getrieben

I ch bin ein getriebener Mensch! Wie es dazu kam, und welche Erlebnisse und Geschichten ich zu erzählen habe ist spannend, erholsam, aufregend. Und hilfreich. Und vieles mehr, aber das wirst Du lieber Leser, Liebe Leserin erkunden, wie auch ich mich erkunde und der Welt offen gegenüber stehe, zumindest jetzt, wo ich auf über 10 Jahre Radelgeschichte zurückblicke.

Anfang April 1996 kaufte ich mir ein Fahrrad für 250,- DM. Es war nichts Besonderes, es war gebraucht, aber es besaß einen Stahlrahmen und war sehr robust. Und ich kaufte mir ein Flugticket nach Anchorage, Alaska, USA. Meinen Job als Sozialarbeiter in Kassel hatte ich schon vor 3 Monaten gekündigt. Naja, nicht ganz gekündigt, aber 1 Jahr unbezahlten Urlaub mit der Möglichkeit am 1. Mai 1997 wieder dort einzusteigen. Den Urlaub wollte ich mir von meinen ersparten 8000,- DM gönnen. Nicht viel, aber auch nicht wenig, ich war ein genügsamer Mensch. Ich kaufte noch ein sehr gutes Zelt, Radtaschen, und sonstige Ausrüstung, und hatte schon bald über 2000,- DM in meine Zukunft investiert. Um die Unkosten so gering wie möglich zu halten, wollte ich meine 2 Zimmer Wohnung vermieten und packte deshalb alle Sachen zusammen, die ich gerne mitnehmen wollte. Den Rest verstaute ich in 2 Koffer und brachte sie zu Tomek, meinem Freund, der in seinem großen Haus noch Platz hatte und in meinen Bauwagen, der bei Tomek in einer Ecke seines wunderschönen Gartens stand. Ebenfalls beförderte ich dorthin Kleidung, jede Menge Töpfe, Geschirr und den sonstigen Hausrat, der sich in meinem bisherigen Leben angesammelt hatte.

Ich packte munter drauf los, hier noch einen dicken Wollpullover und dort meine Bergwanderschuhe und natürlich den riesigen 85 Liter Wanderrucksack für meine fest eingeplante Denali Besteigung samt Klettergurt und Wanderstöcken. Ich hatte bis dahin ein paar mal die Kletterrouten von einigen Felsen bestiegen und zwei Wanderurlaube in den

Alpen hinter mir und war der festen Überzeugung, diesen relativ niedrigen Berg doch besteigen zu können. Ich hatte Dokumentationen gesehen, in denen man den Denali als den leichtesten der Top Berge eines Kontinent beschrieb. Allerdings musste man sich in eine mehrere Jahre gefüllte Warteliste eintragen und die Tage mit guter Sicht und guten Wetterverhältnissen waren selten, so dass es relativ wenig Klettergruppen bis direkt auf den Peak schafften. Aber ich wollte dorthin und vor Ort mich in eine Gruppe einfragen und deshalb mussten auch Bergschuhe eingepackt werden, ebenso wie zwei dicke Pullover, zwei lange Unterhosen, Wanderstöcke, zwei Paar dicke Handschuhe, Mützen und Schal. Das sollte doch möglich sein.

Ach so, ich hatte gehört und gelesen, dass es in Alaska wunderbare Angelverhältnisse gibt und man bräuchte ja nur einen Haken in das Wasser zu hängen und man könnte sich vor Lachsen und anderen leicht zu erbeutenden Fischen nicht mehr retten. Also ging ich in die nächste Fischereibedarfshandlung, kaufte mir eine Angel mit jeder Menge Haken und ließ mir beim Verkauf erklären, wie man Fische fängt. Ich hatte noch nie geangelt, war die letzten 7 Jahre sogar Vegetarier gewesen, aus Überzeugung, dass vegetarische Kost gesünder sei, dass sie ökologisch nachhaltiger produziert werden könnte, dass ich dazu beitragen würde den Klimakiller Methan nicht zu produzieren und natürlich auch aus ethischen Gründen. Tiere waren Lebewesen und deshalb nicht zum Verzehr bestimmt. Aber ich wollte auch ein wenig meinen Geldbeutel entlasten und wer weiß ob ich in Alaska täglich ein Lebensmittelgeschäft finden würde. Die Ortschaften sollten ja ziemlich weit auseinander liegen. Und wer tötet die Fische, wer nimmt sie aus und wie ist es mit Wildtieren bestellt, Bären, Elchen, Wapitis, Pumas? Gehen ernst zu nehmende Gefahren von ihnen aus oder sind sie eher, wie in der von mir so geliebten Fernsehserie meiner Kindheit „Der Mann in den Bergen", praktisch als Kuscheltiere zu sehen?

Naja. Für die etwas gefährlicheren Tiere nahm ich das Fahrtenmesser aus meiner frühen Jugend mit. Ich hatte damals Old Shatterhand und Winnetou gelesen und wusste, dass ein richtiges Messer aus mindestens 20 cm Schneidelänge bestand und mindestens 1 Pfund Gewicht haben musste. Ich ließ also noch mal die Klinge schleifen und packte auch dies auf meinen immer grösser werdenden und immer mehr dem Denali ähnelnden Stapel von notwendigen Utensilien. Ich konnte meine Aufregung kaum noch beherrschen und musste ja noch bis in den April hinein arbeiten.

Um mich zu trainieren, fuhr ich des öfteren mit dem Fahrrad zur Arbeit, stellte fest, es geht doch, allerdings war ich ohne größeres Gewicht geradelt und so vereinbarte ich mit Tomek eine Tagestour mit vollem Gepäck, am liebsten den Weserradweg, der ist nämlich schön eben.

Der Radweg war eben, aber ich hatte vergessen, dass ich es ja auch bis dorthin schaffen musste und da war es bei Weitem nicht eben.

„Du bist ja bepackt wie ein Esel," bemerkte Tomek bei unserem Treffen an meiner Wohnung. Er konnte mich in Alaska nur 5 Wochen begleiten und hatte deshalb nur seinen hinteren Gepäckträger beladen. Er hatte Recht, denn bei den meisten Steigungen musste ich schieben und beim Bergabradeln schlingerte und wabbelte das Fahrrad.

Anscheinend stimmte meine Lastenverteilung noch nicht so richtig. Also wieder ins Fahrradgeschäft und raus mit einem zweiten Gepäckträger für das Vorderrad. So was fand ich immer schon toll. Jetzt fehlte nur noch die gelbe Farbe, und mein Fahrrad konnte sich ohne Weiteres bei der Deutschen Post bewerben.

Ja, die letzten Tage und Wochen im April und Mai waren ausgefüllt mit Organisieren von diversen Treffen, Abschiedsfeiern, mit der Auflösung meines Haushalts. Ich hatte im letzten Jahr eine nette kleine Wohnung in der Unterneustadt bezogen, die ich nicht kündigen wollte. Per Zeitungsannonce suchte ich erfolgreich nach einem Untermieter. Der Bewerber, für den ich mich entschied, besaß in Laufweite der Wohnung ein kleines Geschäft mit esoterischem Schnickschnack und war in meinen Augen ein würdiger und zuverlässiger Hüter meiner Wohnung. Ich informierte meine Vermieterin, die zwar zustimmte, mich aber äußerst dringlich vor der möglichen Zahlungsunfähigkeit von Selbständigen warnte. Ich schlug ihre Warnungen in den Wind und dachte: Laß sie doch reden. Für den Fall, dass etwas schief gehen sollte, würde ich Tomek, der ein charmantes Lächeln besitzt, aber darüber hinaus ziemlich durchsetzungsstark ist, eine Generalvollmacht erteilen, so dass ich auch im fernen Alaska jederzeit ein sicheres Gefühl in Bezug auf meine heimischen Problemchen haben konnte.

Ich lebte zu diesem Zeitpunkt in Beziehung zu Angelika, einer ganz tollen Frau, die in Hamburg als Innenarchitektin tätig war. Wir hatten uns im letzten Winterurlaub verliebt und glaubten, unsere Partnerschaft sei stark genug, um auch eine längere Abstinenz von wöchentlichen Treffen ohne Schwierigkeiten überdauern zu können.

So fühlte ich mich in allen Belangen sicher. So sicher, dass Einige die mich ansonsten eher als schüchtern kannten, mich plötzlich überheblich fanden. Ich war ganz bei mir und zum ersten Mal in meinem Leben nahm ich wenig Rücksicht auf meine Umgebung. Ich war ziemlich klotzig, machte das, was mir gefiel und redete es nachher gut. Ich wurde getrieben von den fernen Ideen und Bildern in meinem Kopf, die so bunt wie die Laubbäume im kanadischen Herbst waren, zu denen ich reisen wollte.

Im Herbst des vergangenen Jahres hatte ich einen Gentest machen lassen. Das Ergebnis war positiv. Ich hatte Chorea Huntington. Als mir die Diagnose eröffnet wurde, tauchten vor meinem inneren Auge Bilder von der herrlichen Landschaft Nordamerikas auf, ich sah den Indian Summer, ein Naturschauspiel allererster Sahne, und dachte: Da muss ich noch mal hin. Ich sah die bunten erdfarbigen und roten Töne, die warme Natur, den blauen Himmel, die kühlen Bäche, die warmen, riesigen Seen und schnee- und eisbedeckten Berge.

Diese Bilder, zogen mich magisch an. Täglich, stündlich, minütlich. Ich wurde getrieben von der Sehnsucht im Kreislauf der Natur zu leben und mich seinen Herausforderungen zu stellen. In der Natur, mit einem Zelt über den Kopf, manchmal auch einfach mit dem Sternenpanorama einer klaren Nacht, die Geräusche von im Laub raschelnden Vögeln oder dem Heulen von Wölfen, dem markanten, manchmal etwas lustigem Knurren eines Bären oder dem Bellen von Rotwild, das Murmeln von Bächen das Rieseln des Schnees, das Heulen und Pfeifen des Windes in den Kammlagen der Gebirge und der berauschenden Anblicke, die ich vom Denali, haben würde.

Getrieben!

Ich wollte nur noch Trieb sein, das was den Großteil der menschlichen Wesenheit ausmacht, die natürlichen Erfahrungen von Hunger, Kälte und Sexualität, all das wollte ich in der natürlichsten Form erleben, ohne mich in moralischen Gefängnissen oder städtischen Wüsten und menschenleere Öden eingezwängt zu fühlen. Ich wollte nur noch raus! Erleben, alles was duftet, sich bewegt und da ist. Ich wollte alles einsaugen, alles in der intensivsten Berührung wahrnehmen, die ich mir vorstellen konnte. Ich wollte das Abenteuer, die Begegnung mit den Tieren in der Wildnis, den Kontakt mit mir fremden Menschen und Kulturen, z.B. den Indianern. Ich wollte die Herausforderung mich in der Natur zu bewegen, egal ob ich dort zu Fuß, auf Flüssen oder mit dem Rad unterwegs sein würde.

Als der Abreisetag immer näher kam, konnte ich meine Aufregung nicht mehr verbergen. Es fiel mir schwer, mich zu verabschieden. Ich hatte nicht viele, dafür aber sehr tiefe Freundschaften und Beziehungen, und die Aussicht, meine FreundInnen längere Zeit nicht sehen zu können, bedrückte mich. Ich dachte: „So tolle Freunde, wie du hast, bekommst Du selten wieder. Also pflege sie gut!"
Ebenso nah war mir meine Arbeit und dort vor allem meine Kollegen geworden. Ich war häufig den Tränen nahe, denn es lief auf allen Beziehungsebenen super günstig und häufig kam mir zu Bewusstsein, dass ich viel riskierte. Gut, es gab Einige, die mich drüben in den Staaten besuchen würden, falls ich denn weiter Richtung Süden reisen sollte, die Temperaturen angenehm wären und es etwas Interessantes zu sehen geben würde. Tina, die mit mir zusammen im kleinen Dorf aufgewachsen war, hatte als frisch gebackenen Architektin Interesse an amerikanischen Städten, z.B. Seattle. Und da war noch Heike, die Mitbewohnerin von meinem Freund Herbert, mit der ich in der letzten Woche noch ein sexuelles Abenteuer begonnen hatte und die, sehr verliebt, mich zum Flughafen nach Frankfurt bringen wollte. Es war alles so spannend, so aufregend, dass ich kaum noch schlief, sondern alle Hände voll zu tun hatte. Ja, Papa wollte ich auch noch ein Wiedersehen sagen, aber aufgrund der Entfernung wäre da ein ganzer Tag draufgegangen, und das konnte ich mir nicht mehr leisten. Ich wollte endlich Packen. Mein Stapel lag noch da, manche wichtige Utensilien kamen noch hinzu, wie z.B. ein Kompass, und Thomas hatte mir noch ein Radio mit Befestigungsmaterial für das Rad geschenkt. Ilka hatte mir eine tolle Kassette von Rosenstolz zusammengestellt, damit ich immer etwas zum mitsingen hätte. Als wir in einer WG lebten, hatte sie sich häufiger darüber beklagt, ich würde falsch und laut und wie für Männer üblich in der Badewanne singen, und das wäre grenzwertig und beleidigend für ihr

Ohr. Jetzt könne ich singen und singen und radelnd singen. Einfach nur zu radeln, wäre doch langweilig und so hätte ich etwas Abwechslung und das Gefühl von Heimat dabei! Ich dachte, sie meinte ich würde die deutsche Sprache vermissen, denn ich war nie besonders begabt für Fremdsprachen. Ein wenig ängstigte mich die Vorstellung, in Alaska in Situationen zu kommen, in denen ich mit meinem Schulenglisch nicht mehr weiter wußte. Ich hatte schon eine Kostprobe amerikanischer Bürokratie erhalten, als ich im Dezember letzten Jahres in Frankfurt am amerikanischen Konsulat vorsprechen musste, um ein Visum für 1 Jahr zu erhalten. Ich mußte den Beamten nachweisen, dass ich in Deutschland beheimatet war, ein Konto in Deutschland hatte, von dem ich die Reise finanziell bestreiten konnte und einen Arbeitsplatz, der mich zur Rückkehr animierte. Mein Vorgesetzter beim Internationalen Bund für Sozialarbeit war so freundlich, mir zu bescheinigen, dass ich eine Weiterbildung in den USA mache, um Kulturen und Subkulturen zu erforschen. Dadurch ging der ganze Formalakt ziemlich problemlos über die Bühne.

Ich packte also euphorisch und akribisch wie ich war, meine Sachen zwei Tage vor dem Abflug. Aus dem nächstgelegenen Radladen hatte ich mir den größten Fahrradkarton besorgt und ihn mit Klebeband an den Stellen verstärkt, die unter den stärksten Belastungen standen. Mein Konzept, die Fahrradteile auseinander zu schrauben, die nicht mehr in den Karton passten, ging auf. Es waren nur das Frontlicht, der Fahrradständer, die Fronttasche sowie der Frontgepäckträger, die ich in meinem Rucksack verstaute. Dafür waren alle anderen Taschen schon im Gepäckstück und als ich es auf die Wage stellte, waren es genau 25 kg! Juchu! Punktlandung. Dafür war nach dem weiteren Beladen meines Rucksackes der erste Gewichtstest erstaunlich schlecht, denn mit 32 kg bräuchte ich bei der KLM erst gar nicht vorstellig werden. Okay, ich hatte ja noch mein Handgepäck und ich begann mit dem Korrigieren und packte Fernglas, Walkman, Radios, Batterien, Hefte, Bücher, Landkarten und Bergschuhe in meinen kleinen, nun total aus allen Nähten platzenden Daypack. Wieder 25 kg! So einfach konnte das doch nicht sein. Viele hatten versucht mir einzureden, das Packen und der Transport wären das Schwierigste an meinen Vorbereitungen. Naja. Ich war ja auch noch nicht am Flugplatz und geschweige denn in Amerika.

Ich hatte vor gut einem Jahr einen Arbeitgskollegen kennengelernt, mit dem ich mich ein wenig angefreundet hatte. Gerade dieser äußerst liebevolle Mann, manchmal vaterhaft aussehend, denkend und handelnd, mit seinem Schläger auf der Glatze, den er nur im Bett abnahm, hatte sich schon öfters angeboten mir behilflich zu sein. Er wohnte in Frankfurt und hatte einen großen Volvo, so rief ich in an und lud mich relativ kurzfristig für meinen vorletzten Deutschlandtag ein. Heike wollte mich begleiten, und so fuhren wir gemeinsam mit dem Zug nach Frankfurt. Wir saßen im letzten Wagen, hatten unser Gepäck mit Mühe und Not verstaut und schauten versonnen den Bahngleisen nach. Aneinander gekuschelt genossen wir die Frühsonne, die mit leicht roter Färbung voralaskische Wolken zauberte und mich in die richtige Stimmung brachte. Am Bahnhof, direkt am richtigen Gleis wartete Reiner, schaute, als ich ausstieg, mich an, schaute dann Heike an, denn sie war mit ihren 1,62 m fast 30 cm kleiner als wir. Heike wuchtete meinen Rucksack auf ihre Schultern wurde dabei etwas rot, stöhnte ein wenig, aber sie war stolz und Reiner einfach nur baff. „Gib doch mal her." Aber Heike wollte nicht. Mir war jedoch klar, dass Reiner sich mit Sicherheit nicht beim Hochtragen des Rucksacks, die Butter vom Brot nehmen lassen würde, denn, Reiners Wohnung lag im Obergeschoß und er war ein Gentleman mit allem Drum und Dran, mit Humor, englischer Lebenseinstellung, italienisch geprägt und russischer oder polnischer Seele.

An diesem Abend war ich ein paar Mal den Tränen nahe, so rührend kümmerte er sich um mich. Reiner hatte schon auf dem Bahnhofgelände einen Trolley erwischt, mit dem wir mein Fahrrad zu seinem geparkten Volvo brachten, und er erwähnte stolz, dass er den Dachgepäckträger extra für mich angebracht hatte. Der riesige Reiner schleppte meinem Rucksack seine Treppen hoch und geriet ins Schwitzen. „Junge, Junge, bist du denn wahnsinnig?"

Er lud uns zu seinem Lieblingsitaliener ein und mahnte mich immer wieder zum Essen, weil man in diesem unkulturellen Amerika nichts Richtiges zu Essen bekäme, entweder zu fett oder zu viel Fleisch, zu wenig Salat, zu wenig gehaltvoll. Darüber hatte ich mir noch keine Gedanken gemacht. Ich war immer noch naiv, und der realistische Reiner wollte mich noch mal auf den Topf setzen, aber ich ließ es nicht zu und konterte. „Das sagt gerade der Richtige. Du bist ja schon ein Halbitaliener, so häufig wie du Italien besuchst, und dann trinkst du den armen Italienern noch ihren guten Wein massenweise weg und krakeelst hier wie ein italienischer Fußballfan."

Am nächsten Morgen, nach einer schlaflosen Nacht, zauberte er uns ein delikates Frühstück, fuhr uns zum Flughafen, drückte mich und Heike ganz kräftig und hatte Tränen in den Augen. Er setzte sich schnell ins Auto und fuhr zur Arbeit. Ich stand da, baff, auch mit Tränen, die mir Heike wegwischte.

Heike begleitete mich bis zum Check in, es ging alles glatt, keine Nachfragen, nichts, so dass ich nun noch 2 Stunden mit Heike verbrachte. Ich wußte nichts mehr zu sagen, wir haben uns gehalten, Kaffee getrunken. Stille und Angst vor dem Abschied, vor den ganzen Tränen, die nun doch mein Selbstbewußtsein ankratzten. Was mache ich bloß mit den Menschen, dass sie in meinem Beisein so häufig in Tränen ausbrachen? Viel, viel später in meinem Leben sagte mir ein Frau, die mich sehr gut kennengelernt hatte, ich hätte die Fähigkeit, Menschen zu berühren, nicht körperlich, sondern durch meine Person, und zwar, weil meine Neugier auf Menschen immer stärker wachse. Erst später lernte ich dieses Kompliment zu schätzen und zu pflegen, manchmal zum Nachteil meiner Umgebung, die mich mitunter hochnäsig und rücksichtslos fand.

Wir lagen uns bis zum Beginn meiner Unruhe in den Armen, und irgendwann stieß mich Heike an. Mehrmals ertönte aus den Lautsprecher: „Die Passagiere des Fluges, mit der Nummer XY nach St. Paul begeben sich bitte umgehend zum Gate A...!" Ich hatte während meines ersten Berufs als Polizeibeamter häufiger Sicherungsdienst in den Flugzeughallen und auf den Rollfeldern leisten müssen. Dies war Anfang der 80iger. Ich kannte die Räumlichkeiten, den Sprachgebrauch, das Gehabe und Gezetere an irgendwelchen Schaltern, Geschäftsmänner die gelangweilt Zeitungen lasen, Touristen die aufgeregt auf die Ansage ihres Fluges warteten, die Ansagen mit dem Streß in der Stimme von den vielen Wiederholungen. Oder war das nur Einbildung?

Mein Flug wurde erneut aufgerufen. Ich löste mich aus Heikes Umarmung, küsste sie und hatte den Eindruck von Endlichkeit: "Wir sehen uns ja bald wieder!" Heike stand in ihrem blauen Flanellkarohemd, das ich so an ihr mochte, noch lange da, winkte und weinte und als ich durch die letzte Sicherheitsschleuse ging, konnte ich sie nicht mehr wahrnehmen. Der letzte mir wichtige Mensch war verschwunden hinter Stein und Glas. Was würde in der nächsten Zukunft kommen? Wann würde ich sie wieder in die Arme schließen, wann wieder ihre Stimme hören? Wir hatten vereinbart wöchentlich zu telefonieren und natürlich zu schreiben. Der Rüssel war schon an das Flugzeug angelehnt, ich bestieg das Flugzeug mit zittrigen Knien und musste durchatmen. Ich nahm Platz, hörte das Schließen der Türen, der Weg zum Rollfeld war lang, dann die Startfreigabe, das Erstarken der Triebwerke, das Pressen des Körpers in die Sitze, der plötzliche Bodenverlust und das langsame Steigen der Boeing in die Luft. Die Sonne scheint. Juchhu! Es ist mein erster Flug.

Alaska ich komme!

Die Sonne schien. Noch hatte ich keinen blassen Schimmer, wie wichtig und bedeutsam dieser so ferne Fixstern für mich einmal werden würde.

Alaska

Mein Kopf war nicht frei, denn ich hing den Verabschiedungen der letzten Tage nach. Angelika hatte mir ihre Uhr geschenkt. Die war klein, aber sie erinnerte mich an die Liebe zu ihr. Sie gab mir einen Brief mit, den ich allerdings erst im Flugzeug öffnen sollte. Nun holte ich ihn heraus, ich öffnete ihn. Ich erkannte schon den betörenden Duft ihres Parfums. Ich wurde mitgenommen auf die Reise in die jüngste Vergangenheit, in meine Erinnerung an eine tiefe Liebe, die ich drei Wochen vor dem Abflug beendete, oder besser formuliert, auf Eis legte, da ich frei für meine Reiseerlebnisse sein wollte. Angelika äußerte nun Verständnis über meinen Entschluß, alleine zu fliegen. Sie hätte mich am liebsten begleitet aber da war ihre Arbeit, die sie mochte und schätzte und da waren meine Bedenken, dass ich vor dem Hintergrund meiner Krankheit verreisen wollte. Ich wollte jedes Abenteuer, das die Natur bieten konnte, intensivst wahrnehmen, zu jeder Zeit bewusst den Augenblick genießen und Möglichkeiten suchen und finden, mit mir in jeglicher Form zufrieden zu sein. Und nun las ich, dass ein Mensch sich nach mir sehnt, mir sehr nahe ist und mir alles Gute wünscht. Tränen stiegen auf, sie füllten meine Lider und Augen, sie liefen in Strömen meine Wange hinunter und ich heulte drauf los. Egal was die Sitznachbarn denken. Es schien sie nicht zu bekümmern.

Lange nach Erreichen der Flughöhe und dem Signal: "Sie können ihren Sicherheitsgurt wieder öffnen," fand ich in die Gegenwart zurück. Ich ging zur Toilette, wusch mein verweintes Gesicht mit chlorhaltigem Wasser, bemerkte den penetranten Gestank nach Chemikalien, ging zurück zu meinem Platz und nahm sie wieder wahr, die Sonne, die warm ins Flugzeug schien und die Wiesen und Felder der französischen Landschaft, die Informationen über den Flug.

Die Flugzeit nach St. Paul, Detroit, betrug 9 Stunden, sie vergingen im wahrsten Wortsinne, im Flug, angefüllt mit Impressionen des wunderbaren Schwebens über dem Meer, dem Erreichen des amerikanischen

Festlandes und bald darauf dem Signal: "Bitte anschnallen, wir setzen zur Landung an." Nun widmete ich meine Aufmerksamkeit ganz dem Herabgleiten, dem Rütteln der Maschine, der immer größer werdenden Landschaft mit den Vororten von Detroit, schließlich dem Vorbeihuschen von Bäumen, dem harten Aufsetzen der Räder auf der unebenen Fahrbahn, dem Druck nach vorne beim starken Abbremsen. Dann das Verlassen des Flugzeuges, der Gang zur Gepäckausgabe und das ungeduldige Warten auf die ersten Koffer. Ob wohl alles gut gegangen war?

Da erschien schon mein Rucksack, und bald darauf der beige Karton mit meinem Rad. Ach du meine Güte! Er hatte Löcher, ein Lenkerende schaute heraus. Ich wurde zornig, nahm das Rad vom Gepäckband und organisierte einen Trolley. Die meisten anderen Reisenden setzen ihren Weg Richtung Zoll und Einwanderungskontrolle fort. Sollte ich mein Rad reklamieren, sollte ich jetzt nachschauen, ob es in Ordnung war, oder ob etwas verloren wurde? Was war mit dem Zoll? Vielleicht wollte der ja auch einen Blick auf europäische Tourenräder werfen. Ich wartete unschlüssig, wurde dann aber von der Realität aufgefordert meinen Weg durch den Zoll zu nehmen, da mein Anschlußflug nach Anchorage nicht wartete. Falls etwas mit dem Rad sein sollte, so hätte ich später noch genügend Zeit. Also folgte ich sicheren Schrittes den Schildern zum Sicherheitsscheck und wurde von einem mürrisch aussehenden 190 cm großen Riesen mit Oberarmen wie meinen Unterschenkeln aufgefordert, das Gepäckstück zu öffnen.

Ich mochte solche Menschen überhaupt nicht. Sie erinnerten mich einerseits an eine Bulldogge, andererseits bin ich neidisch auf sie. Ich habe mich nie dazu aufraffen können, meinen schwächlichen Oberkörper zu trainieren, und mein Gegenüber hat seinen inneren Schweinehund überwunden und dazu noch eine schicke Uniform an, in der rechten Hosenseite die Schusswaffe und dahinter die Handschellen. Ich war eingeschüchtert von seiner Autorität.

In ruhigem Ton sagte ich ihm, dass es mir schwerfallen würde, den Karton zu öffnen. Er sei verklebt, ich könne ihn nicht wieder verschließen, wenn er einmal geöffnet wäre, und schließlich wolle ich noch weiter nach Anchorage. „No, I have to check your baggage." OK, keine Widerworte, sinnlos. Ich öffnete zornig mit meinen Taschenmesser so vorsichtig wie möglich den Karton und ließ den ‚Checker' kontrollieren.

Er kontrollierte flüchtig. Dafür hätte ich den Karton gar nicht erst öffnen brauchen. Alles Schikane! Ich schob das Fahrrad mit geöffnetem Karton, durch den Durchgang und war, wie ich den vielen Flaggen und Hinweisen entnehmen konnte, nun in die Vereinigten Staaten.

„Juchu," das hatte ich geschafft und nun zu meinem Rad. Wie gesagt der Karton war löchrig, der Lenker hatte eine Seite der Verpackung eingerissen, aber meine 5 Radtaschen, Angel und Luftpumpe und sonstige Kleinteile waren alle noch unversehrt da. Ich holte das Klebeband heraus, verstaute Rad und Equipment wieder so gut wie möglich und klebte die Verpackung wieder stabil und hoffentlich haltbar bis Anchorage zusammen. Jetzt war ich sicher, dass ich zusammen mit dem Rad mein Ziel erreichen würde.

Ich ging zum nächsten Check bei der Fluggesellschaft Alasakan Airways und gab mein Gepäck auf. Die verbleibende Stunde nutzte ich noch zu einem kurzen Gang ins Freie, wo mich auf dem Flughafenzubringer dichter Verkehr, viele Hochhäuser, jede Menge gelbe Taxis, jede Menge Hektik im Strassenverkehr und die Sonne begrüßten.

Im Terminal kaufte ich mir ein Päckchen Tabak, samt dazu gehörigen Blättchen. Obwohl ich seit einem halben Jahr Nichtraucher war, wollte ich mir hin und wieder eine Zigarette leisten. Es bestand Rauchverbot im gesamten Flughafengebäude, so dass ich mir einen Coffee to go bestellte, mich vor das Flughafengebäude begab und noch einmal die ersten Eindrücke Revue passieren ließ. Ich dachte an Heike und schrieb ihr eine erste Postkarte. Befriedigt durch den Zigarettenrauch, ging ich zurück, warf die Karte noch schwupps in den Briefkasten und checkte auch mich nun ein. Ich ging die lange Gateway zum Abflugtor und bestieg die Propellermaschine. Das Flugzeug war spärlich besetzt, auch hier das Dröhnen der Motoren, das Festklammern an den Sitzen, ein kurzes Gespräch mit meinem Nachbarn, der bemerkte, ich bräuchte keine Angst zu haben. Flugzeuge wären das sicherste Verkehrsmittel und er wäre schon über 100 mal geflogen und für ihn wäre es wie ein Rausch. Ich wußte bisher nur, dass die Amerikaner begeisterte Autofahrer waren, aber dass sie nun auch Weltmeister im Fliegen sein sollten, das war mir neu. Später wurde mir klar, warum. Die Flugpreise sind spottbillig.

Wir flogen Richtung Nordwesten, überquerten schon bald die kanadische Grenze, die Sonne schien immer noch, ich bestaunte die grünen Wälder, die riesigen Seen und Hügel. Alles war bewaldet, kaum Agrarflächen, kaum größere Ansammlungen. Nur Pampa! Genau wie ich es mir vorgestellt hatte. 3 Stunden später erreichen wir die ersten Berge, noch eis- und schneebedeckt und als wir die Rockies und das Küstengebirge erreichten, hatte mein Staunen kein Ende mehr. Berge bis an den Horizont, ganz in Weiß, glitzernd in der Sonne die gefrorenen Eisflächen, die Sonne wechselte im Abendrot ihre Farbe, ging langsam in ein orangerot und braun über und mein Herz hüpfte im Angesicht solch prachtvoller Eindrücke. Ich lernte das Fliegen lieben und dachte, die Piloten und Stewardessen müssten die glücklichsten Menschen der Erde sein, wenn solche wunderbaren Naturerlebnisse zu ihrem Alltag gehören.

Die 6 Stunden Flugzeit kamen mir wie ein Wimpernschlag vor, und als der Pilot die Landung ankündigte, war ich traurig. Gespannt versuchte ich von oben den Flugplatz und Ancorage zu erblicken. Da, am Horizont, erschienen erste Gebäude, ein groß angelegtes Besiedlungsgebiet, kaum oder wenige Hochhäuser, viel Grün, viele schachbrettartig angelegte Wohnblöcke, breite Strassen mit wenigen Autos und das ganze war eis- und schneefrei. Klasse!

Dann die spannende Landung, das Heraustreten aus dem Flugzeug und die erste Überraschung. Es war frühlingshaft warm, ein leichter Wind blies warme Luft in mein Gesicht. Die Sonne war vor einer halben Stunde verschwunden, trotzdem war es erstaunlich hell. Die Gepäckausgabe ging schnell vonstatten, mein verstärkter Fahradcarton hatte gehalten. Ich nahm rasch meinen Rucksack vom Band und ging zum Ausgang. Da dies ein Inlandsflug war, gab es keine Sicherheitskontrollen, sondern ich konnte gleich mein Rad zusammenbauen.

Im Foyer erwartete mich ein riesiger Eisbär. Furchteinflößend empfand ich seine gelben Reißer und die riesigen Pranken. Er war gelb wie schlecht geputzte Zähne.

Beim Zusammenbau meines Rades sprach mich ein Schwarzer, der gerade dabei war die Räumlichkeiten zu säubern, an. Er hieße Jim und was ich denn mit dem Rad machen wollte und ob ich gläubig wäre. Der erste Smalltalk endete damit, dass er mich zu sich zum Schlafen einlud. Ich sagte dankend ab und fügte noch hinzu, dass heute mein erster Tag in Alaska sei und dass ich mich auf meine erste Nacht im Freien freuen würde.

Es dauerte gut eine Stunde, das Rad zusammen zu bauen und das Gepäck aufzuladen. Es war Mitternacht. Ich hatte meine Uhrzeit während des Fluges umgestellt und ich radelte nun unter dem warmen Sternenhimmel die autolose Strasse Richtung Westen. Ca. 2 km weiter auf einer freien Fläche schlug ich mein Zelt auf und dankte Gott für die Tageserlebnisse, die ich so schnell nicht vergessen wollte.

Schon in der Nacht wurde ich Opfer meiner eigenen und der äußeren Unruhe. Kinderlärm weckte und störte mich. Ich öffnete den Reißverschluss, um die Bande zu verjagen und stellte erstaunt fest, dass die Unruhestifter tierischer Art waren. Hunderte von Kanadagänsen waren wahrscheinlich erbost darüber, dass ich ihren Rast- und Liegeplatz gestört hatte. Naja, der Morgen graute, also konnte ich mich aufmachen Richtung Anchorage, um die Stadt zu erkunden und Lebensmittel zu besorgen. Vor allem war ich scharf auf erste Eindrücke von amerikanischen Städten. Anchorage verfügte laut Reiseführer sogar über einen Ortskern, und damit auch über Geschichte. Der Weg dorthin war in gleichmäßig große Straßenviertel aufgeteilt, erreichbar über zwei mäßig befahrene Straßen.

In der Innenstadt suchte und fand ich einen Supermarkt, kaufte die nötigsten Lebensmittel, erkundigte mich in der Touriinfo nach einer geeigneten Übernachtungsmöglichkeit, nahm den kürzesten Weg zu der Pension, und buchte dort noch eine Übernachtung für Tomek und mich. Er würde in acht Tagen ankommen. Es war nett und bezahlbar. Dann ging's ab, Richtung Süden, zur Kenai-Peninsula. Der Seward Highway war gut ausgeschildert und schon bald verließ ich Anchorage, die städtische Atmosphäre, die Geräuschkulisse und die Autos.

Ich wollte in die Wildnis! Gleich heute und sofort!

Der nördlich von Anchorage gelegene Knick Arm, wurde schon früh besiedelt und entdeckt. Es war windig. Ich hielt häufig an der Küstenstraße an, beobachtete die ersten weißen Dallsheeps in den Gebirgshängen, genoss die klare nach Meer und Seetang duftende Luft und hörte die markanten Schreie der Adler, Baldeagle werden sie genannt. Bis auf ihre weißen Köpfe waren sie schwarz und kleiner als ich sie erwartet hatte, nur wenig größer als die Milane in Europa und trotzdem ein Wappentier in Alaska. Der erste Nationalpark auf den ich traf, war ein Vogelschutzgebiet, ca. zehn Meilen südlich von Anchorage.

Es hieß Potters Marsh, und ich konnte mit meinen Fernglas Enten, Kormorane und Gänse beobachten. Ich bewunderte diese idyllische Landschaft: Linker Hand die stark ansteigenden Bergmassive der Chugach Mountains mit Schneefeldern in ca. 300 Meter Höhe und rechts der Turnagain Arm, der 100 km in das Landesinnere reicht und mich noch die nächsten Tage begleiten würde. Er stand gerade unter Flut. Er hat die zweithöchste Tide von Nordamerika und hebt sich sage und schreibe 11 Meter! Aufgrund der hohen Tide ist es gefährlich ihn mit einem Boot zu befahren, so dass ich kein einziges Segel sah. Hier werden häufig die weißen Belugas gesichtet, nach denen ich natürlich Ausschau hielt. Leider vergeblich.

Am Eingang des Naturschutzgebietes bestaunte ich eine Dampflok, welche um die Jahrhundertwende gebaut wurde und einen Schneepflug zur Reinigung der Gleise besaß, der höher war als ich und ziemlich bedrohlich wirkte.

Die kurvige Küstenstrasse lud mich zu staunendem Radeln ein. Es war wenig Verkehr. Ich kam an einer Lodge vorbei, einem Blockhaus mit Imbissbetrieb, und gelangte schließlich an einen Parkplatz für Wanderer. Ich war in der Nähe vom Indian creek, einem Bachlauf, der breit in den Turnagain Arm mündete.

Na Rainer, wie wärs mit der ersten Wanderung, eigentlich, die beste Möglichkeit, dich und dein Equipment, zu testen. Ich überlegte gar nicht lange, fuhr zu der Indian Lodge zurück, schaute in die Speisekarte und bestellte mir einen Pfannkuchen mit Salat. Der Salat war nur mit bester Absicht, als solcher zu erkennen, dafür war der Pfannkuchen mit Ahornsirup sehr lecker und reichhaltig. Ich war überrascht, dass es das einzige vegetarische Gericht auf der Speisekarte war. Es wimmelte von Burgergerichten und ich wünschte mir, dass es nur eine Ausnahme sein würde. Dafür trank ich jede Menge von dem äußerst dünnen Kaffee.

Ich erkundigte mich, ob ich bis zum nächsten Morgen, mein Fahrrad mit Gepäck in der Lodge unterstellen konnte. Ja natürlich, kein Problem! Also packte ich das Wichtigste in meinen Wanderrucksack, - immer noch ca. 22 kg - und machte mich auf. Gleich zu Beginn traf ich einige Tageswanderer, die teilweise mit kurzen Hosen, und Turnschuhen unterwegs waren und freundlich über mich lächelten, als ich auf ihre Frage, wo ich denn hin wolle, mit der Antwort „In die Berge natürlich," konterte. Der Weg war gut zu gehen, nur in einigen Bereichen steil. Ich schwitzte und prustete, erfreute mich aber immer mehr am Wandel der Landschaft. Erst ging ich durch Gestrüpp, dann durch grüne Wiesen und schließlich durch bergiges Gelände. Von dort konnte ich immer wieder den Blick auf das blaue Meer erhaschen.

Nach Erreichen des Gipfels war ich kaputt aber glücklich. Ich baute am Kamm mein Zelt auf und stellte erschrocken fest, dass ich sowohl Wasser als auch Benzin für den Brenner vergessen hatte. Ich ärgerte mich über meine Nachlässigkeit, sammelte in der Umgebung Holz und entzündete ein wärmendes Feuer. Ich schmolz Schnee und bereitete mir eine Pilzsuppe zu, die nach all der frischen Luft und der Anstrengung köstlich schmeckte. Mein erster Abend endete mit einem wundervollen Sonnenuntergang, mit rötlich gefärbten Bergen und dem Heulen des Windes. Als ich später in der Landkarte nachschaute, wie hoch denn nun mein Rastplatz gewesen war, musste ich leider feststellen, es waren maximal 400 Meter. Enttäuschung machte sich breit, denn meiner Erschöpfung nach zu urteilen, waren es 1000 Höhenmeter. Ich schob die mangelnde Leistungsfähigkeit auf meine Flugreise und hoffte, dass es bald besser werden würde. Schließlich wollte ich ja den Denali besteigen. Ich war hart mit mir. Ich wollte alles und zwar sofort.

Die Nacht war frostig, der Morgen schön und windstill. Ich frühstückte meine letzten Müsliriegel aus Deutschland und beschloss, über den Grat weiter Richtung Indian Creek zu gehen. Ein Weg war nicht mehr vorhanden.

Es wurde immer vereister, und plötzlich glitt ich auf einer Eisplatte aus, stürzte auf den Rücken und dank des Rucksackes rutschte ich mit rasender Geschwindigkeit den Eishang hinunter. Ich lag wie ein Käfer auf den Rücken und versuchte, mich mit aller Wucht umzudrehen, um mit den Armen und Händen zu bremsen.

Vergeblich! Ich kam erst zum Stillstand, als ich nach 80 m in einen Geröllhang hinein rutschte. Aua! Ich schlug mit Armen und Beinen an, geriet aber ins Liegen. Ich war so erschrocken über die letzen 10 Sekunden und wütend über meine Unfähigkeit, den Sturz zu vermeiden, über die Hilflosigkeit während der Schlitterpartie. Ich hatte mich nicht wehren können und war meinem Schicksal ausgeliefert gewesen. Ich sah zum Hang auf und hatte Angst. Er war steil, so steil, daß die abgerissenen Handschuhe sich nicht mehr auf der Eisfläche befanden, sondern noch weiter ins Tal gefallen waren.

Mein rechter Knöchel hämmerte, meine Waden, meine Unterarme und Hände waren blutig geschrammt. Ich entwand mich langsam dem Rucksack, kramte mein Verbandspäckchen hervor und betüpfelte die Wunden mit Betaisodonna. Aua! Das brannte. Die Zigarette, die ich mit den wunden Händen rollte, konnte ich nicht genießen. Ich musste weiter. Ich musste mein Rad abholen und außerdem wollte ich wieder in die Zivilisation. Ich weinte.

Ich war wütend, dass ich diese Mistkrankheit von meiner Mutter geerbt hatte die mit Sicherheit der Auslöser für den Sturz war und ich fühlte mich hilflos. Einerseits sah ich mich als kräftigen Mann, der den Denali besteigen und weiter durch das Land radeln wollte, andererseits bekam ich gerade meine körperlichen Grenzen aufgezeigt. Mein Kopf sagte: "Rainer, das ist nur eine Frage des Trainings. Du schaffst es, wenn Du Dir Zeit gibst und täglich trainierst." Ungeduldig zwang ich mich, weiterzugehen. Ich stand weinend auf. Der Schmerz in meinen Gliedern stand auch auf und wuchs zum Denali.

Aber die Sonne schien wärmend auf meine trocknenden Wunden und lächelte mich wohlwollend an. Ich versuchte zu gehen, es gelang und ich war froh, mir nichts gebrochen zu haben. Anschließend schnallte ich meinen Rucksack auf und versuchte, den besten Weg zu erkunden. Der Gratweg wäre der einfachste, aber da oben wollte ich nicht mehr hin. Weiter unten waren meine Handschuhe aber nur unter äußerster Kraftanstrengung zu erreichen. Ich gab sie auf. Also wandte ich mich nach Nordwesten, versuchte, die Höhe langsam zu verringern, um dann anschließend in den Wald ab zu tauchen. irgendwo da unten musste der Indian Creek verlaufen und Richtung Westen strömen. Dem wollte ich folgen.

Das Gehen am Hang jedoch war mühsam, also beschloss ich, doch gerade runter ins Tal zu gehen. Ja, das war angenehmer. Schon bald erreichte ich die ersten struppigen Kiefern und das erste Dornengestrüpp. Allerdings war es nun äußerst schwer, vorwärts zu kommen. Das Gestrüpp bremste und ich stieß häufig mit meinen wunden Körperteilen an Äste oder Steine. Ich war wütend auf meine Ungeduld, die mich hier runter getrieben hatte. Ich konnte mir jetzt, da ich mich im Wald und in der Nähe des Indian Creek befand, keine Pause gönnen denn nun waren die Mücken da. Sie formierten sich um meine blutigen Stellen, sie eroberten in Hundertschaften meine offenen Wunden und trieben mich weiter.

Endlich hörte ich die Geräusche eines Wasserfalls und der Indian Creek durchdrang den Wald mit tosenden Geräuschen. Manchmal konnte ich einen Blick auf ihn erhaschen, allerdings nur selten. Das Gestrüpp war zu stark. Aber immerhin - ich hatte die Orientierung wieder - die Gewissheit, dass ich bald die Lodge erreichen müsste. Zufriedenheit und Glück machten sich auf meinem Gesicht breit und ich jauchzte vor Freude, als ich auf der anderen Seite des Flusses einen Weg sah. Bei der erstbesten Gelegenheit kletterte ich über den Bach. Geschafft! Ich erreichte zufrieden die Indian Lodge. Spät, es war schon 5 pm, aß ich dort mit riesigem Appetit meinen ersten Buffalo Burger, packte meine Sachen und radelte zur nächsten Campmöglichkeit am Bird Creek.

Ich war zufrieden und glücklich davongekommen und wollte nur weiter. Ich war am Leben und das war das Einzige was zählte. Die Blessuren würden vergehen. Mir blieb die Erinnerung an fantastische Natur, die mich an meine Grenzen gebracht hatte, und ich war neugierig nach neuem Erleben, nach neuen Herausforderungen. Ich wollte noch mehr Grenzerfahrungen, jetzt, wo ich heil aus der Wildnis heraus gekommen war. Rainer, du bist verrückt!

Getrieben!

Bird Creek, der nächste Campingplatz war nicht weit entfernt. Am Parkplatz sah ich meine erste Bärentatze. Ich baute mein Zelt auf, achtete aber peinlichst genau darauf, Lebensmittel und verschwitzte Kleidungsstücke nicht mit ins Zelt zu nehmen. Statt dessen hängte ich sie an den nächsten Baum.

In der Nacht hatte ich höllische Schmerzen. Ich erwachte früh und schaute aus dem Zelt nach den aufgehängten Klamotten, die in frischer Brise leicht schaukelten. Das Zelt einzupacken ging schnell, ebenso, das Rad zu beladen. Ich wollte die schöne Morgenstimmung nutzen, um den Seward Highway Richtung Süden zu fahren. 18 Meilen später frühstückte ich cakes und trank kaltes Wasser. Leider hatte ich immer noch kein Benzin für meinen Kocher, denn die nächsten Tankstellen waren in Seward oder in Anchorage, außerhalb meiner Reichweite oder meiner Planung. Ich bestaunte die Kolibris, die vor einer Tränke ihr unglaubliches Flügelschwirren zelebrierten. Ich staunte, denn ich hätte sie niemals hier in Alaska vermutet, aber die nette Bedienung eines kleinen Cafés an der Abzweigung zum Portage Glacier, mit der ich mich über mein gestriges Abenteuer unterhalten hatte, erklärte mir, dass das Matanuska Valley, welches nördlich von Anchorage liegt, wahre Sommermonate mit heißen Tagen brachte. Sie empfahl mir im Infozentrum am Glacier nach Spiritus zu fragen. Benzin würde es zwar nicht geben, aber wahrscheinlich könnte ich dort Brennstoff erhalten.

Nun verließ ich den Highway und nahm die Stichstrasse zum Portage Glacier. Der Gletscher war grau, kalbte in einen See, und es gab ein Infozentrum, das so einladend war, dass ich hier noch mal mit Tomek vorbei wollte. Dort konnte ich einen halben Liter Brennspiritus kaufen. Ich wanderte bei eisiger Kälte über den Gletscher. Ich war vorsichtig, achtete auf die breiten und noch mehr auf die kleinen Spalten und Risse. Und genoss die Kühle. Der Fichtenwald war weit zurückgedrängt, der Gletscher nur mäßig ansteigend.

Ich traf eine vierköpfige amerikanische Familie, die mich auf der Strasse mit ihrem Auto schon überholt hatte und nun ebenfalls den Gletscher erkundeten. Ein Kind war vielleicht 6 Jahre alt und der Vater trug ein Baby auf dem Rücken, ein Gewehr in der Hand. Was er denn mit dem Gewehr wolle? Naja, seine Familie beschützen, vor Bären und so...! Das war für mich als Deutscher befremdlich. Ich sollte im Verlauf meiner Reise noch weitere merkwürdige Erlebnisse mit Waffen haben.

Am südöstlichen Ufer schlug ich mein Zelt auf, versuchte mit meiner Angel mein Glück, hatte dabei Pech. Also aß ich die letzte Tomatensuppe aus Deutschland. Ich würde neue kaufen müssen. Eine belanglose Nacht folgte. Dafür erwartete mich am nächsten Morgen die Herausforderung, 5 Meilen nur bergauf zu fahren. Es ging in die Kenai Mountains und jedes Kilo zerrte mich mit all seiner Kraft nach unten. Mir wurde schwarz vor Augen vor Anstrengung.

Ich trat in die Pedale, 5 Mal, dann ein Atemzug, wieder 5 Mal treten, ein Atemzug, ich wechselte in kleine Gänge, trat immer noch 5 Mal, dann wieder ein tiefer Atemzug, mein Puls begann zu rasen, lange hielt ich diesen Rhythmus nicht mehr durch. Not gedrungen ging ich dazu über, 4 Mal zu treten, 1 Mal atmen. Mein Blick ging nach vorne. Das Ende dieser geraden Steigung war immer noch nicht in Sicht. In diesem Rhythmus würde ich es nicht schaffen. Ich versuchte es mit 2 Mal treten, 1 Mal atmen. Das war zu schnell. Der Puls hämmerte, meine Beine wurden gefühllos.

Pause, egal ob es hier ein geeigneter Platz war oder nicht! Beim Absteigen zitterten meine Knie und die Arme und Beine waren so kraftlos, dass ich beim Absteigen beinah das Gleichgewicht verlor. Nur mit Mühe konnte ich das Rad an eine Felswand lehnen. Ich setzte mich vollkommen ausgelaugt daneben, trank mit hastigen Schlücken Wasser, aß einen Müsliriegel, dampfte und schwitzte. Die wenigen Autofahrer fuhren langsam vorbei, zwinkerten oder winkten mir zu, als ob sie sagen wollten: „Alles okay? Klasse dass du den Berg hoch fährst." Ich aß noch zwei Scheiben wabbliges Toastbrot mit Orangenmarmelade und Peanutbutter, dem optimalen Energiebringer. 10 Minuten später rief der Berg wieder nach mir. Ich war ausgeschwitzt, die Kraft war wieder da.

Ich fing wieder mit einem 5er Tretrhyhtmus an, wechselte irgendwann wieder in den 4er Rhythmus, bis ich wieder in dem hechelnden 2er Rhythmus endete und die nächste Pause brauchte. Trank wieder Wasser, diesmal weniger hastig, aß den nächsten Müsliriegel, dann das süße Peanutbutter- Orangenmarmeladenbrot und machte mich wenig später wieder auf den Weg nach oben. Ich wollte hinauf, zwei Meilen waren schon geschafft. Ich fing wieder an zu zählen 5 Pedaltritte 1 Mal tiefes Atmen, reduzierte schon nach kurzer Zeit auf 4 Mal, der Tacho zeigte 11 km/h an, schaltete in einen noch leichteren Gang. Radelte nun mit 3 Mal Treten weiter, ging diesmal nicht in den hechelnden 2er Rhythmus, er trieb meinen Puls zu schnell in die Höhe. Ich musste noch lernen einen geeigneten Rhythmus zu finden. Noch verausgabte ich mich zu schnell. Die Geschwindigkeit sank auf 10 km/h. War der Berg steiler geworden? Nein. Ich war nur alle, radelte schließlich mit 9 km/h.

Die Pause rief. Ich folgte unwillig. Wie viele Pausen musste ich denn noch einlegen? Der Paß war noch längst nicht erreicht. Es dauerte lange, länger als ich dachte und war anstrengender, als ich es erwartet hatte. Diesmal aß ich nur eine Scheibe Brot, auf den Müsliriegel verzichtete ich vollkommen. Ich hatte nur noch zwei und wollte sie nicht gleich morgens um 10.00 verschwenden. Dafür rastete ich länger. Ich konnte mich hinlegen, die Beine hoch und ausgestreckt, sah ich die Krähen, die im Gebüsch tollten, spürte den Wind, der stärker wurde und mich den Berg hinauf begleiten würde. Die Wolken zogen vorbei, die Temperatur stieg an.

Ich zog meine Jacke aus und rauchte nur mit T-Shirt bekleidet eine Zigarette. Ich schaute nach vorne den Berg hinauf. Er stieg weiterhin gleichmäßig mit vielleicht 5 % an, die Straße war wie mit einem Lineal gezogen. Wie hatten die Straßenbauer es geschafft eine so gleichmäßig steigende und dennoch gerade Straße über 5 Meilen zu bauen? Mit Dynamit? Wie sah es hier vorher aus? Ich war fasziniert. Später sollte ich erfahren, dass viele Highways in Alaska eine zu starke Steigung vermeiden, da man plante, im Kriegsfalle die schweren Panzer und LKW's zum Norden, in die Prudoebay zu verlegen, um sie von dort an die Kriegsplätze, wahrscheinlich nach Rußland, zu verschiffen.

Diesmal ließ ich es noch langsamer angehen und fing gleich mit dem 4er Rhythmus an. 10 km/h waren okay. Ich konnte doppelt so lang fahren, wechselte auch gar nicht in den 3er Tritt, langsam, aber genüsslich. Ich hatte mehr Zeit, nach rechts und links zu schauen und winkte den Autofahrern nun auch zurück. Meist handelte es sich um riesige Wohnwagengespanne, Motorhomes, die auf Grund ihrer Übergröße nie auf Deutschland Straßen zugelassen würden. Ich versuchte den Windschatten auszunutzen. Es gab meistens beim Überholen zwei Windstöße: Beim ersten wurde ich an den Wagen gesaugt, dann von dem nachhängenden Trailer wieder abgestossen, um dann, mit noch größerer Wucht, wieder angezogen zu werden und manchmal erschrak ich über die geringe Distanz, mit der ich zum Schluß passiert wurde. Ich versuchte, dem entgegen zu lenken, versuchte aufgrund der Geräusche, die Geschwindigkeit und Länge des ankommenden Fahrzeuges zu erraten und stellte mich darauf ein, mit zu surfen. Es sollte noch einige Wochen, dauern, dann hatte ich diese Technik perfektioniert. Ich sollte sogar noch lernen, die Geschwindigkeit in dem richtigen Moment so weit zu erhöhen, dass ich hundert Meter oder mehr fast im selben Tempo mitsurfen konnte. Aber noch nicht jetzt. Noch übte ich und musste lernen, meine Kräfte einzuschätzen, meinen Radelrhythmus zu finden, den Tag und die Wege so zu planen, dass ich die Windverhältnisse nutzen konnte und außerdem rechtzeitig Essenpausen einlegte. Das hört sich alles sehr technisch an, aber ich merkte schon jetzt, dass ich mich nicht jeden

Morgen an jedem Berg auspowern konnte. Aber ich hatte Zeit um zu lernen! Es waren gut befahrbare, schöne Straßen, teilweise mit weniger als 5 Autos in der Stunde, ich konnte die Natur genießen und bestaunen, die Sonne schien auch heute, und ich würde meinen Rhythmus schon finden. Da war ich zuversichtlich und die Zuversicht stärkte mein Glücksempfinden.

Ich radelte langsam, gleichmäßig, versuchte, nicht in den hastigen 2er Tritt, in das hastige Atmen zu verfallen. Es lief jetzt runder, der Paß erschien. Jetzt brauchte ich keine Pause mehr. Oben war sogar ein Rastplatz und man hatte einen wunderbaren Blick auf schneebedeckte Berge, Wälder, Gletscher, Möwen und Krähen, die sich lauthals in den Lüften balgten und einen unbeschreiblichen Lärm um irgendein Futter veranstalteten. Ich hatte diesen 5 Meilen Berg hinter mir, ich hatte ihn geschafft. Ich war stolz und freute mich auf die Abfahrt. Vorher rauchte ich noch eine Zigarette und sah mir die Wolkenbilder an. Kiefern und Tannen dufteten harzig in der Sonne, das Meer war weit in der Ferne zu sehen. Dort hinten lag unsichtbar verborgen Seward, für alaskanische Verhältnisse eine Großstadt, die vom Fischfang, Ölhandel und touristischen Walbeobachtungstouren lebt. Ich könnte dorthin fahren, allerdings wollten Tomek und ich diese Tour wahrscheinlich gemeinsam machen, denn Tomek war Walkundler und es sollte dort auch Walbeobachtungstouren geben.

Jetzt kam die Abfahrt! Der erste Kilometer verlief fast auf einer Höhe, aber dann brauchte ich nur noch rollen und konnte nach links und rechts schauen. Wow! Es war nicht zu schnell, die Landschaft beeindruckte mich, ich bremste sogar, um weiterhin sehen und den harzigen Waldduft riechen zu können.

An diesem Tag schaffte ich nur 36 km. Ich würde lernen müssen, mich besser an die Umgebung anzupassen und nicht gleich am Morgen zu verausgaben.

Ich schlief an einem verlassenen Feldweg und träumte, ein amerikanischer Polizist würde mich im Haus meines Vaters antreffen und von mir verlangen, eine Strafe von 60 Dollar zu zahlen. Er schien in die Beziehung zwischen meinem sorgenden Vater und meiner erkrankten Mutter eingeweiht zu sein. Ich fühlte mich unschuldig verdächtigt, wollte nicht zahlen und floh. Am nächsten Morgen war der Traum noch warm! Floh ich auch vor der belastenden Familiensituation? Meine Mutter hatte lange Zeit gegen den Tod gekämpft. Wir alle stießen an unsere Grenzen, wir alle spürten „Ich kann nicht mehr", und niemand von uns konnte für den anderen da sein. Floh ich davor? Floh ich vor der Verantwortung meinem Vater gegenüber? Meine Mutter starb 1993, das war doch schon so lange her! Floh ich vor den Instanzen, vor geregeltem Leben? Ich floh und das war schmerzlich zu ertragen. Ich wollte Freiheit, frei sein von meiner Familie und nun war ich etliche tausend Kilometer von meiner Heimat entfernt. 4 Jahre waren seit dem Tod, 10 Jahre nach dem Beginn des langsamen Siechtums meiner Mutter, vergangen und ich floh immer noch. Ich weinte um sie, um Papa, meine beiden Brüder und langsam lösten die Tränen die Last der Erinnerung und führten mich zurück in die Gegenwart. In das wundervolle, und extreme Alaska!

Ich wollte weiter! Ich fühlte mich immer noch getrieben von Erinnerungen!

Am Abend campte ich wieder am Bird Creek, der auf Grund seines massiven Mückenvorkommens eindeutig den falschen Namen hatte. Zwischenzeitlich kaufte ich Müsli, Speck, Marmelade und fluffiges Toastbrot, über das Tomek und ich uns noch häufiger lustig machen sollten. Es war maximal 600 gr schwer, aber füllte eine halbe Gepäcktasche. Die gebackenen Speckscheiben waren ziemlich lecker und ich beschloß gleich, die restlichen 5 morgen zum Frühstück zu verdrücken.
Die kräftigende Nahrung war notwendig, da ich heute zum ersten Mal gegen den Wind fuhr. Bisher trieb ein heftiger Wind mich vorwärts, und nun staunte ich über die merklich nachlassenden Tageskilometer. Ich erreichte nur einen Schnitt von 16 km\h und eine Tagesleistung von 52 Kilometer. Der sonnige Tag führte mich nach Girdwood, einem kleinen niedlichen Örtchen mit kleinen, bunt bemalten Holzhäusern, vielen Bäumen, Vorgärten. In einem kleinen Fahrradgeschäft fachsimpelten wir über deutsche oder amerikanische Marken, Edelbikes, Tuning oder meine Ortliebtaschen, die hier praktisch nicht auf den Markt zu erstehen sind.
In dieser Nacht träumte ich vom Training mit meinem ehemaligen Volleyballtrainer, der sehr strenge und harte Methoden an uns aus-

probierte. Nun, im Traum habe ich ihm endlich Paroli geboten. Unser Team sollte in Hamburg spielen und wir reisten mit unserer eigenen Fähre an. Wir brauchten vor Ort ein Auto und ein dubioser Händler wollte uns übers Ohr hauen. Ich konnte das vereiteln und übergab den Händler der Polizei. Ziemlich wirre Träume, die meine Nacht belebten und den Morgen mit Grübeln anreicherten. Ich konnte mich über innere und äußere Abwechslung nicht beklagen.

Morgen würde Tomek in Anchorage landen und ich freute mich riesig auf ihn. Ich hatte die ersten Tage meines Urlaubsjahres alleine verbracht und das Radeln, die Natur, Menschen und Ereignisse genossen. Wie würde es mit Tomek sein, mit dem ich noch nie längere Zeit unterwegs war? Wir hatten 3 Jahre zusammen in seinem kleinen Haus in der Nähe von Kassel gewohnt und waren einmal zusammen für ein verlängertes Wochenende mit einer kleineren Gruppe in der Fränkischen Schweiz gewandert. Ich war gespannt! Meinen Zeltplatz am Birdcreek kannte ich ja schon. Auch in dieser Nacht hatte ich keinen Bärenbesuch.

Die Fahrt am nächsten Morgen nach Anchorage zum Flughafen ging schnell, die Sonne schien auch für Tomek. Mein vollbepacktes Rad stellte ich unabgeschlossen am Flughafen ab. Ich hatte bisher aus Gewichtsgründen und der Überzeugung, so ein überladenes Riesenrad könne keiner schieben, geschweige denn radeln, auf ein Schloß verzichtet.

Ich war zeitig da, die Maschine auch, und auf einmal stand er in seiner türkisen Outdoorjacke lächelnd vor mir, dieses Lächeln, das mich so häufig animierte, mit zu lächeln. Wir nahmen uns herzlichst in die Arme. Tomek, der noch warm war von dem Flug, etwas gebückt und etwas mitgenommen, leichte Ringe der Müdigkeit in den Augen hatte, und ich, der ich immer noch eingeschränkt bewegungsfähig war, und bei Berührungen noch schmerzlichst erinnert wurde an meinen Sturz beim Wandern. Beide etwas angeschlagen, freuten wir uns, uns zu sehen. Wir unternahmen nicht mehr viel an diesem Tag, sondern erzählten uns einfach, was wir seit unserer letzten Begegnung erlebt hatten. So fand der Tag sein Ende. Auch Tomek konnte den riesigen Eisbären im Flughafengebäude bewundern und bestaunen. Nie im Leben wollte er einem echten Eisbären begegnen. Tomeks Rad wurde fix zusammengebaut, anschließend luden wir in der Pension unser Gepäck ab und besichtigten Anchorage. Wir kauften Lebensmittel, Suppen, Brennstoff für meinen Kocher und planten die Route. Wobei es nicht wirklich viel zu planen gab. Eigentlich ging es nur darum, ob wir zuerst rechtsrum oder linksherum den Loop fahren wollten. Ich wollte rechts herum, Tomek hatte nichts dagegen, er hatte sich in den Vorbereitungen auf mich verlassen und vertraute meinen Planungen.

Einkaufen würde weiter im Norden schwierig werden. Teilweise bestünden keine Einkaufsmöglichkeiten auf 120 km und Tankstellen an denen ich Benzin für meinen Kocher erhalten konnte, sollten bis zu 160 Kilometer entfernt voneinander sein. Ich wollte nicht auf meinen morgendlichen Kaffee verzichten und konnte mir auch nicht vorstellen, mit Holz morgens ein Feuer anzufachen. Das dauerte mir zu lange und außerdem würde sich Ruß an dem Topf festsetzen. Das wollte ich nicht: Ruß verschmierte Hände am Morgen. Tomek bestand darauf, immer für mindestens drei Tage im Voraus zu planen und dementsprechend einzukaufen.

Beim Abendessen in einem Fastfood Restaurant gestand Tomek mir, dass er manchmal Angst vor Bären hätte. Er hatte so etwas schon öfter erwähnt, aber ich hatte das eher für Kokettieren gehalten. Jetzt wurde die Angst deutlicher spürbar. Der Flughafenbär hatte ihm Respekt eingeflößt und er wollte wissen, wie ich mit den Bären umgehen würde. Wir besprachen, wie wir uns verhalten sollten, wenn die Bären doch einmal an unserem Campingplatz aufkreuzen würden. „Naja, einen sicheren Platz suchen und sie beobachten!" antwortete ich „Das kann doch nicht wahr sein," konterte er. Er hatte gelesen, man könne sie auch mit Lärm verscheuchen und so wolle er mit seiner Fahrradglocke stets Lärm machen. Er war so begeistert, von dieser Idee, dass ich es ihm glatt abnahm. Ich war wütend, weil ich meine Bärenfelle im wahrsten Sinne davon schwimmen sah. Ich wollte Bären sehen, und wir beschlossen, dass ich in Bärengebieten einige hundert Meter vorfahren würde.

Aber wir hatten ja jetzt Tomeks Fotoapparat. Wir wollten noch eine Bärenangstüberwindungstherapie machen. Ich hatte in einem Souvenirgeschäft einen imposant aufrecht stehenden Grizzly gesehen, der für diese Zwecke vorbildlich geeignet, schien und wir machten uns auf den Weg, diesen Bären zu finden und gemeinsam zu fotografieren. Er war wirklich beeindruckend groß, seine Pranken lagen über Tomeks Schultern, seine Krallen Fingerlang, sein Kopf massig, und aus seinem geöffnetem Maul glänzten seine Reißer, der Blick seiner kleinen braunen Knopfaugen war starr und sein ganzer Ausdruck, vermittelte Kraft, Stärke und Tomek wagte sich in die Arme dieses Ungeheuers. Erst ängstlich, nachher etwas mutiger, etwas lächelnder, immer noch sehr verkrampft, aber er hatte sich dieser Masse an Fleisch und Fell genähert und ging gestärkt aus dieser Therapiesitzung hervor.

Am nächsten Morgen brachen wir frischen Mutes nach Norden in das wilde, unberechenbare, bunte Alaska auf. Die Kenai-Peninsula war nett gewesen, aber noch lang nicht genug, um meinen Abenteuerdrang zu befriedigen, den ich nun mit Tomek teilte. Anchorage wurde als Besiedlung- und Handelsplatz früh angelegt und besaß einen gewissen Charme. Ich sah zum ersten Mal Indianer, die am Hafen und an der Kirche herumlungerten, viele von ihnen betrunken und verwahrlost. Ein junger Mann saß in der Ecke und bettelte mit zittrigen Händen. Ich war erschrocken, wich zurück, empfand Scham, Angst und Wut. In Reiseführern und Berichten hatte ich von den Alkoholproblemen der Indianer natürlich gelesen, nun war ich zum ersten Mal damit konfrontiert. Ich war wütend. Die Bilder von Winnetou und den Apachen im Kopf hatte ich mir gewünscht, stolze und edle Indianer zu treffen, starke Persönlichkeiten und funktionierende Kulturen, und nun sah ich das krasse Gegenteil. Das Elend, das hier sichtbar wurde, erschütterte mich in meinem tiefsten Innern. (Zum Glück sollte ich im Laufe meiner weiteren Reise auch noch andere Begegnungen mit Indianern haben, die dieses Bild ein wenig wandelten.) Ich wurde zornig auf die weißen Amerikaner, die mit Landgewinnung, Landkauf, Eisenbahnbau, und natürlich auch durch Kriege die Indianer in Reservate gezwungen und dadurch einen großen Teil von ihnen abhängig gemacht hatten. Ich sah den Schmerz in ihren Augen, ihre Hoffnungslosigkeit, ich empfand unbändige Wut. Ich spürte ihre Ohnmacht an meinem eigenen Leib. Lange Zeit hing mir das Bild von den betrunkenen Indianern im Kopf, herum, Tomek erging es ähnlich und ich wußte damit nicht umzugehen.

Wir brachen auf Richtung Norden. Der Weg aus der Stadt war leicht zu finden, aber es gab keine nutzbaren Fahrradwege, sondern wir fuhren auf dem viel befahrenen Highway. Am Stadtrand erwartete uns der erste

Berg und zwang uns, das Tempo zu drosseln. Tomek kam gut mit, es wurde warm, 20° Celsius. Wir begannen zu schwitzen. Tomek, der noch nicht an das warme Alaska gewöhnt war, wunderte sich. Ich mich auch, schließlich war es erst Anfang Mai. Wir zogen unsere Jacken aus, radelten nur in T-Shirts und Jeans. Herrlichstes Wetter!

Wir erreichten Encluda, das direkt am Highway lag, eigentlich nur ein Restaurant mit Tankstelle, einigen Häusern im Hinterland und einer unbefestigten Straße zum Encluda Lake. Dort war ein Campingplatz in der Landkarte eingezeichnet und wir beschlossen, diesen Umweg von 10 Meilen zu dem See zu radeln, wohl wissend, dass wir uns in einer Sackgasse befanden und dass es dort keine Verpflegungsmöglichkeiten mehr geben würde. Aber die Aussicht auf einen wundervollen Campingplatz an einem See ließ uns ohne große Überlegungen den Weg in die Pampa hinein nehmen.

Es begann mäßig steil, dafür sehr sandig, und Tomek und ich hatten Schwierigkeiten mit den schmalen Trekkingreifen. Wir mussten ganze Passagen schieben und bekamen die ersten Attacken der äußerst angriffslustigen Stechmücken zu spüren. Wir versuchten, ihnen davon zu radeln, manchmal mit Erfolg, meist waren wir allerdings auf der zunehmend steiler werden Route, aufgrund der Langsamkeit unserer Vehikel, den Mücken hoffnungslos ausgeliefert. So konnte das nicht weiter gehen. Wütend auf die kleinen Viecher, ein wenig neidisch auf Tomeks emotionale Gelassenheit zog ich meine Regenjacke an, die Mütze auf, und steckte die Hose in die Strümpfe. Dann schon lieber schwitzen. Ich sah ulkig aus. Egal, hier würde sowieso niemand lang kommen. Der Mückenansturm legte sich zum ersten Mal ein wenig. Kurze Zeit später hören wir das Motorengeräusch eines langsam fahrenden Autos, das uns entgegenkam. Es war ein Allradpickup, der Wagen war zerbeult, auf der Pritsche lag Holz, in Bündeln zusammengebunden. Wahrscheinlich ein Waldarbeiter, der sein Holz geschlagen hatte und es nun in seine Hütte bringen würde. Er winkte uns freundlich zu, fuhr vorsichtig an uns vorbei, und hinterließ trotzdem eine riesige Staubfahne, die sich auf unseren Rädern und unserer Kleidung niederließ. Feinstaub. Er reizte unsere Lungen noch Stunden später. Unsere Wasservorräte waren schon fast aufgebraucht, trotzdem mussten wir spülen, spülen und nochmals spülen.

Tomek stürzte beim Radeln, als sich sein Lenker beim Nebeneinanderfahren in meinem Rucksack verfing und schürfte sich sein Bein und die Hand. Wir benötigten wieder eine Pause und versorgten die Wunden mit Desinfektionsmittel. Wir mussten immer häufiger schieben, der See war bestimmt noch 5 Meilen entfernt. Auf einmal hörten wir wieder Motorengeräusch. Diesmal kam es von unten. Es war derselbe Pickup, der uns vor 3 Stunden schon entgegengekommen war. Er fuhr langsam und fragte irgendetwas Unverständliches aus dem Fenster heraus. Wir winkten. Er hielt daraufhin an und fragte - diesmal für uns verständlich -, ob er uns mitnehmen könne. Er würde zum Encluda Campground fahren, um dort Feuerholz zu verkaufen.

Tomek und ich grinsten uns an und riefen freudestrahlend, „Of Course - You can." Mit seiner Hilfe hievten wir zu dritt die Räder auf seinen Pickup, nahmen auf den Holzstapeln Platz und fuhren wie die Könige über den sandigen Weg zum Campground. Wir fuhren eine Stunde. Tomek und ich hatten gedacht, der Weg wäre nur noch zehn Meilen weit. Wir mussten uns geirrt haben. Es war bestimmt doppelt so weit, es ging unendlich lange bergauf, und die Strasse behielt durchgehend eine für uns meist nicht befahrbare, sandige Oberfläche.

Ohne den Firewoodman, so sollten wir ihn in unseren Erinnerungen bezeichnen, hätten wir es an diesem Tag, höchstwahrscheinlich nicht geschafft, den Campground zu erreichen. Von daher freuten wir uns umso mehr und kauften ihm als Dank ein Paket Holz für 5,- Dollar ab. Was wir sonst nicht gemacht hätten. Es gab genügend Holz, man musste ja nur ein wenig in den Wald gehen und es sammeln. Wahrscheinlich war der Campground von Senioren in ihren riesigen Motorhomes belegt, die zum Holzsammeln zu faul oder zu zerbrechlich waren. In der Tat sahen wir während der Reise häufig Motorhomes. Mit Sattelitenschüsseln auf den Dächern und Fernsehgeräuschen aus dem Wohnraum. Wir hielten uns dann meistens weit entfernt. Wir wollten keine zivilisierten Campingplätze. Und nun sahen wir ca. 30 Wohnwagen, für alaskanische Verhältnisse eine Massenansammlung, ziemlich versteckt hinter einzelnen Hecken, aber dennoch sichtbar. Es gab sogar eine Rezeption, an der wir einchecken mussten. Bisher war ich lediglich auf self serving campgrounds gestoßen, wo man einen geringen Betrag von 2-5 Dollar in einen Schlitz warf. Dafür gab es nur eine einfache Toilette und einen Wasserhahn, an dem man seine Trinkwasserbehälter auffüllen konnte. Meistens waren sie sehr klein mit höchstens 10 Campeinheiten. Bisher hatte ich allerdings immer alleine auf ihnen genächtigt und mich schon gewundert, wo die ganzen Wohnwagen blieben.

Der See glänzte im Hintergrund. War das etwa Eis, das dort die Sonne reflektierte? Na klar. Ich probierte ihn aus, schwamm fröstelnd eine Runde, wusch den Staub des Tages von meinem klebrigen Rücken. Krebsrot kam ich wieder zum Vorschein und hatte ein kribbelndes Gefühl, wie nach einem Saunagang. Herrlich! Abends bereiteten wir uns eine Ramon noodle Soup, die es für 49 – 79 Cent gab. Später in den belower states (so nannten die Alaskaner abfällig ihre Mitstaaten, die ja alle weiter südlich liegen) bekam ich sie sogar für unschlagbare 19 Cent bei Millers, einer Supermarktkette, deren Verkaufsräume dermaßen riesig waren, dass man dort ohne weiteres hätte Fußball spielen können. Ramon noodle soup gab es in verschiedenen Geschmacksrichtungen, so dass wir fast jeden Tag mit einem neuen Flavour den Abend beenden sollten. Sie hatte den Vorteil, dass sie extrem leicht war und wenig Kochzeit benötigen. Wir wärmten uns am Lagerfeuer, genossen die Mückenfreie Zeit und tranken Canadian Mist. Dieser Whiskey sollte uns auch in den kommenden Wochen wärmen. Die Nächte waren kalt, häufig reichten die Temperaturen an den Gefrierpunkt. An diesem Tag waren wir 67 km gefahren mit einem Schnitt von 14,4 km/h. In unseren Planungen waren wir von 80 Tageskilometern ausgegangen. Wir mussten unsere Leistung entweder noch steigern oder die Route kürzen. Tomek und ich hatten jeweils unsere eigenen Zelte aufgebaut. Momentan empfanden wir es als Luxus, nicht beengt schlafen zu müssen. Der erste Radeltag mit Tomek war aufregend, aber er wird uns in Erinnerung bleiben.

Nach der Anstrengung schlief ich wunderbar und erwachte am Morgen vor Tomek, machte den ersten Kaffee für mich, und für Tomek gab`s Tee. Er verzichtete auf Kaffee, da er homöopathische Mittel nahm. Wir setzten uns in die Sonne, um uns zu wärmen. Tomek hatte in der frostigen Nacht schlecht geschlafen und sich nachts noch einen Pullover angezogen. Ich hatte bisher auf diesen Zusatzkomfort verzichtet, denn ich hatte mir einen sehr guten Schlafsack gekauft, der zwar 4 kg wog, dafür aber bei Temperaturen um – 20° C noch komfortabel schlafbar sein sollte. So war es zumindest in der Gebrauchsanweisung zu lesen. Nur Strümpfe, Unterhose und T-Shirt behielt ich an, stopfte aber Jeans, Hemd, Pullover mit in den Schafsack, so dass sie mich am nächsten Morgen schon erwärmen konnten.

Ich vergesse immer wieder, die Vögel zu erwähnen. Sie sind da. Man hört sie schon früh morgens kreischen. Gerade in Waldnähe ist mir das Geschrei eines Vogels aufgefallen, den ich bisher aus Deutschland nicht kannte, der aber dermaßen laut kreischte, dass er es mit Krähen aufnehmen konnte. Er sang zu jeder Tages- und Nachtzeit! Ziemlich störend. Er war auch an diesem Morgen unser Wecker. Als ich ihn das erste Mal zu Gesicht bekam, war ich total erstaunt über seine Größe. Er war Spatzengroß, ein klein wenig dicker und graublau. Das so ein kleiner Vogel so einen Lärm fabriziert. Faszinierend. Ich erkundigte mich immer wieder bei meinem Smalltalk mit Einheimischen nach seinem Namen. Irgendwann bezeichnete ihn mein Gegenüber ihn als Grey Jay.

Nach dem Frühstück brachen wir frohen Mutes auf. Schließlich kannten wir ja das erste Wegstück, und es ging überwiegend bergab. Es war warm, und da wir aufgrund der Geschwindigkeit nicht mit Mücken rechnen mussten, radelte ich gleich im T-Shirt. An einer unebenen Stelle machte Tomeks Fahrrad Pong! Eine Speiche des Hinterrades war gebrochen.

Na, Klasse! Und das bei dieser Hitze von mittlerweile 25° C. Wir begutachteten den Schaden und schmissen sein Gepäck vom Rad. Die Ursache war uns schnell klar. Tomek hatte nur eine kleine Lenkertasche und sonst sein sonstiges Gepäck hinten verstaut. Dafür hatte er auf mein Anraten Speichen mitgebracht, und ich hatte den Kranzabzieher eingepackt. Wir waren am kämpfen und ackern, fanden aber keinen richtigen Halt um den Abzieher auf die Achse zu bekommen. Tomek fluchte laut auf seine Suntour Ausstattung. Angeblich war sie mit meiner Shimanno kompatibel, aber in der Praxis waren wir entweder zu ungeschickt oder die Kompatibilität beschränkte sich auf andere Faktoren, oder aber der Radhändler, der mir den Hinweis gegeben hatte, war ein Laie.

Solche Kleinigkeiten erfährt man dann irgendwo weit draußen, wo gute Lösungen ziemlich weit entfernt sind. Wir rauchten eine Zigarette. Ich hatte schon einmal bei einem Mountainbike die Speichen nachgezogen und zentriert. Sollte ich es probieren? Ich war handwerklich nicht der Geschickteste. Ich war hilflos und wütend angesichts unseres Mißgeschicks, wütend auf die Fahrradbauer, die kein einheitliches System bauen konnten und uns deshalb in diese Bedrouille gebracht haben. Wir waren den stechenden Mücken immer noch ausgesetzt. Eine Reparatur des Hinterrades schien unmöglich. Ich fluchte heftigst, Tomek war ruhig. Wie konnte er diese Situation so gelassen hinnehmen? Wenn ich hilflos war, musste ich immer irgendetwas machen.

Ich wusste, dass man mehrere Speichen um die gebrochene herum mit dem Speichenschlüssel minimal lösen musste. Tomeks defekte Speiche war noch im Hinterrad. Wir entfernten sie mit einer Zange und mit grober Gewalt, bis wir endlich den Übeltäter aus dem Rad bekamen und ich mich nun an das Zentrieren der defekten Felge machen konnte. Nach viel Zeit und Ausprobieren kamen wir dem Optimal eines runden Rades immer näher und es lief zumindest ohne zu schleifen durch die Bremsbacken. Hurra und gemeinsame Erleichterung, als hätten wir beide einen Orgasmus.

Wir beluden die Räder und setzen unsere Fahrt fort, erreichten den Highway und fuhren nach Norden. Aufgrund vieler nur im kleinsten Gang zu befahrenden Steigungen machten wir viele Pausen. Ich radelte weit vor Tomek. Wir befuhren reines Waldgebiet und Tomek klingelte mit seiner Fahrradglocke auf Teufel komm raus. Erfolgreich! Wir sahen keinen Bären und auch sonstiges scheues Getier hielt sich uns fern. Schade, ich würde mich über Bären freuen! Wir fanden ein Campground. In der Nähe war eine Telefonzelle, von der aus ich mit Heike telefonierte. Wir hatten uns zum wöchentlichen Reden verabredet und es war Klasse, ihre Stimme zu hören.

Gegen 10 Uhr starteten wir wieder und radelten fast den ganzen Tag bergauf zum Talkeetna Pass und zum Eureka Pass. Abgesehen von den Steigungen kämpften wir den ganzen Tag gegen den Wind. Wir schafften trotz überwiegend befestigter Wege nur 69 km bei einem Schnitt von 11 km/h. Die Landschaft änderte sich. Wir sahen riesige rot blühende Moor- und Freiflächen, die von Felsen bedeckt und mit Krüppelgebüsch umsäumt waren. Und dann war da noch der verwunschene See, auf den durch die Wolken, die Sonne schien. Das Licht brach sich im Wasser und es entstanden Irrlichter. Zauberhaft! Wie von Geisterhand bewegt änderte sich das Bild urplötzlich und variierte in Farbe, Dynamik und Dramatik!

Der Wind brachte Kälte. Die Tagestemperaturen erreichten keine 5 °C und die Sonne hatte sich einen Ruhetag gegönnt. In Eureka aßen wir noch einen Burger mit Pommes und fuhren am späten Nachmittag die letzten 8 Meilen auf der nun unbefestigten Strasse dem Nelchina River entgegen. Wir hatten uns in Fäustlinge und Mützen eingepackt. Dort würde es eine Campmöglichkeit geben. Ja es gab sie auch, der Fluß war vereist und er strahlte eine unglaubliche Kälte ab. Tomek entdeckte zu seinem Entsetzen eine umgekippte Mülltonne, das, zumindest für ihn, untrügliche Zeichen, dass hier Bären nach Futter gesucht hatten. Tomek wollte ungerne an diesem Platz übernachten, und so machten wir uns auf die Suche nach einer Alternative, mussten aber erfolglos zurückkehren.

Da ist man in einem riesigen Land und man findet keinen geeigneten Flecken zum Campen. Hier war es morastig und dort war der Boden mit einer unebenen Rentierflechte bedeckt. Bäume und dichtes Unterholz machten es oft schwer, in den Straßenhinterraum einzudringen. Wir hängten alle Lebensmittel weit entfernt auf und errichteten nur ein Zelt. Unseren tauben Fingerkuppen fehlte mittlerweile das Feingefühl, und in einem Zelt hatten wir immerhin zwei wärmende, menschliche Öfen. Wir brauchten ein Feuer, suchten vergeblich nach Holz in dieser vereisten Umgebung, schmissen gefrustet unseren Benzinkocher an, aßen die Nudelsuppe und machten uns über den Whiskey her. Ich behielt meinen langen Pullover im Schlafsack an. Der Whiskey hatte uns müde gemacht, ich wachte jedoch häufig vor Kälte auf. Es waren laut unserem kleinen Thermometer –10° C. Allerdings kam da noch die Feuchtigkeit des gefrorenen Flusses hinzu, die unsere Klamotten zum Gefrieren brachte.

Morgens waren unsere Lebensmittel unberührt, wir packten ohne zu frühstücken unsere sieben Sachen und fuhren den nächsten Berg hinauf, um dort in der wärmenden Sonne unseren ersten Tee zu trinken.

In Glennallen sollte es die nächste Einkaufsmöglichkeit geben. Es war noch weit, ca. 55 Meilen, allerdings würden wir die Hochebene von 1200m erst mal nicht mehr verlassen, das gab uns Sicherheit. Eigentlich hatten wir unseren Einkauf so kalkuliert, dass wir schon gestern Glennallen hätten erreichen müssen. Naja, wir hatten viele Ausreden oder Gründe für unsere Verspätung. Ich war gerade um eine Kurve gebogen, als ich Tomeks Fahrradglocke verstummen hörte und ich ein leises Zischen von ihm vernahm. Ich bremste und schaute nach hinten, um den Grund zu erfahren.

Tomek gab mir mit einem Zeichen zu verstehen, wo er etwas gesehen zu haben glaubte, und ich schaute suchend in die Richtung. Und sah in ca. 250 Meter Entfernung eine Elchkuh aus der morastigen Schonung ragen. Wow! Ich ging zu Tomek und lieh mir seinen Fotoapparat aus. Ich hielt den angefeuchteten Finger in die Luft um die Windrichtung zu erspüren und schlich mich aus der entgegengesetzten Richtung an das Tier heran. Dazu musste ich durch eine Kieferschonung und verlor aufgrund des dichten Bewuchses den Sichtkontakt zu ihr. Ich pirschte mich langsam und äußerst vorsichtig an sie heran, genauso, wie ich mich als kleines Kind bei der Fütterung immer an die Wildschweine heranschlich. Die Kuh äste und zupfte lautstark Beeren und Blätter von den Bäumen. Sie verursachte dabei enormen Radau. Wahrscheinlich brauchte ich gar nicht zu pirschen. Sie könnte mich sowieso nicht hören. Ich war schon auf ca. 50 Meter herangekommen. Die Schonung hatte ich durchquert und ich sah die Elchkuh zum ersten Mal in ihrer vollen Größe. Sie zeigte sich mir von der Seite. Sie war braun, und um Etliches größer als unsere Hirsche, ca. 2 m im Stockmass und sie war lang gewachsen. Sie hatte einen breiten Brustkorb, der zum Hinterteil einfiel, so dass ihr hinteres Geläuf unwahrscheinlich lang ausschaute. Ich staunte Bauklötze!

Sie hatte gerade einen unterarmdicken Ast im Maul und streifte die grünen und frischen Blätter ungeschickt und geräuschvoll in ihr Maul. Ich wollte sie unbedingt fotografieren. Weiter rechts waren Bäume, hinter denen ich mich verbergen und so der Elchkuh vorsichtig nähern konnte. Der Wind stand immer noch gut. Als ich wieder den Blick zu ihr herüber warf, entdeckte ich neben ihr das Junge. Es hatte sich ein wenig in den Schatten der Mutter begeben. Auch das Junge äste. Ich hatte damit gerechnet. Es war Frühjahr, und überall auf der Welt waren Tiere Eltern geworden. Ich staunte über diese riesigen Tiere mit ihren großen Augen. Das Fell war beklebt von Samen, Kletten und kleinen Blättern.

Noch 10 Meter und ich würde ein schönes Foto machen können. Mein Herz raste, als wenn ich geraden einen Berg hochradeln würde. Als ich den Fotoapparat hob, zitterten meine Hände. Nun wusste ich, was Jäger empfinden, wenn sie ein Tier vor der Flinte haben. Mein Organismus spielte verrückt, ich kniete nieder, atmete tief durch, roch dabei die Ausdünstungen der Elche und beruhigte mich mit den Worten, ich hätte Zeit. Sie konnten mich nicht wahrgenommen haben. Ich versuchte es noch mal mit dem Fotografieren und diesmal klappte es. Klick! Die Kamera hatte einen lauten Verschluss. Scheiße. Die Kuh hörte auf zu Äsen und warf einen Blick in meine Richtung. Ich fühlte mich ertappt wie ein kleiner Schuljunge. Allerdings lief ich nicht wie der Schuljunge fort, sondern ließ mich fallen und verbarg mich im Dickicht.

Ich bezweifelte aber, dass das Dickicht dafür dicht genug war. Ich hatte Angst, hielt den Atem an und versuchte über die Geräusche das Handeln der Elche zu erraten. Nach kurzer Zeit hörte ich sie wieder Äste knacken. Klasse, sie waren noch da und zum Alltäglichen übergegangen. Ich sah noch einmal nach vorne zu ihnen und versuchte, ein zweites Foto zu machen. Klick. Sie schauten beide auf und direkt zu mir. Jetzt war ich ertappt. Ich blieb still stehen und schaute ihnen direkt in die Augen. Langsam hob ich die Kamera an mein Auge und schoss noch ein drittes Foto. Klick! Sie standen da und sahen mich staunend an. Ich staunte zurück. Warum flohen sie nicht? Warum griffen sie mich nicht an? Ich war nur 15 Meter von ihnen entfernt. Sie begannen wieder zu äsen. Das durfte doch nicht wahr sein! Hatten sie einen solchen Hunger, dass es ihnen wichtiger war, zu fressen, als mich zu vertreiben? Ich wollte noch näher an sie heran. Noch mehr Fotos ganz aus der Nähe machen. Zum ersten Mal ärgerte ich mich darüber, dass ich meine Spiegelreflexkamera mit ihrem 210 mm Zoom nicht eingepackt hatte.

Naja, ich probierte es mit Anschleichen, und als ich meinen Blick kurz von ihnen ließ und ein wenig nach rechts schaute, entdecke ich einen braunen Riesen. Er hatte ein riesiges, vielleicht 2 m breites, Geweihblatt und stand da. Einfach so. Er äste nicht. Er schaute in meine Richtung. Er war 50 Meter von mir entfernt. Ich ängstige mich schon wieder und fühlte mich erneut ertappt. Ich hatte ein schlechtes Gewissen.

Ich musste an meine Oma denken. Sie war der moralische Zeigefinger unserer Familie und hatte sich anscheinend ausgerechnet mich ausgesucht, um ihren Einfluss geltend zu machen. Immer bewertete sie mein Verhalten, lobte, wenn sie etwas gut fand, aber wenn ich etwas falsch gemacht hatte, rügte sie mich heftigst. Das schlechte Gewissen ist mir geblieben. Ich zitterte, versuchte aber, mich vor dem Elchbullen nicht zu verbergen. Wie lange stand er schon da? Hatte er mich die ganze Zeit über beobachtet? Oh wie peinlich! Ich mochte nicht beobachtet werden. Ich wollte den aktiven Teil in dem Spiel spielen. Ich fühlte mich kontrolliert, wenn jemand mich beobachtete, das alte Oma Thema. Naja egal. Der Bulle regte sich nicht, dagegen regte ich mich und trat die Flucht nach hinten an. Erst langsam, dann schneller, ich schaute mich noch einmal kurz um. Fehlanzeige! Es war nichts mehr zu sehen. Puh! Ich war im Wechselbad dieser Gefühle schweißnaß geworden und freute mich, Tomek meine Erlebnisse mitzuteilen. Meine Ängste behielt ich für mich!

Nach 89 km Radeln erreichten wir Glennallen, eine etwas größere Ortschaft, wo wir zum ersten Mal auf Holzplattformen, die über dem Moor errichtet wurden, übernachten. Wir beschlossen, unsere Räder einen Tag stehen zu lassen. Wir wollten einen Handwerker für Tomeks Hinterrad auftreiben und ich wollte am nahegelegenen Fluß fischen. Außerdem hatte ich zärtliche Anwandlungen und schrieb Heike einen längeren Brief. Wir fanden bald einen Handwerker, aber der konnte Tomeks Hinterrad auch nicht reparieren, so dass er mit seiner kleinen Höhenacht weiterfahren musste. Auch meine Angelerlebnisse waren niederschmetternd, genau wie beim ersten Versuch. Zudem verlor ich einige Haken im dichten Gebüsch. So aßen wir abends wieder einen Burger, diesmal zum ersten Mal mit Rentierfleisch.

Der nächste Tag führte uns über das Hochplateau mit Moor und Marschland. Es gab keinen Wind, keine Steigungen, keine Sonne, nur einen häufig klingelnden Tomek und ein wenig Regen, der abends allerdings so stark wurde, dass wir überhaupt keine Lust hatten, unser Zelt aufzuschlagen. Am Meiers Lake nahmen wir uns in dem Roadhouse eine Cabin für eine Nacht, teuer aber warm.

Wir waren mittlerweile 150 km vom Matanuska Valley entfernt, das uns mit seinen sommerlichen Temperaturen richtig verwöhnt hatte. Heute bekamen wir andere klimabildende Faktoren hautnah zu spüren: Die überall anwesenden Gletscher. Mit ihrem lausig kalten Schmelzwasser speisten sie kleinere und größere Seen, und je mehr wir uns Flüssen und Seen näherten desto kälter wurde es. Wenn dann noch die Fallwinde ins Tal hineingebraust kamen, hatte man ruckzuck Minustemperaturen, auch, wenn es vorher warm gewesen war.

Wir waren bei 8° C aufgebrochen und wollten Fairbanks erreichen, um dort im nächsten Fahrradladen Tomeks Hinterrad reparieren zu lassen. So weit kamen wir gar nicht. Es war noch früher Tag, als wieder dieses häßliche Pong ertönte. Wieder die Kettenkranzseite. Tomeks Hinterrad blockierte sofort. Wir hielten gezwungenermaßen an. Er fluchte laut. Es war immer kälter geworden, und es hatte 10 Minuten vorher zu schneien begonnen. Wir stellten uns an den Straßenrand, packten uns warm ein, hüpften ein wenig auf der Stelle. Waren wir imstande das Rad zu zentrieren? Es wurde dunkel durch Schneefall und die tief hängenden Wolken. Dies verursachte bei mir ein Gefühl von Orientierungslosigkeit.

Fairbanks, der nächste Ort, müsste nur 30 Meilen entfernt auf uns warten. Das konnten wir uns allerdings abschminken. Aber wie weiter? Hier im Morast und Gestrüpp war mit Sicherheit kein trockener Platz für unser Zelt zu finden. Wie konnten wir Tomeks blockiertes Rad lösen?

Unsere Fingerkuppen waren taub vor Kälte und nicht in der Lage, das Rad soweit zu zentrieren, dass es wieder rollbar wurde. Ich hatte Angst, hier an dieser unwirtlichen Stelle zu erfrieren und drängte Tomek, weiter zu gehen. In Bewegung würden wir warm bleiben. Wir könnten auch die stündlich vorbeifahrenden Autos anhalten. Wir mussten ja nur das Hinterrad zentrieren. Aber wie? Mit den kalten Fingern! Irgendwann machte es in meinem Kopf Plopp. Der Groschen war gefallen. Wir bräuchten ja nur die schleifenden Bremsbacken lösen und das Rad wäre mit Sicherheit schiebbar. An Radeln konnten wir heute sowieso nicht mehr denken. Wir schoben weiter, erwärmten uns an der zu verrichtenden Arbeit und hofften inständigst auf einen Lift, am Besten mit einem Pickup, nach Fairbanks. Leider nichts zu hören und zu sehen.

Der Wind hatte Sturmstärke angenommen, die Schneeflocken trieben mit rasender Geschwindigkeit waagerecht in der Luft und wir schützen unser Gesicht mit Mütze und Schal. Jede Begegnung der Haut mit den eisigen Flocken ließ uns ins Mark und Bein erschüttern. Wir schoben weiter.

Da vorne vor der nächsten Kurve, war das nicht ein Hinweisschild? Immer ein gutes Zeichen. Das hieß, dass zumindest einmal schon jemand diesen Hinweis benötigt hatte. Wenn auch vielleicht schon vor langer Zeit. Vielleicht war das ja auch ein in einem Schneesturm stekkender Radler? Naja, wir bekamen das, was wir am meisten benötigten, und zwar Hoffnung. Das Schild war der Hinweis auf den 100 Yard entfernten Strassenverkehrspark, der auch schon bald darauf am Fahrbahnrand erschien. In verschiedenen Metallgehegen waren unterschiedlichste Straßengeräte, Baumaschinen, etc. untergebracht. Vorne war ein Wohnhaus. Dahin wandten wir uns zuerst. Wir riefen, um uns zu erkennen zu geben. Es passierte nichts.

Das Wohnhaus war offensichtlich bewohnt. Wir klopften an der Tür. Nichts!

Wir schauten in das Fenster. Im Dämmerlicht sahen wir ein Buch, eine Brille, eine Tasse sowie zwei Waffen auf dem Tisch liegen. Eine doppelläufige Schrotflinte und ein Mehrlader mit einem Lauf. Daneben eine geöffnete Schachtel Munition!

Wir erschraken! Wo waren wir gelandet? Waren es Verbrecher oder Wilderer oder Nationalisten, die ihren Kampf probten? Wir riefen jetzt noch lauter gegen den Wind an. Nichts! Ich stand immer noch im Wind und war es langsam leid, mich so vorsichtig bewegen zu müssen, ich wollte in den Windschatten, ich wollte dort meinen Schlafsack herausholen und es mir unter einem von diesen vielen Vordächern gemütlich machen.

Tomek hatte Angst, dass der Mann uns mit einem seiner Gewehre erschießen wollte. Ich wiegelte ab, suchte mit meinen Blicken nach warmen Unterschlüpfen. Da hinten war noch ein Schuppen, der sich als Stall heraus stellte. Das Stroh duftete warm und vor lauter Vorfreude auf eine warme Nacht im Stall jauchze ich laut auf. Tomek kam her und meinte, das wäre doch alles Scheiße.

„Rainer, wir können hier nicht pennen. Der Mann wird uns bestimmt übel zurichten."

„Was soll der denn gegen uns haben. Wir sind zwei Menschen, die Hilfe in Form von Unterkunft und Wärme benötigen. Mehr nicht. Ich glaube, wir können ihn wegen dem Besitz der Gewehre anzeigen."

Tomek war nicht zu überreden Und das war auch gut so! Er wollte sich kurz aufwärmen und dann versuchen, irgendwelche Autos anzuhalten. 10 Minuten später hörten wir das erste Auto seit Langem. Es hielt sofort auf Tomeks Zeichen. Es war ein Pickup und wurde von einer netten Amerikanerin gelenkt, die nach Fairbanks wollte. Allerdings müsse sie erst noch dem Koch in der nahe gelegenen Pump Station etwas bringen. Wir luden die Räder auf die Ladefläche, erfreuten uns an der Wärme im Innenraum und darüber, dass wir uns von diesem unwirtlichen und ungastlichen Ort entfernten.

Die Pumpstation war vielleicht 3 Meilen entfernt. Sie diente der Versorgung der Ölpipeline, die quer durch Alaska zur Prudhoebay führte und das dort geförderte Öl in den Süden befördert, wo es dann auf Schiffe verladen wird. Anscheinend gab es hier auch einen Koch, der für das leibliche Wohl der Pipelinearbeiter zuständig war. Das hörte sich doch gut an.

Die Pumspstation war von einem Sicherheitszaun umgeben, und an einem Wachhäuschen wurden wir angehalten, als wir auf das Gelände wollten. Die Frau durfte auf das Zeichen des Sicherheitsbeamten die Schranke passieren. Tomek und ich sollten zuerst in das Wachhäuschen hinein treten. Der strenge Ton des Beamten mit dem äußerst kurzen Haarschnitt, korrekt und penibel gekleidet, erschreckte mich. Er wollte wissen, wo wir herkämen? Wir erzählten unser Debakel mit der gebrochenen Speiche und dass wir weiter nach Fairbanks wollten. Aus welchem Land wir kämen?

„Germany!"

„Passport?"

Er kontrollierte unsere Namen und fragte noch einmal ganz zäh nach Einzelheiten des heutigen Tages. Was wir heute Abend gemacht hätten? Ich bekam eine Ahnung, dass er mehr von uns wusste. War der Mann aus dem Straßenverkehrspark hierhin geflohen und hat sich über uns beschwert? Und wenn ja, konnte uns das zu irgendeinem Schaden gereichen? Der Sicherheitsbeamte war Angestellter der Pumpstation und hatte mit Sicherheit keinen Polizeiauftrag. Von daher versuchen Tomek und ich es mit der Wahrheit. Wir waren auf das Gelände gegangen, um dort Hilfe zu suchen.

Ja, ja das wüsste er schon, die alte Frau hätte beobachtet, wie wir auf ihr Gelände gedrungen waren und einbrechen wollten. Sie hätte darauf hin die Polizei verständigt und die Waffen durch geladen, hätte dann aber nicht auf uns geschossen, weil es schon dunkel war und sie uns nicht so richtig erkennen könnte. Statt dessen hätte sie sich unter dem Sofa versteckt. Die Polizei saß in Fairbanks, ziemlich weit weg und der dortige Beamte hätte den Sicherheitsdienst der Pumpstation aufgefordert, Amtshilfe zu leisten und uns festzunehmen. Er wollte sich gerade auf den Weg machen.

Schluck! Da mussten wir beide tief durchatmen. Ich ein wenig mehr als Tomek, der ja schon eine Ahnung gehabt hatte, während ich wieder mal naiv in eine Sache hinein gestolpert war. Aber Gott sei Dank, auch glücklich wieder heraus. Wie häufig sollte mir noch so etwas passieren?

Unsere nette Autofahrerin wurde gerufen und ein Großteil unserer Story überprüft. Anscheinend glaubte der Beamte uns nun etwas mehr, denn seine strengen Falten, glätteten sich. Er telefonierte zwei Mal, sprach aber leise und benutzte Slang, so dass wir den Inhalt nicht mitbekamen. Aber wir nahmen aufgrund von Mimik und Gestik an, er würde die alte Frau und den Sheriff in Fairbanks über den Stand der Dinge informieren. Übrigens war der Koch auf Jagd, es wären die besten Bedingungen zur Bärenjagd. Das Wetter klarte ein wenig auf, es war mittlerweile 10 pm, und wir wollten etwas essen. Wir fragten den Sicherheitsbeamten, ob wir jetzt, wo doch alle Sicherheitsprobleme beseitigt wären, nicht in der Kantine unseren Hunger stillen dürften?

„No, it`s forbidden."

Okay. Wir wollten ihn und seinen Gemütszustand nicht weiter reizen, so dass wir lächelnd auf unseren Lift nach Fairbanks warteten. Der Jäger und Koch kam erfolglos von seiner Nahrungsbeschaffung zurück, ein wenig Small talk hier und dort und dann fuhren wir gegen Mitternacht los. Es war eine wundervolle Schneelandschaft, der Mond erleuchtete nun stellenweise die Umgebung, alles andere erhellte das Scheinwerferlicht, so auch die Elchfamilie die direkt auf der Strasse lief. Die Elche hatten anscheinend Unterholz und Matsch satt. Sie waren trotz ihrer Masse behände und anmutig. Und sie überragten den Pick Up um etliches. Schauten mit ihren großen Augen in den Wagen; wir passierten langsam im Schritttempo.

Wir sahen in dieser Nacht noch mehrere Elche, insgesamt 7 sowie 5 Schneehasen und erreichten vollständig übermüdet Fairbanks gegen zwei Uhr nachts. Diane, so der Name der netten, hilfsbereiten Amerikanerin, brachte uns noch zu einem günstigen Hotel, wo wir uns allerherzlichst von ihr verabschiedeten.

Wir schliefen bis in die den späten Morgen, genossen Wärme und Bett sowie die warme Dusche. Die Herberge war eine Art Youthhostel auf untersten Standard. Selbst ich war schämig als ich meine Morgentoilette machen wollte und dabei feststellte, dass es keine Türen vor den Klos gab und dass sie direkt in den Waschräumen lagen, so dass man beim Scheißen jederzeit beobachtet wurde. Aufgrund unserer späten Ankunft hatten wir allerdings den Vorteil, spät in die Waschräume zu gelangen und ich wartete mit dem Toilettengang solange, bis ich alleine war. Ich seilte trotzdem meinen Schiß, so schnell wie möglich ab, hatte allerdings nicht den Eindruck mich vollkommen entleert zu haben.

Wir frühstücken leckeren Bacon, Eggs und Pancake mit Ahornsirup und machten uns dann auf die Suche nach dem Radladen, den es hier geben sollte. Wir fanden ihn bald, bestaunten die bunten Hightech Räder mit nach oben hin offenen Preisen und fuhren ein paar Proberunden. Leider hatten sie keine passenden Ersatzteile vorrätig, und so musste Tomek ein komplett neues Hinterrad bestellen. Das würde allerdings erst am Dienstag geliefert werden können. Heute war Samstag, wir überlegten kurz. Wir konnten die 3 Tage Radelpause gut gebrauchen. Ich musste dringend eine Maschine Wäsche waschen. Ich hatte bisher aus meinen Vorrat gelebt, und der Straßenstaub und mein Schweiß hatten sich geruchsmäßig in meinen Klamotten verewigt. Dazu kamen noch unsere Lagerfeuer, bei denen wir uns zum Schutz vor den Mücken in den Rauch gestellt hatten.

Wir könnten einfach kleinere Touren in die nähere Umgebung machen oder vielleicht eine Autotour unternehmen. Wir waren uns noch unklar, gaben aber die Reparatur in Auftrag.

Den Tag bummelten wir durch die Stadt, die in frühen Tagen des Goldrausches entstanden war und sich bis heute als wichtige Handelsstadt und als Verkehrsknotenpunkt etabliert hatte. Mittlerweile war sie sogar Universitätsstadt mit einigen tausend Studenten, und wenn ich mich nicht irre, die nördlichste Universitätsstadt überhaupt. Fachbereiche waren natürlich der Bergbau und Meteorologie. Natürlich drehte sich hier immer noch alles um die Vergangenheit, die im Stadtbild sichtbar war und durch Hinweisschilder erklärt wurde.

Wir mieteten ein Auto mit Automatikgetriebe, welches äußerst ungewohnt zu fahren war. Der Wagen war relativ neu, und deswegen gab uns der Vermieter die Auflage, keine unbefestigten Wege zu befahren. Am nächsten Morgen fuhren wir Richtung Norden. Nach 45 Meilen wurde aus der Straße plötzlich ein unbefestigter Weg. Wir erinnerten uns an die Auflage des Vermieters, wendeten und kehrten zu einem Parkplatz zurück, an dem ein Trailhead von einer kleinen Wanderung begann.

Dort gab es den netten Hinweis, dass jemand einen Bärenabdruck gesehen hatte. Was wir nicht wußten war, wie alt diese sicherlich freundlich gemeinte Nachricht eigentlich sei. Eindeutig war jedoch, dass sie nicht aus dem letzen Jahr herrührte, sondern maximal eine Woche alt war. Vielleicht auch von gestern oder heute. Wir diskutierten heftigst.

Oh ja, das wollte ich sehen. Da wollte ich hin!

Tomek antwortete: „Aber nur mit Lärm."

„Okay!" Der Weg ging zunächst durch eine dichte Schonung, die sich irgendwann öffnete und dann durch Moorlandschaft führte. Es roch faulig, um nicht zu sagen, es stank. War es das faulende Wasser oder war es etwa der Duft von Bären? Wir waren äußerst vorsichtig, Tomek lärmte durch die Gegend, der Bär war auch vorsichtig, er hielt sich auf Distanz. Schade! Wir bekamen auf dem Trail immer wieder nasse Füsse, gelangten nach dem Moorgebiet wieder in eine Schonung, gingen lärmend weiter, bis wir relativ bald wieder den Trailhead erreichten. Wir beschlossen direkt hier zu campen.

Es war eine fantastische Sonnenuntergangstimmung. Wir entzündeten diesmal kein Lagerfeuer. Die Sonne näherte sich dem Horizont in einer unglaublich niedrigen Bahn und wir wetteten, wo sie endlich die Bergkette berühren würde. Wir waren direkt am Polarkreis, die Sonne ließ sich Zeit, färbte die Kiefern in einem dunklen orange, braun, rot! Es war fast halb eins, als sie sich endlich anschickte zu verschwinden. Es blieb hell. Tomek schlief aus Bärensicherheitsgründen im Auto, ich in meinem Zelt. Die Sonne beehrte uns schon um 04.30 wieder. Wir hatten aufgrund des wunderbaren Naturschauspieles kaum ein Auge geschlossen und genossen die klare und kalte Polarnacht mit ihrem Farbspiel.

Der Dalton Highway war für die nächsten 500 Meilen nicht asphaltiert, so dass wir nicht weiter fahren durften. Wir beschlossen, dann eben zum Yukon River zu fahren. Er war ungefähr hundert Meilen östlich gelegen. Dort sollte es ein Indianerdorf mit dem Namen Circle geben. Standen da noch Zelte oder lebten die Indianer mittlerweile in Häusern? Ich war gespannt. Leider war auch dieser Highway unbefestigt. Wir überlegten kurz, ob wir ihn weiter befahren sollten oder ob wir eine

Alternative hatten. Die einzigen befestigten Straßen waren im Süden zu finden, aber da kamen wir ja gerade her, und wir wollten nicht wieder in die gleiche Gegend zurück. Im Westen lag der Highway, den wir mit unserm Rad befahren wollten, der irgendwann später, am Denali Nationalpark vorbei, sich wieder Richtung Anchorage erstreckt. Also gab es für uns keine Wahl. Wir beschlossen, das Verbot, unbefestigte Wege zu fahren, überhört zu haben. Es hatte mehrere Tage nicht geregnet, so dass wir ständig, Sand aufwühlten. Eigentlich war die Strasse gut befahrbar, aber sie war uneben, so dass wir nur 30 – 40 Meilen pro Stunde fahren konnten. Irgendwann sahen wir ein Tier am Strassengraben liegen. Wir stiegen aus. Es war ein ziemlich großes Stachelschwein, das wahrscheinlich mit einem Auto kollidiert war. Es hatte imposant lange und harte Stachel, die jeden Autoreifen hätten durchdringen können. Wir überlegten kurz, ob wir ihm wohl einige Stachel aus dem Fell ziehen könnten, ohne unsere Haut zu gefährden, ließen dann aber unser Souvenir unangerührt auf der Straße liegen.

Auf der Hälfte der Strecke gab es eine kleine Ortschaft, die bei den Amerikanern als Hotspot des Wellness-Urlaubes galt. Es gab heiße Quellen und Seen, die von vielen Leidenden und Erholungssuchenden genutzt wurden. Dazu gehört natürlich die passende Infrastruktur und das waren Hotelanlgen im Blockhausstil. Überall stiegen Schwaden aus den Seen. Wir badeten kurz entschlossen in einem öffentlichen Hottub, fuhren weiter Richtung Circle und erreichten es spät abends.

Seit dem Nachmittag war uns kein Auto mehr begegnet. Der Highway endete direkt im Yukon, wahrscheinlich um Boote ein- oder auszusetzen. Der Yukon war hier ca. 800 m breit. Riesige Eisblöcke von 2 m Höhe, verblockten das Ufer und trieben auf dem Fluß.

Linker Hand lag eine Ansiedlung aus Holzhütten. Vor fast jeder Hütte gab es alte Autowracks oder Scooter, welche wahrscheinlich nur im Winter benutzt wurden. Rechts waren 2 Flugzeuge geparkt. Sie waren alt, schienen aber flugbereit zu sein. Es fehlte nur die Landebahn. Später erzählte mir ein Amerikaner, dass es üblich sei, auf den Strassen und Highways zu landen und zu starten. Vor den Hütten spielten Kinder jeglichen Alters miteinander und winkten uns zu. Einige Erwachsene kamen neugierig näher. Sie blieben in einer Entfernung von 15 m stehen und beobachteten uns, als wir das Auto verließen.

Wir waren unsicher und fragten die Älteren, ob es wohl möglich sei, hier eine Nacht zu schlafen. Na klar, wir könnten in der Nähe der Flugzeuge unser Zelt aufschlagen. Sobald wir die Straße überquerten und auf die Häuser zugingen, begann ein ganzes Orchester aus Hunden zu bellen. Es waren Schlittenhunde. Fast jedes Haus verfügte über einen ganzen Satz dieser wunderschönen Tiere. Leider war es dadurch enorm laut und ich befürchtete, in der kommenden Nacht kein Auge schließen zu können. Die Hunde waren all gegenwärtig, alle waren angeleint, aber sie bellten und bellten und bellten. Wir kochten uns wieder eine Nudelsuppe, tranken Canadian Mist und legten uns schon früh schlafen, da wir in der Nacht vorher nicht viel Schlaf bekommen hatten.

Der nächste Tag begann mit wundervollem Sonnenaufgang, einer Wanderung am Fluß entlang, die im ersten Wanderabschnitt viel Mut erforderte, denn wir mussten unmittelbar an den Hunden vorbeigehen. Endlich vorbei, sah ich Kormorane, die weit entfernt landeten.

Wir versuchten näher an sie heranzukommen, aber immer, wenn wir fast in Schnappschußnähe waren, flüchteten sie, ließen uns dann wieder näher herankommen und flohen erneut. Das Spiel war spannend für uns, irgendwann aber so störend für die Kormorane, dass sie sich mit einem letzten Aufschrei beschwerten und an das andere Ufer begaben. Am frühen Nachmittag fuhren wir zurück nach Fairbanks, wo wir das vollkommen verstaubte Auto wuschen. Ich hatte ein schlechtes Gewissen, weil ich während der Fahrt ein Fenster geöffnet hatte und sich der Staub auch im Innenraum verteilt hatte. Wir hatten Mühe, den Wagen durch die Endkontrolle zu bekommen.

Wir campten in Fairbanks, ich rannte noch einmal zum postoffice, da ich Heike, Angelika und Martina Fairbanks als Fixpunkt meiner Reise angegeben hatte und sie gebeten hatte, Briefe an das dortige office zu senden. Alle drei hatten geschrieben, aber Tomek und ich waren anscheinend zu schnell geradelt, so dass wir für die Briefe viel zu früh waren. Schade!
Unser Mückenschutzmittel ging zur Neige. Tomek`s Zedan und mein ätherisches Öl, das wir aus Deutschland mitgebracht hatten, schützte uns teilweise ziemlich erfolgreich vor den kleinen Mücken, war aber genauso oft so wirkungslos wie pures Wasser. Wir vermuteten, dass wir an

Tagen, an denen wir viel schwitzten, mit den herkömmlichen Mitteln den Mücken hilflos ausgeliefert waren. Da half es nur, abends ein rauch-intensives Feuer zu entfachen und uns direkt in den Qualm zu stellen. Das war natürlich auch nicht unbedingt angenehm, so dass wir uns in einem Outdoorstore noch mit einer Flasche des besten und teuersten Mückenschutzmittels eindeckten. Es hieß Ben`s 100. Mal schauen, ob es den Versprechungen der Verkäuferin stand hielt.

Tomeks Rad war fertig, und gegen Mittag radelten wir nun frohen Mutes Richtung Denali. Würden wir den Nationalpark erreichen? Was würde aus meinem Besteigungswunsch? Tomek wollte in dem Park wandern, mehr nicht. Und mir wurde immer deutlicher bewußt, dass ich den Berg auch nicht besteigen würde. Das Radeln mit Tomek machte Spaß. Falls ich den Denali besteigen wollte, würde ich mich von ihm trennen müssen. Und außerdem war ich nicht in der Form diesen Berg zu erklimmen. Aber ich konnte wenigstens in seiner Nähe sein und ihn bestaunen. Leider galt er als häufig in Wolken verhangen, so dass es reine Glückssache war, ihn zu Gesicht zu bekommen.

Wir radelten fast 90 km bei sonnigem T-Shirt Wetter mit 25° C, und wir erreichten den Tanana River. Wir konnten jede Menge Canuten bewunderten, die sich in dem Wildwasser tümmelten. In der Nähe der Ortschaft Nenana campten wir. Tomeks Hinterrad lief super, es gab keine Schwierigkeiten, denn er hatte sich extra starke Speichen einbauen lassen.

Der Abend war, wie viele andere auch, angefüllt mit Erzählen, Lager-feuer, Whiskey und ramon noodle soup. Tomek las schon seit seiner Reisevorbereitung ein Buch, welches die Besiedlung von Alaska und das Überleben in diesem harten Land zum Thema hatte. Ich glaube es ist von James Michener. Wir hatten uns häufig über diese Buch unterhal-ten, und wir fühlten uns manchmal auf den Spuren der Protagonisten. Auch hier am Tanana River, dessen Name auf indianische Geschichte hinwies.

Der nächste Tag war wieder ein Rainer-Unfall-Tag, an dem ich einem von diesen RV`s (RV ist die Abkürzung für Rolling vehicles und das sind sie auch im wahrsten deutschen und abwertenden Sinn, ein Vehi-kel, das rollt und rollt und über andere hinweg rollt) ins Gehege kam.

Der Highway hatte keine Standspur, und so fielen die Überholvorgänge der RV's häufig zu eng aus. Bei einem dieser Manöver stürzte ich in den Graben.

Ich war erschrocken, konnte es nicht glauben, körperlich war nichts passiert, nur der Wind hatte mich einfach in den Graben gedrückt. Dem Fahrer war es wahrscheinlich gar nicht aufgefallen, denn er fuhr weiter.

Ich bebte vor Zorn! Schimpfte lauthals! Ich beschloss, von nun an in der Fahrbahnmitte zu fahren, so dass die Autos nicht einfach vorbeifahren konnten, sondern sich anmelden und hupen müssten. Für die Autofahrer mochte das ärgerlich sein, denn sie müssten erst einmal abbremsen. Aber da so gut wie gar keine fahrradfahrende Hindernisse auf den alaskanischen Straßen unterwegs waren, hatte ich kein schlechtes Gewissen und ich begann, mich mit diesem Gedanken sicherer zu fühlen. Es funktionierte ziemlich genau 10 Meilen, bis der nächste RV sehr dicht an mir vorbeifuhr. Es war an einer ebenen Stelle an der er kilometerweit nach vorne in den Gegenverkehr sehen konnte, und es kam niemand. Trotzdem fuhr er nicht auf die andere Fahrspur, sondern schnitt mich.

Ich wurde zornig, raste hinter dem Wagen her, drohte mit Faust, merkte mir sein Nummernschild und schimpfte auf Teufel komm raus. Natürlich erreichte ich ihn nicht, aber ich war in meiner Wut ziemlich lange hinter ihm her gewesen. Ich machte Pause, Tomek holte mich dann ein, mein Zorn war bald wieder verflogen, aber ich nahm einen Kieselstein, steckte ihn mir in die Tasche mit der festen Absicht bei der nächsten ähnlichen Situation, das Auto zu bewerfen. Tomek, sagte nur ich solle den Stein fallen lassen.

Irgendwann ließ ich ihn fallen.

Es gab vorerst keine Möglichkeit mehr, meinen Haß, meine Wut und meinen Ärger auf die Autos raus zu lassen. Anscheinend schreckte ich sie mit meinem bloßen Dasein ab. Tomek meinte, mich niemals so energisch gesehen zu haben. Ich hatte mich wieder mal überanstrengt, konnte nur noch langsam mit rollen. Mein rechtes Knie schmerzte von dem Strauchler in die Böschung.

Wir schafften heute unseren ersten 90iger Tagesschnitt. Erreichten zwar noch nicht den Eingang zum Nationalpark, aber ich war trotzdem stolz wie Oskar über unsere 93 km. Tomek hatte in seinem Radführer die Bezeichnung long distance biker gefunden für Radfahrer, die täglich

80 – 100 km radelten. Wir kürzten es mit ldb ab. Tomeks Radführer kannte noch zwei weitere Kategorien: Die, die wir überheblich als Feier- abendtourenradler bezeichneten und die Marathonfahrer, die mehr als 100 km am Tag schafften. Wir waren jetzt sicher im Leistungsbereich der ldb, und ich war zufrieden, würde aber gerne noch aufsteigen in die höchste Liga. Ich hatte noch Zeit.

Abends im Camp besprachen wir den heutigen Tag, insbesondere meinen Ausraster, den Tomek nicht so richtig verstehen konnte. In der Tat war ich ziemlich erschrocken über die Heftigkeit meines Zorns und meiner Aggression. Ich wollte mich immer noch rechtfertigen. Wollte nicht wahrnehmen, dass ich auch einen Anteil an dem Geschehen hatte. Ich dachte immer nur an das Fehlverhalten der Autofahrer. Ich hatte in meinen Urteilen bisher nie berücksichtigt, dass sie wahrscheinlich noch nie geradelt waren und gar nicht in der Lage waren, den Wind, den sie verursachten, einzuschätzen. Und dazu kam noch, dass wir weit und breit die einzigen Radler waren und sie mit solch komischen Kreaturen nicht gerechnet hatten. Diese ganzen Argumente, vorgetragen von Tom- ek, waren mir noch nicht in den Sinn gekommen. Ich fühlte mich über- sehen! Von den rücksichtslosen Autofahrern und von Tomek, der mich überhaupt nicht stützte in meinem emotionalen Verhalten.

Woher kam die Aggression, welche von einem Moment zum anderen explodierte?

Ich fühlte mich hilflos ihr gegenüber und suchte Vergleiche zum Ver- halten meiner Mutter, die im fortgeschrittenen Krankheitszustand ähn- lich heftige emotionale „Ausrutscher" hatte. Das beängstigte mich noch mehr, denn ich wollte nicht so aggressiv sein und auch sonst nicht so heftig emotional. Ich hatte mich immer als einen rationalen Mensch gesehen und ich wusste damals nicht richtig, mit den Regungen meiner Mutter umzugehen. Und jetzt auch nicht. Ich war dem Weinen nahe!

Morgen würden wir mit Sicherheit den Denali National Park erreichen und wahrscheinlich in ihm wandern. Tomek hatte keine Lust auf Berg- steigen; ich wollte mich an der Information zumindest erkundigen, wie die Modalitäten waren. Ich schlief wieder ziemlich unruhig, träumte von meiner Mutter, die im Traum versuchte mich davon zu überzeugen, dass ich Priester werden sollte und auf keinen Fall ein Handwerker, denn die wären schmutzig, arbeiteten spät abends und am Wochenende. Mein Vater war Fliesenleger und arbeitete sich kaputt.

Ich erwachte früh, genoss die Zeit des Alleinsein, verpasste mir schon mal einen Kaffee und freute mich auf die Wanderungen im National-Park. Ich grübelte über die Themen von gestern nach und empfand Kränkung, dass Tomek die Autofahrer verteidigte und nicht mich. To-mek war Sozialarbeiter und arbeitete damals in einer Jugendwohngrup-pe, machte aber nebenbei eine Ausbildung zum Yoga Therapeuten. Er schwärmte sehr von dem Erlernten und versuchte, dieses an mir auszu-probieren. Der körperliche Aspekt des Yoga interessierte mich sehr. Aber in Tomeks Ausbildungsgruppe wurden die Körperübungen als Anreiz gesehen, hinter den körperlichen Verspannungen emotionale Blockaden wahrzunehmen. Dadurch fühlte ich mich bedroht und ich fand es suspekt. Tomeks Anspielungen konterte ich häufig. Ich wollte weiterhin meiner Rationalität und meinem Erlebnisdrang nachgeben, intensivst genießen und mich nicht dauernd in Frage stellen.

Ja, und heute würden wir den Denali Nationalpark erreichen. Ich war bis hier gereist um den Großen Weißen, wie die Indianer ihn nannten, zu besteigen. Das war mein Traum, das war mein Erlebnisziel! Sollte ich ihn besteigen? Sollte ich ihn je zu Gesicht bekommen?

Tomek erwachte, wir frühstückten gemeinsam. Tomek erledigte seine Yogaübungen in der Sonne, und bald darauf brachen wir auf. Eine Stunde später erreichten wir den Parkeingang mit dem Denali Hotel und kurz danach das visitor access centrum. Hier konnte man alle Informa-tionen über die Nationalparkbesichtigung erhalten und jede Menge Sou-venirs und Lebensmittel kaufen. Die Zahl der Besucher war streng be-grenzt. Es konnten täglich nur ein paar hundert Touristen den Park besichtigen. Es gab zwei Campmöglichkeiten, eine am Iglo Creek, ca. 55 km im Park, die andere 120 km in den Park hinein in unmittelbarer Nähe zum Denali. Dieser Campingplatz wurde aber auch von vielen Wohnwagen besucht, so dass Tomek und ich einen Platz an dem näher gelegenen Iglo Creek buchten, allerdings erst für übermorgen. Eine Nacht wollten wir wild zelten und die nähere Umgebung erwandern, denn es gab gleich in der Nähe den Mc. Head, den man sehr gut an ei-nem Tag besteigen konnte.

Ich erfuhr noch, dass die Besteigungsliste des Denali schon die nächsten 7 Jahre ausgebucht war und dass das Einbuchen ca. 11000 US-Dollar kostete, allerdings würde man das Geld nach einer gewissen Zeit zurückbekommen (frühestens jedoch nach 5 Jahren). Okay, das wars, ich würde also nicht von ganz oben einen Rundblick über Alaska haben, sondern den Denali von unten bestaunen.

Schade! Eines meiner Ziele hier in Amerika würde ich nicht erreichen. Meine Motivation war von einem Moment zum anderen weg. Irgendwie fühlte ich mich aber auch erleichtert. Nun war es klar! Ich brauchte mir keine Gedanken mehr darum zu machen, wie ich es organisieren könnte, in eine Seilschaft hineinzukommen, brauchte mich nicht mehr vorzubereiten, nicht mehr zu trainieren für das Unternehmen Bergbesteigung. Und ich konnte den lästigen Wanderrucksack und die Wanderutensilien Tomek mitgeben, der ja bald nach Hause fliegen sollte. Dann wäre mein Rad um 10 kg leichter. Ich genoss das Radeln so sehr, und das Gepäck war eine Last dabei.

Ich nutzte die Gelegenheit, im visitor center mit Heike in Deutschland zu telefonieren. Sie hatte ein Bewerbungsgespräch gehabt, von dem sie einen schlechten Eindruck hatte, aber sie hoffte, dass es trotzdem noch für eine Zusage reichen würde. Wahrscheinlich würde sie ihren Job im August beginnen, hatte aber noch Lust, mich in Amerika zu besuchen. Ich freue mich riesig! Sie erzählte auch, dass sie Briefe nach Fairbanks und Anchorage geschickt hatte. Okay, Fairbanks war schon zu spät, aber ich freue mich auf Anchorage und den Brief dort.

In der Nacht begann es zu regnen, und es regnete bis in den Morgen hinein, so dass wir unsere Campingplatzreservierung um einen Tag verschoben und erst nachmittags unsere Wanderung zum Mc Head starteten. Es war immer noch nicht das beste Wanderwetter. Es nieselte ein wenig, aber wir hoffen auf Besserung. Der Weg war glitschig, aber gut zu erkennen. Er führte uns an der südöstlichen Seite langsam den Berg hinauf. Ich ging vor Tomek, der immer wieder versuchte mich in ein Gespräch einzubinden. Er erzählte immer wieder von tollen Erlebnissen aus seiner Yoga-Therapie Ausbildung, so dass ich den Eindruck hatte, er wollte mich überreden, auch Yoga zu machen. Ich hatte keine Lust dazu, mich überreden zu lassen. Ich ging etwas schneller, um ihm und seinem Wortschwall zu entkommen. Vergeblich, er folgte mir mit seinen großen Schritten.

Ich verschärfte das Tempo noch einmal. Wieder vergeblich, Tomek folgte noch immer, ich wurde grantig und rief ihm zu, er solle sein Maul halten. Machte er nicht!

„Tomek, ich habe keine Lust auf Yoga, und schon gar nicht auf Therapie." Das war deutlich. Er hörte auf zu erzählen, wir gingen nun langsamer weiter. Ich hatte trotzdem kein Auge für den Berg, der anscheinend immer höher wurde. Mittlerweile tappten wir in den ersten Schneefeldern. Ich trottete so vor mich hin, war noch grummelig weil Tomek mir eine Therapie aufschwatzen wollte. Natürlich wollte er das nicht, aber er erzählte begeistert von seinen Erlebnissen, begeistert von seinen Erfahrungen, begeistert von dem Ausbildungspaar, begeistert von dem Ausbildungsort. Er war von allem ja so begeistert. Und mich nervte die Begeisterung, der religiöse und esoterische Sprachgebrauch.

Ich war in einem ziemlich religiösen Umfeld aufgewachsen. Das hatte mir manchmal Orientierung für mein Handeln gegeben, mich aber meistens eingeengt. Irgendwann, ich hatte seit einem Jahr die Abendschule besucht, um mein Abitur nachzuholen, sinnierten wir bei einer Klassenfahrt ein ganzes Wochenende lang über religiöse Themen, und es machte Klick in meinem Gehirn. Ich lag neben einer total tollen Frau, wollte am liebsten Zärtlichkeiten mit ihr austauschen und wir unterhielten uns über Religion. Etwas so Fernem und Widersprüchlichem war ich bis dato noch nicht begegnet. Seit dem hatte ich den Verdacht, dass ich mich in Frauen verliebte, die religiös waren, weil sie mich an meine Mutter erinnerten. Bei Renate traf das ohne weiteres zu. Außerdem war ich ängstlich, was den Sex betraf, und solange ethische und religiöse Themen auf dem Tisch waren, war es für mich leichter, Frauen näher zu kommen. Ich konnte dann auf einer höheren Ebene schweben und es würde nicht zu spannend und zu knisternd werden. Ja, so war ich, und bin ich vielleicht immer noch, aber genau deshalb reizen mich religiöse Themen unwahrscheinlich und ich muss versuchen, ziemlich kühl zu bleiben.

Nun versuchte ich, kühl zu bleiben, was mir aufgrund der sehr frostigen Umgebung doch eigentlich leicht fallen sollte.

Tomek hatte mich verunsichert! Mit ein paar Anekdoten, Erzählungen und Fragen schaffte er es, dass ich mich in Frage stellte. Eigentlich wollte ich hier wandern und radeln und nicht an mögliche oder unmögliche Therapieformen denken.

Also stiefelte ich weiter den Berg hinauf, Tomek hinterher, und schon bald erreichten wir einen langgezogenen Grat, der direkt zum Peak führte. Bisher waren wir im Hang unterwegs gewesen. Dort war es windgeschützt, aber das änderte sich nun abrupt. Von einem Moment zum anderen waren wir im Sturm. Wir sahen in der Ferne schon das Gipfelkreuz und wir begaben uns auf den Weg dorthin.

Oben angelangt trafen wir Tony und Lincoln, einen Touristenführer, der den Weg zum Gipfel über eine andere Route nahm. Es war schweinekalt. Es regnete und der Wind kühlte uns schnell aus. Die Sichtweite war gleich Null. Wir standen dort, hielten Smalltalk, und Tomek ließ eine Runde Whiskey kreisen. Lincoln lehnte ab, da er gerade bei der Arbeit war. Aber wie gesagt, es war kalt und wir tranken deshalb unseren Nächsten. Lincoln und Tony waren schon wieder zurück zum Denali Hotel, wo es abends eine Veranstaltung in der Bar geben sollte. Er hatte gesagt, er würde uns gerne dazu einladen, falls wir Lust hätten. Nach dem dritten Whiskey trieb es uns auch nach unten.

Es war trotz Alkohol im Blut nicht wirklich wärmer geworden, und wir suchten denselben Weg zurück. Bei dem Einstieg in den windgeschützten Berghang rutschte ich aus und stürzte, konnte mich diesmal aber fangen und rappelte mich wieder auf. Mein Knöchel schmerzte höllisch, und die rechte Hand, welche ich zum Abfangen des Sturzes benutzt hatte, war geschürft!

Ich schob die Schuld auf Tomek, der mich ja beim Aufstieg emotional verunsichert hatte. Nur deshalb war ich auch physisch verunsichert und schließlich gestürzt. Und natürlich auf diese Krankheit, die ich von meiner Mutter geerbt hatte. Nach einer kurzen Pause und Tomeks Umarmung trottete ich nun gedankenverloren und mutlos hinter Tomek langsam den Berg hinunter. Unten angekommen, schnappten wir unsere Räder, fuhren zu unserem wilden Campingplatz, bereiten unser Essen zu und gingen dann in den Pub.

Wir trafen dort auf Lincoln, der uns zu einem Bier einlud. Wir genossen einen netten Abend mit diversen Erzählungen über Amerikaner und Deutsche und deren unterschiedlichen Gebrauch der Sprache. Lincoln benutzte, genau wie viele andere Amerikaner, die Formulierung I love, sehr häufig, auch in Bezug auf Ereignisse, Taten oder Natur. Tomek war verwirrt über die vielen Dinge, die man hier in Amerika so sehr lieben konnte, und er fragte Lincoln, ob er eine Freundin hätte?

„Sure" – und wie er sein Verhältnis zu ihr bezeichnen würde? „I love her" und wo der Unterschied wäre zwischen Lieben und Mögen? „There is no difference". Aha, genau das, was wir schon vermutet hatten. Die Amerikaner liebten alles gleichmäßig! Hieß das nun gleichmäßig gut oder mittel oder schlecht? Tomek und mir wurden die Amerikaner immer suspekter. Nichtsdestotrotz genossen wir diesen kurzweiligen Abend sehr. Erst spät in der Nacht machten wir uns auf in den Park zum Zeltplatz und schliefen bis in den nächsten Tag.

Morgens packten wir unseren Krempel und radelten zum Savage Campground Wir sahen unseren ersten Polarfuchs, der sich auf der Fahrbahn einen toten Vogel sicherte. Wir legten uns früh schlafen, denn es regnete und schneite, und wir waren nicht fit genug, uns bei diesem Wetter lange draußen aufzuhalten, zumal wir aufgrund der Parkvorschriften auch kein Lagerfeuer anbrennen wollten. Außerdem war ich in meinen Gedanken immer noch beim gestrigen Tag mit dem Sturz und den Gesprächen mit Tomek und brauchte Rückzug.

Der nächste Tag startete mit Regen, aber es sollte laut Wetterbericht eine Besserung erfolgen. Als es aufklarte, ließen wir unser Zelt zurück, radelten 17 km in den Park und machten von dort aus eine Wanderung am Fluss entlang. Wir achteten, gerade an unübersichtlichen Stellen, auf Bären und Tomek entdeckte an einer Furt eine riesige Bärenpranke im Kiesbett. Wir waren danach noch mehr auf der Hut, verließen das Bachbett, weil wir dort aufgrund der Flussgeräusche keinen Bärenangriff hätten hören können. Stattdessen wanderten wir über eine lilablühende Fireflower Ebene. Fireflower ist ein Gewächs, welches ähnlich wie Erika blüht und überall seine farbige Pracht erstrahlen ließ. An der Bergflanke gegenüber sahen wir braune Tierleiber.
Wir hielten den Atem an. Bären konnten es nicht sein und für Elche schienen sie zu klein zu sein. Wir pirschten uns langsam an die immer größer erscheinenden Herde heran und staunten über die Karibus, die uns auf 30 Meter an uns heran ließen, ohne zu flüchten. Sie schauten immer wieder neugierig in unsere Richtung. Wir konnten sie stundenlang begleiten. Ich war fasziniert von der wunderbaren Geweihform, von den dunklen, etwas bemähnten Rücken, ihrem schlanken Geläuf und von ihrer Kompaktheit. Ich hatte sie mir etwas größer vorgestellt.

Der Mount Mc-Kinley, so nennen die Amerikaner ihren höchsten Berg, blieb in den Wolken, die Bären in den Höhlen. Morgen wollten wir den Park verlassen. Es hieß Abschied zu nehmen von meiner Vorstellung, den Berg zu besteigen. Schade!

Ich wollte ihn zumindest aus der Nähe bewundern, vielleicht einen Grat gehen, aber die Nebelwände und die Wolkendecke waren zu dick. Wir campten ein letztes Mal im Savage Camp Ground, wo ich versuchte, Tomek behutsam auf meine sanfte Seele aufmerksam zu machen, die gerade bei religiösen Überstülpungen gekränkt reagierte. Tomek hatte während des Radelns häufiger ein Lied gesungen, welches in einer getragenen Melodie gesungen wurde. Er brachte es mir nun bei, und ich übte es die nächsten Tage ein. Ich benutzte es häufig als Hilfsmittel, depressive Phasen und langweilige Radelstrecken zu überbrücken. Es machte mir Mut und Hoffnung, war frei jeglicher Religiösität und stärkte mein Bewußtsein, dass alles Leben endlich, aber wandelbar ist. Und es brachte mich zurück auf meinen Teppich, zu meinem Ursprung.

Das Lied was Tomek summte:

> Der Fluss, der fließt ewig,
> ewig gleich und immer neu.

> Der Fluss der fließt ewig,
> hinunter zum Meer.

> Mutter Erde trage mich,
> ein kleines Menschen Kind bin ich.

> Mutter Erde trage mich,
> In deinem grünen Schoß.

Danke Tomek für dieses wunderbare, vertrauenspendende Lied!

Abends hatte Tomek sein neues Mückenschutzmittel aufgetragen. Es stank fürchterlich, half aber genauso wenig wie Zedan oder Autan oder meine ätherische Ölmischung. Am nächsten Morgen versuchte er es noch einmal mit Ben`s 100. Schon kurz nach Beginn des Radelns klagte er über seine Lenkergriffe, die begannen, sich langsam aufzulösen. Irgendetwas aus der Mischung hatte seine Griffe dermaßen angegriffen, das sie porös wurden. Wir fuhren die nächste Etappe vom Denali-National Park nach Cantwell, wo wir auf einem RV-Campground übernachten wollten. Der Wind hatte zugenommen und blies uns mit Sturmstärke direkt ins Gesicht. Dafür sahen wir von einigen Punkten aus den majestätisch da liegenden Denali, in all seiner Pracht, weiß, riesig erhob er sich mit einem Doppelgipfel über seine Umgebung und über die Wolken, die ihn umgaben. Herrlich! Ich war begeistert und schoss einige Fotos.

Der Denali hat sich würdig und majestätisch von mir verabschiedet.

Die Straße war gut befahrbar, wir kämpften jedoch mit dem unsichtbaren Bremser, der uns gerade bei Gefällstrecken verzweifeln ließ. Wenn ich einen Berg hinaufgefahren war, wollte ich die Abfahrt genießen, indem ich mich rollen ließ. Doch der Wind spielte einfach nicht mit. Selbst bei Gefällstrecken von 5 % ließ er uns nur mühsam im kleinsten Kettenblatt radeln. Schade! Aber unser Kämpferwille wurde dadurch gestärkt.

Der angepeilte Campground war für uns Zeltcamper, gesperrt. Es gab nur eine betonierte Fläche, aber wir konnten endlich mal duschen und unsere verdreckten Klamotten waschen. Wir fuhren eine Stichstraße hinein und kamen mit einem Amerikaner ins Gespräch, der uns zum Dinner einlud. Er war ca. 50, freundlich, hatte deutsche Vorfahren, sprach selber nur Englisch, war aber unheimlich nett. Wir genossen Hotdog, meinen ersten mit Speck und Eiern, einen Kaffee und selbstgemachten Möhrenkuchen zum Nachtisch. Und wir durften auf seinem Grundstück unser Lager aufschlagen. Seine Frau stellte Schmuck aus Kiefernborke her, den sie an Touristen verkaufte. Er arbeitete in der Holzwirtschaft, wobei mir nicht klar wurde, ob als Holzfäller oder Truckfahrer. Am nahe liegensten schien die Erklärung, er wäre Holzwender, denn er hatte riesige Hände, dazu einen muskulösen Oberkörper, so dass er ohne weiteres mit der puren Kraft seiner Hände Holzstämme hätte wenden und stapeln können.

Wir starteten früh in den Tag, die Sonne lachte uns an, als ob sie sich für die letzten verregneten Tage entschuldigen wollte, der Wind hielt sich zurück, so dass wir erstmals nach 6 Stunden Radeln unsere Marathondistanz von 110 km erreichten. Wow, und das mit einem Schnitt von 18,5 km/h. Leider waren es auch die abgelegensten Kilometer, die ich je geradelt bin. Nirgendwo eine Tankstelle, nirgendwo eine Imbissgelegenheit, nirgends eine Ansiedlung, und so blieb uns nichts anderes übrig, als zu radeln, bis wir schließlich einen Campground am Byrers Lake erreichten, glücklich über diesen wunderschönen Fahrradtag. Und immer wieder stimmte ich das Lied: „Der Fluß, der fließt ewig" an. Unsere Route folgte nämlich dem Susitna River, und wir konnten immer wieder den großen, weißen Berg, den Denali, sehen.

Es folgte ein weiterer sonniger Tag mit leichten Bergabfahrten, so dass wir diesmal schnell unterwegs waren und einen Schnitt von 20,6 km/h, über eine Distanz von 94 km fuhren! Wir folgten immer noch dem Fluß Susitna und campten in Susitna creek. Ich wechselte meinen Bowdenzug, der schon ziemlich angerissen war, fixierte auch meine Pedale, die sich immer wieder los drehte. Abends machten wir ein verrücktes Fotoshooting mit mehreren Fotos auf denen wir nackt unsere Vorderseite und Rückseite abbildeten. Es war verrückt, weil man unsere Fahrradkluft deutlich sichtbar am Körper sah, nämlich braungebrannte Köpfe, Unterarme und Unterschenkel, die einen krassen Gegensatz zu unseren weiß gebliebenen Körperresten bildeten.

Wir näherten uns dem Matanuska Valley, welches für sein warmes Klima bekannt war und merken gleich das Mehr an Sonne, mehr an Wärme, weniger an Wind. Dafür mehr Autoverkehr in der Gegend um Wassila. Wir trafen auf Deutsche, die mit ihrem RV unterwegs waren und stolz ihr Auto präsentieren - ein Schnäppchen für 1800,- DM Miete für 4 Wochen. Ich schwamm mal wieder, diesmal im Lake Lucille, an dessen Ufer wir auch nächtigen. Es gab dort eine Telefonzelle, und ich nutzte die Gelegenheit, nach Deutschland zu telefonieren und mit Heike zu quatschen. Sie hatte den begehrten Job erhalten. Wir freuten uns gemeinsam und sie erzählte, dass sie Lust hatte, mich in Kanada zu besuchen. Sie könnte einen günstigen Flug nach Vancouver für den 2 Juli bekommen! Klasse, ich hatte so eine Lust sie zu sehen, zu drücken und

Zärtlichkeiten auszutauschen. Bis Juli war es nur noch ein Monat, und ich freute mich jetzt schon riesig.

Als wir am nächsten Morgen Anchorage erreichten, fühlte ich mich ein wenig, als ob ich nach Hause käme. Es war nun das dritte Mal, dass ich in die Stadt hinein fuhr. Gestern nach der Durchfahrt nach Wassila erreichten wir dasselbe Teilstück des Highway Nr. 1, das wir schon auf der Hinfahrt in die andere Richtung gefahren waren. Wir sahen heute zum ersten Mal auf der anderen Seite andere Radwanderer. Leider konnten wir die hier schon zweispurige Straße mit einer Mittelplanke nicht überqueren, freuten uns aber sehr und winkten ihnen freundlich zu. Ich fühle mich ein wenig heimisch hier im Matanuska Valley. Es war warm, ich kannte mittlerweile die vorgelagerten Ortschaften wie Palmer und wir tranken in einem Restaurant einen Kaffee, das wir schon vom Hinweg kannten. Dort waren wir zum Encluda Lake abgebogen.

In den 30iger Jahren des letzten Jahrhunderts wurden 200 Siedlerfamilien staatlich gefördert, sich hier im Matanuska Tal niederzulassen. Man stattete sie mit allen Rechten aus. Auf Wunsch der Regierung sollte hier eine landwirtschaftliche Versorgungseinheit entstehen, die es ermöglichte, Alaska unabhängiger von der Warenzufuhr von landwirtschaftlichen Produkten zu machen. Das Valley war schon seit Jahrtausenden von Indianern genutzt worden, die auf ihrem Weg von der Beringstrasse weiter nach Süden sich lange Zeit hier aufhielten. Die Athabascan wohnten dort bis heute, waren allerdings schlechte und unsichere Partner für die Weißen. Sie lebten überwiegend in Selbstverwaltungswirtschaft, vom Fischfang, Jagd und teilweise auch Landwirtschaft mit Ackerbau. Erst 1980 wurde ein neues Gesetz von Präsident Jimmy Carter unterzeichnet, das allen Eskimos und Indianern ihr Jagdrecht zurückgab. Leider waren viele Indianer zwischenzeitlich arbeitslos gewesen und hatten in Abhängigkeit von Weißen gelebt, so das ein kultureller Rückfall und eine Desozialisierung vonstatten gegangen war. Die Athabascan, welche ich in Ancorage traf, waren wahrscheinlich Produkt dieser ungerechtfertigten Rechtevergabe an Siedler.

Sie waren heimatlos und kulturlos. Und wo war meine Heimat? Ich war im Hochsauerlandkreis aufgewachsen, hatte einen großen Teil meines Lebens in Kassel und Umgebung verbracht, dort studiert und gearbeitet, fühlte mich beiden Gegenden verbunden, allerdings nicht so sehr, dass ich mich dort niederlassen wollte. Warum eigentlich nicht? Keine Ahnung! Vielleicht war ich noch zu jung, um ein Haus zu bauen. Ich reiste sehr viel aber hatte noch an keinem Punkt den Eindruck gehabt, hier könnte ich meinen Lebensabend verbringen. Dann schon eher auf dem Fahrrad, mit dem Zelt im Gepäck, welches ich abends sehr gerne aufschlug! Zumindest jetzt noch nach 3 Wochen Radeln. Konnte ich das mein Leben lang durchhalten? Wollte ich überhaupt weiter radeln? Und wenn ja, dann wohin?

Heike wollte Anfang Juli nach Vancouver kommen. Ich war noch 10 Tage mit Tomek hier in Alaska unterwegs. Wenn ich bis nach Vancouver radeln wollte, dann müsste ich erst wieder den Glenn-Highway über Glenallen nach Tok und dann über die Grenze Richtung Whitehorse. Es gab von Anchorge nur diese Strassenverbindung Richtung Süden, da die Elias Mountains den direkten Weg versperren. Dies hieße von Anchorage allein bis zur kanadischen Grenze 500 km, wieder denselben Highway mit seinen Steigungen, den kalten Nächten in den Bergen, die Wind- und Regenkante der hoch gelegenen Strasse?

Ne, ne, das wollte ich mir nicht noch einmal antun. Es würde auch zeitlich äußerst knapp werden, da es von der Grenze bis nach Vancouver weitere 1800 bis 2200 km sind. Und das in 3 Wochen. Ich müßte dann schon über mich hinaus fliegen. Ich könnte vielleicht einen oder zwei Tage Reisezeit gewinnen, wenn ich von Anchorage oder Portage den Zug nach Whittier und von dort die Fähre nach Valdez nehmen würde. Dann würde ich zumindest den Prinz Williams Sound sehen, der für seine Schönheit geschätzt ist, kalben doch viele Gletscher direkt ins Meer. Vor allen Dingen der große Columbia River Glacier, der über 60 km lang ist. Weiter gilt der Prince William Sound als Beobachtungspunkt für Wale. Wäre gar nicht mal schlecht. Allerdings lag Valdez auch an einer Sackgasse, die mich von dort nordwärts nach Tok führen könnte. Aber so riesig viel Zeit wäre nicht gewonnen.

Oder direkt mit der Fähre nach Vancouver? Auch diese Route war bei Schiffstouristen sehr beliebt, führte sie doch an wundervollen Fjorden und Inselgebieten vorbei. Aber eine Woche lang eingesperrt sein auf einer Fähre, kein Auslauf, kein Ausradeln.

Ne, das war ja wie im Knast zu sitzen. Also doch fliegen. Ich wollte mich in den nächsten Tagen nach Flugpreisen erkundigen und mich dann entscheiden.

Anchorage begrüßte uns mit einem riesigen Flugzeugpark, wo einmotorige Cessna und andere kleine Transportflugzeuge verkauft wurden, neu oder alt, manche mit Rädern, manche mit Kufen. Auf jeden Fall eine riesige Menge von ca. 800 Flugzeugen. Viele Orte konnten nur mit dem Flugzeug angeflogen werden. Es gab in diesem riesigen Land aufgrund der geographischen Bedingungen kaum Strassen. Außerdem wäre deren Instandsetzung extrem teuer und der Frost würde den Asphalt angreifen. Also flog man. Deswegen gab es auch in dem kleinen Circle, wo weniger als hundert Einwohner leben, Flugzeuge. Größere Orte wie Nome, Kotzebue, Barrow, King Salmon, wurden von einem Linientaxi angeflogen. Ansonsten war es üblich, sich ein Air taxi zu mieten. Die Kosten waren mit 50 - 60 Dollar für die Flugstunde überschaubar, aber so richtig weit kam man in einer Stunde Propellerflug auch nicht.

Wenn größere Entfernungen in Alaska zurückgelegt werden mussten und kein Flugzeug oder keine Bahn- oder Straßenverbindungen nutzbar waren, so griff man vielerorts noch auf die Schlittenvariante im Winter zurück. Bei den Inuit waren die Schlittenhunde sehr beliebt. Weiße Amerikaner favorisierten den Motorschlitten, manchmal als sportliche Herausforderung, manchmal als Transportmittel für alles und jeden. Im März gab es jährlich ein Hundeschlitten-Wettrennen, Der Weg nach Nome war zu bezwingen. Das waren ca. 1770 km, die innerhalb von 14 Tagen zurückgelegt wurden. Ich sah noch ein vergessenes Plakat dieses legendären Iditarod Sledge run an einer verlassen Lodge. Es musste sich um noch verrücktere und wagemütigere Menschen als mich handeln, die bei Schnee und Eis, nur mit ihren Hunden von Ortschaft zu Ortschaft rannten. Ich wusste gar nicht mal, ob man dabei nur die Hunde rennen ließ oder sogar selbst rannte!

Zwei Jahre später sah ich einen Sportbericht über die ersten Mountainbiker, die dieselbe Strecke, zur gleichen Winterszeit mit ihren spikes besetzten Rädern fuhren. Wahnsinn! Ich hatte jede Menge Hochachtung vor ihrem Leistungsvermögen. Wow!

Der erste Weg führte uns zum Postamt, wo ich 2 Briefe von Heike erwartete, und tatsächlich waren sie angelangt. Wir setzten uns in ein Cafe, Tomek schrieb Briefe, ich las sehnsuchtsvoll Heikes Zeilen, verschlang die Wörter und Neuigkeiten, die meistens keine mehr waren. Der erste Brief war schon vor einem Monat verfasst worden, die Einblicke in ihre jüngste Vergangenheit waren nett zu lesen. Und sie schrieb so, dass ich Heimweh bekam. Und ich spürte ihre Liebe, ihre Sanftheit und ihre Zuneigung zu mir. Sie wollte mehr Nähe, etwas was mich auf Dauer in vorangegangen Beziehungen geängstigt hatte. Ich hatte mich eingezwängt gefühlt. An diesem Punkt hatte ich bisher meine Beziehungen beendet. Das schien mir so weit entfernt, solche Grübeleien nahmen jetzt keinen Raum in mir ein. Heikes Zuneigung fühlte sich warm und richtig an. Huch, welch eine Wandlung!

Ich telefonierte noch mit Ron. Ron war Amerikaner und wohnte in Brush Prairie, einem kleinen Ort im Staat Washington. Er war mit Inge, einer Deutschen verheiratet, und die beiden waren Freunde von einer Arbeitskollegin. Als sie im Winter in Kassel gewesen waren, hatte ich sie besucht, und sie waren ein lustiges Paar mit verrückten Ideen. Ich mochte verrückte Ideen und deshalb auch die beiden sehr gerne. Sie hatten mich eingeladen, ein paar Tage bei ihnen zu verbringen. Ron war begeisterter Angler. Vielleicht war er ja auch ein begeisterter Angellehrer und konnte mir ein paar Kniffe verraten, damit ich nicht gefrustet meine Angel an den Nagel hängen musste. Meine bisherigen Erfolge waren gleich Null. Ich konnte die beiden Mitte Juni besuchen, und da Seattle in der Nähe lag, buchte ich für den 11. Juni einen Flug von Anchorage aus. Er kostete 96 $.

Leider war kein Brief von Angelika im Postoffice. Ich hätte sehr gerne gewusst, wie es ihr ging.

Der Wind stand günstig, und wir beschlossen noch weiter zu radeln Richtung Portage. Tomek freute sich auf die Gletscherbesichtigung. Wir hatten heftigten Rückenwind, so dass wir mit einem 22-er Schnitt heute 97 km zum Williwaw Lagerplatz fuhren. Wir brauchten unsere schweren Räder nur einmal in Gang setzten und unsere Oberkörper aufrichten und schon blies der Wind uns vorwärts. Es war fast wie Segeln. Geil! In Girdwood, dem netten kleinen Ort, den ich schon kannte, fanden wir einen Imbiss. Zum ersten Mal, seit dem ich Deutschland verlassen hatte, fand ich Salat auf der Speiskarte und ich aß mit Heißhunger meine riesige Portion griechischen Salat mit Käse. Das schmeckte. Ich hatte die ganzen Burger und Bacon und Nudelsuppen satt. Es war ein Festschmaus. Klasse! Klasse war es auch, dass die Strecke mit Tomek überhaupt nicht langweilig wurde. Beim ersten Mal Befahren gab es viele Unterbrechungen und ich war noch in keinem Rhythmus. Nun konnte ich mich mit ihm während der Fahrt unterhalten und ich zeigte ihm, die Highlights. Er bemerkte kurz: „Jetzt bist Du wieder der Reiseführer und Anleiter." Ich hatte die Angewohnheit, wenig zu reden und wenn, dann stützte ich mich auf mein Faktenwissen, das ich mir angelesen hatte.

Wir befuhren den Seward Highway, als ich eine alte verlassene Hütte wahrnahm. Sie stand in der Nähe des Turnagain-Arms, war noch erhalten, aber verwildert. Auf der Hinweistafel im Eingangsbereich wurde an den ehemaligen Bewohner erinnert, der 1964 beim Good-Friday Erdbeben sein Leben verloren hatte. Ich staunte, dass es in Alaska Erdbeben gab. Als ich später die nette Serviererin in der Portage Lodge, die mich sogleich wiedererkannte, danach fragte, antwortete sie mir, es wäre das stärkste Erdbeben in Nordamerika gewesen. Viele Häuser und Schiffe waren zerstört worden, allerdings hatte es nur wenige menschliche Opfer gegeben. Der Besitzer der Hütte wäre einer von den etwa 115 Toten gewesen.

Williwaw lag an einem Fluss. Überall in dem breiten Bachbett wimmelte es von Kieseln, Felsblöcken und Treibholz, welches vom Gletscher poliert wurde, so dass es glatt wie Glas erschien. Weiter oberhalb im Flußbett entdeckten wir Bäume, die zu einer Burg, einem Damm aufgehäuft waren und tatsächlich sahen wir in der Nähe viele abgenagte Baumstümpfe, die mit ihren typischen Zahnspuren eindeutig das Markenzeichen für tätige Biber waren. Ich hatte noch nie einen Biber gesehen; ich wusste, dass sie scheu waren und man sie deshalb schwer zu Gesicht kriegte. Ich war neugierig, suchte mir einen passenden Platz von der Burg entfernt und wartete.

Ich konnte nicht gut warten. Viele Gedanken kreisten in meinem Kopf, und es fiel mir schwer, nur zu beobachten. Ich vertrieb lieber aktiv meine Zeit. Aktiv beobachten hieß in diesem Fall, mich anzuschleichen, und da ich ja gute Erfahrung beim Anschleichen an die Elche gemacht hatte, versuchte ich, nun an den Biberbau heran zu gelangen. Ich hatte mir die Kamera von Tomek ausgeliehen, allerdings sollte sie heute nicht mehr zum Einsatz kommen. Es war 11 pm und es dunkelte. Ich wollte gerade den Platz verlassen, als ich eine Bewegung der Wasseroberfläche wahrnahm. Irgendwas schwamm dort. Es hatte die Größe eines Bibers, es hatte die Beweglichkeit eines Bibers, aber mehr konnte ich nicht mehr erkennen, so beschloss ich, dass es auch ein Biber war. Somit konnte ich mich als Entdecker von etwas Neuem fühlen. Ich benötige häufiger den äußerlichen Erfolg, äußerliche Anreize und ich wollte Neues erleben. Mein Leben war endlich, nicht planbar. Gedanken an meine Rentenzeit hatte ich nicht. Das erleichterte mich insoweit, als dass ich keiner Karriere hinter her hecheln musste. Ich musste keine Mark verdienen um des Verdienen Willens. Ich brauchte keine Kompromisse einzugehen. Ich brauche mir keine Gedanken um eine mittlere Zukunft zu machen. Ich brauchte das unmittelbare Erlebnis, das unmittelbare Gefühl, das unmittelbare Staunen, welches mir die Natur hier in Alaska bot. Ich war zufrieden, den Biber aufgespürt zu haben, mein Adrenalinspiegel war gesättigt.

Was wollte ich denn noch alles sehen und erleben? Ganz klar, den Bären, vielleicht noch Wapitis, große nordamerikanische Hirsche, vielleicht noch einen Fuchs, die lustig und drollig aussehenden Puffins, Robben und natürlich Wale. Ich war ein Nimmersatt. Und ich freute mich auf die morgige Gletscherwanderung.

Die wurde bei großartigem Wetter mit Sonnenschein auch ein totaler Erfolg. Interessant waren auch die Hintergundinfos, die wir über das Gletscher Informationszentrum vor Ort erhielten. Sie waren anschaulich, nachvollziehbar und unmittelbar. Wir spürten die Kälte des Gletschers unter unseren Füßen, atmeten die kalte Luft und rochen den Gletscher. Ja, er roch tatsächlich, als wenn man in einen ungefüllten Gefrierschrank hineinschnupperte. Manchmal begleitet vom Geräusch des unter uns fließenden Gletscherwassers, manchmal dem einer Kalbung in den Portage Lake. Das Spritzen des Wassers, das Donnern wenn der Eisblock in das Wasser rutschte und der fantastische Blick von oben auf den See, in dem unzählige große und kleine Eisblöcke trieben, das klare, etwas gräulich wirkende Schmelzwasser, welches sich in zahlreichen Seeabflüssen sammelte und zum Turnagain Arm hinunter schnellte. Und immer wieder Biberburgen.

Mittags schwangen wir uns auf unsere Räder, um wieder auf die Kenai-Halbinsel zu gelangen. Ich musste zum zweiten Mal die 5 Meilen lange Steigung überqueren, Tomek graute schon vor der Anstrengung. Wie würde es diesmal sein? Hatte ich meinen Rhythmus gefunden und schaffte ich es diesmal ohne Pause? Fragen, die sich gleich beantworten würden. Ich fuhr langsamer in den Berg hinein, so langsam, dass ich diesmal wesentlich weiter kam. Ich schaltete von Beginn in einen leichten Gang, fuhr rhytmisch im Tritt, zählte meinen Atemzüge erst gar nicht. Ich wollte diesmal oben ankommen und den Eindruck haben, es würde diesmal leichter sein und ich hätte meine Kraft besser eingeteilt. Ich fuhr 11 km/h. Ich bemerkte schon bald Tomeks Zurückbleiben, wollte aber meinen Tritt nicht verlangsamen und rief ihm zu, ich würde auf halber Strecke eine Pause machen. Ich flog fast den Berg hinauf, trotzdem schwitzte ich aufgrund der Hitze und der Anstrengung und musste etwas trinken. Die Trinkflasche war am Rahmen befestigt, aber ich hatte die Befürchtung, sie beim Herrausziehen aus der Halterung zu verlieren oder aus dem Gleichgewicht zu kommen.

Ich hielt an demselben Platz, an dem ich auf der Hintour die zweite Pause eingelegt hatte. Wow das lief diesmal rund. Ich trank mein Wasser und justierte meinen Sattel ca. 2 cm nach unten, denn ich hatte den Eindruck, ich würde heute überhöht sitzen. Ich wartete auf Tomek, der schon kurz nach mir ankam. Er verlangte gierig nach Wasser und Pause und Ausschwitzen und etwas zu essen. Wir verzehrten noch Müsliriegel, Bananen und Toastbrot mit Peanutbutter und Jelly. Alles Sachen, die wir in Anchorage eingekauft hatten. Schon nach 15 Minuten hatten wir unsere Stärke wieder erlangt und fuhren weiter wie eben, ich mit meinem 11er Schnitt, kleinem Gang, Tomek ein wenig langsamer, und wir näherten uns Tritt für Tritt, Radumdrehung um Radumdrehung, dem Pass, ohne eine weitere Pause, ohne einzubrechen.

Ich jauchzte innerlich und äußerlich, erfreue mich an dem phantastischen Panorama und verglich diese Tour mit meiner ersten Befahrung, bei der ich öfter eingebrochen war und häufiger Pausen einlegen musste. Diesmal fühlte ich mich locker und leicht. Ich benötigte immer noch jede Menge Kalorien und schwitzte wie verrückt, aber das Panorama, die Freude auf die bevorstehende Abfahrt und das Gefühl, eine tolle Leistung gebracht zu haben, waren meine Belohnung. Glückshormone werden ja bekanntlich unter Stress und Sonneneinwirkung produziert, und ich merkte sie. Ich spürte mein Blut pochen, ich spürte, wie meine Lunge sich weitete und an meine Rippenbögen stieß. Meine Haut war errötet. Selten erlebte ich meinen Körper so direkt, aber jetzt spürte ich ihn. Jetzt und Tomek auch. Wir hatten unsere Körper fast eine Stunde lang auf Hochtouren laufen lassen.

Nach dem Genuss der Aussicht und den frühlingshaften Düften genossen wir nun wieder die Abfahrt Richtung Cooper landing, wo wir noch eine Zwischenstation auf dem Weg nach Seward einlegten. In der Nacht begann es zu regnen. Es regnete gleichmäßig, nicht heftig, sondern eher mäßig.

Am nächsten Morgen wunderten wir uns noch nicht darüber. Es war ein warmer Regen. Wir brauchten nur noch 22 – 25 km nach Seward radeln, überwiegend den Berg hinunter, und dann hätten wir unser südlichstes Ziel erreicht.

Wir überlegten, ob wir abwarten sollten, bis der Regen sich gelegt hatte und beschlossen, noch eine halbe Stunde zu warten. Dann würde er bestimmt aufhören, dachte ich. Tomek meinte das nicht. Es gebe keinen Wind, der die Wolken vertreiben würde.

Ja, damit hatte er Recht. Wir verschoben die Abfahrt ein paar Mal um eine weitere halbe Stunde. Es ging auf Mittag zu, wir hatten nichts mehr zu beißen und mein Magen meldete sich deutlich hörbar mit einem Grummeln. Ich wollte mein Grummeln durch ein Frühstück beseitigen und drängte Tomek immer mehr zum Aufbruch. Der konnte allerdings mit seinem Hungergefühl besser umgehen als ich selbst. Er war schließlich beginnender Yogi und hatte schon einige Fasteneinheiten hinter sich gebracht. Mein Grummeln und Flehen überwog aber, oder vielleicht hatte ich Tomek auch nur lange genug genervt, so dass er meines Stöhnens und Flehens überdrüssig wurde, mit mir die nassen Zelte einpackte und mit mir aufbrach.

Es nieselte immer noch, wir fuhren noch ein kleines Stück bergauf zum Moosepass, um dann nach Seward hinunter zu rollen. Wir fuhren langsam, bremsten häufig, die Strecke war kurvenreich, und wir wollten das Risiko eines Sturzes auf der nassen Fahrbahn so gering wie möglich halten. Seward entzog sich aufgrund der immer stärker werdenden Nebeldecke unserer Sicht, bis wir fast da waren. Auf einmal bemerkten wir rechts und links die ersten Häuser und erfragten den Weg nach dem

Campground und nach einem Restaurant. Wir fuhren zuerst das Restaurant an. Wir staunten über das Flair, dieses nette, italienisch anmutende Interieur mit Frescenbemalung an den Wänden, dazu Souvenirs, die von Indianern geschnitzt wurden oder handgefertigter Schmuck. Es gab echten italienischen Espresso mit selbgebackenen Gebäck, diverse Teesorten, die Tomek als Teekenner und –genießer verführerisch lecker schmeckten. Es passte so gar nicht in das gewohnte Bild von Cafés oder Restaurants, deren Angebot sich auf deftige Fleischgerichte beschränkte und auf Refillkaffee, der so dünn war, dass man ihn ohne Weiteres auch für hellbraun gefärbtes Wasser halten konnte. Klasse!

Wir verbrachten hier 2 lockere Stunden, trockneten uns und unsere Zelte, um uns anschließend auf den Weg zum Campground zu machen. Es regnete noch immer. Unsere Zelte bauten wir als Regenschutz rasch unter riesigen Tannen auf und verstauten unser Gepäck. Mir war langweilig und Tomek auch, und wir entschlossen uns zu einem Spaziergang in die Stadt. Der Weg zum Hafen führte durch Wohngebiete, die mit all ihren Vorgärten riesig waren, das Stadtzentrum war überschaubar und nichtssagend. Wir trafen keine Leute, konnten uns also nicht nach etwas Stadtinteressantem erkundigen. Vor uns erstreckte sich der ganz in Grau verhangene Prince William Sound. Wir hörten das Nebelhorn eines Schiffes und sahen kurz darauf einen Fischtrawler in den Hafen einlaufen. Hier in Seward passierte das städtische Leben am Hafen, und so beeilten wir uns, um die Landung des Kutters mitzuerleben.

Wir kamen zeitgleich an, der Kutter hatte gerade fest gemacht. Zwei Männer nahmen die offenen Kisten mit dem frisch gefangenen Fisch entgegen und trugen ihn zu einem überdachten Tisch.

Sie luden 29 Kisten ab und begannen kurz darauf mit ihren scharfen Messern die Fische zu zerteilen. Es roch nach Fisch, die Möwen kreischten und machten sich sofort und streitlustig über den Abfall her. Dabei waren sie so gut erzogen, nur Abfälle zu fressen. Wahrscheinlich wären sie sonst von den filetierenden Männern mit ihren Stilettos verjagt worden. Es roch weiterhin nach Meer und totem Fisch, und das Blut sammelte sich um die Gummistiefel der Arbeiter. Nun kamen auch zwei Frauen, die den Fisch in die Lagerhalle brachten. Es regnete noch immer. Die Entladung und Filetierung nahm ca. 2 Stunden in Anspruch. Wir standen unter einem Vordach. Weitere Menschen trauten sich an diesem Tage nicht heraus. Wir fragten die Fischer nach dem Wetter der nächsten Tage, und sie sagten einmütig, es würde weiter regnen, manchmal mit Aufheiterungen versehen. Na Klasse! Wir fragten uns nach dem Walbeobachtungsschiff durch, gingen anschließend zu der angegebenen Adresse und buchten für den morgigen Tag um 10.00 eine Ausflugstour zu den Walen. Wir würden auch an kalbenden Gletschern vorbei kommen und bei Regen wäre die Wahrscheinlichkeit Wale und Robben zu besichtigen sowieso größer. Außerdem hätten wir die Möglichkeit, ein Lachsbuffet auf dem Ausflugsboot zu genießen. Das war uns dann schon die 90,- Dollar wert.

Wir vertrieben uns den weiteren Abend mit einem erneuten Snack in dem italienischen Restaurant, aßen Salat, tranken Millers und schwankten im Regen zu den Zelten. Wie lange würde es noch dauern, bis sie das Wasser nicht mehr abweisen konnten? Meines stand noch gut, aber Tomeks war alt und es ließ mittlerweile jegliche Spannung vermissen. Falls es undicht würde, konnte er aber zu mir gekrochen kommen.

Ich schlief wie ein Toter, diesmal war Tomek derjenige, der früh erwachte und mich, als ich morgens um 5 aus dem Zelt kroch, um an den nächsten Baum zu pinkeln, angriente. Er sah nicht lustig aus, sein Gesicht war gerädert und ich brauchte gar nicht lange zu überlegen warum. Er lag in einer Pfütze, der Schlafsack war dunkel gefärbt von Feuchtigkeit. Tomek selbst hatte schon Hose und Pullover an, aber auch diese zeigten ihre ersten Wasserflecken. Er kroch grummelig zu mir ins Zelt, hängte vorher noch seinen mittlerweile 10 kg schweren Schlafsack an einen Nagel an einem überdachten Unterschlupf. Es regnete schon wieder oder noch immer!

Wir frühstückten nicht, sondern beschlossen uns am Buffet auf dem Ausflugsschiff gütlich zu tun. Es gab wenig Mitreisende. Die Walbesichtigungssaison hatte gerade erst begonnen. Das Boot wartete noch bis halb 11, um eventuelle Spätkommer noch einzuladen. Es kamen allerdings keine mehr, und so schipperten wir langsam los, raus aus dem Hafenbecken und hin zu den Walen, Seehunden und Eisbergen. Ich war total gespannt. Frühstückte mit Ungeduld und verließ immer wieder das Unterdeck, um mir einen Überblick über die sich wandelnde Natur zu verschaffen.

Viele kleine Inseln prägten die Fjorde. Kiefern standen auf ihnen, welche aufgrund der permanenten Feuchtigkeit mit Moosen bewachsen und verwildert waren. Manchmal hingen sie bis auf den Boden und ließen einen mystischen Eindruck entstehen. Hier sah ich die ersten Robben, welche am Strand lagen, sich dann ins Wasser fallen ließen und mit all ihrer Eleganz und Beweglichkeit unser Schiff neugierig erkundeten. Herrlich, wie lautlos sie durchs Wasser glitten. Etwas später sah ich schon von weitem eine felsige Insel, die von Tausenden Vögeln umflogen wurde. Weit reichte das Kreischen der Möwen, aber da waren noch andere Vögel, mit dunklem Gefieder. Ich konnte sie noch nicht erkennen, und warte sehnsüchtig darauf, dass unser Boot näher kam. Es waren Kormorane, die hier ihre Brut aufzogen und auf Jagd gingen. Der Felsen ragte ca. 30 Meter aus dem Wasser, war ca. 1000 qm groß, steil mit rauhen Kliffen, welche ganz weiß erschienen.

Er war voll geschissen. Wo keine Vogelscheiße zu sehen war, sah man die schwarzen Kormorane oder die bunten Puffin, die mit ihrem großen Schnabel und buntem Gefieder drollig aussahen. Sie wurden auch Papageientaucher genannt, ein passender Name. Auch sie waren nicht zu überhören. In der allgemeinen Lautstärke fiel es mir schwer, die einzelnen Geräusche den Vögeln zuzuordnen. Wir waren tief beeindruckt davon, wie eng beieinander die Vögel den Felsen besiedelten, beeindruckt von dem Gekreische und von dem Fischreichtum, den diese Vögel allsekundlich aus dem Wasser holten. Ich dachte, wenn ich hier angeln würde, hätte ich auch Erfolg.

Nach einer vollständigen Umrundung der Insel drehte der Kapitän den Motor hoch, und es ging weiter Richtung Gletscher. Die ersten Eisblöcke waren schon in der Ferne in Sicht. Das Meer schimmerte milchig grau. Es regnete allerdings noch immer, und nach dem Vogelerlebnis brauchten wir eine warme Umgebung, und begaben uns erst einmal ins Unterdeck. Schon bald sah man aber auch von hier aus immer mehr kleine und große Eisblöcke.

Der Kapitän drosselte die Maschine, so dass wir nur noch ein langsames Stampfen und Tuckern hörten. Wahrscheinlich wollte er die Eisblöcke mit langsamer Geschwindigkeit umschippern. Wir begaben uns wieder aufs Oberdeck, spürten die zunehmende Kälte deutlich und bestaunten die riesigen Eisblöcke.

Der Gletscher war noch eine Meile entfernt, trotzdem wimmelte es von tausenden dieser grauen Blöcke, die das Boot teilweise streiften. Das Meer war erstaunlich ruhig, nicht so wie bei den Felseninseln, die wir umfahren hatten, wo sich Gischt an unserem Boot und an den Felsen gebrochen hatte. Vor uns war noch ein weiteres Besichtigungsboot, es lag ca. 200 Meter vor dem Gletscher und wenn das Boot so groß war wie unseres, dann war der Gletscher riesig, bestimmt eine Meile breit. Und 50 Meter hoch. Das Harding Icefield bedeckte auf der Kenai-Halbinsel 800 qkm und speiste 60 Gletscher, die meistens im Meer enden. Und einen davon erlebten wir gerade in bester Kalblaune, denn im Minutentakt ließ er seine Kinder ins Wasser gleiten, mal klein, mal riesig, meistens laut.

Die Eiseskälte ließ den Regen fast gefrieren. Wir freuten uns, dass das Boot nur sehr langsam fuhr, sonst wären unsere Gesichter unweigerlich eingefroren. Wir trugen Mütze und Schal und Handschuhe. Wo war der Frühling geblieben, den wir im Matanushka Valley schon gespürt hatten? Je näher wir kamen, desto größer wirkte der Gletscher und desto lauter wurde das Getöse. Wir konnten uns kaum satt sehen. Manche Möwen ließen sich in der Nähe der Eisberge nieder, um sich über die durch die Kalbung angereicherten Fischgründe her zu machen. Es schien ein lebensgefährliches Unterfangen zu sein. Okay, tschüss, Gletscher. Wir wollten noch Wale sehen und so ging es weiter Richtung offenes Meer. Wir erwärmten uns im Unterdeck, tranken unseren Kaffee und aßen eine Kleinigkeit.

Als wir am Sound des Motors hörten, dass das Boot wieder langsamer fuhr, wurden wir hellhörig und sprinteten nach draußen, in der Hoffnung die ersten Wale zu Gesicht zu bekommen. Nein, ich sah nichts. Es regnete noch immer. Wir schauten fragend zum Kapitän und der zeigte in eine andere Richtung. Aber auch da war nichts zu sehen. Wir bemerkten allerdings noch das andere Touriboot. Es hatte ebenfalls die Fahrt eingestellt und trieb auf den Wellen.

Tomek sah ihn zuerst. Er wies mit der Hand in die Richtung, und ich sah einen dunklen Rücken, der Sekunden später abtauchte. Minuten später sah ich zuerst den Wasserstrahl, den der Wal beim Auftauchen durch die Luft stieß und hörte das markante „pfffft!"

Man erkannte nur seinen Kopf, kurz, dann war er wieder verschwunden. Die Wale waren noch weit entfernt, ca. 250 Meter. Der Kapitän versuchte, ihnen mit langsam laufendem Motor näher zu kommen und hielt dabei auf eine Richtung zu, in der unser Wal wieder auftauchen könnte. Stimmt, nach 3 Minuten zeigte er sich ein weiteres Mal. Wieder das „pfffft," dann das langsame Auftauchen eines großen Körpers, es war wieder nur der Kopf. Wir rätselten, ob es sich um einen Grauwal, Buckelwal oder Grönlandwal handelte. Mit Sicherheit war es kein Orca, denn der wäre an der schwarz weißen Hautfärbung erkennbar. Es tauchte in der Nähe noch ein zweiter Wal auf, auch mit der Wasserfontäne und dem über 200 Meter hörbaren „pfffft."

Er schien kleiner zu sein. Wahrscheinlich waren es Mutter und Kind. Würden wir den Vater auch noch zu Gesicht bekommen? Wir waren gespannt und suchen mit unseren Augen den Horizont ab. Da, wieder das Auftauchen der beiden Wale, aber weit und breit kein Merkmal eines Dritten. War es eine unkomplette Familie? Tomek wettete darauf, den Vater noch zu Gesicht zu bekommen, ich hingegen auf das Gegenteil, nicht aus Überzeugung sondern aufgrund der fehlenden Alternative.

Wir suchten und warteten und nahmen gar nicht mehr wahr, dass sich die beiden Humpback-Wale immer mehr von uns entfernen. Wie kam es, dass es unvollständige Walfamilien gab? Lebte der Vater gerade im Trennungsjahr? Oder waren sie schon geschieden?

Ich erinnerte mich an meine Familie, in der meine Eltern zusammengelebt hatten, bis der Tod meiner Mutter sie trennte. Bis dahin hatte ich sie immer als Paar erlebt und ich konnte mir sie nie anders vorstellen. Sicherlich, mein Vater war Handwerker und er hatte als Handwerker gut zu tun. Das gab es damals noch. Papa fand das in Ordnung, ich als Kind und Pubertierender weniger. Ständig arbeitete er nach seinem Job noch schwarz, um sein Haus abzubezahlen oder er baute an dem Haus. Ich sah ihn nur selten, und wenn, dann war er so groggy, wie ich nach einem Tag Bergaufradeln. Er wollte dann nur schlafen, unternahm mit uns Kindern nichts. Selbst samstags war er fort, und wir putzen sein Auto, um uns mit ihm zu identifizieren. Samstag Abend gingen wir mit ihm in den Gottesdienst, er am nächsten Morgen zum Frühschoppen, kam häufig 3 Stunden später wieder und war betrunken. Ich erlebte meinen Vater immer nur indirekt. Er wurde als großer Handwerker gelobt: „Warte, der Papa wird das schon machen" oder aber zur männlichen Instanz gemacht, mit der gedroht wurde: „Passt auf bis Papa kommt, dann zieht er euch die Löffel lang." Er hat uns wenig geschlagen, dazu war er viel zu gutmütig, auch wenn er sich bemühte, diese ihm zugedachte Rolle zu spielen. Als Elternteil integriert in die Familie war er nicht.

War es bei den Walen ähnlich? Hat der Walpapa eine ähnliche Rolle? Musste er sich um die Ernährung kümmern? Sicherlich war es ähnlich, denn Wale sollten so zumindest laut Tomek, dem Walkundigen, intensive Familienbeziehungen unterhalten. Wir sahen die Wale nicht wieder. Ich gewann unsere Wette, Tomek musste mir das nächste Bier ausgeben. Der Regen begann übrigens nachzulassen, aber es hingen noch immer unheimlich tiefe Wolken über dem Meer, als wir wieder Fahrt aufnahmen um nach Seward zurück zu schippern. Auf den Weg dorthin sahen wir noch eine riesige Seelöwenkolonie. Männchen und Weibchen hatten sich mit ihren massigen Körpern dicht an dicht ausgebreitet, so dass keine Handbreit freier Boden blieb. Als wir im Abstand von wenigen Metern ihre kleine Insel umfuhren, brüllten sie aufgeregt, manche verließen sogar ihren Platz, um sich mit tosendem Geräusch in die Wellen zu werfen. Imposante Körper mit einer tierisch dicken Fettschicht, mehrere Zentner schwer, richteten sich bedrohlich gegen das Schiff auf und versuchten Eindruck bei uns zu schinden. Was auch klappte, denn ich bekam Angst und war froh, auf dem massiven Schiff zu sein. Ich malte mir mit Erschrecken aus, wie es wäre, wenn sie uns in einem kleinen Kanu begegnen würden.

Ich war froh, keiner von den Indianern zu sein, die in ihren Booten noch vor hundert Jahren Jagd auf die Seelöwen machten und viel Geschick, Mut und Glück benötigten, um einen von ihnen zu erjagen.

Auf der Rückfahrt vergnügten wir uns an dem Lachsessen, und ich fragte mich, wo der ganze Lachs denn herkam. Ich hatte keinen in den vielen Bächen und Flüssen gesehen. Abends gab Tomek mir die Flasche Bier in unserem lieb gewonnenen italienischen Restaurant aus, und wir verbrachten anschließend unsere letzte Nacht in dem verregneten Seward.

Am nächsten Morgen behauptete Tomek, er wäre von einem Beben wach geworden. Ich hatte nichts davon gemerkt, aber er hatte Recht. Erst als ich in dem nächsten Brief von Angelika Hinweise auf das Erdbeben mit einer Stärke von 7.8 auf der Richterskala las, glaubte ich ihm. Wahrscheinlich hatte ich im Schlaf mit den Tagesereignissen zu kämpfen, so dass ich das Beben im Traum vielleicht für das Kalben der Gletscher gehalten hatte. Es nieselte noch immer. Wir machten eine letzte Tageswanderung zum Harlingfieldgletscher und beschlossen, mit dem

Zug nach Anchorage zurückzufahren, da Tomek mich morgen verlassen würde.

Wir hatten unseren letzten gemeinsamen Tag. Schon am Vormittag kam die Sonne zum Vorschein, als wolle sie uns Lebewohl sagen und den Abschied verschönern. Wir versuchten, so gut wie möglich unsere Zelte zu trocknen und kauften uns anschließend Bahntickets für die Fahrt mit der Aussichtsbahn, die sehr alt und nostalgisch war. Sie war blau und gelb bemalt und bestand aus einer Dampflok und 4 alten Waggons, die um die Jahrhundertwende entstanden waren und sehr spartanisch eingerichtet waren. Inn vier Stunden würde uns die Bahn durch die Kenaipeninsula führen. Beim Verlegen der Schienen und der Sprengung der Trassen waren viele Chinesen, ich glaube es waren 40 000 Menschen, im Einsatz gewesen. Aufgrund mangelnder Sicherheitseinrichtungen beim Sprengen und aufgrund der harten körperlichen Arbeit waren mehr als 1200 gestorben oder verunglückt. Indianer, die man zuerst als Arbeiter anwerben wollte, hatten aufgrund der suspekten Idee und der eingesetzten Techniken von vornherein die Arbeit verweigert. Die Fahrt kostete 50 Dollar, was ich als Deutsche Bahn Fahrer mit Bahncard als ziemlich viel erachtete, aber angesichts der schwierigen Trassenführung und in Anbetracht der Tatsache, dass wir keine Alternative hatten, entschlossen wir uns für den Kartenkauf und sollten es später auch nicht bereuen.

Beim Verladen unserer Räder mussten wir feststellen, dass die Amerikaner zum Jahrhundertbeginn noch wesentlich dünner gebaut waren. Schade dass ihr wirtschaftliches Potenzial sich immer in Größe und Masse messen ließ! Große Autos, dicke Bäuche, breite Straßen, riesige Bären, massige Gletscher, nur die Türen waren so schmal, die Gänge so eng, dass es unmöglich war, die Räder in den Waggons zu verladen.

Als der Schaffner unsere Hilflosigkeit bemerkte, beschloss er, unsere Räder direkt außen an der Lokomotive zu befestigen. Dort war eine kleine Trittfläche, direkt über den Rädern. Wir wuchteten mit gemeinsamer Kraft die Fahrräder nach oben, er befestigte sie dort, und wir konnten ungestört in den Personenwaggons Platz nehmen. Ob unsere Räder wohl wussten, welchen hervorragenden Platz sie ergattert hatten? Als die Maschine der Dampflok angeworfen wurde, stießen blaue Wolken in den Himmel, es puffte und stöhnte in dem Maschinenraum, der voller Qualm war. Es würde noch eine halbe Stunde vergehen, bis die Dampflok auf Betriebstemperatur war und los fahren konnte. Nicht wie im guten alten Deutschland, wo eine Fahrt meistens pünktlich begann.

Wir fuhren 15 Minuten später ab, die Sonne mogelte sich durch die Wolken und beleuchtete die Hemlocktannen in orangerot. Wir genossen den Ausblick auf Gletscher und das langsame Fahren der Bahn, welche unrhytmisch und quietschend die steigungs- und kurvenreiche Strecke befuhr. Wir sahen Elche äsend in der Nähe, rochen den rußenden Qualm, befuhren langsam Brücken und bewunderten die in die Gebirgs- und Felsregion geschlagene Eisenbahnroute. Wir fuhren über Wildbäche, verscheuchten Krähen vom Brückengeländer und wurden Teil der Wildnis. Es war, als würde ein guter Naturfilm direkt vor unseren Augen gedreht werden. Und immer wieder die Sonne, welche den Abend in tolle Farben hüllte. Klasse! Wir konnten uns nicht satt sehen.

Gegen 22.00 erreichten wir Anchorage, wo wir in unserer bekannten Pension abstiegen und die letzte Nacht in Träumen und Erinnerungen an die wunderbaren Begebenheiten und kleinen und großen Abenteuer verbrachten. Wir hatten viel gesehen, viel erlebt, erfreuten uns bester Gesundheit, und unsere kleinen Malheurs, Stürze und Erlebnisse mit der Waffenliebhaberei der Amerikaner hatten wir glücklich überlebt. Wir lebten noch! Ich spürte meinen Drang nach mehr Erlebnissen und fühlte mich mit Tomek verbunden, so wie sonst nur mit meinem Zwillingsbruder Martin. Ich dachte häufig an ihn. Ich war sicher, er hätte ähnlich empfunden, hätte sich auf ähnliche Abenteuer eingelassen, hätte teilgehabt an dem Radeln und an den Wanderungen in der Pampa. Schade, er wusste nicht um meine Motivation für den Urlaub. Er wusste nicht, dass ich einen Gentest hatte machen lassen. Und er wollte es auch nicht wissen.

Ich erinnere mich noch an unser letztes Gespräch, in dem er mir mit deutlichen Worten gesagt hatte: "Rainer, wenn du etwas über Chorea Huntignton weißt, wenn du einen Gentest machen läßt, dann sag mir nichts!" Es waren jetzt 6 Monate vergangen, seit wir uns das letzte Mal sahen und Zeit miteinander verbrachten. Schade! Ich respektiere seine Entscheidung, es fiel mir aber schwer, musste ich doch abwiegen was ich sagte und wie ich mich darstellte. In der Beziehung zu Tomek brauchte ich mich nicht verstellen. Da konnte ich sein wie ich war, mal weinerlich, mal traurig, mal glücklich, mal überheblich, mal erlebnishungrig, mal zurückgezogen, mal freudig. Halt so wie ich war!

Am nächsten Morgen packten wir unsere 7 Sachen, wobei es bei mir wahrscheinlich eher 70 Sachen waren. Ich gab Tomek noch meinen Wanderrucksack mitsamt den dicken Pullovern, Wanderschuhen, langen Unterhosen, dem zweiten Paar Handschuhe und sonstigen Kleinteilen wie Klettergurt und Karabiner etc. mit auf die Reise zurück nach Kassel. Tomeks Flug ging um 12.00 Uhr, meiner um 10.00. Wir frühstückten noch gemeinsam und fuhren in aller Frühe zum Flughafen.

Als ich eincheckte, erlebte ich einen bösen finanziellen Rückschlag. Der Transport meines Fahrrads war nicht frei, wie die Verkäuferin im Reisebüro mir gesagt hatte, sondern kostete 95 Bucks. Soviel hatte ich gar nicht dabei. Glücklicherweise war ich in der Lage, den Preis auf 45 Dollar herunterzuhandeln.

Alaska, ich danke dir für die vielen emotionalen Höhepunkte, für deine wunderbare Natur, für deine Erlebnisse, aber nun wollte ich die Frühlingsstimmung verlassen, wollte weiter in den Hochsommer.
Ich fühlte mich ähnlich getrieben wie bei meiner Hinreise auch!

Diesmal war es Tomek, der nach ausführlichem Drücken und Umarmen wartend auf seinen Abflug, mir hinterher winkte. Ich hatte mit ihm einmaliges erlebt, er war an meiner Seite geblieben, hatte Zeit mit mir geteilt, war in der Lage gewesen, mich zu halten, mich zu motivieren. Er war einfach da, mit all seiner Größe, seiner emotionalen Stärke, mit seiner Klarheit, mit seinen progressiven Ideen, mit seinem Humor. Ich würde ihn vermissen und drückte ihn zum Abschied herzlich. Ich hatte Tränen in den Augen und weinte ihm noch nach, als ich langsam durch die Sicherheitsschleuse verschwand.
Vorbei an dem riesigen Eisbären, der mich und vor allem Tomek mächtig beeindruckt, ja sogar verängstigt hatte. Ich hatte keine Bären gesehen, was ich schade fand, aber dafür viele, viele andere Erlebnisse mit Tomek geteilt.
Ich erinnerte mich noch deutlich an seine Ankunft, als er mit seinem Lächeln mir begegnet war, nun sah ich nur seinen Rücken. Er trug im-

mer noch die türkisfarbene Jacke. Tomeks Statue ruhte und nun war er mir zugewandt. Ich konnte nicht erkennen, ob er lächelte oder auch weinte.

Anchorage, Alaska, zeigte sich wieder von der besten Seite.

Die Sonne schien draußen, in mir tobten Gefühle, wie die Wildbäche, welche uns gestern auf der Bahnfahrt begleitet hatten und die wir überquerten hatten.

Überquerte ich auch die Gefühlswelt und kam zurück nach Deutschland?

Ich sang leise und nach innen horchend das Lied von Konstantin Wecker:

> Liebes Leben, fang mich ein,
> halt mich an die Erde.
> Kann doch was ich bin nur sein,
> wenn ich es auch werde.
>
> Gib mir Tränen, gib mir Mut,
> und von allem mehr.
> Mach mich böse oder gut,
> nur nie ungefähr.
>
> Liebes Leben, abgemacht,
> darfst mir nicht verfliegen.
> Hab noch so viel Mitternacht,
> schlaflos vor mir liegen.

Kanada und Washington State –
oder Wo komme ich her?

Der Flug war genauso atemberaubend schön wie auch der Hinflug, und ich war neidisch auf die Piloten, die all die schönen Eindrücke immer wieder aufnehmen dürfen. Hätte ich die zauberhaften Momente des Fliegens eher entdeckt, so wäre ich mit Sicherheit Pilot geworden, zumindest hätte ich es ernsthaft versucht! Nun ließ ich noch einmal die 4 Wochen mit Tomek Revue passieren. Es war schön, sehr schön, mit ihm zu radeln. Wir hatten ähnliche physische Stärken gehabt, so dass es zwischen uns keine großen Leistungsunterschiede gab. Unser Biorhythmus war etwas zeitverschoben. Ich kam eher in den Tag hinein, dafür war bei mir um 5 Uhr Schluss mit lustig. Danach musste ich mich quälen, um weiter zu radeln. Tomek drehte gerade in den Abendstunden voll auf, und ich konnte nur noch mit Mühe, manchmal sogar gar nicht mehr folgen. Ich hatte ihm nur manchmal ein: „ich brauch `ne Pause" hinterher geschrien. Ja, das würde in den nächsten Tagen und Wochen anders werden! Ich freute mich auf die neuen Erfahrungen, auf die neuen Erlebnisse und das Wiedersehen mit Heike.

Ich saß in Träumen versunken in dem fast leeren Flieger nach Vancouver. Wir flogen zunächst über das Meer mit seinen kleinen und großen Inseln, mit seinen riesigen Einbuchtungen, seinen Fjorden, die sich tief ins Inland schlängelten, anschließend über menschenleere Gegenden. Ich sah nur Berge, Gletscher, Wälder, Hochebenen und Seen, nirgends eine Ansiedlung. Ich erinnerte mich an eine Sonntag Nachmittag Fernsehserie, in der ein aus Griechenland stammender Vater mit seinen Kindern auf kleinen Seen paddelte oder mit dem Motorboot unterwegs war. Ich wusste keine Einzelheiten der Handlung mehr, es ging um Abenteuer und die Geschehnisse im Ort aber ich empfand die Stimmung. Ich erinnerte mich dass häufig gezeigt wurde, wie abends die

Sonne den Wald orange färbte, und die Familie in Eintracht und Frieden hinter einem Bootssteuerrad stehend dem Sonnenuntergang entgegen fuhr. Ich war damals wie heute fasziniert, und ich dachte mir, wenn ich mich wohl fühlen würde, dann hier, wenn ich auswandern würde, dann nach Kanada.

In unserer Familie kursierte der Spruch: "Keiner hier, keiner da! Bin in Kanada!"

Papa wollte auch auswandern! Wir hatten in der Familie häufiger darüber gesprochen. Papa wollte gerne nach Australien. Auch nicht schlecht. Aber persönlich war es mir dort zu warm, zu steppig, zu wüstenähnlich. Ich favorisierte Kanada wegen der wunderbaren Abendstimmungen. Ich bin kein Typ für gleißendes Sonnenlicht, kein Typ für heiße Tage mit über 30 Grad Celsius. Ich bin dann nur am Schwitzen und verbrenne mir in der Sonne die Haut, und ich kann gar nicht soviel trinken, wie ich wieder ausschwitze. Und ich mag es einfach nicht, wenn ich ohne Anstrengung klatschnass werde, nur weil ich draußen bin. Ich mag es aber auch nicht, mich bei schönem Wetter nur im Hause auf zuhalten. Ich bin ein Typ für draußen, für draußen schlafen, für Action draußen, für Wald und Feuer. Ich habe es schon als Jugendlicher gemocht, in den Wäldern und Wiesen unserer Ortschaft herumzustreunen, an kalten frischen Bächen mich zu erfrischen, den Duft von erdigem Boden, von Laubbäumen, oder von Kiefern, von Harz, zu riechen.

Und nun war ich auf dem Weg in das Land meiner Kinder- und Jugendwünsche, in das Land von Wald und Wasser, wo es wenige Straßen gab. Wow, ich freute mich riesig und war ungeduldig.

Schon bald sehe ich die Skyline von Vancouver. Hochhäuser und Türme, ragen in den Himmel. Wir waren schon im Anflug. Es gab keine Turbulenzen, wirklich keine, so dass ich den Eindruck gewann, wir saßen vor einem riesigen Fernseher und schauten den Film. „Vancouver, erste städtische und architektonischen Eindrücke, dieser wundervollen Stadt." Ich wollte Vancouver mit Heike erleben. Deshalb wollte ich nicht sofort in die Stadt, sondern erst mal in die nähere Umgebung. In die Wälder! So sehnte ich mich dem Auschecken entgegen, baute fix mein Rad zusammen, pumpte Luft in die Schläuche und los ging's. Raus aus dem Wirrwarr von Menschen, die hastig Koffer zogen oder Aktentaschen tragend das Terminalgelände belagerten.

Die Zufahrtsstraßen waren verstopft. Ich mogelte mich auf dem breiten Standstreifen an den Autos vorbei und orientiere mich anhand der Beschilderung. Für einen kurzen Augenblick war ich geneigt, mich dem Autotross Richtung Innenstadt anzuschließen, aber dann hätte ich ja schon wieder Stadt, wieder Zivilisation. Ich vermutete, Vancouver war so groß, dass ich Mühe hätte heute noch den Speckgürtel zu verlassen. Während des Fluges hatte ich im Reiseführer nach Alternativen für Radrouten Richtung Süden geschaut. Vancouver sei sehr fahrradfreundlich. In der Innenstadt gebe es jede Menge Fahrradwege. Dann gab es mit Sicherheit auch eine nette Route Richtung Seattle.

Ich wandte mich Richtung Südosten. Die Landschaft war hügelig, fast wie in meiner Heimat Kassel. Die Wälder bestanden überwiegend aus dichten Fichten oder den größeren Hemlock Tannen, deren Stämme mächtig waren, meist umwuchert von Efeu oder anderen Schlingpflanzen. Teilweise sah ich goldene Weizenfelder.

Ich empfand die 25° C als angenehm. An den breiten Straßen standen Einfamilienhäuser, keine Villen, überwiegend neue Häuser. Die meisten lagen hinter bunten Vorgärten oder hinter gemähten Rasenflächen, Steinzäunen oder Hecken. Kinder spielten lärmend Fangen, manche hatten einen Basketballkorb direkt vor dem Haus oder der Garage und spielten dort Ball. Manche Häuser bestanden aus aufgebockten Wohntrailern, die miteinander verbunden waren und über ein gemeinsames Dach verfügten. Ich fand sie nicht sonderlich attraktiv, aber ich erinnerte mich an ähnliche Wohnanlagen in Anchorage. Sie waren entstanden, um die Arbeiter der Pipeline Gesellschaft anzusiedeln.

Die Regierungsbehörde hatte damals den Arbeitern je ein Stück Land geschenkt. Die meisten von ihnen waren Weiße aus den Lower 48, die noch nie in Alaska gewesen waren. Die Aussicht auf gute Bezahlung hatte sie angelockt. Es waren meistens alleinstehende Männer mittleren und jüngeren Alters, die mit ihren Wohnwagen nach Norden zogen, und sich in den zur Verfügung gestellten Wohnparks heimisch niederließen. Als Arbeiter blieb man so flexibel, und man konnte leicht dem Bauprojekt der Alaska Pipeline folgen. Wie überall, wo Männer gemeinsam sind, gab es eine Tendenz zu Auseinandersetzung, eine latent vorhandene Aggression mit all ihren kleinen und großen Auswüchsen wie Alkohol, Diebstahl und Kleinkriminalität.

Die Behörden wurden aufmerksam, und schon bald wurde die Besiedlung mit jungen Familien vorangetrieben. Es gab genügend Land und so wurden, je nach dessen Qualität, Familien mit riesigen Grundstücken beschenkt. Die Siedler fühlten sich anscheinend so verunsichert durch den kalten Winter, den drohenden Arbeitsplatzwechsel und sonstige widrige Umstände, dass sie lieber einen Wohncontainer aufstellten und den, je nach ihren familiären Ansprüchen, mit anderen Containern kombinierten. Nicht selten bildeten 4 bis 6 Container ein Haus von 150 - 200 m². Sie konnten jederzeit wieder die Segel streichen, ihren Container abbocken und weiterziehen. Aber das taten die wenigsten. Die Wirtschaftslage hielt, was die Prognosen versprachen, und die Wohncontainer wurden nun immer mehr beheimatet und mit Rosen und Gemüsegärten verschönert.

Etwa ähnliches sah ich nun hier in Vancouver, konnte jedoch kein ähnliches Besiedlungsprogramm ausfindig machen. Vancouver war schon immer eine wachsende Gegend. Es gab den Fischfang, die herrlichen touristischen Skizentren und natürlich den Holzeinschlag, der British Columbia, so wird der westliche Teil Kanadas genannt, eine wirtschaftliche Zukunft ermöglichte. Inzwischen waren es die Banken, welche für das Wachstum sorgten.

Ich empfand eine wohnliche, fast schon familiäre Atmosphäre. Die Vororte bestanden meist aus einer Straße, die im Mittelpunkt wiederum eine andere Straße kreuzte. Hier lag dann die Piazza, umgeben meist von einem Einkaufszentrum, einer Tankstelle, einer Kirche und kleinen Behördenbauten. Es war überschaubar, man kannte sich, man kannte seine Nachbarn noch besser und am allerbesten kannte man die Familie von dem anderen Ende der Straße. Man kannte sich, weil man miteinander gearbeitet und sich gegenseitig in freundschaftlicher Nachbarschaftshilfe beim Hausbau geholfen hatte.

Ich konnte nachempfinden, was Menschen motivierte, trotz aller Eingeschränktheit und Enge in solchen Siedlungsgegenden zu leben, Auch ich war in einem Ortsteil aufgewachsen, in dem es Siedlungsstrukturen gab. Mein Vater baute sein Haus 1963, ein Jahr später unser Nachbar und mein Onkel wohnte dort schon seit längerem. Dann tat sich lange Zeit nichts, bis 1970 ein junger Mann in das renovierungsbedürftige Haus unterhalb von dem meines Onkels einzog. Dann gab es die nächste

Baugenehmigung erst wieder in den 80igern und damit war die Straße voll. Im Winter hatte ich noch Schlittenfahrten unternommen, die Straße hinab ins Unterdorf. Heute würde man an den parkenden Autos hängen bleiben, oder würde gar mit entgegenkommenden zusammen stoßen.

Ja, ich kannte Siedlungsstrukturen. Meine Oma hatte mich immer gewarnt: „Pass auf, was du zu den Nachbarn XY sagst." Es könnte ja irgendwie zurückkommen, oder irgendetwas falsch verstanden werden. Ich als kleiner Dotz hatte das überhaupt nicht verstanden. Ich spielte ziemlich ungezwungen und liebend gerne mit unseren Nachbarjungen und unseren Cousinen und Cousins, aber die Warnung blieb in meinem Gedächtnis eingemeißelt wie in einem Zementblock. Ich, und wahrscheinlich die meisten Menschen, war von Natur aus offen und wollte neugierig meine Umgebung erkunden, durch Wälder und Strassen streifen auf der Suche nach interessanten Begegnungen. Kinder gehen auf Entdeckungsreise, ich ging damals auf Entdeckungsreise, allerdings stark eingeschränkt, durch Omas Worte, durch Omas Skepsis am Menschen. Oma war ein Fixpunkt meiner Erziehung. Sie wohnte mit uns im selben Haus. Sie hatte mich auserkoren, um mich zu erziehen und damit ihre Stellung in der Familienstruktur zu sichern. Das wusste ich nicht, sondern ich sah all die Vorteile, die sie bot wie z.B. Schokolade als Belohnung für verrichtete Dienstleistungen, leckeres Essen abseits der Hektik, die an dem Esstisch meiner Restfamilie herrschte, und Geld für größere Arbeiten. Dadurch verschärfte sich der Konflikt mit meinen Eltern und meinen Brüdern. Mama und meine Brüder Martin und Jürgen wurden Verbündete und mir immer fremder. Ich hielt mich an Omas Skepsis und passte auf, was ich sagte, bis ich schließlich immer weniger bis gar nichts mehr sagte. Dann konnte ich nach Omas Lebensmotto auch nichts falsch machen. Ich habe das als Kind nicht verstanden, nur gelegentlich Streit mitbekommen. Ja, ich kenne Siedlungsstrukturen!

Ich spielte irgendwann gar nicht mehr so gerne mit meinen Brüdern, sondern nur noch mit Hubertus, unserem Nachbarjungen, der 1 Jahr jünger war. Er war der Schweigsamste in unserer Neuner clique, und wir spielten Messerstechen, Schach oder Stadt, Land, Fluss. Allesamt Spiele, welche man ohne große Worte spielen konnte. Hatte Hubertus eine ähnliche Familienstruktur, in der ihm die Skepsis eingebläut wurde? Da war Tante Trojan, Hubertus' Mutter, welche für mich einfach die Tante war. Mütterlich und großherzig. Zumindest für mich, für Hubertus war sie die Mutter. Vielleicht hatte er ja von ihr ähnliche Worte wie ich von Oma eingebläut bekommen: „Pass auf was du sagst." Übrigens fand ich sie Klasse, Hubertus fand aber auch meine Oma Klasse!

Siedlungsstrukturen!

Es gab sie hier auch, sie blieben verborgen für den, der von außen kam.

Wir lebten in Gemeinschaft miteinander und hatten ein starkes Band zueinander. Das war wichtig, um uns den anderen Dorfcliquen gegenüber abzugrenzen. Wir waren die Peulenbande und andere Kinder und Jugendliche wurden von unserem Hoheitsgebiet vertrieben. Wenn wir in die Ortsregionen anderer Jugendlicher vorstießen, wurden wir auch vertrieben. Wir hielten zueinander wie Pech und Schwefel. Trotzdem gab es Bereiche und Themen, die wir untereinander selten oder nie ansprachen. Wie z.B. unsere unterschiedliche Religion.

Das Dorf Alme war damals zu 97% katholisch. Das Erzbistum Paderborn sogar zu 99%. Hubertus war als Kind von pommerischen Emigrierten evangelisch. Er hatte somit keinen Anspruch auf die Teilnahme an den wöchentlichen Messen oder dem Kommunionunterricht. Er war außen vor. Ich versuchte nicht, mit ihm darüber zu reden. Allerdings war er ein Nichtgläubiger, und laut Definition meiner Eltern und meiner Oma ein Falschgläubiger. Er hatte deshalb einen weniger starken Wert, und ich kann mich daran erinnern, dass meine Oma in unserem Familienkreis die Meinung vertrat, dass unsere Nachbarsfamilie, nach so langer Zeit in dem katholischem Flecken doch nun endlich übertreten sollte zum richtigen Glauben. Aber uns Kinder warnte sie davor, darüber zu sprechen. Denn dann konnte man nichts falsch machen. Ich hielt mich daran.

Man sprach auch nicht über Politik oder wichtige innere Familienwerte. Die Familie wurde als Ganzes gesehen und geschützt, indem man Themen, bei denen es unterschiedliche Meinungen gab, entweder totschwieg oder das, was eines der beiden Familienoberhäupter – Oma oder Papa – als ihre Meinung kundtaten, galt als Familienmeinung. Mama hatte sich nur die Fachkompetenz über den Garten erstreiten können.

Die Vororte ähnelten denen meiner Heimat. Ich fühlte mich getrieben, machte deshalb an dem nächsten Café eine Pause und ging meiner Stimmung nach. Zuerst einmal überkam mich eine gewisse Scheu, eine

Angst, mich in den Erinnerungen zu verlieren, nur noch in der Vergangenheit verhaftet zu bleiben. Meistens geriet ich in solchen Momenten in Aktionismus und machte irgendetwas Ablenkendes.

Ich erinnerte mich an meine ersten beiden Gestalttherapie Selbsterfahrungskurse an der Hochschule in Kassel, 1989 und 1990, die ich jedes Mal fluchtartig verließ, sobald Themen mich innerlich anrührten. Einmal bin ich weinend zu einem Freund gerannt, weil der Seminarleiter mich mit meinem Vater und meinen latent vorhandenen Aggressionen konfrontiert hatte. Ich hatte Panik vor den heftigen Emotionen, vor Gesichtsverlust und davor, dass der Gruppenleiter mich beschimpfen könnte. Erst nach stundenlangem Weinen bei meinem Freund war ich in der Lage, wieder am Seminar teilzunehmen und meine Anteile aufzuarbeiten. Der Leiter war in der Lage, mich aufzuhalten, aufzufangen, und wir arbeiteten den weiteren Abend daran, mein Vaterbild zu vervollständigen. Meine Trauer darüber, dass ich nur wenig Zeit mit meinem Dad gehabt hatte, nahm einen Großteil der Arbeit ein.

Der andere Teil war meine Wut darüber, dass er mich vernachlässigt hatte. Kein Thema hatte mich bis dato emotional so berührt, und ich war überrascht über mich, meine Werte, meine Gefühle, meine Wünsche, meinen Zustand. Ich war ziemlich durchgeschüttelt und durchgerüttelt, aber ich war zufrieden und groggy. Ich hatte zum ersten Mal mich kühl kalkulierenden Sauerländer, als emotionales Wesen mit vielen Stärken und vielen Schwächen gesehen. Ich war fasziniert über mich, beängstigt über bestimmte Ansätze, beflügelt von den therapeutischen Erkenntnissen, den Chancen meines Inneren, der Stärke und Sturheit meines Wesens! Wow! Ein emotionales Happening, welches mir Mut machte zu mehr, zu mehr Intensität, zu mehr realem Erleben und zu mehr Erkenntnis meiner Selbst.

Nun saß ich im Cafe, dachte an diesen Beginn meiner Suche, schaute mich um, nahm Stimmen, Menschen und Autos wahr, erlebte die Häuser auf einmal als spießig, bürgerlich und verlogen. Es war mein Empfinden, meine Gefühle, meine Gedanken, die so urteilten und mich fliehen ließen. Hier, in einer ähnlichen Wohnumgebung wie dort, wo ich meine Kindheit verbracht habe, wurde mir bewusst, dass ich immer noch auf der Flucht war, genauso getrieben wie zu Anfang meiner Reise, genauso getrieben wie bei der überstürzten Wanderung in den alaskanischen Bergen, genauso getrieben wie bei meinen Radelerlebnissen ohne Tomek. Ich war immer noch auf der Suche nach einer inneren Heimat, einer ausgeglichenen Erlebniswelt, einem Ruhepunkt in meiner inneren, verletzten Seele!

Ich war traurig darüber, ließ die Trauer zu, ließ meine Gedanken zu ohne Wertung, ohne Abwertung!

Ließ mir noch mal Kaffee nachfüllen und vermutete, die Bedienung könne in meiner Seele wie in einem offenem Buch lesen. Sie war asiatischer Herkunft, lächelte mich mit einem verstehenden, weiten Lachen an, und ich lächele zurück. Mir waren meine Erinnerungen nicht peinlich, sondern ich verließ das Cafe mit erhobenem Haupt und schwang mich langsam in meinen Sattel mit der Gewissheit, heute nur noch ein Stück zu radeln und mir nicht böse zu sein.

Der weitere Weg entzieht sich meiner Erinnerung. Erst als ich an einem Campinghinweisschild vorbeifuhr, wusste ich die Realität wieder zu schätzen und überlegte nicht lange, zahlte die hohe Gebühr für den Campground mit allem Drum und Dran, schlug mein Zelt auf, rasierte mich in den Waschräumen, schaute in den Spiegel und dachte:

Willkommen Rainer, du bist in Kanada und du siehst gut aus.

Mein Ziel für die nächsten Tage war der Mount Rainier, ein Berg der mich von seinem Namen her interessierte. Er war 5187 Meter hoch, immer schneebedeckt, und ich überlege, ob ich ihn statt des Denali besteigen sollte. Er lag auf der US-amerikanischen Seite der Grenze. Auf den Fotos, die ich von ihm gesehen hatte, war er kegelförmig und ich hätte schon Lust, zumindest in seiner Umgebung zu wandern. Er sah prächtig aus, aber mir fiel ein, dass ich ja gerade gestern Tomek meine Bergschuhe und die Kletterausrüstung mitgegeben hatte. Also wurde es wohl wieder nichts! Naja, so konnte ich geruhsam radeln. Es lief wunderbar, und als ich gegen Mittag schon meine 60 km geradelt war, setzte ich mich in eine Bar, aß eine Eierspeise und kam mit einem Mann in meinen Alter ins Gespräch.

Er war nett und fragte, wie es mir ginge. Bisher hatte ich diese Frage in Small Talks nur als höfliche Phrase erlebt, und ich frage ihn, ob er es auch wirklich wissen wollte. „Sure." Also erzähle ich ihm, dass ich gestern einen Hänger gehabt hatte. Er hört zu und ich erzähle ihm von Alaska, dass ich dort mit Tomek geradelt war, und er hörte immer noch zu, und nun war ich ermutigt, ihm von meiner Motivation für die Reise zu erzählen, von meiner Krankheit, die mich nicht in Ruhe ließ. Da mir in Englisch die Fachbegriffe fehlten, versuchte ich Chorea Huntington zu umschreiben. Es fiel mir schwer, aber es dauerte gar nicht lange und schon war ich drin im Erzählen. Und ich merkte, wie mich das erleichterte. Schon so lange trug ich die Gedanken in mir, die Empfindungen zu ihnen.

Ich erzählte, dass ich Morbus Huntington von meiner Mutter geerbt hatte, die 1993 an den Krankheitsfolgen gestorben war, und dass die Krankheit langsam mein Gehirn angriff, dort Zellen zerstörte und es so zu einer Störung des Bewegungsapparates kam, die sich in unkontrollierten Muskelbewegungen zeigte. Außerdem würden die abgestorbenen Gehirnzellen das Leistungs- und Erinnerungsvermögen stark beeinträchtigen und zu enormen Wesensveränderungen führen. Chorea Huntington ist eine seltene Krankheit, die in Deutschland nur ca.3000 bis 5000 Mal auftaucht und nicht heilbar oder behandelbar ist.

Sie tritt im jungen Erwachsenenalter auf, zieht sich über 12-15 Jahre hin und endet meistens durch Herzversagen oder Unterernährung. Aufgrund der ständigen Bewegung verbraucht der Körper soviel Energie wie der eines Hochleistungssportlers, aber es kann nicht soviel Nahrung zugeführt werden wie der Körper verbraucht. Meine Mutter wurde während der letzten Jahre über eine Magensonde ernährt und war die letzten 10 Jahre bettlägerig und auf fremde Hilfe angewiesen. Mein Vater und ein Pflegeteam hatten sie gepflegt.

Es war dieses stetige Dahinsiechen, diese stetigen Veränderungen, die ich als größte Belastung empfand. Ich wohnte zum Zeitpunkt der Erkrankung schon nicht mehr bei meiner Mutter, fuhr allerdings regelmäßig an zwei Wochenenden im Monat zu ihr, um sie zu pflegen und meinen Vater zu entlasten. Dabei wechselte ich mich mit meinen Brüdern ab. Es war eine immense Belastung für meine Geduld, wenn ich mit ihren Essensschwierigkeiten oder ihren emotionalen Ausbrüchen nicht zurechtkam. Darüber hinaus empfand ich unsere Familiensituation als äußerst schwierig, da mein Vater teilweise überfordert war und Alkohol trank. Meine Mutter hatte im Dorf nicht viele Freundinnen, aber dadurch dass sie viel Kirchen- und Gemeindearbeit leistete, viele Bekannte. Bis auf ein paar Ausnahmen jedoch blieben sie immer mehr und mehr von meiner Mutter fern.

Man konnte Mama nicht mehr verstehen, es war schwierig, sie zu füttern und sie machte eine krankheitsbedingte Wesensänderung durch, die viele Menschen abstieß. Sie und Papa vereinsamten und fühlten sich nicht in der Lage, dies abzufangen. Die professionelle Hilfe war eingeschränkt, da aufgrund der 24 stündigen Pflegebedürftigkeit viele Pflegedienste für unsere Familie zu teuer waren und die Krankenkassen die Pflege von Mama nicht bezahlten. Medizinische Hilfe war wenig bekannt, und es wurde lange Zeit an meiner Mutter herum probiert, so dass die Medikamenteneinnahme noch zu Verkrampfungen der Arm- und Beinmuskulatur führte. Mama und Papa waren ein Häufchen Elend, ich war immer froh, nach den Besuchs- und Pflegewochenenden wieder nach Kassel fahren zu können. Häufig benötigte ich eine ganze Woche, um mich von den Strapazen zu erholen.

All das erzählte ich nun einem Wildfremden, ich war häufig den Tränen nahe und konnte sie nur mühsam unterdrücken. Er fragte nicht nach, gab mir nur manchmal mit einem Nicken zu verstehen, dass er zuhörte und Anteil nahm. Ich kannte noch nicht einmal seinen Namen. Er gab mir im Laufe des Gesprächs noch 2 Bier aus und anschließend spielten wir noch 3 Partien Poolbillard. Als ich mich von ihm verabschiedete, hatte ich zum ersten Mal den Eindruck, dass die häufig gebrauchte Abschiedsformel „Nice to meet you" wirklich ernst gemeint war. Von ihm genauso wie von mir.

Ich fahre die letzten 30 km des Tages unter einem ganz anderen Gefühl, teilweise sorgenlos, teilweise von dem Alkohol, den ich getrunken hatte, gelöst, teilweise stolz und mutig über meine offene Art und Weise. Wow! Die Zeiten ändern sich. Es war vorbei mit dem Verstecken.

Ich befand mich auf dem Weg der Öffnung.

Der Weg am nächsten Morgen führte erst einmal über die Grenze in die USA. Die Einreise war unproblematisch. Es wurden nur Pass und Visum kontrolliert. Ich radelte von Eatonville in Richtung FR 52. Die Straße war gerade und ebenmäßig steil. Es passierte auf diesen 20 km nicht viel, außer dass eine Tanne aussah wie die nächste. Es war wenig Spannung in der Natur, wenig Außergewöhnliches, wenig Herausforderung, wenig was mich anspornte, mich zu bewegen. Nach dem gestrigen Tag, an dem ich 90 km geradelt war und das offene Gespräch gehabt hatte, gab es keine Steigerung mehr. Ich wusste nicht so recht, wie ich mich weiterhin motivieren konnte. Nach so einem wundervollen Tag konnte man ja nur in ein Loch fallen.

Es war sonnig und ich hatte immer wieder den Blick auf den Mount Rainier, dessen verschneiter Gipfel durch die Bäume leuchtete. Ich war schon auf einer FR. Das war eine Abkürzung für Forstroad, meist wenig befahrene Straßen. Laut Karte war ich schon bei 900 Höhenmetern. Der Mount Rainier war noch ca. 10 Meilen entfernt.

Ich beschloss, schon nach 50 km den Radeltag zu beenden, schlug mich bei der nächsten Möglichkeit in den Wald, entdeckte dort einen kleinen Bach, zeltete direkt neben ihm und kühlte meine Beine, Arme und das Gesicht in dem kalten Fluss. Wahrscheinlich hatte er seinen Ursprung in dem Bergmassiv des Mount Rainier.

Ich schrieb einen langen Brief an Herbert mit der Stimmung des Alleinseins. Und vielen, vielen Fragen. Zum Beispiel, warum ich immer noch Kilometer schrubbte? Was war eigentlich mein Ziel? Was wünschte ich mir von meiner Zukunft? Wie wollte ich weiter leben? Was sollte ich beruflich machen, wenn ich zurück war in Deutschland? Würde ich meinen inneren Frieden finden?

Herbert ist Philosoph. Wir hatten zusammen gewohnt und waren immer noch eng befreundet. Natürlich erwartete ich von ihm keine konkreten Antworten auf meine Fragen. Die musste ich mir schon selber erarbeiten. Mir war zum Beginn der Reise klar, dass ich mich hier in Amerika vergnügen wollte, ablenken wollte. Ich war sogar offen für eine berufliche Neuorientierung. Bisher hatte ich den Eindruck gehabt, dass ich mich gut von meiner Zukunft ablenken konnte. Häufig hatte ich die belastenden Bilder ausgeblendet, allein dadurch, dass ich neue Gegenden kennengelernt und neue Menschen getroffen hatte. Jetzt begann der american style von kurzer, oberflächlicher Konversation und fast food Essen mich zu nerven.

Ich ging auf innere Distanz zum Leben hier, zum Lösung Suchen hier, zum Kontakt knüpfen hier. Ich fühlte mich einsam und sehnte mich nach weiblicher Umarmung von Heike oder Angelika. Ich erinnerte mich an Herberts Hochzeit Anfang diesen Jahres, bei der sehr viel Paare mitgefeiert hatten und sich für mich die Frage stellte, ob ich auch heiraten wollte. Wie sah meine persönliche Zukunftsplanung aus? Wollte ich Kinder? Ich hatte schließlich das krankmachende Gen von Chorea Huntington ererbt. Die Chancen für die Weitervererbung waren 50:50. Wollte ich ein behindertes Kind zur Welt bringen? Ich hatte jetzt schon Schwierigkeiten, mit meiner Behinderung umzugehen. Wie würden meine Partnerinnen damit umgehen?

Viele Fragen! Wenig konkrete Antworten! Ich sehnte mich nach Heike und befriedigte mich zum ersten Mal seit ich in Amerika war, selbst. Es waren noch mehr als 14 Tage, bis ich sie in Vancouver treffen würde.

Am nächsten Morgen begann ich eine zweistündige Wanderung Richtung Mount Rainier. Ich bahnte mir zuerst den Weg durch das dichte Unterholz, war schnell bei der Baumgrenze, genoss den Übergang in leichtes Buschland und schließlich den Übergang zu Geröllhalden.

Hier kehrte ich um. Ich erinnerte mich an meine erste Tour, als ich im schwierigen Gelände stürzte. Ich war nicht frei für Experimente. Dafür sah ich den Berg zum ersten Mal ziemlich frei. Keine Wolken, die ihn verdeckten, keine Baumspitzen, die meine Sicht behinderten. Es war ein bezaubernder Moment. Ich setzte mich auf einen Felsblock, genoss die wärmenden Strahlen der Sonne, rauchte eine Zigarette und versprach mir, diesen Augenblick festzuhalten, fest zu halten in meiner Erinnerung, in meinen Gefühlen! Es war Abschiedsstimmung! Ich nahm Abschied von meinem Gedanken, einen höheren Berg zu besteigen. Das konnte man nicht mal so eben nebenbei. Man musste ein wenig planen und organisieren. Ich war kein guter Organisator, sondern eher der Genießer. Punkt! Schluß! Aus! Tschüss!

Anschließend fuhr ich die absolut einsame Waldstraße 20 km lang bergab. Das brachte unwahrscheinlich viel Spaß, und mir war gar nicht bewußt, dass ich schon wieder so viele Höhenmeter geradelt war. Mein Ziel war Randle, wo ich Postkarten an Freunde in Deutschland verschickte. Ich fuhr weiterhin die FR-Straßen Richtung Mount St. Helen, einem Vulkan, der vor kurzem ausgebrochen war und hier in der Region mächtigen Schaden angerichtet hatte. Nach 3 km gab es den Hinweis, die Straße sei gesperrt. Also fuhr ich zurück zur nahegelegenen Rangerstation, um mich nach Alternativrouten zu erkunden. Ja, die Straße sei wegen Erdrutschen gesperrt und würde auch den gesamten Sommer gesperrt bleiben. Als Alternative könnte ich auf der I 5 fahren, die allerdings wesentlich länger war und mit mehreren Fahrspuren ähnlich einer Autobahn äußerst stressig für mich als Radler. Radfahren war zwar erlaubt, allerdings kannte ich mittlerweile das rücksichtslose Fahren vieler Amerikaner, so dass ich mich dem nicht unbedingt aussetzen wollte. Aber es gab nicht wirklich eine Wahlmöglichkeit.

Es würde einen anstrengenden Ritt durch die Berge geben, da ich laut Karte auf 4500 Fuß hinauf steigen musste. Momentan befand ich mich bei 900 Fuß. Das waren 1200 Höhenmeter auf einer Distanz von 56 Meilen. Schon bald wand sich die FR 23 den Berg hinauf und ich war nicht in Alaska, wo ich mit moderaten Steigungen von 4% rechnen konnte. Es wurde schon bald so steil, dass ich mein Rad schieben musste. Und dann kam noch lockerer Sand hinzu, in den sich die Räder gruben, so dass selbst Schieben unmöglich war. Also nahm ich mein Gepäck runter vom Rad, warf es in den Straßengraben und schob das Fahrrad die Sandpiste hinauf.

Ich war sauer auf die Ranger, weil einer von ihnen mir erzählt hatte, es würde sich bei der FR 23 um eine befestigte Straße handeln. Wie befestigt sie war, konnte ich jetzt körperlich nachempfinden. Meine Kräfte schwanden rasch, ich legte nach wenigen hundert Metern Schieben eine Pause ein und ging langsam den Berg hinunter, um das Gepäck zu holen. Dies wiederholte ich nochmals. Und ich war sauer über mein vieles Gepäck. Mein Atem ging hastig. Meine Lunge rasselte. Alle meine Muskeln schmerzten. Und weiter gings mit dem Radschieben. Wie viel Prozent mochten das wohl sein?

15 %? Oder 18 %?

Scheißegal, ich wollte weiter. Gott sei Dank war der Spuk nach wenigen 100 Metern vorbei. Jetzt noch zweimal die Klamotten hoch wuchten, dann hatte ich die Sandpiste geschafft. Und hoffentlich war das die Einzige. Als ich eine Viertelstunde später mein Rad wieder beladen hatte, musste ich zunächst noch einmal weiterschieben, da es unvermindert steil war. Nach der nächsten Viertelstunde hatte ich keine Kraft mehr in mir. Also machte ich die nächste Pause und warf meinen Kocher an. Ich hatte nur noch Lebensmittel, welche zu erhitzen waren. Mist, ich hatte nicht genügend vorgesorgt. Also schmiss ich heute meine ersten Tortillas in die Pfanne, goss anschließend Ahornsirup darüber und aß eiligst und hungrig die Pfannkuchen.

Erst jetzt bemerkte ich die Schönheit der mich umgebenden Natur, die zwitschernden Vögel, die schneebedeckten Berge, die durch die Kiefernwipfel schienen. Dieser Platz, diese Gegend waren viel zu schön, um links liegen gelassen zu werden.

Es war früher Nachmittag, ich baute abseits der Straße mein Zelt auf und begab mich auf eine Wanderung zum 3 Meilen entfernt liegenden Trout-Lake. Vielleicht flogen mir zwischenzeitlich ja einige Forellen in die Hände. Der See lag mitten im Wald an einem Steilabhang, er war nicht ohne weiteres einsehbar und auch nur schwierig zu erreichen. Ich hatte seit Alaska in keinem See mehr geschwommen, also stank ich ein wenig, wollte mich säubern und erfrischen und meine Kleidung durchwaschen. Das tägliche Bad, welches ich mir zu Beginn vorgenommen hatte, hatte ich häufig ausfallen lassen. Also quälte ich mich den Hang hinunter, schälte mich aus meinen Kleidern, sprang in den tiefen See, schwamm mich ausgiebig warm, drehte mich auf den Rücken und schaute in den wolkenlosen Himmel.

Freiheit!

Ich empfand Freiheit, Freiheit von dem Ballast, der mich hier ins Ami-Land geführt hatte, Freiheit von finanziellen Sorgen, nur von Verpflichtungen fühlte ich mich nicht ganz frei.

Wenn ich mich nicht mit Ron und Ilse verabredet hätte, hätte ich diese Gegend gerne näher kennen gelernt und mich vielleicht sogar hier niedergelassen, um eine kleine zu Hütte bauen. Rainer, Du bist schon wieder ein wenig verrückt. Manchmal überkamen mich Gedanken vom Settle down. Oder Ideen von Thoreau, in einer einfachen Waldhütte zu leben. Ideen, von dem, was die Natur gibt, zu existieren. Ideen, ohne Beruf zu leben. Ideen, ohne Verpflichtungen zu leben. Ideen, frei und ohne jegliche Bindung zu existieren. Dies könnte ein Ort für so ein Leben sein, aber ich scheute mich. Es waren belebende Ideen, nicht reale, eher Phantasien. Meistens sah ich mich glücklich in diesen Bildern.

Im Jahr 1992 hatte ich als Knecht auf einem Bauernhof in Norwegen gearbeitet. Ich war im Besitz einer Arbeitserlaubnis für ein Jahr. Im Vorfeld hatte ich die faszinierenden Bücher und Beschreibungen dieser Gegend, u.a. von Knut Hamsun gelesen. Seine Beschreibung „Hunger" war dermaßen beeindruckend, und dramatisch, dass ich damals lange Zeit nicht in der Lage war, meine Gedanken von dem hungernden Mann zu lösen.

Als ich nach kurzer Zeit Norwegen wieder fluchtartig verließ, hatte ich noch nicht genügend Kronen erarbeitet, um mir Fahrt und Essen leisten zu können. Mein letztes Geld reichte gerade für die Bahnfahrt nach Göteborg. Bis dahin hatte ich schon 1½ Tage nichts gegessen. Mir knurrte der Magen, aber ich musste erst einmal den Fahrpreis von 39 DM für die Fährpassage erbetteln oder stehlen oder als blinder Passagier mitfahren. Ich hatte mich für das Erstere entschieden, weil alles andere zu gefährlich war. Ich suchte die Fußgängerzone auf und erfragte bei Gleichaltrigen die ersten Kronen, und schon nach einer Stunde hatte ich soviel erbettelt, dass ich im nächsten Fastfood Restaurant einen Burger bestellte, den ich gierig in mich hineinschlang. Beim Betteln errötete ich. Ich kam mir wie ein Lügner vor, als ich den Menschen erzählte, dass ich von Trontheim käme und nichts mehr zu essen hätte, und noch weiter nach Deutschland wolle. Es war die Wahrheit, trotzdem erinnerte ich mich an das erniedrigende Gefühl und das Erröten. Ich wäre am liebsten in den Boden versunken. Aber der war so fest dass er mir den Gefallen nicht tat. Ich hatte Glück, traf eine Deutsche, die ich um die 39,- DM anbettelte. Sie gab mir 50,- DM. Sie war jung. Viel jünger als ich. Ich war beschämt und wusste nicht, wie ich mich bedanken sollte. Ich sagte nur „Danke!" Aus tiefstem Herzen. Es war vorbei mit dem Betteln und dem Angewiesenen auf Andere.

Zurück in Deutschland überwies ich ihr das Geld mit Zinsen und einem Herzen auf den Überweisungsträger.

Daran erinnerte ich mich nun, als ich auf dem See döse. Diese 40 Stunden des Nicht Essens hatten mein weiteres Leben bestimmt. Ich, der ich gewohnt war, regelmäßig meine Mahlzeiten einzunehmen, war innerhalb kürzester Zeit aus dem Rhythmus gekommen. Und ich dachte die ganze Zeit zwanghaft an Essen. Ich fühlte mich so unfrei wie selten zuvor.

Und ich wollte niemals wieder in diese Abhängigkeit von Gedanken kommen. Wenn es mit dem Angeln doch besser geklappt hätte, und ich zumindest einmal das Gefühl bekommen hätte, mich selbst in der Wildnis ernähren zu können, hätte ich in diesem Moment vielleicht anders empfunden. Ich war weiterhin abhängig von Lebensmitteln aus dem

Supermarkt, und so blieb nur der Traum von Wildnis, nur der Traum, hier überleben zu können. Ich merkte, dass ich es nicht konnte und das stimmte mich traurig.

Es gab kein Grund mehr zum Bleiben, und ich mache mich auf den Rückweg zu meinem Fahrrad. Ich war als freier Mensch geboren, aber mit dem ersten Atemzug auf die Ernährung von Mutter angewiesen. Später war ich darauf angewiesen, Geld zu verdienen, um mich zu ernähren. Ich war unfrei und empfand das gerade an diesem wunderbaren Ort als erdrückend. Es trieb mich weiter!

Es fiel mir auf, dass ich mein Leben mit Terminen und Zielen managte und strukturierte. Zum Beispiel das nächste Treffen mit Ron und Ilse, oder das Treffen mit Heike. Diese Verabredungen gaben Orientierung und Ziel, ich lebte auf in der Vorfreude auf diese Treffen, gleichzeitig empfand ich es aber als kleinen Zwang, irgendwohin zu müssen und mich auf bestimmte Begebenheiten und Ereignisse oder Personen oder die Umgebung einlassen zu müssen. Theoretisch hätte ich ja alle Möglichkeiten, mich hier eine Zeit lang auf diese Gegend einzulassen. Auf das Hier und Jetzt einzulassen. Es noch geduldiger mit dem Angeln zu probieren oder noch mehr auf die freundlichen Amerikaner zuzugehen und schauen, was da passiert. Stattdessen setzte ich mir ein paar Ziele, die ich aufgrund von Karten und Lesestoff für interessant erachtete. Manchmal dachte ich das sei okay, manchmal merkte ich aber auch die Angst, welche Motivation für mein Handeln war, für mein „mich nicht voll der Situation hingeben können." Ich brauchte eine Versicherung, der ich vertrauen konnte, die mir die Möglichkeit bot, vieles auszuprobieren, aber auch die Rückkehr wieder zuließ.

Es war wie beim Felsenklettern. Sobald ich in einem Sicherheitsgurt saß kletterte ich die erstaunlichsten Passagen sicher und ohne Angst. Sobald aber Momente des Vorstieges zu bewältigen waren, also Klettern über den Absicherungspunkt hinaus, notwendiges Klettern um neue Absicherungen zu legen, fühlte ich mich ängstlich, teilweise zitterig und war kaum im Stande, die einfachsten Passagen zu klettern. Da war meine Innenwelt absolut zwiespältig. Martin, mein Bruder war mit 19 oder 20 Jahren durch die Vereinigten Staaten getrampt. Er erzählte, wie er auf die Menschen zugegangen war und Kontakte geknüpft hatte, wie er bei vielen Menschen Unterschlupf gefunden hatte. Das nannte ich wirkliches Eingehen auf Situationen, das war freies Handeln, was ich mir auch ersehnte. Wäre ich doch der Einladung des Amerikaners auf dem Flughafen in Anchorage gefolgt, dann würde ich vielleicht nicht so viel grübeln. Und nun war Schluss mit Grübeln. Ich war wieder bei meinem Zelt angelangt und verbrachte eine geruhsame Nacht mit einem netten Lagerfeuer, welches sich flackernd im Ast- und Baumwerk spiegelte und manchmal Kobolde und Gnome erscheinen ließ, die dann Ruck Zuck auch wieder verschwunden waren. Ich hatte so richtig altes Kieferngehölz mit viel Harz erwischt, so dass die Funken beängstigend hoch in den sternklaren Himmel preschten.

Am Morgen erwartete mich eine rasante Abfahrt mit 70 km/h den Berg hinunter. Wow! In einer leichten Bodenwelle macht es Ratsch, ich bekam einen Schlag gegen das Vorderrad.

Ich bremste instinktiv, balanciere das Rad aus und bemerkte bestürzt, dass einer meiner Frontgepäckträger an der Gabelklemmung abgerissen war. Er war total verbogen, trotzdem befand sich die Gepäcktasche noch am Träger. Klasse!

Wie konnte der solide gebaute Träger abreißen? Ich stellte fest, dass eine Schraube fehlte. Bingo, die Schotterpisten vom gestrigen Tag liessen grüßen. Und nun? Ich brauchte gar nicht nach Schrauben zu suchen. Die hatte ich fahrlässigerweise Tomek bei einer von seinen Bastelaktionen übergeben und vergessen, sie mir wieder herausgeben zu lassen. Und nun dies. Den restlichen Teil des Trägers baute ich ab, und stellte fest, dass die Bohrung für den Gepäckträger durch die Überbelastung außerdem ausgerissen ist. Das war guter deutscher Stahl. Was da für Kräfte zusammengekommen waren, um solche Schäden anzurichten! Ich war nun auf jeden Fall nicht mehr sauer, dass ich die Schrauben bei Tomek gelassen hatte. Sie könnten mir nun auch nicht mehr weiterhelfen.

Ich verstaute die restlichen Sachen und den abmontierten Gepäckträger auf meinen hinteren Träger und fuhr, äußerst wackelig und vorsichtig, zu der nächsten Ortschaft, wo ich an der Tankstelle durch das Sortiment schaute und mein Blick schließlich auf eine Rolle Gaffa Tape fiel. Irgend jemand hatte mir während der häufigen Smalltalks bei irgendeiner Gelegenheit erzählt, dass das Kleben würde wie Affenkacke.

Nun gut. Wenn ich meine Gepäckträger ein wenig verbogen bekäme, dann könnte es gehen. Und es funktionierte tatsächlich!

Ich staunte! Mein Rad sah damit etwas lädiert aus, aber es stand ihm ganz gut. Ich mochte sowieso nicht die nagelneu aussehenden Teile, die frisch aus dem Laden kamen und blinken wie ein Weihnachtsstern. Ein Rad war schließlich ein Gegenstand des alltäglichen Gebrauchs und musste praktisch sein. Ich belud die Tasche erst einmal mit weniger Gewicht. Ich nahm mir vor, häufiger Schrauben auf festen Sitz hin zu prüfen und nicht mehr so zügig zu fahren. Auch langsam sollte man ja ankommen, aber wenn es bergab ging, der Fahrtwind ins Gesicht blies, war ich in einem Rausch und wollte kein Energieverschwender sein, in dem ich bremste.

Der Tag war sowieso gelaufen, meine Hände und das T-Shirt waren vom Reparieren dreckig und ich hatte Kaffeedurst. Außerdem lachten mich die Zimtröllchen an, die ich im Vorbeifahren gesehen hatte. Und eine Zigarette auf diesen glimpflich verlaufenden Morgenschock wäre auch nicht schlecht. Ich versuchte vergeblich, mit Ron zu telefonieren, und schrieb stattdessen einen Brief an Heike, einen anderen an Angelika, trank aus einem Tetrapack einen riesigen Schluck Wein und fuhr leicht angeheitert munter noch 50 km, campte wie gehabt.

Am nächsten Morgen wollte ich unbedingt mit Heike telefonieren. In der nächsten Ortschaft war ich zu früh, in der nächsten Stadt gab es kein Telefon, und als ich dann gegen Mittag anrief, war der Straßenverkehr so laut, dass ich Heike nicht verstehen konnte. Ich verabredete mich für später, allerdings war das nächste Telefon beschränkt auf Ortsgespräche. Auch in der nächsten Ortschaft hatte ich kein Glück. Beide Telefonzellen waren keine out of area phones. Ja, so kann es einem ergehen. Ich war den ganzen Tag geradelt, hatte 7 Telefonzellen angesteuert, und hatte bei allen Pech. Vielleicht ein anderes Mal, oder vielleicht den zweiten Brief innerhalb von 2 Tagen schreiben. Vielleicht verdiente die amerikanische Post ja mehr durch Porto als die Telefongesellschaften durch ihre Gebühren. Übrigens war mein Amerikanisch weiterhin so schlecht, dass ich mir an der nächsten Ecke einen amerikanischen Roman kaufte, in der Hoffnung mehr Gefühl für Sprache zu bekommen. Ich träumte immer noch auf Deutsch, hatte mit Tomek eine lange Zeit nur Deutsch gequatscht. So konnten meine Englischkenntnisse ja nicht besser werden.

Am nächsten Tag erreichte ich endlich Heike am Telefon. Sie hatte ihren Job bekommen und war total aus dem Häuschen. Ich freute mich mit ihr. Außerdem hatte Deutschland das zweite Spiel während der Fußball Europameisterschaft gewonnen. Eine kleine Wichtigkeit aus Deutschland. Ich fühlte mich fremd in Amerika.

Die nächsten 3 Tage verbrachte ich mit der weiteren Annäherung an Brush-Prairie, dem kleinen Ort, in dem Ron und Ilse wohnten. Ein 17–jähriger Amerikaner wollte mich unbedingt die letzten Meilen begleiten, was er dann mit seinem Fahrrad auch tat.

Ich war erstaunt und verwirrt, da er mein Bild von der amerikanischen Bildung und Sozialisation auf den Kopf stellte. Er wäre überall in der Schule in A-Kursen, kannte aber den 20 Meilen entfernt liegenden Ort Brush Prairie nicht, war ungeheuerlich rund und dick, hatte Mühe mir beim Radeln zu folgen, kannte den Namen des amtierenden amerikanischen Präsidenten nicht, wusste nicht was er beruflich machen wollte, er ginge ja noch zur Schule, sprach irgendeinen Slang, der für mich schwer zu verstehen war, konnte die Distanz von 20 Meilen überhaupt nicht einschätzen und behauptete schon nach der ersten Meile, wir müssten jetzt schon da sein. Waren wir aber nicht, und seine Orientierung ließ zu wünschen übrig, so dass ich mich lieber auf mich selbst verließ. Trotzdem war ich froh über diese Begegnung. Ich fühlte mich dankbar dafür, in einem Elternhaus und zu einer Zeit aufgewachsen zu sein, in der ich lernen konnte. Ich war nie ein guter Schüler gewesen, aber ich hatte viel Disziplin und vieles, z.B. Erdkunde, machte mir einfach riesigen Spaß. Und mir tat es gut, dass ich mit 16 Jahren schon die Ausbildung bei der Polizei beginnen konnte, die mich aus der kleinbürgerlichen Region in andere Städte führte.

Da Ron und Ilse irgendwo in der Pampa wohnten, hatten wir uns beim letzten Telefongespräch auf dem Parkplatz eines Supermarktes von Brush Prairie verabredet.

Ich war gespannt auf die beiden. Als ich den Parkpatz erreichte, rief Ron schon meinen Namen. Er hatte mit seinem roten alten Ford Pick up anscheinend schon auf mich gewartet. Wir wuchteten gemeinsam mein

Rad auf die Ladefläche und los ging's, den nächsten Highway entlang und dann die erste Abfahrt wieder raus und in die Pampa hinein. Es wäre wirklich schwer gewesen, diesen Weg zu finden, da die meisten Straßen Feldwege waren, die nicht auf meiner Karte verzeichnet waren.

Ilse hatte uns ein Essen zubereitet. Es gab nette Unterhaltungen, stolzes Präsentieren ihres abgelegen Grundstückes und Hauses. Ich bekam für die nächste Woche das Zimmer ihres Sohnes, der vor 2 Jahren ausgezogen war. Mit dem Luxus eines Wasserbettes, das leise bei jeder Bewegung gluckerte und gluckste. Es dauert einige Tage, bis ich mich daran gewöhnt hatte. Ebenso gewöhnungsbedürftig waren die Drehknöpfe an den Türen anstatt von Klinken.

Was war denn noch so passiert, in einer Woche des Ausruhen bei den beiden älteren Menschen?

Ich wusch meine Wäsche, spielte mit Ron Billard, verlor dabei immer, schaffte aber einmal fünf Kugeln hintereinander (was für mich ein absoluter Rekord war) und besuchte mit Ron eines Abends eine Donation Veranstaltung in einem Altenheim. Ein Großteil der Amerikaner engagierte sich ehrenamtlich, und Ron spielt auf einer selbstgebauten Bassgitarre mit einer Saite, einem Schrubber und einem Metallwaschzuber amerikanische Schnulzen und Polkas. Die älteren Damen und Herren gerieten ins Schunkeln und auch relativ schnell ins Tanzen. Schon bald wurde ich auch aufgefordert und tanzte einfachen Rhythmus mit einer alten Amerikanerin, deren Eltern aus Deutschland emigriert waren. Sie persönlich konnte leider weder Deutsch noch hatte sie irgendeine Verbindung nach Deutschland. Ein lustiger und unkomplizierter Abend mit einfachen Menschen, die schnell glücklich zu machen waren.

Ron übte mit mir Baseball werfen und fangen. Es war schwierig, einen Ball zu fangen, denn Ron war ein geschickter Werfer und hatte eine solche Wucht in seinen Würfen, dass die Bälle Geschossen glichen, und ich vor Angst verkrampfte. Der Ball verfehlte immer meine Fanghand, und wenn ich selbst warf, hatten die Bälle eine weite Streuung, so dass Ron schon bald entnervt aufgab, weil ich es nicht schaffe, den Ball über eine Distanz von 15 Metern in die Nähe seines Aktionsradius zu bekommen. Im Fernsehen sah das viel einfacher und auch langweiliger aus.

Ich schoß mit Rons Bogen, was mir wirklich Spaß machte, aber nach 20 Pfeilen zitterte mein Oberarm, als hätte ich jede Menge Krafttraining absolviert. Es handelte sich um ein älteres Holzmodell, das eine erstaunlich gute Spannung hatte. Kurz, nachdem der Pfeil die Sehne verlassen hatte, ertönte das Säuseln des Pfeils im Wind und anschließend das harte Klack, wenn die Metallspitze sich in die Pressspanplatte bohrte. Ich war begeistert und wir nutzten den nächsten Tag, um eine noch perfektere Technik ausprobieren. Wir fuhren zu einem Waffenladen, liehen uns dort einen Compboundbogen aus und gingen auf die nahegelegene Schießbahn. Der Compbaundbogen ist aus Fiberglass hergestellt und verfügte über eine Rollentechnik, die ein relativ einfaches Anziehen und langes Zielen über diverse Zieleinrichtungen ermöglichte. Außerdem konnte noch größere Spannung aufgebaut werden. Es war eine richtige Waffe, die nicht nur zu Sportzwecken, sondern auch für die Jagd benutzt wurde. Mein Trefferbild war erstaunlich gut. Ich schaffte es, über eine Distanz von 50 Metern 20 Schuss auf die Zielscheibe abzugeben, und davon lagen 15 innerhalb des mittleren Rings, der einen Durchmesser von 40 Zentimetern hatte. Phantastisch! Man hörte ein gleichmäßiges Surren der Pfeile, eine Zehntelsekunde später dann den Aufprall auf die Scheibe. Ein kurzes Nachzittern der Pfeile. Sonst nichts. Wow!

Ich überlegte, ob ich mit so einer Waffe in der Lage wäre zu jagen, Tiere zu töten und sie zu verzehren. Es wäre wesentlich einfacher als das Angeln, bei dem man viel Geduld benötigte, die ich nicht besaß.

Aber ich erinnerte mich gleichzeitig an meine Kindheit, als ich mit einem selbstgebauten Bogen auf Vögel schoss. Die Pfeile hatte ich mit einem Nagel versehen, so dass sie gut flögen und die Vögel auch töten sollten. Einmal schoss ich auf Schwalben, welche unter dem Dach unseres Hauses brüteten. Es waren Papas Lieblingstiere. Ich traf nicht das Elternteil, sondern ein Junges, welches verletzt aus dem Nest fiel, mit seiner piepsigen Stimme immer wieder flehte, mit seinen zarten Federn um sich schlug.

Das Blut rann aus dem Kleinen. Die Mutter kreischte empört und erschrocken um das Nest und um das heruntergefallene Küken. Ich war dermaßen erschrocken, dass ich wie angewurzelt dem Treiben zusah. Ich wollte ja nicht wirklich töten, sondern nur erschrecken, versuchte ich mich zu entschuldigen. Und ich hatte mir es eigentlich nicht zugetraut, die Schwalbe wirklich zu treffen. Ich war geschockt. Der Pfeil steckte noch in der Holzverkleidung des Dachüberstandes. Ich würde also sichtbar als Täter von meinem Vater überführt werden können. Auch davor hatte ich Angst. Ich lief weg, in der Hoffnung, der liebe Gott könne die Zeit zurück drehen und das Geschehene rückgängig machen. Ich betete mit all der Inbrunst eines 9 jährigen um Verzeihung und Vergebung.

Die nächsten zwei Stunden verbrachte ich in einem Versteck im nahegelegen Wald. Ich wusste mich dort relativ sicher, da mein Vater erst zum Abendbrot nach Hause kommen würde. Ich marterte mein Gehirn, wie ich das alles ungeschehen machen konnte, machte mir Vorwürfe über meine Brutalität und meine Naivität und bibberte in dem Versteck. Würde das Junge überleben können? Ich hoffte es! Oder würde es sich quälen? Es würde mit Sicherheit in den Himmel kommen und ich wahrscheinlich in die Hölle. Das geschah mir auch recht!

Schließlich ging ich mit mutigen Gedanken und zitternden Schritten zurück zu dem Schreckensort und ich lugte um die Ecke und wurde vom lieben Gott enttäuscht. Die kleine Schwalbe lag immer noch auf dem Erdboden. Die Mutter kreischte aus dem Nest heraus. Wenn Sie doch wenigstens damit aufhören würde.

Ich ging um die Ecke, das Küken war tot. Es sah grausam aus und schaurig. Ich packte es mit meinen Fingern vorsichtig an und spürte den zarten Flaum und den kalten Körper, warf ihn in die angrenzende Wiese, wo es niemand mehr sehen konnte. Dabei wurde ich begleitet von dem wütenden Kreischen und Flügelschlagen der Schwalbenmutter. Ich holte eine Bohnenstange aus dem Keller und befreie meinen verräterischen Pfeil mit einigen Schlägen, zerbrach ihn und warf ihn in die Mülltonne. So waren wenigstens alle Spuren beseitigt. Nach dem Abendbrot ging ich mit meinem schlechten Gewissen ins Bett. In erzählte es niemanden in unserer Familie. Am nächsten Tag entlastete ich mich, indem ich Hubertus, unserem Nachbarjungen, davon erzählte. Ich habe es nicht dem Pfarrer gebeichtet.

Mein Bild vom lieben, gütigen Gott hatte einen Kratzer erhalten, denn er hatte mich ziemlich im Stich gelassen.

Im nächsten Frühjahr zogen erstmalig keine Schwalben zu uns! Verständlich! Aber nur für mich. Mein Vater wunderte sich über deren Verbleib und mußte 13 Jahre ohne Schwalben auskommen. Ich nahm mir in jener schlaflosen Nacht vor, mich nicht mehr auf den lieben Gott zu verlassen und nie mehr auf ein Lebewesen zu schießen.

Dieses Bild haftete in mir und jetzt bei dem Nachwippen der Pfeile konnte ich mich nicht mit dem Gedanken an Jagd anfreunden.

Ich schrieb sogar ein kleines Gedicht zum Schießen mit Pfeil und Bogen:

> Vögel zwitschern,
> der stracke Arm.
> Auge ins Ziel,
> starrer Blick.
> Ruhender Atem,
> gespannter Muskel,
> gespannte Sehne.
> Auge ins Ziel,
> toter Atem,
> öffnender Finger.
> Der Pfeil löst sich,
> surrt durch die Luft,
> und trifft,
> nicht.

Während der Radelauszeit erreichen mich die ersten Briefe von Heike, Angelika und Martin, die ich natürlich ziemlich begierig und aufgeregt gleich am ersten Abend las. Heike schrieb mir, dass sie mich bisher, als Genießer kennen gelernt hatte, der es verstand, auch mit Kleinigkeiten zufrieden zu sein. Das ging runter wie warmes Öl. Sie schien mich noch nicht richtig zu kennen und mir erging es mit ihr ebenso. Ich hatte sie ja erst kurz vor der Reise kennen gelernt. Von daher war alles Neuland. Deshalb hatte sie auch ein wenig Angst vor unserem gemeinsamen Urlaub. Klar, es könnte ja auch schief gehen, aber wir waren erwachsen und konnten auch unsere eigene Wege gehen. In dem Brief tat sie alles dafür, sich auch mal von ihrer negativen Seite zu zeigen, und mich darauf vorzubereiten, dass es mit uns nicht klappen könnte.

Sie wäre ein schwieriger und eigenbrötlerischer Charakter, der sich nur sehr schwer auf neue Beziehungen einlassen konnte. Na ja, ging mir ja genauso! Ich war manchmal ein richtiger Sturkopf. Manche astrologisch denkenden Menschen vermuteten in mir zuerst einmal einen Widder, dann einen Steinbock und erst zuletzt kam jemand darauf, ich könnte auch eine Waage sein. Bingo! Heikes Statement, ich würde genießen können, war falsch. Ich versuchte zwar, immer wieder den Moment zu geniessen und in diesem Moment Glück zu empfinden. Aber leider fühlte ich mich häufig nicht frei von meinen Vorstellungen, noch dies und das zu erledigen. Ich war noch zu verfangen in meinen Bilden und in meiner Motivation, ein bestimmtes Ziel erreichen zu können oder zu müssen. Getrieben halt!

Die letzten 1 ½ Wochen war ich meinem Ziel, ein Genussradler, ein Genussmensch zu werden, immer näher gekommen. Ich hatte häufig sehr spontan entschieden, wo ich an welcher Kreuzung weiter fuhr und wo ich rastete. Ich hatte ja keinen Zeitdruck und konnte mich lenken lassen von der Umgebung, von den Schönheiten, von der Sonne, von der Wärme, von meiner inneren Stimme, von meinem Instinkt! Meistens tat es mir gut, mich an diesen Strukturen zu orientieren, so dass ich ein Gefühl für mich entwickelte, welches mich ziemlich autark handeln und fühlen ließ. Ich war sehr beschützt und behütet aufgewachsen.

Es gab viele Regeln, die mich lange Zeit geschützt, aber auch eingeengt hatten. Als ich die Polizeiausbildung begann, hatte ich mich wieder in einen geregelten Ablauf und in gewisse Strukturen begeben und musste mein Gewissen unterordnen und sehr viele Sachen gegen meinen Willen machen. Das ging nicht lange gut, und schon nach 2 Jahren war ich als Querulant und Aufständler verschrien. Ich strampelte mich dort immer freier, wurde irgendwann aus disziplinarischen Gründen zwangsversetzt, konnte aber dadurch meinen Dickkopf weiterhin leben und ausbauen. Es gab viele Reibungspunkte, was anstrengend war und mich viel Kraft und Energie kostete, aber sie verhalfen mir dazu, meine Position in Konfliktfragen zu schärfen und meine emotionalen und rationalen Werte zu vertreten. Schließlich war ich so unzufrieden und frustriert in meinem Leben als Polizeibeamter, dass ich mich fast zwangsläufig anderen Arbeits- und Lebensformen zuwandte. Ich hatte das Glück, an einer sehr guten Abendschule mein Abitur machen zu können. Der sehr sympathische Leiter dieser Schule war in der Lage, mich immer wieder zu motivieren und zu fördern, so dass ich zum ersten Mal den Eindruck gewann, etwas auch ohne die bekannte Antihaltung zu schaffen sondern aus meinem ureigenen Interesse heraus zu handeln, freie Entscheidungen zu treffen und selbst meinen Lebensweg zu planen und zu organisieren. Diese lange Zeit war in meinen Erinnerungen die schönste und glücklichste Zeit meines Lebens.

Ich fühlte mich frei für alles was da kommen wollte und sollte. Die Beziehungen, die ich aufbaute, zu Freunden, aber auch zu Frauen. Umbruch durch Freiheit! So würde ich diese Lebensphase bezeichnen wollen. Ich hatte Vertrauen in mich gewonnen, kündigte nach 7 Jahren meinen Job als Polizeibeamter und begann ein Studium. Ich empfand Aufbruchstimmung. Dass ich damals andere vor den Kopf stieß, war mir nicht gerade egal, aber sonderlich Rücksicht auf sie nahm ich auch nicht mehr. Und nun teilte mir Heike mit, dass sie auch ein eigenbrötlerischer Mensch sei. Ob das mit uns klappen würde, war egal, ich freute mich auf die intensive Zeit, die wir miteinander verbringen würden.

Angelika schrieb von einem größeren Waldbrand in Alaska, aber davon hatte ich weder durch die Presse noch über TV etwas mitbekommen. Ansonsten gab es Fußballnachrichten, welche mich interessieren und ich empfand Heimweh, als Angelika von Neuerungen in ihrem Umfeld berichtete. Da ich Angelika schon seit unserem Weihnachtsurlaub in Norwegen im letzten Winter kannte, war sie mir wesentlich vertrauter als Heike. Ich hatte mich Hals über Kopf in sie verliebt, sie angebaggert und um sie geworben, bis sie sich auf mich eingelassen hatte. Keine 5 Monate später setzte ich mich in den Flieger, um für 1 Jahr hier in Amerika zu bleiben. Sie war eine klasse aussehende Frau mit langen schwarzen, glatten Haaren, und sie erinnerte mich häufig an eine spanische Flamencotänzerin oder eine stolze Indianerin. Sie war genauso alt wie ich und eine sehr starke Persönlichkeit, mit einem Sinn fürs Schöne und Ästhetische.

Im Vergleich zu Heike hatte sie eine gewachsene Persönlichkeit. Heike war eher die jugendliche Schöne, welche mit ihrem Körper kokettierte. Es gab eigentlich überhaupt keinen Grund, mich für die Eine oder die Andere zu entscheiden. Ich hatte zu beiden eine sehr tiefe Bindung und für beide das Empfinden von Verliebtsein oder sogar von Liebe. Trotzdem waren meine Gedanken häufiger bei Heike als bei Angelika, vielleicht, weil sie mich hier in Amerika besuchen würde! Und da waren die beiden letzten Nächte vor meinem Abflug nach Alaska, als Heike mich begleitet hatte.

Weiterhin schrieb Angelika, dass sie einen Dokumentarfilm über die Funktionsweise des Gehirns gesehen hatte. Eine liebevolle Betreuung würde auch bei Alzheimer oder anderen Gedächtniskrankheiten dem Betroffenen helfen. Ja, sie konnte liebevoll mit mir und Chorea Huntington umgehen. Sie hatte keine Angst vor der Zukunft.

Ich war es, der mir eine partnerschaftliche Beziehung mit den stärker werdenden Symptomen nicht vorstellen konnte. Ich war es, der davor Angst hatte und genau deswegen radelte ich ja durch die Gegend. Wenn ich 10 Jahre in die Zukunft schaute, dann sah ich mich als einen Menschen, der auf wackligen und zuckenden Beinen durch die Gegend schwankte, als wäre ich eine Woche lang nicht mehr aus der Kneipe heraus gekommen und hätte im Dauerbiertrinken den ersten Platz belegt. Mein Gedächtnis wäre futsch, ich hätte wenig Erinnerungsvermögen, meine Sprache wäre nur noch ein Lallen, ich wäre abgemagert, da ich nicht mehr fähig wäre, genügend Nahrung zu mir zu nehmen, um mir die durch die enorme Körperunruhe verbrauchte Energie wieder zuzuführen. Und dann diese sichtbaren Zuckungen des Gesichts, der Arme und Beine, des gesamten Körpers, die daraus resultierende Gangunsicherheit und die dadurch bedingten Stürze und deren Merkmale wie die blauen Flecken, Brüche, Hautabschürfungen. Auch wenn ihr es nicht glaubt: Dies waren die weit aus weniger beängstigenden Krankheitssymtome.

Noch schlimmer ist die im Krankheitsverlauf vorkommende Wesens- und Charakterveränderung, welche mich und meine Persönlichkeit auf den Kopf stellen würde. Und aus mir ein aggressives Wesen machen würde das bösartig und laut durch die Wohnung tigern und andere verletzen würde. Ich war ein ziemlich friedvoller Mensch mit weichen Ansichten und der Überzeugung, jeder Mensch hätte ein Recht auf unversehrtes Dasein. Genau wie meine Mutter! Sie war der Engel in Person, und ab ihrer Lebensmitte begann sie immer mehr körperlich abzubauen, machte Sachen, die sie sonst nicht tun würde, stahl irgendwelche Kleinigkeiten aus Geschäften, verteidigte sich aggressiv, hatte wenig Einsichtsvermögen und brüllte durch unser Haus. So kannte ich sie gar nicht und ich hatte damals Angst um sie und um mich. Ich gruselte mich vor ihren Trotzphasen. Und natürlich empfand ich jede Menge Scham, denn in dem kleinen Ort blieb wenig verborgen und ich war überfordert mit den Handlungen von Mama. Natürlich hatte ich auch Angst, da die Ursachen für Mamas Verhalten medizinisch nicht geklärt waren. Der ganze Run auf die Ärzte ließ immer wieder neue Vermutungen zu. Ihre Auffälligkeiten wurden immer stärker, die Behandlungsmethoden immer kurioser, bis endlich ein Arzt die äußerst seltene Krankheit (ca. 3000 Erkrankte in Deutschland) diagnostizierte. Meine Familie war überfordert mit dem was auf sie zukam. Vor allem mein Vater. Er begann zu trinken. Die Familie versuchte lange Zeit, Mama abzuschotten und wenig nach draußen dringen zu lassen. Das ging nur zeitweise, und spätestens, seit ein Pflegedienst die Grundpflege übernahm, weil wir am Ende waren, konnten wir den Zustand von Mama nicht mehr verschweigen.

Wir, als helfende Familienangehörige, hatten zum großen Teil versagt, und da ich ein aktives Teil des Familienlebens war, hatte auch ich versagt. So schnell wie möglich machte ich mich wieder auf nach Kassel. Ich besuchte meine Familie nur noch an Wochenenden, konnte mich für eine Zeit lang auf Mama einlassen, freute mich allerdings immer wieder auf die Rückreise. Für die Hinfahrt benötigte ich eine halbe Stunde länger als für die Rückfahrt. Ich wollte weg, weg von den Dramen, die ich dort erlebte, weg von den emotionalen Belastungen, weg von den Verpflichtungen – nur weg!

Und Angelika wollte es sich zutrauen, mich später liebend zu pflegen! Ich glaubte es ihr unbedingt, doch ich befürchtete, dass ich es bisher nicht vermocht hatte, ihr die Hintergründe so zu schildern, wie sie für mich waren, nämlich dramatisch und schrecklich und dass ich es mir einfach nicht vorstellen konnte, mich pflegen zu lassen. Ich wollte nicht gepflegt werden, und wenn ich mich in die Zukunft hineindachte, dann gab es nur die Zeit bis zu jenem magischen vierzigsten Jahr, in dem Chorea Huntington massiv in den Lebensrythmus einfällt. Bis dahin konnte ich mir vorstellen, ziemlich glücklich in den Tag hinein zu leben. Wie das konkret aussah, konnte ich allerdings auch nicht sagen. Ich flüchtete aus diesen Gedanken. Wenn ich, wie in der Schule, benotet werden würde, dann hätte ich im Fach „Verdrängen" ohne weiteres meine zweite 1 Plus (neben Erdkunde) bekommen.

Angelika war entweder naiv oder ich zu dramatisch. Das war ja genau eine Ursache, warum ich hier in Amerika war. Mir fehlte jegliche konkrete Lebensperspektive. Ich konnte mir nicht vorstellen, weiterhin zu arbeiten und weiterhin auf den Tag X zu warten. Ich konnte mir nur vorstellen, mein Leben intensiv und glücklich zu leben! Das war mein Ziel! Und es war schwierig genug zu erreichen. Ich wollte frei sein von Verpflichtungen, von Kompromissen, von Nichtigkeiten! Ich wusste nicht einmal, ob ich zurück nach Deutschland gelangen würde, hatte keine arbeitsmäßigen Herausforderungen, ich brauchte keine Karriere als Sozialarbeiter oder sonstwas, denn mit 40 war ehe zappenduster.

Ich wollte auch keine Beziehung, die über dieses magische Alter von 40 hinausgedacht war. Ich wollte Beziehung hier und jetzt. Keine große Planung. Mit Kindern und so!

Es war schade, dass du Angelika, eine feste Stelle hattest und mich nicht besuchen konntest, denn dann wärest du ohne weiters meine erste Wahl gewesen.

Aber ich konnte nicht warten. Ich wollte weg von meinen Belastungen, hin zu glücklichen, intensiven Erlebnissen im Sofort und ich hatte gute Ansätze dazu hier und in Alaska gemacht. Ich schätzte die Erfahrungen in der Natur und auf dem Fahrrad. Ich schätzte all die Nächte im Zelt ohne Komfort, das Aufwachen am nächsten Morgen mit einem Kaffee, gekocht auf dem Lagerfeuer oder auf dem Kocher, ich schätzte den Sonnenaufgang, wenn die Sonne gerade ihre ersten Versuche unternahm den Horizont zu überspringen und sich dafür sehr viel Zeit nahm und dieses Warten auf das erste Schimmern und Leuchten, welches sich in den Nebelfeldern spiegelte oder von Kiefern reflektiert wurde und den Morgen mit einer orangen, Hoffnung spendenden, warme Farbe erhellte. Es war fast wie beim Orgasmus, den ich im Vorfeld des Höhepunktes immer am intensivsten erlebte. Oder wie beim Radeln auf einen Berg hinauf. Für mich war der schönste Teil einer Fahrt der des Erreichen des Bergpasses. Ich hatte die Übersicht, die Aussicht auf die Umgebung, und dann ging es mit der Belohnung im Rücken wieder bergab. Und ich wollte diese orgiastischen Zeiten immer verlängern, wollte in meinem Leben nicht mehr nur bergab fahren. Das ging irgendwann ganz von alleine!

Ich war getrieben! Von dem Motor, meine Vergangenheit zu vergessen und mir eine glückliche Lebensplanung zu kreieren. Ich wollte mich noch mehr mit meinen Interessen in den Mittelpunkt der Welt stellen.

Ich wollte nicht mehr nur die Randerscheinung in den kleinen und großen Dramen meiner Familie sein.

Was war denn noch innerhalb der 10 Tage Radelpause? Ja, Ron war Angler. Wir gingen zusammen angeln. Ron zeigte mir ein paar Tricks beim Werfen der Angel und ein paar Tips, wie ich die Würmer so an den Haken bekam, dass sie stark bluteten und damit Fische anlockten. Die Tageszeit wäre entscheidend, entweder am frühen Morgen oder am frühen Abend. Wir versuchten beides, hatten entgegen seiner Erfahrung und zur Bestätigung meiner Erfahrung auch mit den ganzen Tips und Tricks keinen Angelerfolg. Ich schenkte ihm meine Angel und war froh, endlich einen Abnehmer für mein ungeliebtes Nahrungsbeschaffungswerkzeug zu haben.

In Washington und Oregon gab es viele hohe Berge. Einer davon war der Mount Hood. Er war nur 60 Meilen entfernt und so hoch gelegen, dass seine Kuppe das ganze Jahr über mit Schnee bedeckt war. Ich hatte ihn schon des Öfteren bestaunt und war sofort dabei, als Ilse vorschlug, eine Runde Ski zu fahren. Ich war bisher selten Abfahrt gelaufen. Einmal als 14-jähriger in den österreichischen Alpen, ansonsten nur die Dorfwiese hinunter. Und dass es Gegenden gab, in denen man das ganze Jahr über Schnee hatte, war mir zwar bekannt, aber fern von meinem alltäglichen Dingen. Ich staunte über Ilse, die jeden Monat einmal den Berg hinunter fuhr. Ilse war immerhin 25 Jahre älter als ich! Ich sagte ohne zu Überlegen zu, bekam am nächsten Morgen ein Paar Skischuhe von ihrem Sohn und die entsprechenden Skier konnte ich dort vor Ort ausleihen.

Wir fuhren am nächsten Morgen früh um 6 Uhr los. Das Thermometer stand schon auf 18° Celsius, die Sonne schien, es war T-Shirt-Wetter und wir fuhren zum Ski Laufen. Ich war immer noch perplex und durcheinander. Auf dem Hinweg überquerten wir den Columbia River, der hier die Grenze zum Bundesstaat Oregon markierte, und der von den amerikanischen Siedlern im 18. Jahrhundert als Fortbewegungs- und Transportweg für den Zug nach Westen genutzt wurde. Er wurde noch heute als wichtiger Transportweg genutzt und natürlich auch als Naherholungsgebiet für die angrenzenden Städte Portland und Richland. Auf ihm waren einige wenige halsbrecherisch veranlagten Surfer unterwegs, die in atemrauberaubenden Tempo den Fluss entlangkreutzten. Auf der anderen Seite ging es dann nonstop bergauf zum Mount Hood. In Richtung Süden führte dieser Weg zum Mount Helen, den ich auf jeden Fall besuchen wollte da es für mich die erste Vulkanbesichtigung wäre.

Es waren 31 Meilen bergauf von fast Meereshöhe auf 2600 Meter, wo sich die Skistation befand. Im Talbereich wurden Obst und Gemüse angebaut. Anschließend fuhren wir durch Nadelwald, der teilweise regenwaldtypischen Charakter hatte. Das heißt, es gab riesige, grün vermooste Laubwälder, mit riesigen 70 Meter hohen Bäumen, welche Nährquelle für die schmarotzenden Hemlockfichten waren. Da es sich nur um einen kleinen Bereich der Regenwälder an der Pazifikküste handelte, und ich den größeren Teil als unbedingtes Muß in meiner Routenplanung schon fest zementiert hatte, war es für mich jetzt nur ein vorbeihuschender grüner Wald.

Schon bald wurden die Baumbestände lichter, blieben ganz zurück, und nach der ersten Paßhöhe von 1300 m bogen wir zum Skigebiet nach rechts ab. Der erste Schnee zeigte sich schon bald an der Westflanke und noch bevor wir den Skilift erreicht hatten, waren wir umgeben von Eisflächen und Schneefeldern. Die Skistation war Anfang des 20. Jahrhunderts als Erholungszentrum für arbeitende Amerikaner gebaut worden und wurde von Präsident Roosevelt mit finanzieller Förderung und Namensgebung unterstützt. Es handelte sich um ein Blockhaus aus mächtigem Tannenholz, und ich fragte mich, wie man Holz, welches 1 Meter im Durchmesser maß und dazu 30 Meter lang war hier hoch bekommen hatte und anschließend noch zu diesem Prachtbau verarbeiten konnte.

Am Hang, der bis auf 3950 Meter reichte, machten sich ein paar Skifahrer und etwas mehr Snowboarder breit. Ich bekam die passenden Skier und freute mich auf die Abfahrt. Es gab zwei Kategorien, eine leichte, grüne und eine schwere, schwarze Strecke. Zuerst vergnügte ich mich an der grünen welche im Auslauf flach und übersichtlich war. Alsbald traute ich mich schon an die wahnsinnig schnelle schwarze Route. Sie war anfänglich noch vereist, aber unter der wärmenden Sonne schmolz der Schnee und ich konnte nun besser Kurven fahren. Das ganze gelang mir ohne Sturz und ich empfand Stolz, da ich zum ersten Mal eine schwarze Piste hinuntergebrettert war, obwohl ich nie ein guter Sportler, geschweige denn ein guter Wintersportler gewesen war. Es hatte Spaß gemacht; dieser absolut unkomplizierte Skitag an einem warmen Sonntag Mitte Juni.

Der nächste Tag brachte heftigsten Muskelkater und ich, der ich dachte, ich wäre nach dem ganzen Radeln dagegen gefeit, musste mich eines besseren belehren lassen und spürte die verkaterten Schienbeine, den Po und die Oberschenkel sogar noch zwei Tage später.

Ron und ich besichtigten an einem Tag Portland. Nichts was mich vom Hocker riss. Allerdings aßen wir dort einen Swineburger, zu dem mich Ron überredete, denn wenn ich den Burger schaffen würde, bekäme ich als Belohnung ein T-Shirt in XXXXL (Auszug aus meinem Tagebuch: Groß, mächtig, gigantisch bauen sich Fleisch, Speck, Käse, Tomaten, Zwiebeln, Pilze, Brötchen zu einem unglaublichen Berg auf, umrahmt von zahllosen, fettigen Pommes. Dein Gegenüber verschwindet. Nach drücken, würgen, husten, pausen schaffe ich die Hälfte des Riesen. Bin verzweifelt und gebe auf. Fazit: Aufgeben im richtigen Moment ist Gewinn.).

Wir sahen einen Kinofilm in Imax-Technik, welche in den USA schon aktuell war. Im Film hatte ich den Eindruck, ich würde mit einem Schlauchboot rasend schnell durch die Fluten fahren oder mit einem Helikopter eine Reise durch den Grand Canyon machen. Es war atemberaubend. Die Geräusche von der Leinwand waren laut und der Film schnell. Es war so beeindruckend und echt, dass außer den Wasserspritzern nichts fehlte und ich mir vornahm, auf keinen Fall diesen Canyon live zu erleben, obwohl ich das eigentlich vorgehabt hatte, da ich von der Wirklichkeit nur enttäuscht sein würde. Ein weiteres Highlight war abgehakt. Nun blieben nicht mehr viele, eigentlich nur noch der Yellow Stone National Park, der mich alleine deshalb interessierte, weil Martin von ihm schwärmte, die Redwoods und noch mehr Rocky Mountains, San Francisco, einen Vulkan und noch ein wenig ziellos weiterradeln.

Während der nächsten Tage schrieb ich noch Briefe an Angelika und Martin K., meinem Freund in Kassel, mit dem ich während unserer gemeinsamen Polizeizeit und in der Abendschule viel Zeit verbrachte. Wir unternahmen viele gemeinsame Urlaube und Motorradausflüge. Ich hatte von ihm bisher noch kein Sterbenswörtchen gehört, keine Rückmeldung auf meine Karten oder Briefe erhalten. Ich bekam den Eindruck, dass unsere Wege auseinander gingen und er sein Interesse an mir verloren hatte. Außerdem hatte ich das Gefühl, er nahm mich nicht ernst in meinem Wesen und betrachtete meine Reise als Kinkerlitzchen. Bei unserer Verabschiedung in Deutschland bemerkte er in einem sarkastischen und fast gekränkten Ton, wir würden uns schon bald in Deutschland wiedersehen. Ich empfand die Verletzung jetzt noch deutlicher, da ich schon eine Zeit lang hier in Amerika war, er es allerdings überhaupt nicht wahrnahm. Ich empfand Schmerz über seine arrogante Art. Allerdings war unsere Freundschaft selten auf Augenhöhe. Manchmal war er für mich der „Große Bruder" der mich in die Geheimnisse der Motorradtechnik einwies und mit dem ich über Frauen reden konnte. Auf der anderen Seite war Martin neidisch auf meinen Erfolg als Polizist und fragte mich in diesen Dingen als „Kleiner Bruder" um Rat, und er wandte sich an mich, wenn er Schwierigkeiten mit seinem Elternhaus hatte. Manchmal empfand ich Scham über mich, dass ich an dieser Beziehung noch festhielt, obwohl viele Bekannte meinten, es wäre Zeit, andere Wege zu gehen. Genau das schrieb ich ihm und war froh, diesen etwas drückenden Brief hier in Ruhe beenden zu können.

Weitere Gedichte, die einem so einfallen, wenn man ein wenig zur Ruhe kommt und Zeit hat die Gedanken zu ordnen und zu notieren:

Balkonfrühstück

Erste Sommersonnenstrahlen streifen den Balkon,
wärmen Haut, treiben Müdigkeit aus schlaftrunkenen
Körpern.
Vögel singen ihr Lied.
Der leichte Atem des Windes,
läßt mich frösteln.
Ein Hund bellt in der Ferne.
Das satte Grün der Bäume erobert die tiefe Bläue des
entfernten Himmels.

Es ist einfach nur schön!
Wie schön wäre es,
den Morgen mit Dir zu beginnen?
Der Duft von Kaffee, von frischen Brötchen,

von ungezwungenen Begegnungen,
von ungezwungenen Berührungen.
Halten, Fühlen, Riechen, Schmecken.
Wortlos und verschlafen.
Gemeinsam wach.

Sommerregen

Regen trommelt
auf Laub.
Erst sacht,
dann stärker und stärker.
Wasser näßt
den weichen Boden
bis es
erhitzte Erde verdunstet,
bis sie gekühlt.

In der Senke die erste Pfütze,
immer wieder hochspringende
Staub-Matsch-Wassertropfen.

Blätter wiegen sich im Wind,
neigen sich unter zunehmender Last.
Tropfen perlen,
formen Rinnsale.

Nässe dringt zu mir,
kühlt meine Wangen, ahne den Regen,
sauge die Feuchtigkeit wie von Deinen Lippen,
schmeckendes Salz Deiner Haut,
presse das Gesicht in deinen atmenden,
tropfenden Schoß.

Ja und dann war da noch die Sache mit der Sprache. Ron korrigierte mich häufig, wenn ich gravierende sprachliche Fehler gemacht hatte. Es tat mir innerlich weh, diese Kritik zu hören, denn sie war absolut berechtigt und von Ron sicherlich gut gemeint. Dennoch konnte ich sehr schlecht damit umgehen. Ich wollte nicht an meine Fehler erinnert werden oder an Auswirkungen von Morbus Huntington.

Ich war sicher, dass es mit dem Zerfall von Gehirnzellen einherging. Allgemein wird bei Morbus Huntington die Merkfähigkeit und die Motorik beeinträchtigt und gestört. Dies nahm ich als Entschuldigung für mein schlechtes Sprachverhalten. Okay, das hatte aber nichts mit grammatikalischer Richtigkeit zu tun. Und da lag ein Schwachpunkt meiner Konversation, denn ich verwechselte manchmal die grammatischen Zeiten. Das war mir bekannt. Aber ich schaffte es nie, die Fehler abzustellen.

Und nun nahm ich die allgemein bekannten Krankheitsbilder von Chorea Huntington als Alibi für meine Englischschwierigkeiten. Darüber hinaus hatte ich vermutet, ich würde über das Reisen hier im Land und durch die vielen Gespräche mit den Amerikanern relativ schnell meine Englischkenntnisse aufbessern. Das war leider nicht der Fall. Ich radebrach mich immer noch durch die Kontakte. Ich war ungeduldig mit mir und wollte gerne fließend Englisch sprechen. Gerade hier saß meine Wunde, auf die Ron zart aber deutlich seine Hand legte. Meine Ungeduld und mein Perfektionismus!

Wie würde ich später als Behinderter damit umgehen? Wie würde ich in meinem Arbeitsfeld mit den Beeinträchtigungen umgehen? Wie würde ich damit in meinem Privatleben umgehen?

Viele Fragen, welche mich ein wenig nachdenklich stimmten, aber ich hatte Zeit zum Lernen, Zeit für mich, und das war wichtig für meine

Persönlicheitsbildung und für die Stärkung meines Bewußtseins, mit Schwächen leben zu können.

In der letzen Nacht vor der Abreise schlief ich äußerst unruhig und träumte schlecht. Ich war krampfhaft auf der Suche nach irgendwas. Aber alle, die ich ansprach und um Rat fragte, antworten nur „Rainer, du weißt es. Sprich es aus. du musst den Schritt alleine gehen." Ich fühlte mich einsam und fallengelassen und war dem Weinen nahe, verzweifelt von diesem ständigen Vor und Zurück. Was wusste ich? Papa? Kindheit? Nein! Sprich irgendetwas aus, damit die Qualen enden, die Unruhe aufhört, damit Friedhelm, mein Therapeut mich lospricht.

Ein schrecklicher Traum und ich war wie gerädert!

Der Abschied von Ron und Ilse fielt mir relativ leicht, da ich mein Fahrrad samt Gepäck dort ließ und mit dem Bus zurück nach Kanada fuhr, um mich mit Heike in Vancouver zu treffen. Ich wollte schon einen Tag eher dort sein, um für uns eine Übernachtungsmöglichkeit zu suchen und auch, um ein wenig alleine diese so tolle Stadt zu erkunden! Es gab überhaupt keine Schwierigkeiten beim erneuten Einreisen nach Kanada, und die Busreise in einem Greyhound Überlandbus war schon nach 3 Stunden beendet. Heute Nacht war Vollmond, und die Kanadier feierten den riesigen Canada day, ihren Nationalfeiertag. Die Plakate an den Einfallstraßen ließen schon im Vorfeld meine Erwartungen steigen, denn bei den Veranstaltern handelte es sich immerhin um die Nummer 2 der letztjährigen Weltmeisterschaft im Feuerwerk kreieren. Da war ich baff, denn ich hatte noch nie von solch einer WM gehört.

Vancouver downtown bestand aus Backsteinhochhäusern der letzten Jahrhundertwende sowie großen Banken, Finanzgebäuden und mehreren Fußgängerzonen. Es war eine geschäftige Stadt. Mir fielen die vielen südostasiatischen Gesichter auf. Die meisten gehörten Japanern, die entweder als Touristen wie ich staunend durch die Häuserschluchten wanderten oder als junge Studenten und Studentinnen in Cafés saßen und Tee tranken. Kleinere Häuser im viktorianischen Stil mit Verzierungen an den Türen und Fenstern schmiegen sich in die Lücken und ergänzten das Stadtbild mit ihrem britischen Charme. Dazu kleine und große Flaggen mit dem Ahornblatt, welche mir wesentlich freundlicher erschienen als die Stars and Stripes Banner. Ja ich mochte Vancouver! Ich mochte den gelungenen Kontrast zwischen Neu und Alt! Mochte die freundlichen und offenen Menschen! Mochte die Altstadt und vor allen Dingen den Hafen mit seinen markanten Gebäuden. Mochte den Blick auf die Berge und den Blick auf die vorgelagerten Inseln.

Ich besuchte noch ein Forstmuseum, in dem ich Informationen über interessante Techniken der Holzgewinnung und deren enormer Bedeutung für die wirtschaftliche Stärke von Britisch Columbia erhielt. Immer mehr trat ökologisches Bewusstsein in die Holzwirtschaft, und die Kanadier hatten mittlerweile das Fällen von Redwood Bäumen untersagt, im Gegensatz zu den US-Amerikanern. Pazific Lumber, die größte Holzgewinnungsfirma des hiesigen Kontinents, erzielte gerade ihren Profit durch das Abholzen von teilweise 1000 Jahre alten Regenwäldern. Nichtsdestotrotz waren auch in Kanada längst riesige Maschinen im Einsatz, welche mehrere hundert Hektar Wald am Tag unwiederbringlich zerstörten.

Abends nahm ich in einer lauen Sommernacht am Canada day teil, ließ mich von der Menschenmenge mitziehen zum Hafen, wo das Feuerwerk stattfinden sollte. Viele Menschen schwenkten ihre Flagge, die kanadische, die von British Columbia oder die von Vancouver. Die Stimmung war ausgelassen. Junge Menschen tanzten auf den Straßen, ältere saßen in Bars und Kneipen, noch ältere waren meistens verkleidet als Pioniere um die Jahrhundertwende. Manche nahmen an einem Umzug teil, bei dem sie auf den legendären Planwagen saßen, voll beladen mit Getreideprodukten und Hausrat. Manche gingen als Soldaten, die auf ihren Pferden den Tross begleiteten, viele als Indianer, die auch hier kriegerisch dargestellt wurden, obwohl die hier lebenden Tliunguit von Fischfang und -handel gelebt hatten und von den Pionieren bekämpft, angefeindet und zum großen Teil vernichtet worden waren. Ich fragte mich, warum häufig Geschichte immer noch falsch dargestellt und die Unterdrückung kleiner Völker oder Gemeinschaften noch immer als zivilisatorische Errungenschaft gefeiert wurde.

Herbert, mein Freund und Philosoph, sagte schon vor meiner Abfahrt, die amerikanische Gesellschaft sei eine unkulturelle, welche aus einer Masse von eingewanderten Individuen bestand und als Basis des gemeinsamen Lebens nur die Flucht aus dem eigenen Land besaß. Und das war wenig! So wenig, dass man Angst vor Indianern hatte, die sich an der Gemeinde orientierten und damit sozial stark und kulturell einheitlich waren. Genau aus diesem Grund wurden sie vernichtet. Dies wurde mir immer wieder deutlich, wenn ich das Zusammenkommen von Weißen und Indianern miterlebte. Selten sah ich Respekt dem anderen gegenüber. Ich empfand auch hier Befremdung und Scham.

Ich ließ mich abends mitziehen zu dem Hauptveranstaltungsort, dem Hafen, wo gegen 22 Uhr über eine riesige Lautsprecheranlage klassische Musik gespielt wurde als Einstimmung auf das Feuerspektakel. Es begann, wie die meistens Feuerwerke, mit Donner und einem farbenprächtigen Spiel direkt über dem Meer, welches wiederum zur klassischen Musik anwuchs, und abschwoll, bis irgendwann später das große Aufbäumen von Farben und Musik in Einklang gebracht wurde zu einem irren Lichtspiel, das sich im Wasser spiegelte. Das ganze zog sich über eine Stunde hin. Ich staunte ebenso wie viele andere Menschen auch. Jedes Mal entstanden neue Welten, und das, was eigentlich an Intensität nicht mehr zu toppen war, wurde doch noch von neuen Klanginterpretationen und buntem Feuerwerk überboten. Ich habe noch nie so ein begeisterndes Feuerwerk erlebt, es riss mich vom Sitz, ich konnte schon lange nicht mehr an meinem Platz verharren! Als das Auf und Ab doch noch ein Ende fand, gab es nur noch Beifallsgeklatsche und Gestaune und Hurrarufe.

Ich brach mit der Menschenmenge auf, ging zu meinem Hotel und schlief die letzte Nacht vor dem Treffen mit Heike ziemlich gut, obwohl mir noch Gedanken durch den Kopf gingen, wie das mit ihr werden würde. Was wollten wir miteinander machen? Wie würde unser gemeinsamer Urlaub sein? Würden wir uns über den Zeitraum von 3 Wochen verstehen? Was wollte ich von ihr?

Die nächsten Tage würden anders sein! Ganz klar! Sie werden bestimmt sein von Liebe, Sexualität und Beziehungsthemen! Eigentlich Themen, vor denen ich in der Vergangenheit geflohen war. Mal schauen. Ich wollte mich erst einmal ganz auf sie einlassen.

Urlaub mit Heike auf Vancouver Island und die Suche nach Bären

Am nächsten Morgen schlug erst einmal die Katerstimmung zu. Ich hatte gestern 4 Bier getrunken, und die merkte ich deutlich. Nach dem reichhaltigen Frühstück machte ich mich auf zum Flughafen. Es gab Busse die direkt dorthin fuhren, und so sparte ich die teuren Taxikosten. Am Flughafen angekommen war ich sehr nervös und ging wartend auf und ab. Noch eine Stunde bis zur Ankunft von Heikes Flug. Ich plante immer etwas mehr Zeit ein und vertrödelte sie lieber vor Ort, als dass ich zu spät zu einem Termin erschien. Ich schaute noch in die Tageszeitung, wo ich leider keinen Bericht über den gestrigen Canada day fand. Wahrscheinlich waren die entsprechenden Reporter heute am Sonntag noch nicht wach oder genauso verkatert wie ich auch. Ich trank noch einen Cappuccino, rauchte die letzte Zigarette, (Heike war Nichtraucherin und ich wollte Rücksicht nehmen auf sie und mein Interesse, zu Kuscheln und Knutschen) wartete ungeduldig die letzten Minuten, und als ihr Flug aufgerufen wurde, begab ich mich rasch zu dem entsprechenden Gate.

10 Minuten später sah ich sie schon mit ihrem blauen Flanellhemd in einer bunten Traube von Menschen mir ihre Arme entgegen werfen. Sekunden später, was mir wie eine Ewigkeit vorkam, war sie der Sicherheitsschleuse entschlüpft und direkt in meinen weit geöffneten Armen gelandet. Wow, das war eine richtige Punktlandung. Ich hielt sie in meinen Armen, bestaunte mit offenem Mund ihr schönes Aussehen und wusste vor lauter Verlegenheit nichts zu sagen. Ihr ging es anscheinend ebenso und so hielten wir uns und ich spürte durch mein T-Shirt ihr Herz schlagen, spürte ihren warmen Körper und ihre festen Rundungen. Meine Geilheit auf sie ließ mich noch verkrampfter werden.

Am liebsten wäre ich jetzt mit ihr in das nächste Hotelzimmer verschwunden...! Naja, das Hotel war direkt in der City, und dann könnte ich mich austoben. Ich nahm ihren Rucksack, ging mit ihr Händchen haltend zur Bushaltestelle und wir fuhren Neuigkeiten austauschend und uns gegenseitig Komplimente machend zum Hotel. Heike war hungrig. Sie hatte wenig gegessen. Sie war aber auch hungrig auf die Stadt und so verbummelten wir den Tag am Hafen, schlenderten durch die City, aßen in einem Restaurant, und ich musste meinem Hunger auf sie noch einen wenig stand halten.

Abends im Hotelzimmer kuschelten wir sehnsüchtig miteinander, und ich ließ mich in ihre Arme sinken, gab mich ihren zärtlichen Berührungen hin und war selbst auch nicht sparsam damit. Es war schon spät, als wir endlich voneinander ließen und in aller Eintracht eng aneinander geschmiegt einschliefen.

Oh, wie hatte ich diese Zärtlichkeiten vermißt.

Eigentlich mochte ich keine Großstädte. Ich empfand mich dann immer wie ein Zwerg. Häufig waren die Straßen verbaut. Es wimmelte von Autos und der Lärm und die Menschenmengen waren mir zuviel. Trotzdem besaß Vancouver einen unwahrscheinlichen Charme, und ich frage mich, wo die ganzen 1,7 Millionen Einwohner denn alle lebten und wohnten. Vancouver war aufgeräumt, ordentlich, britisch, mit viel Stil, viktorianischen Häusern, avantgardistischen Büros und hinterließ trotzdem den Eindruck, es wäre kleiner als Kassel, welches sehr häufig im Verkehrschaos erstickte. Ganz anders Vancouver. Es gab viele Fahrradwege, an denen Beschilderungen die kürzesten Wege von A nach B verraten und selten gab es gestresste Verkehrsteilnehmer. Man war wesentlich gelassener, als ich es von deutschen Städten her gewohnt war.

Da wir bisher keine konkrete Planung für den Ablauf unserer gemeinsamen Zeit hatten, beschlossen wir, noch eine Hotelnacht dran zu hängen und uns Vancouver hinzugeben. Außerdem könnte ich dann auch am morgigen Tag Bankgeschäfte erledigen.

Nach einer ausgedehnten Kuschelrunde am nächsten Morgen frühstückte ich zum ersten Mal Hash browns, geriebene Kartoffeln, welche wie Bratkartoffeln in heißem Fett gebacken werden, darüber gab`s ein Spiegelei, dazu das englische Toast. Sehr lecker und vor allen Dingen reichhaltig. Ich sollte immer dann, wenn ich es irgendwo auf einer Speisekarte erblickte, zuschlagen. Ich nahm mir vor, es auch in Deutschland auf meiner wöchentlichen Speisekarte zu haben. Aber in Deutschland gab es ja auch sehr leckere und nahrhafte Brote. Ich aß sie sehr gerne und hatte mich immer noch nicht an die aufgeblasenen, fluffigen Weizentoastvarianten gewöhnen können. Gestern hatte ich mit Heißhunger Heikes Hasenbrot gegessen und war ein wenig neidisch auf ihre leckeren Brote, welche sie jeden Tag zubereiten konnte, während ich mit Eierspeisen und Burger vorlieb nehmen mußte.

In der Bank fiel mir auf, dass die Kunden in einer langen Schlange geduldig warteten und sich teilweise miteinander unterhielten. Das war mir neu, denn als Kunde der Volksbank in Kassel war ich es gewöhnt, gleich bedient zu werden, und wenn es mal zu einem Kundenandrang kam, sah ich nur mürrische Gesichter im Kassenraum. Weiterhin fielen mir die vielen japanischen Besucher und Bewohner Vancouvers auf, welche mit ihrer freundlichen Ausstrahlung das Stadtbild prägten. Jugendliche StudentInnen, welche in Cafes auf die nächste Vorlesung warteten, Kanadier im Anzug, ältere Frauen mit Hüten, die sie Queen Elizabeth direkt vom Kopf gestohlen haben könnten, Urkanadier mit struppigen, langen Bärten, gegerbtem Gesicht in ihren rot-schwarz karierten Holzfällerhemden, Fischer in ihren blau weißen Hemden und das alles in freundlicher und netter Nähe zueinander und nebeneinander. Man sprach miteinander, egal wie man aussah oder wer man war. Das empfand ich als sehr, sehr angenehm und versuchte einen Teil dieser Freundlichkeit und des unkomplizierten Umgangs miteinander, tief in meine Seele einzubauen und auch so zu leben.

Heike erging es ähnlich und sie fühlte sich ein wenig an Brasilien erinnert, wo sie 1 Jahr ihres Lebens verbracht hatte. Reisen bedeutete für uns, in großem Maße Eindrücke zu sammeln und zu schauen, ob man etwas für sich daraus gewinnen konnte.

Den Tag verbrachten wir genau damit, in Vancouver Zeit füreinander zu haben und zu planen, auf die riesige, Vancouver vorgelagerte Insel zu fahren und dort zu wandern. Es gab dort einige Wanderrouten, die uns interessieren und das außerdem nette Städtchen Victoria, welches mit seinem englischen Charme und einem riesigen Unterwassermuseum um unsere Gunst warb. Leider sollte die Nordwestküste zum Pazifik die regenreichste Gegend Südkanadas sein. Und es sollte dort die größte Schwarzbärenpopulation des gesamten Kontinents geben. Über die Regenaussichten freute ich mich nicht besonders, aber so einen kleinen niedlichen Schwarzbären würde ich auch liebend gerne mal sehen. Bei

Heike stießen beide Aussichten auf absolutes Desinteresse. Schade! Hoffentlich würde sie sich keine Kuhglocke um den Hals hängen und – ähnlich wie Tomek – bimmelnd über die Insel laufen. Denn dann waren meine Chancen hier in Amerika einen Bären zu sehen, wahrscheinlich gleich Null.

Uns als Wandergesellen interessierte zum großen Teil der Pacific-Rim-Nationalpark, da es dort noch große zusammenhängende Stücke gemäßigten Küstenregenwaldes gab, die jedoch von der Holzindustrie bedroht waren. Und da die Holzwirtschaft sehr schnell mit riesigen Maschinen riesige Gebiete abholzen konnte, wollten wir so schnell wie möglich nach Vancouver Island.

Deshalb machten wir uns am kommenden Tag rasch auf zum Hafen. Die Sonne schien als wir die Gangway vom Terminal zu der Fähre entlang gingen. Kein Wind der den Pudget Sound aufwühlte, obwohl er dafür berühmt und berüchtigt war. Der Pudget Sound erinnerte mich an die Fjorde der norwegischen Küste mit seinen vielen kleinen vorgelagerten Inseln. Sie waren meist mit Bäumen bewachsen, die grün und satt den perfekten Kontrast zum Meer darstellten. Vancouver Island lag direkt vor der Küste von Britisch Columbia, so dass wir schon bald nach Verlassen des Hafengebietes den ersten Blick auf die Insel werfen konnten.

Es war Blödsinn, sie eine Insel zu nennen, denn sie war über 450 km lang, ziemlich breit und fast doppelt so groß wie Nordrhein-Westfalen und gehörte zu den dichter besiedelten Gegenden Nordamerikas, obwohl gerade einmal 750 000 Menschen auf ihr lebten. Ein Großteil davon in dem Großgebiet ihrer Hauptstadt Victoria.

Heike und ich hielten uns am Oberdeck auf und streiften mit dem Blick suchend über die Wasseroberfläche. Es sollte hier von Walen nur so wimmeln. Wir suchten und suchten und fanden anstatt der erhofften Wale jede Menge Wasser und unsere Hände, die sich irgendwann ineinander gelegt hatten. Es war noch Vormittag, aber durch den fehlenden Wind herrschte eine sehr angenehme, fast schon romantische Stimmung, und wir genossen unsere Nähe.

Ob an dem Tag vor ca. 200 Jahren, als die Insel von Kapitän Vancouver entdeckt wurde, ähnlich herrliches Wetter war? Ob er auch gespannt und neugierig der Anlandung und Erkundung von Vancouver Island entgegen gesehen hatte?

Vielleicht war er so wie ich, der Neuland betrat.

Die meisten Urlaube hatte ich bisher allein bestritten. Selten war ich mit meiner Partnerin unterwegs gewesen. Von daher fehlte mir die Sicherheit im Planen, Organisieren, Absprechen eines Paarurlaubes. Ob Heike es merkte, wusste ich nicht. Allerdings hatte auch sie wenig Urlaubsreisen mit ihren Beziehungspartnern gemacht, so dass wir beide uns ja nur weiter entwickeln konnten.

Nach dem Anlegen fuhren wir mit dem nächsten Bus nach Victoria in die Stadt hinein und der Anblick von der kurzen Passhöhe, die wir überwinden mussten, war genial. Malerisch lag Victoria am Pazifik, mit einer prägenden Hafengegend. Von oben erkannte man noch diverse Parks und kleinere Seen. Ziemlich romantisch! Hier wollten wir einige Tage verbringen und uns nach dem Pacific Rim Nationalpark erkundigen. Wir buchten in einem kleinen und günstigen Hotel und begaben uns anschließend direkt in die Stadt.

Schon bald waren wir in einem kleinen Viertel am Market Square mit vielen chinesischen Läden und kleinen und engen Gassen. Teils wurden dort Touristenartikel verkauft, teils fühlte man sich in das Reich der Mitte versetzt. Es wimmelte von Cafes, Bistros, Take-away-Läden, eigentlich all dem, was das touristische Herz höher schlagen ließ. Wir setzten uns nieder und versuchten, die Eindrücke des Tages zu verarbeiten, aßen noch mal asiatisch, nahmen die letzten warmen Sonnenstrahlen mit und gingen zurück zum Hotel. Wir waren der romantischen Stadt Victoria dankbar.

Den nächsten Morgen begannen wir, natürlich wie immer erst nach dem reichhaltigen, englischen Frühstück mit bacon and eggs, mit weiteren Planungen für unseren Aufenthalt. Wir erkundigten uns nach dem bekannten Pacific Rim National Park, der als einziger Nationalpark auf Vancouver Island lag. Der Park war 50 000 ha groß und in drei separate Gebiete aufgeteilt: Long Beach, die Broken Group Islands und der West Coast Trail. Die Broken Group Islands umfassten nahezu 100 Inseln am Eingang des Barkley Sounds. Das Gebiet war unter Kanufahrern sehr beliebt und gehörte zudem zu den besten Tauchgewässern Kanadas. Der West Coast Trail war für seine rauhen Wanderwege sehr bekannt. Und genau diesen rauhen Küstenwanderweg, der sich über 150 km Wildnis erstreckte, wollten wir erwandern. Wir hatten in diversen Prospekten super Landschaftaufnahmen gesehen.

Wir wären vollkommen alleine, denn es wurden maximal 52 Wanderer pro Tag in den Park hineingelassen, in jede Richtung 26 Leute. Schöne Aussichten für mich als Naturfreak, Heike war ein wenig skeptisch. Ich denke, sie wollte nur mit, um mit mir zusammen zu sein. Wir würden mindestens 6 Tage für die Durchwanderung des National Rim Parks benötigen, und da wir kein Feuer machen durften, mussten wir unser sämtliches Kochgeschirr etc. tragen.

Ich fragte noch nach der Wahrscheinlichkeit, auf Bären zu treffen?

Die wäre schon sehr groß, allerdings nur auf die kleinen Schwarzen, denn Grizzlys würde es hier nicht geben. Ich jauchzte tief in meinem Herzen und freute mich auf meine ersten Bärenschnappschüsse.

Heike fragte verängstigt nach, was man denn im Fall eines Angriffes machen könnte. Ihn mit Pfefferspray ansprühen und dann weg laufen!

Ob das denn auch mit Sicherheit funktionieren würde?

Nein, am Besten wäre es, rechtzeitig mit Lärm auf sich aufmerksam zu machen.

Heike war nicht beruhigt, sondern wollte sofort in den nächsten Laden, um sich diese Wunderwaffe zu besorgen. Ich konnte sie noch davon abhalten, indem ich ihr versicherte, ich würde unsere Lebensmittel und all unsere verschwitzten und duftenden Klamotten weit weg von unseren Camps hoch in den Bäumen aufhängen.

Als ich sie wieder beruhigt hatte, kam der nächste Schock, diesmal für mich. An der Touristeninformation wurden wir gefragt: „Wann wollt ihr denn los?" Ich hatte den Sinn der Frage nicht verstanden und fragte zurück: „Why?"

Es gäbe nur einzelne Plätze, die in diesem Sommer frei wären, und wir müssten uns für den Trail anmelden. Hieß das, wir konnten nicht einfach los? Genau, wir müssten uns in die Warteliste eintragen. Big bull shit. Einerseits ja ganz klasse für den Naturschutz, aber für mich als Sponti war das äußerst blöd.

Die Frau an der Touristeninformation reichte uns die schon volle Warteliste, und ich gab sofort alle Hoffnungen auf eine Durchwanderung des Parks auf. Ich fühlte mich elendig und ähnlich enttäuscht wie im Denali National Park. Nun war ich schon in der Pampa, wo es eigentlich niemanden mehr gab, aber auch hier war es überfüllt. Warum mussten andere Menschen immer gerade das gut finden, was ich auch gut fand und warum waren sie immer eher da als ich? Verdammt! Aber da ich ja ein gutmütiger Mensch war, gönnte ich den Wanderern ihren Trail und ich, bzw. wir würden schon noch etwas anderes finden. Davon war ich fest überzeugt.

Wir bummelten weiter durch die Innenstadt, genossen den Schloßpark, nachmittags dann das Meerwasseraquarium, welches mich sofort in seinen Bann zog. Ich hatte noch nie Haie live gesehen oder farbige Barsche oder Schwarmfische oder Korallenfische, und das alles konnte ich hier bewundern. Es reizte mich, sofort den nächsten Tauchkursus zu unternehmen und Korallenriffe zu betauchen. Sehr farbenfroh und freundlich gaben sich die meisten Meeresbewohner, bis auf die Muräne, welche ihre Höhle mit weit aufgerissenem Maul und spitzen Zähnen zu verteidigen suchte. Davor hätte ich im direkten Kontakt Angst gehabt! Warum hatte ich keine Angst vor Bären, zumindest nicht vor den kleinen Schwarzbären? Vielleicht weil sie ein Kuschelfell hatten. Was wusste ich schon über sie?

Hundert Kilometer von Victoria lag ein riesiger See, dessen Südspitze man laut Karte anfahren konnte. Vielleicht gab es ja dort noch eine Möglichkeit, eine nette Wanderung zu unternehmen. Victoria war wirklich schön, allerdings lebte ich in einer Stadt, und sie ging mir sehr schnell auf die Nerven, so dass ich mich jetzt schon wieder nach neuen Abenteuern in der Natur und nach dem Adrenalinkick sehnte.

Ich redete mit Heike, die mich verstehen konnte und bereit war, mit mir zum Lake Cowichan zu fahren. Klasse, sie kam mit, und mein Abenteuerdurst würde gestillt werden.

Am nächsten Morgen erfuhren wir, dass zu dem See am nächsten gelegenen Ort, Duncan, sogar ein Bus fuhr. Also warteten wir die Abfahrtszeit in Cafés ab und stiegen schließlich in den Bus. Er benötigte bis Duncan ca. 2 Stunden, d.h. wir waren am frühen Nachmittag dort. Das klappte ja ganz prima!

Die Straße führte direkt durch ein riesiges Waldgebiet, anfangs gesäumt von einzelnen Hausreihen, irgendwann waren die Häuser verschwunden. Die meisten Wege, welche die Straße kreuzten waren, nur durch die bunten Briefkästen sichtbar, die auffielen und auf irgendwelche Hinterwäldler hindeuteten. Der Autoverkehr glich schon bald den gewohnten Bildern aus Alaska mit 30 Vehikeln in der Stunde. Ich mochte es, auf ruhigen Straßen zu fahren. Ich genoss die vorbeihuschende Natur. Die Monotonie war wie eine betörende Droge. Eine Droge, die ich, seit ich in den nördlichen Ländern unterwegs war, nicht mehr missen mochte. Sie war der Weg zu einer Freiheit, welche ich in Teilen erlebt hatte und die mich immer wieder lockte. Es waren die Berge und Hügel, welche erklommen werden mussten, dann hatte man einen Überblick. Auch danach war ich süchtig! Ich wollte den Überblick in jeder Sehne meines Körpers spüren. Ich wollte den Duft von Wald und Wiese, die erfrischenden Bäche und das kühle Klima, welches sie mit sich brachten. Ich wollte das Gefühl, in einem Schoß zu sein. Ich erinnerte mich an Tomeks Lied: „Der Fluß der fließt ewig, ... hinunter zum Meer. Mutter Erde trage mich, in deinen grünen Schoß...“

Ja, ich wollte mich weiter von ihr tragen lassen in der Gewißheit, ihren Schutz zu genießen. Ich war allerdings unsicher, ob ich mit Heike so abenteuerlich durch die Gegend streifen konnte, oder ob ich sie überforderte? Ich fühlte mich für sie verantwortlich, solange wir in der Wildnis waren. Und ich wusste nicht, ob mein Verhalten die Grenze von „Vertrauen in die Natur" zum Leichtsinn überschritt. Ich erinnerte mich an die „Fehleinschätzung," als ich in Alaska unbedingt in dem Haus mit der Waffenbesitzerin übernachten wollte. Gott sei Dank, waren wir da wieder heil heraus gelangt. Ich hatte die Tendenz, solche Gefahrenquellen zu übersehen und meinte, mit meinem Gutdenken und meiner körperlichen Länge Eindruck zu schinden. Häufig wanderte ich auf einem Grat, den viele als solchen erkannten, nur der naive Rainer nicht.

Ich wollte auf keinen Fall, dass Heike irgendetwas Schlimmes passierte. Und so nehme ich mir vor, mehr als bisher Rücksicht zu nehmen und auch auf ihre Wahrnehmung zu vertrauen!

Wir kamen nach Duncan, der selbsternannten Stadt der Totempfähle. Eine Fabrikationsstätte von Totems gab es zu besichtigen, und überall im Stadtgebiet standen die Produkte herum. Leider allerdings in wenig schöner Umgebung an der Umgehungsstraße und nicht in einem Park wie in Victoria. Die Totempfähle wurden überwiegend von Indianern hergestellt, die in der Umgebung lebten und sie hier an der Straße verkauften. Sie wirkten erschreckend, meist mit großen Mündern und Hakennase, und sie waren farbenprächtig. Wenn ich hier wohnen würde, wäre ich mit Sicherheit schnell auf der Suche nach einem Souvenir fündig geworden und könnte die Geister aus meinem Haus und Garten verscheuchen.

Duncan bestand augenscheinlich nur aus ein paar Häusern, einer Tankstelle, einem Supermarkt und einer Bootsanlegestelle. Das wars! Es gab keine markierten Wanderwege, aber der Tankwart war sehr freundlich. Was wir machen könnten, wäre am Zufluss des Lake Cowichan entlang zu derem Ursprung, den Helen falls, zu wandern. Wir müssten uns nur ans rechte Ufer des Flusses, der den Lake Cowichan speiste, halten, dann wären wir innerhalb von 2 Wandertagen dort. Wie lange würden wir für die Überfahrt mit einem Canadier benötigen? Ebenfalls 2 Tage! Das hörte sich doch interessant an. Auch Heike fand es interessant, über den See zu paddeln und so erkundigten wir uns nach der nächsten Möglichkeit, ein Kanu zu mieten.

Der Vermieter wohnte in Duncan und überließ uns einen schönen roten Canadier, der ausreichend Platz für unser Gepäck bot. Dann gab er uns noch ein paar Tips, wie wir uns am besten auf dem See orientieren könnten. Lagermöglichkeiten würde es keine auf einer Insel geben. Wir sollten also am liebsten unser Nachtlager auf dem Festland aufbauen. Ob es denn Bären geben würde, erkundigte sich Heike noch? Natürlich gäbe es Bären. Ganz Vancouver Island wäre schließlich voll davon. Wir sollten viel Lärm verursachen, sowie unsere Lebensmittel weit vom Zelt in die Bäume hängen, und wenn dennoch ein Bär auf uns zu käme, sollten wir auf ihn zugehen und ihn mit unserer Größe beeindrucken.

Es gab soviel unterschiedliche Verhaltensweisen im Umgang mit Bären. Jeder erzählte uns etwas anderes und verunsicherte uns nur noch mehr. Alles hörte sich logisch an, so dass wir wahrscheinlich intuitiv entscheiden mussten, wie wir uns im Ernstfall verhalten sollten. Der Busfahrer, der uns nach Duncan fuhr, erzählte zum Beispiel, dass er jemanden kannte, der auf einen Schwarzbären getroffen war, und der sich auf den Boden gelegt hat, Arme über den Kopf und sich totgestellt hatte. Er wäre mit einer Beschnupperung, aber ansonsten vollkommen unverletzt, davon gekommen.

Ich wusste, dass ich diese Methode mit Sicherheit nicht anwenden würde. Dann würde ich mich zu sehr in die Klauen des Bären begeben und könnte selbst nicht mehr agieren. Das wäre nicht mein Ding!

Um uns von den ganzen Bärengeschichten zu entfernen kauften wir genügend Proviant für die nächsten Tage ein und achteten darauf, uns überwiegend von Tütensuppen oder Tütennudeln, sowie Reisgerichten zu ernähren. Denn die waren leicht zu transportieren und am wenigsten geruchsintensiv. Wasser zum Anrühren und Abkochen gab es ja in Hülle und Fülle. Wir konnten heute direkt am See unser Zelt aufbauen. Heike und ich hatten sehr schönen Sex in der Erwartung, die nächsten Tage auf dieses schöne Element menschlichen Zusammenlebens verzichten zu müssen! Es würde mir sicherlich schwer fallen, aber ich wollte ja Rücksicht nehmen und Verantwortung übernehmen.

Da es auch hier sehr frühe Sonnenaufgänge gab, hielt uns nicht mehr viel an diesem Rastplatz. Wir frühstückten am nächsten Morgen ausgiebig, beluden das Kanu und befuhren mit den ersten Paddelschlägen den See Richtung Norden. Es war ca. 09.00 Uhr, die Sonne wärmte unsere Körper und stärkte unsere Lust auf den Paddeltag! Es war meine erste Seetour. Bisher hatte ich nur auf Flüssen und Bächen gepaddelt. Das war meistens ein einfaches Dahingleiten. Nun mussten wir für den Vortrieb selber sorgen und uns auf diesem See wahrscheinlich anstrengen. Heike konnte sich anstrengen, aber sie hatte bisher noch nie in einem Boot gesessen, und so waren ihre Schläge erst einmal Übungsschläge, eher ein sachtes Streicheln der Wellen. Wir konnten uns genügend Zeit nehmen und erzählten Witze und waren guter Dinge. Leider sollte es nicht so weiter gehen, denn im Laufe des Vormittages frischte der Wind auf und kam aus nordwestlicher Richtung, so dass wir ihn direkt von vorne bekamen und ich den Eindruck hatte, wir würden überhaupt nicht vom Fleck kommen So hielt ich mich ein wenig links und versuchte den Windschatten einer größeren Insel zu erreichen.

Bisher hatten wir uns am östlichen Ufer aufgehalten, mussten aber jetzt mehr in die Mitte des Sees gelangen, um etwas Windschutz zu bekommen. Das bedeutete erst einmal, noch mehr gegen den Wind zu fahren, und Heike protestierte, gab aber dann ihr Bestes und so erreichten wir, etwas außer Atem, endlich den Windschatten. Dort ließen wir die Paddel ins Boot fallen, streckten unsere verkrampften Glieder in die Höhe und dehnten unsere Oberkörper nach hinten. Uns beiden war nach einer Pause zumute, und so steuerten wir die letzten 200 m auf die Insel zu, landeten an und krochen aus dem Kanadier. Obwohl wir gerade einmal 2 Stunden unterwegs gewesen waren, benötigten wir eine Rast. Heike zeigte mir ihre Hände, in denen die ersten Ansätze von Blasen zu erkennen waren, die ich rasch mit einem Pflaster versorgte. Unsere Pause ging dann nahtlos in eine Kuschelrunde über.

Nach dem Mittagsbrunch überlegten wir weiterzufahren, allerdings hatte der Wind eher zu- als abgenommen. Und nach dieser Insel kam für mindestens 2 km kein schützendes Eiland mehr. Sollten wir uns nach Duncan zurück treiben lassen (es war immer noch in Sichtweite) und die Überquerung des Sees aufgeben? Fakt war, dass wir bei dieser Windstärke und Windrichtung zwar vorwärts gelangen würden, aber dass wir im Schnitt vielleicht 1,5 – 2 km/h schaffen könnten, und dann wären wir wahrscheinlich so groggy, dass wir keinen Pieps mehr sagen könnten, geschweige denn paddeln. Ich wollte Heikes gute Laune nicht verderben und beschloss, die Pause noch weiter auszudehnen, was mir schwer fiel. Ich benötigte Auslauf und das Gefühl, mich frei bewegen zu können, was auf dieser baumbewachsenen kleinen Scholle von ca. 1500 m², schwierig war. Ein wenig fühlte ich mich gefangen von meinem Aktionsbedürfnis und der Notwendigkeit hier zu bleiben.

Und da es keine Notwendigkeit gab, bekam ich schlechte Laune. In solchen Momenten rauchte ich gerne eine Zigarette. Ich drehte mir eine und bekam mit, dass Heike ein wenig abfällig schaute. In diesem Moment wurden mir Muster bewusst, in denen ich verhaftet war. Und dass Heike an meinem Empfinden der Situation, überhaupt keinen Anteil hat. Sondern ich war es, der die Situation nicht geniessen konnte. Die Sonne schien, es war im Windschatten warm, wir hatten zu essen und zu trinken, und somit waren alle Basics erfüllt. Heike war sogar da und ich könnte ja alles mit ihr anstellen und gute Laune haben. Aber stattdessen war ich der Miesepeter, der nicht warten konnte.

Tomek würde mich jetzt therapeutisch fragen, wann ich das denn zum ersten Mal erlebt hätte. Da Tomek nicht da war, fragte ich mich selbst und brauchte gar nicht lange zur Beantwortung. Da ich einen Zwillingsbruder habe, war es für mich immer wieder wichtig gewesen, Anerkennung bei meinen Eltern oder den Omas zu erhaschen, da noch ein zweites, um die wenige Aufmerksamkeit buhlendes Wesen gleichzeitig auftrat. Da meine Eltern den deutschen „Prinzipien fleißig, ordentlich und strebsam," anhafteten, versuchte ich mich gerade in diesen Disziplinen und hatte mehr Erfolg als Martin. Daher war ich immer bemüht, das Richtige zu tun und mich rechtzeitig beliebt zu machen. Dass ich nicht gerade ein ruhendes Wesen geworden bin, ist relativ eindeutig. Ich hatte nie gelernt, Muße zu haben und zu genießen.

Mein Vater sagte mir des Öfteren, z.B. wenn ich ihm auf Baustellen aushalf: „Mach nie einen Weg doppelt" und „Benutze stets deinen Verstand" sowie „Wenn du etwas erreicht hast, überlege gleichzeitig, wie du beim nächsten Mal noch mehr erreichen kannst." Meine gesamte Kindheit hatte sich immer um diese Effizienz gedreht. Nie oder selten um den Genuss.

Das betrauerte ich jetzt gerade, nahm Heike in den Arm, erzählte ihr meine familiären Hintergründe und versuchte in das Hier und Jetzt zu gelangen, was ich durch Heikes Kuscheln auch schon bald schaffte.

Es war schon später Nachmittag, als der Wind nachließ und wir wieder aufbrechen konnten, ohne mit dem Kopf durch die Wand zu wollen. Nach 2 Stunden paddeln waren wir wieder Pausebedürftig und fuhren die nächste Insel als Ruhepunkt an. Wahrscheinlich hatten wir heute gerade einmal 12 - 14 km hinter uns und mussten eventuell noch einen dritten Kanutag einlegen. Wir hatten genügend Proviant, so dass ich bei diesem Gedanken ruhig blieb. Bei der Erkundung dieser Insel sahen wir am östlichen Seeufer eine Bootsanlegestelle und direkt dahinter ein Haus. Junge Menschen schienen zu spielen. Es war genau die Idylle, die ich mir im Vorfeld der Reise häufig erträumt hatte. Ich mochte die Einsamkeit, das Lagerfeuer und die ständigen Wechsel, welche das Leben im Freien mit sich brachte.

Gegen 21 Uhr war kein Lüftchen mehr zu spüren, so dass wir noch ein Stündchen fahren wollten, um noch ein paar Kilometer hinter uns zu bringen. Außerdem war die Insel so stark bewachsen, dass es uns schwer fiel, einen Zeltlatz herzurichten. Nun, ohne Wind, erreichten wir schon bald eine Landzunge, welche offen und frei war, auf der wir unser Zelt dicht am Wasser aufbauten und ein Lagerfeuer entzündeten. Wir aßen eins von den gehaltvollen Reisgerichten, packen den Rest in meinen Kanusack und hängten ihn weit entfernt an einen Baum. Ich achtete auf eventuell vorhandene Spuren, konnte mich allerdings beruhigen und Heike auch. Ich schlief herrlich eingekuschelt an sie. Sie weckte mich ab und zu, weil irgendetwas Geräusche verursacht hatte. Klar machte etwas Geräusche. Das war so üblich in einem Wald, aber es mussten nicht immer Bären sein. Heike schlief definitiv nicht, und so wurde es für mich auch eine unterbrochene Nacht mit Aufwachen, Einschlafen, Aufwachen, Einschlafen...

Es war spät, die Sonne knallte auf unser Zelt, und ich konnte vor Wärme nicht weiterschlafen. Wo war Heike? Ich erschrak. Ich riss den Zeltverschluss auf und kroch in das grelle Sonnenlicht. Ich entdeckte sie, wie sie mit Töpfen hantierte und ein Frühstück zubereitete. Ich war erleichtert, kein Bär der sie überfallen hatte. Sie wollte sich durch das kühle Naß von ihrer schlaflosen Nacht befreien und war schwimmen gewesen. Sie war guter Laune und steckte mich damit an! In diesem Moment merkte ich die verstärkende Wirkung, die sie auf mich hatte. Im Positiven wie im Negativen. Wow! Ob das bei allen Beziehungen so war? Ich war schon schnell im Morgenhoch und wollte am Liebsten in unserer ausgelassenen, albernen Stimmung sofort mit ihr intim werden. Heike wehrte ab. Schade!

Übrigens waren keine Bärenspuren an unserem Lebensmittelaufbewahrungsplatz zu finden. Auch das fand ich schade! Ich wollte ja ein wenig mehr Nähe zu ihr und ihnen. Heute hielt sich der Wind in Grenzen, so dass wir sehr gut vorankamen und um 14.00 schon die ersten 10 km hinter uns hatten. Ich mochte die leichten Geräusche, welche sich beim Eintauchen der Paddel ins Wasser ergaben. Ich mochte den leichten Druck, der sich beim Ziehen des Paddels von der Hand über den Arm in den Schulterbereich erstreckte. Ich mochte die unberührte Natur, welche langsam vorbeizog, den dichten Wald, die Farne, Efeubewachsene Fichten, und ich mochte die klaren Seen, manche tief, manche flach. Die Natur spendete Leben, und ich als Teil von ihr fühlte mich kostbar beschenkt.

Nach der Pause ging es paddelnd weiter. Wenn der Wind nicht auffrischte und wir viel unterwegs wären, könnten wir gegen 11.00 abends das Seeende doch noch erreichen und dass, obwohl wir gestern maximal 18 Tageskilometer, geschafft hatten. Die Tage hier im Norden waren lang.

Wir schafften es tatsächlich und erreichten mit viel fahrerischem Geschick das verschilfte und verwachsene Nordende. Immer wieder mussten wir überhängenden Zweigen und zurückschnellenden Ästen ausweichen. Schließlich fanden wir noch eine Anlandestelle, an der sogar noch ein anders Kanu lag. Wir zogen unseres direkt daneben, da es ab hier definitiv nur zu Fuß weiterging.

Direkt in Ufernähe gab es eine Campmöglichkeit mit einem Lagerfeuerplatz, an dem schon Holz zum Entzünden bereitgestellt war. Eine nette Idee, die wir morgen aufgreifen wollten, indem auch wir wieder für Nachschub für potentielle Lagerfeuerenthusiasten sorgen wollen. Innerhalb von 10 Minuten knisterte das Lagerfeuer und verscheuchte die einfallenden Mücken. Unser Zelt war schon bald aufgebaut. Nach dem Essen und jeweils einem Bier hängten wir wieder unsere Lebensmittel in den Baum. Ich hatte tierische Lust auf Heike, aber sie war in Bärenstimmung, und das bedeutete, nicht empfangsbereit für mich. Schade! Es war 12.00 in der Nacht und immer noch hell genug, um uns und die umliegende Gegend zu erkennen! Die Sichtweite gab immerhin die Sicherheit, einen Bären zu erkennen. Ob sich in dieser Nacht endlich mal einer bereit erklärte, sich mir zu zeigen? Ich wünschte es mir so sehr, und als ich davon Heike erzähle, tippte sie sich nur an die Stirn und sagt in ihrem bayrischen Dialekt:

"Du bist doch wohl bescheuert." War ich natürlich nicht und kuschelte mich im Zelt an sie, um sie wieder von meinen menschlichen Vorzügen zu überzeugen.

Heike schlief wieder unruhig und dadurch auch ich. Sie beglückte mich am nächsten Tag dann wieder mit nassen Haaren und dem Duft von klarem Wasser. Sie hatte wieder ihr Seebad genommen, einmal um sich zu erfrischen und zweitens um den Körperduft zu reduzieren. Fehlende Spuren verrieten auch in dieser Nacht den fehlenden Bärenbesuch. Wir sammelten Holz für unsere potenzielle Campnachfolger. Ich drehte noch das Boot um und verstaute die Paddel bärensicher darunter.

Nun ging es mit unseren Rucksäcken weiter. Schon bald fanden wir einem ausgetretenen Weg, welcher uns am Fluß entlang nach Norden führte. Heike war eine drahtige Frau, die mit viel Ausdauer voranging. Ich bestaunte ihre natürliche Wendigkeit, ihr leichtes Gehen, ihre braunen Beine, welche nur noch in einer kurzen Hose steckten, ihren knakkigen Hintern, ihre Arme, die aus dem hellblauen Holzfällerhemd hervor lugten, und ich spürte immer stärker mein Begehren nach ihr! Ich hatte mich lange auf den Urlaub mit ihr gefreut, und nun begehrte ich sie von Minute zu Minute mehr. Und sie lief mir davon!

Schade!

Der Fluss prägte die Landschaft. Er war maximal 30 Meter breit, das Wasser hopste über die sich im Flußbett befindenden Steine, er verengte sich manchmal auf wenige Meter, dann durchschoss das Wasser das Bett allerdings in atemberaubendem Tempo. Häufig fiel das Wasser gleich mehrere Meter im freien Fall und bildete an den Einsturzstellen Vertiefungen, in den man schwimmen konnte.

An einer dieser zauberhaften Stellen packte mich das Verlangen, mich dort abzukühlen. Wir waren bestimmt 2 Stunden gelaufen und hatten uns die erste Pause redlich verdient. Ich sprang in das kühle Naß, denn ich hätte mich nie getraut dieses Eiswasser langsam an meinen Körper heranzulassen. Es war so was von eisig, wie ich es selten erlebt hatte. Die durch den Wasserfall aufgewirbelten Tropfen ließen immer wieder einen Eisregen auf meinen Kopf niedersausen. Auch Heike konnte sich diesen Zauber nicht entgehen lassen, tobte schon bald ausgelassen im Wasser und schakerte mit mir. Kurze Zeit später kletterten wir ans Ufer, ließen uns schlotternd in der Sonne nieder und trockneten unsere Körper. Ich war noch nie so schnell getrocknet und auch Heike benötigte höchstens 2 Minuten, um wieder unter den Lebenden zu sein. Unsere nackten Körper machten uns so sehr an, dass wir miteinander Sex hatten und anschließend wieder ins Wasser stiegen, um uns bärensicher zu säubern.

Endlich! Nun genoss ich die sich ändernde Natur mit unvoreingenommener Bewunderung. Die reine Tannenbewaldung hatte schon längst nachgelassen und ging in einen Mischwald über, wo uns immer häufiger typische Regenwaldgewächse auffielen, wie z.B. zwei Meter hohe Farne oder riesige Redwoodbäume, welche ein fächerartiges Wurzelwerk bilden und gerade unten einen Umfang von 12 Metern erreichten. Sie waren so riesig und gigantisch und ließen mich menschliches Wesen klein, demütig und anmutig werden. Meist wurden sie von Schmarotzern, z.B. Hemlock Tannen bewohnt, die die untersten Äste des Redwoodbaumes nutzen, um sich auf ihnen auszubreiten. Efeu und andere Rank- und Schlingpflanzen bewuchsen den Baum, so dass er meist nur erahnt werden konnte. Ich war total begeistert von der Symbiose, welche die Pflanzen eingingen!

Im weiteren Verlauf des Tages staunte ich immer mehr, und selbst die wunderbare und schöne Heike verblasste im Vergleich zu dem Dickicht, in dem wir uns bewegten. Zweimal wechseln wir mit ausgezogenen Schuhen die Flußseite und gingen mit tauben Füßen weiter. Ich empfand Harmonie hier in der Natur. Ich empfand mich als Teil von ihr. Ich empfand mich als Natur pur und bärenstark!

Ich dachte an das Lied von Konstantin Wecker: „Genug ist nicht genug. Genug kann nie genügen...!" Ich sehnte mich nach Mehr, auch und gerade in den Momenten, in denen ich etwas Außerordentliches erlebte oder empfand. Die nächste Abfahrt kam genau so sicher wie der nächste Anstieg. Der nächste Absturz folgte, genauso wie das nächste Highlight auch nicht lange auf sich warten ließ. Ich empfand diese Abhängigkeit nur manchmal als Abhängigkeit, viel häufiger als Streben nach Mehr, mehr Genuss, mehr Erlebnissen, mehr Intensität.

Die Ausgewogenheit bestand lediglich aus den ständigen Wechseln, aus den stetigen emotionalen Erlebnissen und aus physischen Strapazen! Getrieben von emotionalen Ansprüchen und begrenzt von meiner psychischen Stärke oder Schwäche! Dieses intensive Streben nach 1000 Sonnenauf- und untergängen, täglich oder stündlich! Hochgefühle im Minutentakt. Orgasmen nach Orgasmen. Ich war auf dem besten Wege zum Erlebnisjunkie! War ich noch fähig, Alltag zu leben, Alltag zu gestalten? Es würde schwierig sein, und ich ängstigte mich in den nachorgiastischen Augenblicken!

Heike und ich hatten einen wundervollen Wandertag und gingen den Weg gemeinsam. Es war schön, ein wenig beruhigend und ein anderes Empfinden der Zweisamkeit. Es diente meiner Stärkung und ich entfernte mich vom dem „Alles Haben zu wollen Gedanken!" Wie lange konnte ich das noch geniessen? Wie lange konnte ich die Zweisamkeit noch leben?

Der beginnende Abend lenkte mich ab. Wir fanden einen netten Lagerplatz, holten Holz und entzündeten das Feuer. Wir hatten schon Routine, hatten uns schon eingelebt. Leider war die Routine auch noch in Heikes Schlafrhythmus, aus dem sie häufig verängstigt aufwachte. Sie tat mir so leid, und ich wünschte, ich könnte ihr „Bärentrauma" lösen. Morgens erwachte ich, wie bisher fast jedes Mal, nach Heike, was mir ein schlechtes Gewissen bereitete. Sonst galt ich als der absolute Frühaufsteher und es war mein Part, für das Frühstück zu sorgen. Der heutige Wandertag ähnelte dem gestrigen, und endete am Abend abrupt dadurch, dass der Weg am Fluß endete und nun eindeutig Richtung

Osten, wahrscheinlich zu den Wasserfällen, führte. Wir erkundeten die Gegend und waren sicher, unser Ziel erreicht zu haben. Von hier waren es 2 Stunden bis zu den Fällen. Wir könnten es heute noch schaffen, aber da kein Zeitdruck auf uns lastete, ließen wir uns nieder. Der Abend ähnelte dem gestrigen Abend.

Der Morgen ähnelte dem gestrigen Morgen. Wir brachen erst gegen Mittag zum Wasserfall auf und ließen unser Zelt, wo es war. Nur die Lebensmittel waren uns wichtig, wir wollten die Bären ja nicht an unser Zelt locken. Es ging ziemlich steil aufwärts. Wir durchquerten noch einige Schnee und Eisfelder. Irgendwo musste der eisige Fluß ja auch seine Herkunft haben. Ich genoss den Kontrast von weißen Farben, den grünen Waldtönen und dem Himmelblau. Faszinierend! Nach ziemlich genau 2 Stunden erreichten wir das Hochplateau und konnten auf der gegenüberliegenden Seite der Schlucht die ersten Eindrücke der Wasserfälle bekommen. Sie waren noch 500 Meter entfernt, aber schön, weiß und schlank, wie ein riesiger langer Bart. Fünf Minuten später hatten wir den Wasserfall erreicht.

Ich war angetan von unserem Orientierungsvermögen und der exakten Beschreibung des Weges. Anfangs war ich skeptisch, da ich als Kartenfetischist mir gerne einen bildhaften Überblick verschaffte, und nun war es einfacher als ich glaubte, unser Ziel zu erreichen. Wir befanden uns ca. 30 Meter oberhalb der Wasserfälle, so dass wir noch den See wahrnehmen konnten, der angefüllt bis zum Rand wie eine übervolle Badewanne einfach überlief. Er stürzte 100 Meter in die Tiefe, davon ca. 80 Meter im freien Fall. Er war nicht mächtig in dem Sinne von massig, sondern eher grazil, trotzdem donnerte er so laut, dass wir Schwierigkeiten hatten, uns zu verstehen. Wir saßen deshalb überwiegend schweigsam und bewunderten staunend die unglaubliche Naturerscheinung.

Ich hatte zum ersten Mal den Eindruck, ein Ziel direkt vor meinen Augen zu haben. Es war so schön hier, dass ich mir vorstellen konnte, mich hier nieder zu lassen. Allerdings kamen auch gleich Zweifel auf, wie ich mein Leben finanzieren sollte, und ob Heike das mitmachen würde, stand auch in den Sternen. Schließlich hatte sie vor kurzem ihren neuen Arbeitsvertrag unterschrieben. Und ganz alleine traute ich mich nicht. Spürte deutlich meine Begrenztheit im Sinne von mich nicht selbständig durch Fischen und Jagen ernähren zu können. Ich hatte schon Schwierigkeiten beim Bau einer Hütte, da ich handwerklich äußerst ungeschickt war, und zu wenig Geduld besaß. Ich würde unter Zeitdruck geraten oder unter den Druck, mehr zu wollen, als in meinen Fähigkeiten lag. Ich würde dem Ganzen nicht standhalten und einen Nagel nach dem anderen krumm schlagen. Und da war dann immer noch Chorea Huntington, die sich in meinem Gedanken schon sehr weit eingenistet und verbreitet hatte mit ihren körperlichen Einschränkungen, der fehlende Feinmotorik und mangelnden medizinischen Behandlungsmöglichkeiten! All das würde mich wahrscheinlich in eine schwere Depression fallen lassen. Auch hierum wusste ich, und deshalb ließ ich den Gedanken, mich hier nieder zulassen nicht tiefer in mein Herz hinein und schaltete ab.

In solchen Momenten konnte ich es nicht ertragen, keine Perspektive ohne Morbus Huntington zu haben. Ich konnte mich in meine Zukunft nur so weit hineindenken, bis die Bewegungsunruhe noch nicht so ausgeprägt war, so dass ich noch in der Lage war, arbeiten zu gehen und am gesellschaftlichen Leben teil zu haben, ohne von irgendjemandem mit einem Rollstuhl ins öffentliche Leben geschoben zu werden. Ohne auf Pflege angewiesen zu sein. Das hatte ich ja bei meiner Mutter erlebt, und fand es häufig demütigend und grausam, obwohl meine Mutter damit besser umging als ihre Freundinnen, Verwandten und Bekannten, die trotz aller Versprechungen und Treuebekenntnisse langsam aber sicher in den Hintergrund verschwanden und sich den Anforderungen, die Mama auf einmal stellte, geschickt entzogen. Das war hart für mich und für Mama, aber es war auch ein Zeichen der Zeit. Man ging dazu über, all das, was schwierig war, aus dem Umkreis auszulagern. Die ersten Heimplätze wurden geschaffen.

Und ich, als in einer engen Familie aufgewachsener Bursche, fand das entwürdigend, und so stärkte ich lieber Papa und meinen Geschwistern sowie Tante Karola, die als Einzige im Verwandtenkreis die Kraft und Ausdauer aufbrachte, Mama zu unterstützen, den gebeutelten Rücken. Ich beutelte mich allerdings selbst und war häufig den Tränen nahe und an meiner physischen und psychischen Belastungsgrenze. Und diese Grenze hatte ich deutlich vor Augen, und wollte sie in meinem Leben nicht mehr wieder erleben. Auch wenn es bisher keine Behandlungsmethoden gab, wollte ich diese Grenze nicht mehr übertreten.

Welche Alternative hatte ich?

Ich ließ diesen Gedanken nicht zu, denn ich wusste keine Antwort, außer den äußerst schmerzhaften, der da wäre Freitod oder Unfalltod. Beides war leicht zu formulieren, es zu tun äußerst schwer.

Ich erinnerte mich an einen Freitag Nachmittag, als ich Mama alleine vor dem Fernseher fand. Sie lag auf der Couch mit dem Kopf auf der Seite, um eventuell Erbrochenes oder anderes nicht zu verschlucken und daran zu ersticken. Der Sabber lief ihr aus dem Mund. Ich war erschrocken! Was war innerhalb der letzten 2 Wochen, in denen ich sie nicht besucht hatte, doch für eine große Verschlechterung eingetreten. Ich weinte über meine Hilflosigkeit und über Mamas entwürdigendes Dasein. Lange Zeit konnte ich überhaupt nicht hinsehen und ich entfloh dem, indem ich erst einmal das Zimmer verließ und Rotz und Wasser heulte. Anschließend setzte ich mich neben sie, nahm sie in die Arme und hielt sie. In diesem Moment erzählte sie mir, dass sie gerne Selbstmord begehen würde, aber nun wäre es zu spät. Der Zeitpunkt, an dem sie vollkommen hoffnungslos gewesen war und auf eine medizinische Therapie und damit Verbesserung gewartet hatte, wäre schon ein Jahr vorüber. Nun wäre das Warten vorbei, es wäre jetzt auch medizinisch keine Verbesserung mehr möglich.

Meine Mutter, die gläubige Katholikin, hatte an Selbstmord gedacht! Ich konnte es nicht glauben und nicht fassen. Ich war bis ins Mark erschrocken und wollte das Thema am Liebsten beenden, allerdings saß mir mein Schuldgefühl im Nacken, dass ich für meine Mutter nicht genügend getan hätte. Sie sah mich mit flehenden Augen an und ich bat den lieben Gott im Stillen, er möge Mama jetzt nicht aussprechen lassen, ich solle sie töten. Ausnahmsweise hielt er sich an mein Flehen. Ich konnte mir nicht vorstellen, Mama zu töten, obwohl ich jeden Zentner ihres Leidens sah und körperlich spürte. Ich konnte es mir nicht vorstellen und versuchte, Mama Hoffnung auf eine medizinische Therapie zu machen und ihr Trost zu spenden. Beide wussten wir, dass das nur ein Flüchten und Ausweichen war. Beide wollten wir aber auch nicht mehr über ihre potentielle Tötung auf Verlangen reden.

Seitdem, konnte ich nur bis zu dem Punkt in meiner Zukunft denken, an dem es noch nicht zu spät war. Ich wollte rechtzeitig und in Würde abtreten. Und ich wollte nicht dabei auf Hilfe von mir nahe stehenden

Personen angewiesen sein. Das war mir so klar, so bewusst, wie selten etwas anderes.

Und dann kam ich automatisch zu der Alternative, den Tod durch einen Unfall herbei zu führen. Ich war in Wahrheit ein ängstlicher und zögerlicher Mensch, und wenn man mir sehr viel Zeit zum Grübeln gab, kam ich auf tausend verschiedene Lösungen, aber war nicht mehr in der Lage zu entscheiden. Also von daher wäre es am Schönsten, würde ich dieses Gottesgeschenk als Sterbevariante erhalten.

Ja, so war es mit mir. Ich saß gegenüber einem wunderbaren Wasserfall, hatte ein Ziel erreicht. Das galt es zu wahren und zu schätzen und nicht über einen längeren Zeitraum hinaus in die Zukunft zu schauen. Das würde irgendwann automatisch kommen. Die Anpassung an meine sich ändernden physischen Voraussetzungen, das Hinnehmen und Akzeptieren von den kleineren und größeren Behinderungen. Ich zog aus den möglichen Einschränkungen auch eine riesige Portion Motivation! Motivation für meine Reisen, für mein Ausleben des Freiheitsstrebens, für meine intensiven Erlebnisse, für meinen Sinn nach Genuss, für meinen unkomplizierten Umgang mit mir selbst.

Von daher waren meine Ziele wandelbar und wenn ich dies auch nicht immer positiv bewertete, so war es doch eine zunehmende Qualität meines Wesens und dafür war ich dankbar.

So gedankenverloren saß ich immer noch am Wasserfall und verließ diesen Ort mit dem Gefühl, des Umkehren! Und das war nicht nur das räumliche Umkehren, welches uns wieder nach Süden führte, sondern auch mein inneres Gefühl, mich zu ändern. Bisher hatte ich immer Spaß beim Erkunden neuer Wege, neuer Erlebnisse und war deshalb selten die gleiche Strecke zurückgegangen oder gefahren. Und wenn, dann mit dem Gefühl, nur mit 50 % dabei zu sein. Die nächsten Tage waren von genau so einer unvermeidlichen Rückfahrt geprägt, und ich war immer noch skeptisch, ob ich mich 100%ig wohl fühlen konnte.

An den nächsten Tagen geschah nichts, was sich von den vorangegangen unterschied, mit der Ausnahme, dass wir den Berg hinuntergingen anstatt bergauf. Auch Heikes Verhalten war ähnlich wie vorher und mir fehlte schon bald der Reiz, Neuland zu erkunden, neue Ufer zu betreten, etwas Außergewöhnliches zu vollbringen. Meine Skepsis war berechtigt. Was machte ich denn nur falsch? Wie kam ich raus aus dem Gefühl, ständig etwas neues passieren lassen zu müssen, etwas Einmaliges erleben zu müssen? Wie kam ich raus aus dem inneren Getriebensein? Wie kam ich raus aus dem äußerlichen Getriebensein? Ich hätte jegliche Möglichkeit gehabt, diese schöne Gegend zusammen mit Heike auszukosten, die Reise zeitlich auszudehnen und noch mehr Zeit mit ihr zu verbringen.

Stattdessen hatte ich seit der Anlandung in Duncan wieder das Gefühl, weiter zu müssen. Wir verbrachten noch eine Nacht in Duncan, dann war ich so unruhig und so unausgeglichen, dass ich Heike dazu überredete, den Ort zu wechseln. Getrieben halt!

Wir mieteten uns nun zur Abwechslung mal einen Chevi, ein altes, schon in die Jahre gekommenes Auto. Nun waren wir flexibel. Wir fuhren Richtung Port Renfrew. Dort sollte es an der Westküste, nördlich des Pacific Rim National Parks, ein Refugium für animalische Küstenbewohner und Seevögel geben. Die direkte Fahrtzeit wäre 4 Stunden, allerdings gab es auch versteckte Forststraßen, und die waren mir weitaus lieber. Sie versprachen mehr Anreiz und Abenteuer. Im Auto zu fahren, bedeutete für mich erst einmal Abwechslung und ein ganz anderes Tempo. Beim Canadier fahren oder wandern war die Geschwindigkeit gering und der Reiz der Natur lag im Detail. Ganz anders beim Radeln, wo man Kleinigkeiten schon mal übersah und erst recht beim noch rasanteren Autofahren. Dadurch hatte ich allerdings den Eindruck, neue Gegenden zu erforschen, und der Aktionsradius war vergrößert. Ich vermisste jedoch schon bald den direkten Kontakt zu der Umgebung, den Duft nach Wald, das Gekreische der Vögel, die Angriffe der Mücken, die ständigen Geräusche des Waldes und des Windes. Sie waren mir Begleiter geworden, und ich benötigte sie für mein Wohlbefinden.

So rasteten wir häufig und liefen immer, wenn es etwas halbwegs Interessantes gab, ein paar Stunden durch den Wald. Heike genoss die unkomplizierten Autofahrten, bei denen sie sich von den Strapazen der letzten Tage erholte, und schlief auch wesentlich besser. Am zweiten Autotag erreichen wir Port Renfrew und waren wieder einmal erstaunt über die Vielfalt der Naturwunder, allen voran die riesigen Vögelschwärme und -kolonien von unbekannten Arten, die sich während der

Ebbe in Tidepools sammelten und dort kreischend auf Fischfang gingen oder sonstige Lebewesen aus dem Sand zogen. Seehunde, die ihr Frühstück auf dem Rücken schwimmend mit dem Bauch zur Sonne zu sich nahmen. Auch hier waren die Menschen rar, und so konnten wir uns an den animalischen Schauspielen satt sehen. Heike wollte gerne schwimmen, allerdings war die Brandung dermaßen stark, dass selbst sie sich nicht hineintraute. Gerade zum Sonnenuntergang kam die Flut mit all ihrer Wucht, die Wellen zerbrachen an vorgelagerten Felsen und Steinen und die Vögel kreisten immer noch, um zu schauen, was das Meer alles auftischte. Ich wundere mich über ihre Geschicklichkeit, da die Gischt manchmal 10 Meter hoch preschte und ein wahrer Wasserfall sich ergoss.

Am folgenden Tag unternahmen wir eine ausgedehnte Strandwanderung Richtung Süden zum Mc Millan Provincial Park, besser bekannt unter dem Namen Cathedral Grove. Ein kleiner Wald mit riesigen Douglastannen und alten Rotzedern. Ein eigenes Ökosystem, in das auch die umgestürzten Bäume einbezogen waren. Denn die wurden nicht entfernt, sie blieben liegen, und bald wuchsen darauf und daraus neue Pflanzen, selbst neue Bäume. Das Blätterdach war so dicht, dass der Himmel nicht zu sehen war und als es heute zum ersten Mal nieselte, merkten wir es im Wald überhaupt nicht, sondern waren eher verwirrt. Es regnete deutlich hörbar, der Regen aber konnte das schützende Blattgewirr überhaupt nicht durchdringen. Da musste es ein wenig mehr schütten. Abends klarte es schon wieder auf, so dass wir an unserem Ziel einen wunderbaren Sonnenuntergang mit Wolkenfetzen, erlebten. Die Sonne ging irgendwo über Japan oder China unter.

Seltsam, sich vorzustellen, dass auf der anderen Meeresseite ein anderer Kontinent lag, den ich bisher immer bewundert hatte. Er schien mir als ein ganz fremdes Kulturgebiet. Häufig hatte ich Pläne, nach Asien zu reisen, nur auf Grund der großen Bevölkerungsdichte dieses Erdteiles nicht realisiert. Häufig war ich fasziniert von der Natur, dem lebendigen Buddhismus, den lockeren und freundlichen Menschen, welche mit wenig auskamen und trotzdem sehr zufrieden zu sein schienen. Mal schauen, vielleicht reise ich ja irgendwann einmal in hochgelegene Länder wie z.B. Tibet oder die Mongolei. Träume und Ziele waren weiterhin Motivator für mich.

An diesem Abend hatten Heike und ich wieder Sex miteinander, und es war schön, anschließend aneinander gekuschelt einzuschlafen, ohne uns gleich wieder bärenrein zu waschen.

Da wir in dem Pacific Rim Park nicht wandern konnten, wollten wir noch einmal einen nördlichen Bogen ins Inland fahren. Dort sollte es in den Wäldern noch Pumas und Wölfe geben.

Die nächste erwähnenswerte Stadt war Chemainus. Sie lag nur 20 Kilometer nördlich unseres Wandersees, und wir würden auch wieder einen Tag benötigen, um dorthin zu gelangen. Wir fuhren wieder die verstaubten, unbefestigten Forststraßen, die sich meist relativ gerade in eine Richtung zogen, und auf einmal huschte ein schwarzer Fleck über die Straße.

Wir konnten rechtzeitig bremsen, waren allerdings doch erschrocken, denn da war der Bär, dem ich schon seit Mai begegnen wollte.

Ich jauchzte und freute mich. Nun war er leider verschwunden und wir suchten mit unseren Blicken den Waldrand nach ihm ab. Wir konnten die Stelle genau eroieren, da es deutliche Spuren an den zerbrochenen Ästen gab. Der Wald war sehr dicht, und deswegen konnten wir ihn auch gar nicht beobachten, und ich hatte Angst, dass wir aufgrund der schmalen Straße und der wenigen Ausweichmöglichkeiten bei einem plötzlichen Überfall überhaupt nicht so schnell reagieren könnten, wie es nötig gewesen wäre.

Also schalteten wir den Motor ab, kurbelten die Fenster hinunter und lauschten nach ihm. Aber da waren nur die bekannten Geräusche wie Vogelschreie – kein Knacken, kein überstürztes Flüchten. Hieß das, dass er schon über die sieben Berge entschwunden war oder aber dass er noch in der Nähe lauerte und auf einen kleinen Fehler unsererseits wartete, um uns dann mit Gebrumm aus seinem Gebiet zu verscheuchen? Ich vermutete, das Zweite, und war froh, im geschützten Auto warten zu können.

Es war ein kleiner Schwarzbär gewesen. Er hatte gerade einmal die Höhe von einem Schäferhund, allerdings war er deutlich massiger. Nach einer Viertelstunde des Beobachters und Lauschens in den Wald hinein, war ich mir ziemlich sicher, von ihm würde keine Gefahr mehr ausgehen.

Ich stieg mit leicht zitternden Knien aus pirschte mich vorsichtig an den Wald heran, Schritt für Schritt, so dass ich jederzeit die Flucht antreten konnte. Ich brauchte nicht zu fliehen, er war schon nicht mehr in Reichweite. Ich strollte noch ein wenig herum und kehrte nach 20 Minuten erfolglos zurück. Heike saß immer noch im Auto und wollte so schnell wie möglich raus aus diesem ihr unheimlich gewordenen, Wald. Ich fühlte mich wohl und rundum zufrieden.

Ich hatte meine erste Bärenbegnung!

Chemainius war ein Touriort. Bis vor zwanzig Jahren hatte es hier eine Sägemühle gegeben, in der fast alle Einwohner gearbeitet hatten. Nach deren Schließung war die Stadt dem Verfall preisgegeben, so dass man sich schnell etwas Neues einfallen lassen mußte. Ein 30 m langes Wandgemälde wurde in Auftrag gegeben, auf dem die Geschichte des Ortes künstlerisch gestaltet wurde. Dieses Gemälde schlug derart hohe Wellen, dass weitere Gemälde entstanden, und sich der Ort zu einem Touristenziel entwickelte. Mittlerweile gab es über 30 Gemälde, und auf dem Straßenpflaster war ein Weg eingezeichnet, der an allen vorbeiführte. Wir sahen uns nur wenige an, ich fand sie kitschig. Heike war auch nicht begeistert. Wir fuhren so schnell wie wir hineingekommen waren wieder hinaus und campten bei der nächsten Möglichkeit.

Die nächsten Tage fuhren wir ziellos durch die Gegend. Irgendwann hatten wir einen Plattfuß. Wir konnten das Reserverad zwar einbauen, da es aber wesentlich schmaler als die anderen 3 war, konnten wir nicht mehr so weit fahren und mussten die Geschwindigkeit drosseln. Das fiel uns nicht schwer, wir rasteten ausgiebig.

An unserem vorletzten Tag auf Vancouver Island begegneten wir unserem zweiten Bären.

Er war auf der anderen Flussseite und ging zielstrebig Richtung Ortschaft. Er hatte uns gar nicht wahrgenommen und war so schnell, dass Heike und ich zu laufen begannen, um ihn nicht aus den Augen zu verlieren. Ab und zu hielt er an, schnüffelte ein wenig in der Luft, um dann zielstrebig weiter zu laufen. Die Ortschaft war noch 1 Meile entfernt. Es war Nachmittag und ich überlegte, ob der Schwarzbär eine Gefahr für irgendjemanden bedeuten könnte. Ich vermutete, dass er auf der Suche nach etwas Essbarem war und deshalb eventuell Mülltonnen aufstöbern wollte. Schon nach 200 Metern gemeinsamem Gehens am Fluss entlang erübrigte sich meine Überlegung, ob ich die Anwohner warnen sollte

oder nicht. Eine Hauptstraße führte direkt auf den Fluss zu und begleitete den Fluss dann weiter Richtung Ortschaft. Es fuhren zwei Autos
vorbei, und dies war für den Schwarzbären Anlaß genug, sich ins Unterholz des nahe gelegenen Waldes zu verziehen. Auch hier warteten wir
eine Viertelstunde auf das Zurückkommen, um dann enttäuscht und
erleichtert zugleich unsere Wanderung ohne Bären fortsetzten.

In Duncan gaben wir den verstaubten Chevy ab und fuhren am nächsten Morgen mit dem Bus zurück nach Victoria, um von dort nach Vancouver über zu setzten. Wir verbrachten dann noch einen gemeinsamen
Tag in Vancouver, bevor Heike wieder zurück nach Frankfurt fliegen
würde.

Es war ein schöner Tag, vom Wetter und von unserer Stimmung her.
Wir hatten viel miteinander erlebt, hatten schönen Sex, interessante
Gespräche und Heikes Ausgelassenheit tat mir gut. Mein Gefühl von
Verliebtsein hatte sich gewandelt in Liebe. Dadurch waren die roman-
tischen Vorstellungen zwar eingeschränkt, allerdings waren eine tiefere
Basis und Vertrautheit gewachsen. Unsere Verabschiedung am Flug-
hafen war deshalb begleitet von vielen zärtlichen Küssen, Umarmungen
und Wünschen!

Als sie winkend durch das Gate verschwand, war ich diesmal nicht
den Tränen nahe, denn unsere Beziehungsbasis hatte sich verstärkt, und
ich wusste, dass ich sie wiedersehen würde und vielleicht in der Lage
war, unsere Beziehung fortzusetzen. Dafür musste ich allerdings auch
eine konkrete Zukunftsplanung für mich erarbeiten. Ich hatte im Stillen
gehofft, dass wir oder ich jetzt während unseres gemeinsamen Urlaubes
dazu kommen würden. Aber ich war immer noch in der Stimmung des
Weiterwollens, des Erlebens der Momente und nicht am Beginn der
Beziehungsgründung mit allem Drum und Dran.
Heike konnte auch nur den Moment leben, und sie war emotional
überfordert, sobald ich meine ungewisse Zukunft thematisierte. Damit
konnte sie überhaupt nichts anfangen. Ich dachte, ich müsste meine
Zukunft alternativ planen und organisieren. Dann würde Heike eventuell
mitgehen.

Solange ich selbst noch unsicher war, trug ich diese Unsicherheit in die Beziehung, und das war nicht gut, denn ich würde Heike damit verunsichern. Und das wäre zweifelsohne das Ende unserer Beziehung.

Westküste und Anwandlungen
von Wandlungen

Ich fuhr mit dem Greyhound Bus zurück nach Portland und trampte von dort zu Ron und Ilse nach Battleground. Da ich nach den letzten Wochen des Autofahrens ziemlich heiß aufs Radeln war, schnürte ich ein Paket mit nicht mehr benötigten Sachen und dem geschenkten Bogen, welches Ron mir nach Deutschland schicken wollte. Am nächsten Morgen schwang ich mich wieder in den Sattel, verabschiedete mich herzlichst und ließ mich den Berg, auf dem die beiden wohnten, hinunterrollen. Ich wollte weiter, noch mehr erleben.

Getrieben von der unbändigen Lust auf Mehr.

Es ging in Richtung Mount St. Helen. Das hieß nach Norden! Meine Lieblingsrichtung, da ich den Eindruck hatte, der Einsamkeit und dem Abenteuer entgegenzuradeln, frei nach dem Motto der Bommerlunder-Werbung aus dem Fernsehen in den frühen 80igern: „Richtung Norden und dann immer geradeaus." Der Trip würde nur zwei Tage dauern, dann könnte ich den Mount St. Helen auch schon umrundet haben. Er war 1980 ausgebrochen und hatte in der Umgebung von 100 km Land verwüstet und Infrastruktur zerstört. Es war einer der größten Vulkanausbrüche dieses Jahrhunderts.

Natürlich ging es meistens bergauf. Nach 3 Stunden radeln sah ich den Berg zum ersten Mal in der Ferne. Er war nur noch ein Vulkanstumpf, der braun und schroff in den Himmel ragte. Nach der nächsten Stunde traf ich auf sogenannte Pinacles. Das waren ca. 20 Meter hohe, häufig sehr spitze Lavakegel. Sie waren entstanden, als Lava während des Ausbruchs aus den Vulkanwänden heraus brach und dann erkaltete. Es sollte mehrere 10 000 Pinacles geben, die teilweise versteckt im Wald, teilweise markant an den Vulkanhängen vor sich hin erodierten. Nach zwei weiteren Stunden hatte ich die Baumgrenze erreicht und befand mich nur noch 10 Meilen von dem Krater entfernt. Überall nahm ich die bizarren und grotesk ausschauenden Überreste des Vulkans wahr. Jede Menge Schlote, alle in rostbraun, ragten bis 20 Meter in die Höhe, überall zackiges, scharfkantiges Gestein, auf dem Boden die ersten Moose, Flechten und Gräser, welche sich gegen alle Widrigkeiten durchsetzen. Viele verbrannte Bäume, die meisten lagen zerstreut auf dem Boden, andere standen noch, zumindest die Gerippe. Ich kam mir vor, wie jemand, der auf dem Mond war und gar nicht verstehen konnte, wie er dorthin gelangt war. Die Umgebung war fremd und abweisend, noch abweisender als die Eis- und Gletscherzonen in Alaska. Übrigens war es heiß, absolut heiß und trocken, der Boden von der Sonne so stark erhitzt, dass ich mich verbrannte, als ich ihn berührte. Und da waren die kleinen pfenniggroßen Lavasteine, welche spitz und messerscharf den Boden bedeckten.

Es gab keinen Schatten, und die Sonne knallte in ausgelassener Augustlaune. So richtig angenehm war es für mich Alaskaliebhaber nicht. Gut, dass ich genügend Wasser eingepackt hatte. Ich schwitzte aus allen Poren und Löchern. Nach dem ich das Visitor Center erreicht hatte, dort noch einige Informationen über den Ausbruch von 1980 erhielt, fuhr ich langsam weiter bergauf. Es waren jetzt nur noch 400 Höhenmeter auf einer Distanz von 8 Kilometern. Immer öfters traf ich auf Wanderer. Oder Autofahrer, die den Forstweg, welcher anscheinend nach dem Ausbruch angelegt worden war, befuhren und an markanten Haltebuchten einen Ausblick in die innere Welt der Erde warfen!

1980! Noch gar nicht so lange her. Ich hatte gerade in diesem Jahr meine Polizeiausbildung angefangen und war dort mit viel Elan eingestiegen. Hatte aber weder damals noch später von diesem Ausbruch gehört. Die Welt war mir damals nicht so wichtig. Ich wollte meine Zukunft mit einer Karriere planen, aber da kamen, ähnlich wie bei einem Vulkanausbruch, die abrupten Veränderungen in meiner Familie ins Rollen. Meine Mutter war schon so krank, dass sie an meiner Vereidigung nicht mehr teilnahm. Sie war körperlich schwach, und ihre Auffälligkeiten so augenscheinlich, dass sie am öffentlichen Leben nicht mehr teilnehmen wollte.

Ich erlebte ihre ersten emotionalen Ausbrüche ähnlich zerstörerisch wie der Mount St. Helen es wären seines Ausbruches gewesen war. Ich konnte lange Zeit nicht damit umgehen. Nach einer gewissen Zeit fühlte ich mich bei der Polizei nicht mehr heimisch und fuhr häufig zu meinen Eltern zurück, obwohl es dort meist auch nicht schön war, sondern anstrengend. Ich fühlte mich ihnen gegenüber verpflichtet! Und das war keine gute Basis für ein Miteinander. So begann ich, mich immer mehr abzugrenzen. Anstatt jedes Wochenende kam ich nur noch alle zwei, drei oder vier Wochen. Es gelang mir immer besser, die Verpflichtung nicht nur negativ zu sehen, sondern auch als Möglichkeit, sich zu begegnen und auszutauschen. Irgendwann wurde ich ziemlich gelassen und fühlte meine inneren Stärken, die da sind: Geduld, Ausdauer, Empathie sowie Flexibilität.

Nun, hier am Vulkan, sah ich genau diese Fähigkeiten in der Natur. Es gab diese plötzlichen, schicksalhaften Momente von Ausbrüchen, mit denen niemand rechnete. Es folgte dann allerdings immer wieder die Anpassung an die sich verändernden Bedingungen. Und dem Sterben folgte die geduldige Neugestaltung allen Lebens. Und das galt auch für mich! Ich mit meiner reduzierten Lebensperspektive hatte die Möglichkeit der Anpassung und der Neuorientierung, und das war eine Riesenchance. Die Kraft sah ich hier deutlich, wo die Sonne in Abhängigkeit von anderen natürlichen Einflüssen neues Leben gedeihen ließ. Das wurde mir hier oben bewusst, und es wurde mir bewusst, dass diese Änderung ein natürlicher Vorgang war. Ich benötigte wenig aktives Hin- und Heragieren, sondern nur das Vertrauen in die Natur und deren ordnende Hand.

Als ich den Kraterrand erreichte und zum ersten Mal in einen Vulkan hineinschaute, sah ich dort einen riesigen in verschiedenen Farben leuchtenden See. Wow! Ich war hin und weg! Ich erlebte eine Farbenvielfalt, die ich nicht vermutet hatte in all diesem Braun und Rostrot. Diese Vielfalt begeisterte mich, und ich sang irgendeinen Quatsch vor mich hin, war ausgelassen und euphorisch! Und ich nahm dieses Leuchten mit, wollte diese Buntheit in mir spüren und behalten für meinen Wertewandel, für meine natürliche Schönheit, für meine Natürlichkeit, für meine weiteren Chancen im Leben, glücklich zu sein und wollte trotz Einschränkungen diese Buntheit nach außen tragen und andere mit dieser Buntheit erfreuen!

Mit so einem Gefühl weiter zu radeln, war erhebend und ich fühlte mich wie in einem Flugzeug, welches über den Wolken schwebte. So schwebte ich am Krater entlang und nutzte die Abendstimmung für das

Singen meines Liedes: „Der Fluß, der fließt ewig, ewig gleich und immer neu...,“ baute mein Zelt etwas abseits auf und wanderte noch einmal zum Kraterrand. Mittlerweile war es dunkel, die ersten Sterne schimmerten, und in der Tiefe des Kraters entdeckte ich meine Tiefen und meine Stärken, widergespiegelt von dem Schummerlicht, in welches ich mich manchmal begab.

Am nächsten Morgen umrundete ich den Rest des Kraters, fuhr Richtung Trout Lake, des mir schon bekannten Sees, der mich emotional auch sehr bewegte, da ich dort meine Grenzen intensivst gespürt hatte. Ich lag emotional sehr weit auseinander, hatte eine riesige Bandbreite von totaler Euphorie, bis hin zu Erschöpfung und Mutlosigkeit. Ich war ein sich ändernder Mensch und ich musste zu meinem Wohlbefinden nur lernen, dies zu akzeptieren.

Ich hielt nicht am Trout Lake, hielt nicht in meiner Vergangenheit an. Vergangenheit war das Eine! Zukunft das Andere, aber die Gegenwart war jetzt und hier und sofort und unmittelbar. Im Rausch von gestern flog ich weiter, den Berg hinunter, Richtung Süden, Richtung Sonne, Richtung Grenze zu Oregon, welches als phantastisches Farmland schon die Pioniere vor 150 Jahren beeindruckte und mich hoffentlich über die Grenze meines reinen Pionerlebens hinaus zu mehr Beständigkeit und Akzeptanz meines jetzigen Lebens führte.

Es war die mir bekannte Strecke zum Mount Hood, die wunderbar am Columbia River entlang führte. Ich wurde nicht nur getrieben von meiner Untätigkeit der letzen Woche, sondern auch von einem heftigen Wind, so dass ich locker einen 30iger Schnitt fuhr. Ich freute mich über jede Böe, freute mich, wieder auf schönen Straßen unterwegs zu sein, freute mich über das rhythmische Treten, das geräuschlose Dahingleiten, mein Lied singend: „Der Fluss, der fließt ewig, ewig gleich und immer neu...!“ Ich empfand mich in Wandlung, als jemand, der versuchte, neue Wege zu gehen, neue Wege zu bahnen. Das war erfüllend, aber auch aufregend und beängstigend. Ob Heike wohl ähnlich empfand?
Als ich den Fluß auf der Columbia Gorge Brücke überquerte, war dies ein Abenteuer der anderen Art. Die Brücke war schmal, bestand aus einer Eisenkonstruktion, auf denen zwei Betonspuren von 50 cm für

jede Richtung aufgesetzt waren. Es gab einen eingezäunten Fußgänger-
weg, der so schmal war, dass ich ihn mit dem Rad nicht benutzen
konnte. Neben den Betonfahrspuren kam die nächsten 10 cm erst einmal
gar nichts. Darunter befand sich ein Gitterost mit einem 5 cm großen
Raster. Wenn ich beim Fahren von der Fahrbahn abkäme, würde ich
direkt auf dem groben Rost landen und mit Sicherheit einen Speich-
enbruch oder Radbruch riskieren. Ich musste also unbedingt auf diesen
Fahrspuren bleiben, aber das war in einer Höhe von 50 Metern über dem
Fluss, und bei dem heftigen Wind, der jetzt natürlich von der falschen
Seite kam, nicht so einfach.

Vierzig Zentimeter Breite hört sich sehr viel an. Es war ca. zwanzig
Mal so breit wie meine Reifen, also probierte ich es. Ich passte noch
eine Verkehrslücke ab, nahm Schwung und rauf ging es. Mit Schwung
schaffte ich die ersten 100 Meter und erreichte die nunmehr waage-
rechte Brückenkonstruktion, aber der Wind wurde heftiger und heftiger.
Ich konzentrierte mich nur auf das Spur halten und nahm die entgegenkommenden Fahrzeuge nur als Schatten wahr. Ich fuhr jetzt nur noch 10
km in der Stunde, zu stark war mittlerweile der Seitenwind. Und ich
musste auf die Dehnungsfugen aufpassen, die alle 20 Meter einen Spalt
von 5 cm in die Betondecke zauberten und mein Fahrrad ziemlich
durchschütteln. Als ich 1/3 der Überfahrt hinter mir hatte, packte mich
eine Böe von der Seite, ich lenkte gegen, berührte die Eisenabgrenzung
zum Fußgängerbereich, verlor das Gleichgewicht und sprang vom Sattel
auf die Metallkonstruktion. Der Autofahrer hinter mir bremste rechtzeitig.

Ich schaute ihn fragend und verängstigt an. Er gab mir zu verstehen,
dass ich weiter sollte.

Ich traute mich nicht mehr, aufzusteigen und schob mein Rad die restlichen 600 Meter. Mittlerweile hatte ich schon einen kleinen Verkehrs-
stau verursacht, aber niemand hupte, und alle fuhren sie geduldig im
Schritttempo dem schiebenden und von Windböen gebeutelten, überan-
strengten Radfahrer, hinterher. Ich war ihnen so dankbar, dass sie nicht
in ein orgiastisches Hupen verfielen und mich noch mehr verunsicherten.

10 Minuten später war der Spuk vorbei, ich hatte wieder festen Boden
unter meinen Füßen, dankte den Autofahrern mit einer Geste und nahm
die Gelegenheit wahr, am nächsten Café eine Pause zu machen, zwei

Zigaretten zu rauchen und meine Columbia Überquerung noch einmal Revue passieren zu lassen. Einerseits empfand ich Stolz, die Brückenpassage bewältigt zu haben, andererseits war ich wieder an einer Grenze angelangt, die ich so nicht eingeschätzt hatte. Ich kannte die Brücke ja von der Autofahrt zum Mount Hood. Sie war mir fahrbar erschienen. Nun musste ich feststellen, dass Radler ganz anders unter physikalischen Gegebenheiten litten als Autofahrer. Ich musste dem Wind Tribut zollen, und war nicht in der Lage meine Spur zu halten. Schade!

Allerdings empfand ich mich in solchen Momenten auch sehr stark. Ich spürte mich intensivst, auch wenn es das intensive Angstgefühl war. Dieses tiefe innere Erleben war meine Stärke und sie motivierte mich zu neuen Herausforderungen.

Und dann war da noch der Kontakt zu den Autofahrern, den ich aufgenommen hatte. Bisher hatte ich sie häufig, wenn nicht unbedingt als Feind im Kampf um den Verkehrsraum, so doch als Gegner angesehen. Nun war ich aber eines Besseren belehrt worden.

Lag das an dem Kontakt, den ich mit einem Blick aufgenommen hatte? Lag es an dem Fahrer, der die Notwendigkeit hinter mir her zu jukkeln, schnell eingesehen hatte? Oder war es einfach nur Zufall?

Nichtsdestotrotz war auf einmal mein Feindbild abhanden gekommen. Bisher hat mich das Schimpfen auf unachtsame Autofahrer auch innerlich ausgeglichen gemacht. Ich konnte meine Wut an ihnen ausleben. Und das hatte ich bisher als sehr hilfreich für meine Selbsterhaltung erlebt. Deshalb war es mir schwer gefallen, meine Dankbarkeit den Autofahrern mitzuteilen. Am Liebsten hätte ich ihnen eine Wutreaktion gezeigt und sie zum Teufel gewünscht. Und stattdessen sollte ich ihnen dankbar sein. Ich war überhaupt nicht ausgeglichen, sondern kompliziert und emotional anfällig. Vielleicht sollte ich noch eher den Kontakt mit den anderen Verkehrsteilnehmern suchen und nicht stur meinen Weg fahren.

Ich fuhr noch 15 km, ab jetzt nur noch bergauf, und musste wiederum feststellen, dass radeln anstrengender war als Autofahren und dass ich meine Fähigkeiten, den Berg in einem Stück zu schaffen, entweder bei der Autofahrt falsch eingeschätzt hatte, oder aber ich in meinen Kräften nachgelassen hatte. Trotzdem war ich stolz auf die 120 km, welche ich mit einem Schnitt von immerhin 22 km/h zurückgelegt hatte.

Dafür ging mir am nächsten Tag früh die Puste aus. Als ich den 1600 Meter hohen Pass erreichte, war ich so groggy, dass ich nur noch langsam fahren konnte. Ich war jetzt südöstlich des Mount Hood auf einer Hochebene, welche alpinen Charakter hatte mit Almwiesen und Krüppelkieferbewuchs, kleinen Seen, ab und zu steilen Abfahrten, dann wieder steilen Auffahrten, so dass ich nie unter die 1000 Meter Grenze geriet. Es war lausig kalt, bedeckt und es hing Regen in der Luft. Ortschaften gab es auch nicht mehr.

Nach 67 km beendete ich meinen Tag am Frog See. Der See machte dem Namen alle Ehre. Die Frösche verursachten einen solchen Lärm, dass man den See auch ohne weiters in See der Schlaflosen Nächte hätte umbenennen können. Am Abend öffnete der Himmel all seine Schleusen, und ich war froh, rechtzeitig diese Zeltmöglichkeit wahrgenommen zu haben. Meine Erschöpfung hatte also auch ihr Gutes gehabt.

Der Regen begleitete mich in den Tag hinein, und da ich immer noch in ziemlicher Höhe war, war es lausig kalt, so dass ich mich warm radeln musste. Das hieß, alle Klamotten, welche irgendwie geeignet waren, Nässe und Kälte abzuweisen, übereinander an zu ziehen. Irgendwann würde mir dann schon warm werden. Auch heute war die Strecke ein Auf und Ab. Als der Regen gegen Mittag aufhörte, flogen Wolkenfetzen an mir vorbei, die Sonne durchbrach langsam den Dunst. Bald hatte ich freie Sicht und sah, dass alle Berghänge weiß bepudert waren. Neuschnee!

Ich befand mich auf 1700 m Höhe und hatte wahrlich Glück, dass ich mich wenige Meter unterhalb der Schneefallgrenze befand. Die Sonne trocknete die Straßen wie mit einem riesigen Fön. Dunst stieg auf, und die Sonne kreierte in der Ferne einen Regenbogen. Der Hochwald oder die verbliebenen Kiefern schimmerten, als wenn sie von buntem, kitschigen Konfetti beregnet worden waren. In der Ferne sah ich Rotwild äsen, Krähen krächzten ihr verspätetes Morgenritual, und andere Vögel zwitscherten mit ihnen um die Wette. Es war traumhaft schön, und so radelte ich langsam und hielt oft, um die Schönheit aufzusaugen, aufzunehmen in jede meiner Poren, in jede meiner Zellen. Für solche Momente des Überganges würde ich jede Strapaze auf mich nehmen. Es tat mir so etwas von gut und motivierte mich zum weiter fahren, zum weiter leben, zum weiter erleben, zum weiter staunen.

Ich hatte den Eindruck, ich hatte in meinem Leben noch nicht gestaunt. Bisher war ich aufgrund meiner Familiengeschichte ein eher schwermütiger Mensch gewesen, der rational sein Leben lebte und in einem hohen Maß mit dem zufrieden war, was er bisher ausprobiert und kennen gelernt hatte. Aber so richtig viele schöne Sachen hatte ich bisher noch nicht erlebt. Enthusiastisches Erleben kannte ich schon gar nicht.

Nun lernte ich diese kleinen und großen Naturwunder kennen, bestaunte sie mit offenem Mund und saugte die kraftspendende Energie ein. Wow! Deswegen war ich hier. Obwohl ich mich nicht in den Rocky Mountains befand sondern in der vorgelagerten Coastal Range, fühlte ich mich ziemlich frei in der Wildnis und erlebte schöne Gegenden, die mich an die vielen Tier- und Naturfilme aus den Rockys erinnerten. Als kleiner Junge wurde ich von Prof. Grymzeck im Fernsehen begleitet und schon bald wuchs mein Wunsch, Naturfilmer zu werden.

Endlich war ich meinem ersten Kindheitstraum ziemlich nahe.

Ich genoss auch am nächstem Tag die markergreifenden Schreie der Adler, die unendliche Weite, welche ich gerade beim Überfahren des Santiam Passes spürte, die Stille genauso wie das Heulen des Windes, die Sonne auf der gebräunten Haut, den Duft von Zedern, Kiefern und vor allen Dingen auch den Duft von Gras (es gab dieses lange Steppengras, welches fast die Höhe von Weizen und auch dessen Farbe besaß). Irgendwann gegen Mittag rastete ich und legte mich ohne Isomatte ins Gras, betört vom Duft, spürte das leichte Brennen, welches das Gras auf meiner Haut verursachte, lauschte dem Zirpen der Grillen und bemerkte Spinnen, welche ihr Netz im dichten Gras versteckten. Die ersten Fliegen und Hummeln stellten sich zum Tete a Tete ein. Ich erinnerte mich an die schönen Jugenderlebnisse, als ich mit Hubertus in den Feldern und Wiesen ähnlich schöne Zeiten verbrachte, selten an Uhrzeiten dachte und irgendwann zu Hause einen Rüffel bekam, weil ich mich verspätete. Wir waren damals abgetaucht in eine andere Welt, in die Welt der Insekten, Falter, Vögel und sonstiger Kriechtiere. Und genauso tauchte ich ein in das Mikroerleben von einer Wiese. Ich war im Paradies! Und diesmal ließ ich mir keine Zeitvorschriften machen!

Ich war in der Welt des Staunens! Auch dadurch war ich im Paradies!

Ich blieb bis gegen Abend, ich blieb in meiner kleinen Umgebung, in meiner kleinen Welt! Ich blieb bei mir und fühlte mich unendlich wohl und frei! Als ich ein Grummeln im Magen verspürte und sich der Hunger meldete, und leicht nach etwas Essbarem anklopfte, bereitete ich mir die letzten Pfannkuchen zu. Ich schlug genau hier in der Wiese mein Zelt auf und warf meine Klamotten hinein. Ich beobachte die Sterne, die langsam sichtbar wurden, bestaunte die Sternschnuppen, die auch hier massenhaft zu sehen waren und schlief irgendwann träumend und sinnend ein. Ich fühlte mich zufrieden und ausgeglichen, bestaunte mich, wie ich mit einfachen Dingen zurecht kam, bestaunte meine Wandlungen. Wie ich zeitlos war, Zeit verpulverte, nicht getrieben weiter wollte, sondern ich einfach da war.

Ich war in mir und in der Umgebung, und ich war total zufrieden mit dem, was ich erlebte und machte und damit, wie sich mein Denken an die Wandlungen durch Morbus Huntington anpasste und ich die Änderungen als befreiend erlebte.

Vögelgezwitscher weckte mich und ich schälte mich aus dem Schlafsack. Die Sonne kroch im Osten über den Horizont. Tau lag glitzernd und schimmernd auf Zelt und Gepäck und zauberte einen herrlichen Tag herbei. Konnte das denn immer so weiter gehen? Ich konnte doch nicht jeden Tag als Paradies erleben. Das Paradies würde dann zum Alltag werden, würde fade schmecken und wenig Anreiz bieten. Es würden mit Sicherheit auch wieder normale Tage erscheinen und auch Tage, an denen ich unzufrieden wäre. Aber momentan schwamm ich auf einer Welle des Genusses und des Hochs!

Und genau das hatte ich mir gewünscht und auch verdient!

Nach dem Frühstück hatte ich wenige Wahlmöglichkeiten. Ich musste weiter. Meine Lebensmittel und vor allen Dingen meine Wasservorräte waren aufgebraucht. Ich hatte eigentlich gestern schon am Suttle Lake eintreffen und einkaufen wollen. Nun fuhr ich ohne schlechtes Gewissen die 40 verbleibenden Kilometer dorthin, kaufte in einem kleinen Store ein und wollte mit meiner Scheckkarte bezahlen, was bisher nie ein Problem gewesen war. Jetzt allerdings schon, denn es hieß, es wäre kein Geld auf meinem Konto.

Schock! Das konnte doch nicht wahr sein!

Ich bat die Verkäuferin, meine Karte noch einmal durch das Karten-lesegerät zu ziehen. Sie tat es. Leider mit dem selben Ergebnis. Ich wünschte mir, dass nur die Karte defekt war! Ich hatte noch 25 Bucks, gab einen Teil meiner Waren zurück, die nicht absolut notwendig wa-ren, und bezahlte die Rechnung von 12 Dollar. Es wurde knapp. Was konnte denn sein?

Mein zu Reisebeginn erspartes Geld war nur zu einem gewissen Be-trag flüssiges Geld. Ich hatte Syrus, einem Freund, vor einigen Jahren 8000,- DM geliehen, damit er als Iraker seine Schwester nach Deutsch-land holen konnte. Er benötigte für die illegale Aktion viel Geld als Bestechungsmittel, für Telefonkosten, Anheuerung von Personen und Wagen. Syrus war schon 5 Jahre in Deutschland. Die meiste Zeit hatte er in Kassel studiert und seinen Lebensunterhalt mit BAföG und den Verkauf von Döner verdient. Seine Schwester war nie in Deutschland aufgetaucht.

Er war mit Anja liiert, wohnte bei ihr und genoss seinen pascha-ähnlichen Lebensstil. Er hatte mit Anja einen gemeinsamen Sohn. An-ja kannte ich schon, seit ich in Kassel wohnte und hatte die Freund-schaft und Nähe zu ihr gesucht. Ich hatte auch häufig bei den beiden übernachtet, immer dann wenn mir die Fahrt nach Istha zeitlich zu auf-wändig wurde. Ich war ein Teil ihrer Familie und hatte mit den beiden auf Festen Döner vorbereitet und verkauft.

Konnte es sein, dass Syrus sein Versprechen, mir jeden Monat 500,- DM zu überweisen, nicht gehalten hatte? Konnte es sein, dass er mich so im Stich ließ? Konnte es sein, dass er mich so hinterging? Konnte es sein, dass er mein Fernsein von Deutschland ausnutzte, um mich zu prellen?

Ich hatte ihm vertraut, vor allem auch deshalb, weil er die letzten 4 Monate vor meiner Abfahrt gezahlt hatte. Oder war es damals Anja gewesen, die von ihrem mageren Lohn die Überweisung getätigt hatte? Ich fühlte mich geprellt und hintergangen und war wütend.

Ich rief ihn in Deutschland an und erreichte ihn sofort. Und als er mir bestätigte, er hätte nicht überwiesen, schrie ich ihn nur noch wütender an. Als er mir noch seine Rechtfertigungen nannte, war ich puterrot, glaubte ihm kein Wort mehr, schrie weiterhin etwas von verant-wortungslosem Handeln und Ausnutzen meiner Situation in die Sprechmuschel. Und warf den Hörer anschließend auf die Gabel.

Das durfte doch nicht wahr sein, stampfte ich durch die Gegend. Der lebte sein illegales Leben, benahm sich wie Graf Koks und nutzte mich aus. Syrus wusste um meine Geldknappheit. Er wusste, dass ich Chorea Huntington hatte und ich mir noch einmal einen schönen Urlaub machen wollte. Er hatte mir seine Hand darauf gegeben, zurückzuzahlen. Oh, wie gerne hätte ich ihm jetzt in die Hand gespuckt. Oh, wie gerne hätte ich ihm eine Backpfeife gegeben. Oh, ich war so voller Wut wie lange nicht. Ich zeterte vor mich hin, schimpfte so sehr dass die Verkäuferin, in deren Laden auch das Telefon stand, zu mir kam und sagte, dass es sie stören würde. Ich möchte doch bitte raus gehen.

Das tat ich dann auch und reagierte mich mit Treten nach Steinen ab. Und schimpfte weiter wie ein Rohrspatz auf Syrus, diesen aufgeblasenen Revoluzzeraffen, der mit seiner tiefen Stimme alle Frauen betörte und mich belabert hatte. Ich hatte selten ein sehr gutes Gefühl zu ihm gehabt. Durch seine kleinen und größeren, meist illegalen Kapriolen, hat er es mir schwer gemacht, überhaupt Vertrauen zu ihm zu fassen. Erst dadurch, dass Anja und er eine vertrauensvolle Beziehung hatten, wurde ich auch mit ihm wärmer. Aber im Grunde blieb ich skeptisch, und als ich meinem Vater von der Geld-verleih-Geschichte erzählte, riet er mir davon ab.

Ich wollte die Skepsis meines Vaters gegenüber Ausländern nicht teilen und wollte zeigen, welch ein ausländerfreundlicher Typ ich war. Ich gab Syrus, mehr aus Trotz meinem Dad gegenüber, das Geld. Ich hätte auf meine Skepsis ihm gegenüber hören sollen.

Nun war ich auch noch wütend auf mich. Und auf Anja, das sie Syrus nicht so unter Druck gesetzt hatte, dass er das Geld zurückzahlte. Und über die Situation, nun mit 7,- Dollar durch die Gegend zu streifen, wütend darüber, dass er mir meine schönen Erlebnisse hier in den Staaten kaputt machte. Und wütend darüber, dass er so weit weg war. Wäre er irgendwo in der Nähe gewesen, dann hätte es für mich kein Halten mehr gegeben und ich hätte ihn so richtig vertrümmert und erniedrigt. Ich stampfte bestimmt zwei Stunden durch die Gegend und malte mir aus, wie es sein würde, wenn ich gegen ihn gerichtlich vorgehen würde. Malte mir aus, wie es sein würde, wenn ich ihm die Fresse polieren würde, malte mir aus, ihn in seiner Wohnung zu tyrannisieren. Meine Gedanken drehten sich lange Zeit nur um das Eine: Rache und Zurückeroberung meines Geldes.

156

„Syrus, du liederliches, verlogenes, großes Arschloch, der du mich ausnutzt. Du widerst mich an! Du Ekelpaket! Du gewissenlose Kreatur, du Schmarotzer! Du Parasit! Ich hatte deinen wahren Charakter ja schon längere Zeit erahnt, aber dass du so mies und so widerlich bist, übertrifft alle Vermutungen!" Ich war so außer mir, das ich immer noch nicht in der Lage war, mich zu beruhigen oder konkrete Pläne zu fassen. (Ich erlebe diese Wut jetzt noch sehr lebhaft und treffe beim Schreiben kaum die Tastatur).

Nach dem Telefonieren hatte ich noch etwas mehr als 7 Dollar. Das würde für ein oder zwei Telefonate nach Deutschland reichen. Dann müsste ich die nächsten Tage von den eingekauften Lebensmitteln leben, das hieß, nicht mal einen Kaffee oder sonstige Süßigkeiten als tägliche Belohnung könnte ich mir gönnen. Ich hatte noch eine Packung Pfannkuchen, 2 Tüten Suppe, Brot, Käse und Peanutbutter für drei Tage. Eine Geldüberweisung würde mindestens fünf Tage benötigen. Das war ziemlich knapp, und ich sah meine gute Laune für die nächsten Tage verfliegen.

Mir war es peinlich, andere Menschen um Geld anzupumpen. Allerdings sah ich keine Alternative, und so rief ich Angelika an, die sich sofort bereit erklärte mir 1000,- DM zu überweisen, anschließend noch Tomek, der sich ebenfalls bereit erklärte. Am Liebsten wollte er sofort bei Syrus vorsprechen und ihm eine Standpauke halten. Das fand ich total ritterlich und liebevoll, da er, glaube ich, meine Empfindungen durch das gemeinsame Radeln und das Angewiesen sein auf Geld sehr gut nachempfinden konnte. Allerdings wäre er, glaubte ich, ziemlich erfolglos wieder nach Breitenbach zurückgefahren, da Syrus eigentlich immer auf Pump lebte und nicht in der Lage war Geld anzusparen.

Und ich wollte auch persönlich mit Syrus abrechnen, wollte ihm sein schweinisches Verhalten selbst um die Ohren werfen.

Diese alte Zecke. Ich brodelte den ganzen Tag und fuhr erst gegen Abend weiter Richtung Sisters, einem kleinen Ort, der allerdings einen Fahrradladen besaß. Ich wollte dort meinen total ausgelutschten Sattel austauschen. Leider hatte ich nicht genügend Geld, aber ich zielte trotzdem Sisters an, da ich auf andere Gedanken kommen wollte. Mittlerweile war ich so beruhigt, dass ich jetzt wieder gefahrlos weiterradeln konnte, ohne mit irgendwelchen Autos zu kollidieren.

Tatsächlich war Sisters eine kleine hübsche Westernstadt mit Holzhäusern, wie ich sie aus dem Fernsehen kannte. Es fehlten nur die Pferde, ansonsten gab es einen Saloon, eine Holzkirche, einige Ställe, einen
Barbiershop, eine Bank und eine Marshall Station. Die Häuser waren tip
top gepflegt und die Neubauten in der Innenstadt mussten sich an die
Bauweise der Stadtgründer anpassen. Sisters besaß Charme. Das trug
dazu bei, dass ich abgelenkt wurde und durch die Stadt bummelte.

In dem Fahrradladen fand ich einen Sattel, der mir extrem gut gefiel,
denn er bestand aus Gel und hatte einen Velourüberzug, kostete allerdings 14,- Dollar. Ich erzählte der Verkäuferin von meinem unzuverläs-
sigen Freund und zeige ihr meinen total ausgefransten Sattel. Sie ging
mit mir zurück in ihre Werkstatt und schenkte mir einen gebrauchten
Sattel der selben Marke!

Ich war gerührt über soviel Feingefühl, bastelte meinen alten Sattel ab
und warf ihn in die Schrotttonne des Ladens. Er hatte seine Schuldigkeit
getan. Der neue Sattel war weich, so weich, dass ich den Kontakt gar
nicht mehr spürte. Viele Bekannte schwörten auf harte Sättel, da sie den
Kontakt zum Boden benötigten und damit mehr Kraft umsetzen konnten. Aber ich wurde nun zu einem Weichei, zumindest zu einem Weich-
sitzer und würde auch in Zukunft alle harten Sättel, gegen weiche austauschen.

Ortschaften waren ein wenig verführerisch. Ich könnte ja hier noch
mal einen Kaffee trinken oder bei einem Sandwich zulangen. Oder Gebäck essen, oder, oder, oder! Um all diesen Versuchungen zu entgehen,
fuhr ich am Abend raus aus dem smarten Sisters, baute an der nächsten
netten Stelle mein Zelt auf, aß spartanisch die Suppe und resümierte
noch einmal den turbulenten Tag.

Ich hatte mich noch nie so in Rage erlebt und hatte überwiegend Syrus die Schuld dafür gegeben. Die hatte er auch und ich fand rück-
blickend mein Verhalten ihm gegenüber und die Beschimpfungen absolut richtig. Ich hatte kein Blatt vor den Mund genommen, und auch
das fand ich im Nachhinein absolut super. Ich kannte mich als einen
typischen Waagegeborenen, als Diplomaten, der versuchte, zwischen
beiden Seiten zu lavieren. Nun hatte ich meine ganze Emotionalität gegen ihn gerichtet. Auch das war im Nachhinein befreiend. Ich hatte keine unbeteiligten Menschen mit hineingezogen, und außer der Laden-

besitzerin, die mir Gott sei Dank einen freundschaftlichen Hinweis gab, ich würde stören, hatte niemand meinen Zorn abbekommen. Super, Rainer! Und ich war in der Lage, mir Hilfe zu holen, ohne vor verletztem Stolz in den Boden zu versinken.

Ich war unendlich dankbar für so viel Zuspruch und Rückendeckung, vor allen Dingen von Angelika, welche momentan als die Verliererin im Kampf um den Platz an meiner Seite da stand. Und sie stand fest zu mir. Das fand ich unwahrscheinlich liebevoll, und es bestärkte mich in der Überzeugung, dass wir auch über meinen Aufenthalt in den Staaten hinaus mit einander verbunden bleiben würden, und zwar nicht nur weil ich ja nun auch noch eine finanzielle Bindung zu ihr hatte.

Anscheinend war ich in der Lage, Beziehungen aufzubauen, und Bindungen längere Zeit zu halten, und ich schrieb das meiner verstärkten Offenheit zu. Ich nahm kein Blatt mehr vor den Mund, handelte nicht mehr diplomatisch, sondern offen und direkt und ich, als sturer Sauerländer, war dadurch so ehrlich, dass eine amerikanische Verkäuferin mir einen Sattel geschenkt hatte!

Ich bewertete diesen Tag also trotzdem als gelungen, denn er offenbarte überwiegend meine Stärken, und ich war in der Lage, diese Stärken zu sehen! Wow! Stolz schwellte sich meine Brust. Vor längerer Zeit hätte ich mich in dem Schlamm von Syrus Mißverhalten gesuhlt, hätte meine Anteile, die mit Sicherheit auch da waren, mir als Schuld vorgeworfen. Hätte die Tatsache, dass ich damals meiner Skepsis nicht nachgegangen war und Syrus das Geld ausgehändigt hatte, mir stündlich vorgeworfen.

Nun war ich in der Lage, meinen Emotionen gerecht zu leben und mein Gefühl zu mir war positiver! So ging ein aufregender Tag mit vielen Höhen und Tiefen zu Ende und bestärkte mich in dem Wissen um meine innere Kraft und dem Wissen um meine positiven Seiten, in dem Wissen um meine positiven Wirkungen, zumindest auf Frauen, und dem ganz tiefen Zutrauen, dass es Selbstheilungsprozesse in mir gab, die mich immer wieder förderten, stärkten und meinen Lebensmut festigten. Und gerade für das Letzte und die Hilfe von Angelika, Tomek und der Verkäuferin war ich unendlich dankbar und ich war tief gerührt.

Ich wollte in die Nähe des Mount Bachelor. Der Name klang sehr adelig und der Berg war auf meiner Karte als Naturschutzgebiet eingezeichnet. Dieser Hinweis hatte mich eigentlich nie enttäuscht. Bis dort waren es 60 km; ich kam schon mittags an. Auch hier in dem ausgedehnten Park wanderte ich ziellos an den Wanderpfaden entlang. Von unten glitzerte das Gipfelkreuz. Niemand war in der Nähe. Der Weg führte automatisch nach oben. Natürlich hätte ich auch irgendwie links und rechts abbiegen können, aber der Berg zog mich nach oben. Ich wollte hinauf, wollte den Ausblick, wollte die Minuten, Stunden des ganz-nah-am-Himmel Sein vollkommen genießen.

Ich fühlte mich nicht getrieben, sondern gezogen. Es zog mich hinan. Es ging aufwärts mit mir, nicht nur diesen schon steilen Anstieg hinauf, sondern mehr noch im übertragenen Sinne. Ich empfand mich im Wandel und dadurch stark.

Oben angelangt hatte ich Blick auf Bend, die größte Stadt hier auf dem Hochplateau im ehemaligen Indianergebiet. Vergangenheit und Gegenwart waren eng miteinander verbunden. Die Indianer hatten sich der Gegenwart anpassen müssen. Ebenso ich. Ich empfand mich als Teil meiner elterlichen Geschichte und akzeptierte mittlerweile immer häufiger die Gegenwart. Die Zukunft allerdings war noch außen vor.

Gegensätze (Mount Bachelor)

Der Puls hämmert.
Die Stille dröhnt.
Ringe nach Luft,
während Wind sanft,
meine feuchte, heiße Haut kühlt,
welche die pralle Sonne wärmt.

Schnee, alt, verharscht.
Jungfräulicher Himmel.
Graue Geröllhalden, grüne Hänge.
Dunkelgrüne Pinien, vereinzelt,
verharzter Duft von Nadelhölzern.
Frische, Sommerfrische.

Ab und zu Motorenlärm.
Ein Auto,
es stört in dieser Stunde,
nicht.

Ich verbrachte den Rest des Tages an diesem wundervollen Berg, schlief an seinem Fuß und erwachte zitternd vor Kälte. Es gab Dauerfrost, und der Boden glänzte im aufgehenden Sonnenlicht weiß und reflektierte die Strahlen in wunderbarer Weise. Es war 5 Uhr in der Früh, an Schlaf war sowieso nicht mehr zu denken, also hüllte ich mich in meine wärmsten Klamotten, kochte auf meinem Kocher einen Kaffee und ließ mich auf die Stimmung ein, die meinen Tag prägte. Ich war ein Morgenmensch und konnte den werdenden Tag beeinflussen durch schöne Bilder, Musik, Ausagieren meiner Kreativität und durch sportliche Taten. Auch diese Fähigkeiten hatte ich schon lange, manche allerdings selten benutzt.

Hier in Oregon, wo das schönste Stück Land auf Gottes Erden mich beglückte, wurde mir immer wieder die Einzigartigkeit von Natur deutlich und die positive Wirkung, welche sie auf mich ausübte. Und auch das wollte ich in Zukunft positiv bewerten und versuchen, in meinen Alltag einzubauen. Die Natur war abwechslungsreich, und das machte sie interessant und einmalig. Im Laufe des Tages kam ich an vielen kleinen und größeren Seen vorbei.

Ich schwamm im eiskalten Lavalake, legte mich anschließend nackt und puterrot in die Sonne und spürte die trocknenden Wassertropfen auf meiner Haut. Momentan empfand ich das Leben als äußerst einfach zu gestalten. Es gab genügend Anregung in der Natur für Körper und Geist, und ich hatte endlich die Fähigkeit, nicht mit der Einfachheit in Konkurrenz zu gehen und gegen sie anzustrampeln oder anzurennen, sondern das Wesen eines Berges, eines Steines, einer Pflanze, eines Insektes, eines Tropfens zu erkennen und mich auf dieses Wesen einzulassen. Es gab mir so viel an Rückmeldung, und ich hatte den Eindruck, ich wäre pausenlos in Kommunikation mit meiner Umgebung! Wow!

Ich fühlte mich ausgeglichen und glücklich!

Und da war noch ein anderes Empfinden, und zwar jenes einer tiefen Genugtuung. Es war richtig so, dass ich meinem Traum, den Indian Summer zu erleben gefolgt war. Auch wenn ich ihn nicht so erlebt hatte, wie ich ihn mir vorgestellt hatte. Nun war ich in Oregon gelandet, nahm dessen Schönheit auf, ließ das Schicksal spielen und hatte mich zu einem Menschen gewandelt, der zufrieden mit sich war und sein Dasein vollkommen genoss.

Ich plante wenig, das tat mir gut. Es drückte mich ein wenig, dass ich mich grob mit Tina verabredet hatte. Mit Tina hatte ich meine erste Beziehung, und nach deren Ende hatten wir uns immer noch gut verstanden. Tina hatte ihr Architekturstudium im April beendet, und falls sie noch keinen Job haben sollte, hätte sie Interesse, im September die Städte an der Westküste, allen voran Seattle, kennen zu lernen. Ich hatte ihr von Alaska aus einen Brief geschrieben, aber weiteren Kontakt hatten wir bisher nicht gesucht. Ich musste sie unbedingt anrufen, sobald ich wieder etwas Geld flüssig hatte. Bis dahin konnte ich aber noch weiter planlos in den Tag leben.

Als ich abends in der Nähe des Davis Lakes mein Lager aufschlagen wollte, folgte ich erst einmal dem Trampelpfad am zufließenden Bach und fand dort eine geeignete Stelle, etwa 10 Meter oberhalb des Flusslaufes, in einem kleinen Waldstück. Ich hatte einen tollen Blick auf den unter mir liegenden Davis Lake. Als ich gerade meine Tortillas vertilgt hatte, nahm ich ein Geräusch etwas oberhalb wahr und schlich ihm entgegen. Ich sah einen Dachs, der irgendetwas nicht näher bestimmbares in seinem Maul zu seiner Höhle trug. Er schaute sich dabei suchend um, bemerkte mich aber nicht und ging seiner Verrichtung weiterhin nach. Ich vermutete, es war ein totes Eichhörnchen, welches er wahrscheinlich seinem Nachwuchs als Abendbrot servierte. Fünf Minuten später kam er wieder aus seinem Bau heraus und war schon bald im Unterholz verschwunden. Da er längere Zeit nicht zurückkam, überlegte ich, ob ich nicht eine Höhleninspektion machen konnte, nahm davon allerdings schnell Abstand, da ich vermutlich das heimische Gefüge gestört hätte. Und das wollte ich auf keinen Fall. Ich hatte genug gesehen und freute mich über das Erlebnis in der Wildnis.

Der ereignisreiche Tag hatte allerdings noch kein Ende. Gegen Morgen wurde ich von einem Rütteln an meinem Zelt geweckt.

Als ich realisierte, dass dieses Rütteln nicht Traum war, sondern pure Realität, bekam ich einen Schreck.

Au weia, was war denn das!

Mein erster Gedanke war, dass es sich um einen Bären handeln würde, dem ich anscheinend zu nahe an seinem Lieblingsplatz gezeltet hatte. Als ich noch am Überlegen war, ob ich am Besten raus aus dem Zelt gehen oder mich weiterhin im Schlafsack tot stellen sollte, und ich seit Langem wieder richtig Angst erlebte, stolperte der Bär direkt gegen mein Zelt. Ich nahm seinen massigen Körper am Zeltinneren wahr. Er trat auf das Zelt und auf den unteren Teil des Schlafsackes.

Aber der nächste Schreck war, dass er nicht brummte, sondern bellte! War es ein Hund? Was sollte der so allein hier in der Pampa? Dann doch vielleicht ein Wolf, der sich aus den 100 km entfernten Rockys hierher verirrt hatte?

Der nächste Schreck ließ nicht lange auf sich warten. Ich nahm immer mehr Geräusche wahr, die aus allen möglichen Richtungen kamen. Also dann doch Wölfe, die ja immer im Rudel auftraten, aber warum heulten sie nicht? Ich war mir jetzt allerdings sicher, dass es sich nicht um einen Bären handelte. Bären waren Einzelgänger!

Ja und nun, Rainer? Raus oder nicht raus?

Ich hatte schrecklichen Schiß, ich würde gegen die Wölfe den Kürzeren ziehen. Aber als einer von ihnen wieder auf meinem Zelt und meinen Füßen stand, hatte ich keine andere Wahl mehr, denn beim nächsten Mal wäre er im Zelt. Es würde dem ganzen Gezerre nicht lange standhalten können. Ich packte all meinen Mut zusammen und suchte nach meinem großen Fahrtenmesser, das ich extra für solche Zwecke mitgenommen hatte. Ich suchte vergeblich, überlegte kurz, ob ein weiteres Suchen Erfolg versprechen könnte, da wurde mir bewusst, dass ich es in der Fahrradtasche am Fahrrad unten am See gelassen hatte. Big Bull shit. Aber da war ja noch mein kleines Taschenmesser, welches ich sofort panisch suchte und glücklicherweise auch fand.

Der nächste Angriff auf mein Zelt war von einem wütenden tiefen Bellen begleitet. Ich machte mir nun keine Gedanken mehr über die Tatsache, dass ich für den bevorstehenden Kampf mit mehreren Wölfen nicht die passende Kleidung anhatte. Schließlich war ich ein Nacktschläfer und sprang im Adamskostüm auf, riß den Reißverschluß von dem Zelt auf, merkte dabei, wie es mucksmäuschenstill wurde und dies, so hatte ich gehofft, sollte mein Überraschungseffekt sein. Leider musste ich noch den zweiten Reißverschluß des Überzeltes öffnen. Und nun hätten sie genügend Zeit, mich zu beobachten, wie ich aus dem Zelt kroch und könnten in aller Ruhe über mich herfallen. Aber das würden sie ja sowieso tun.

Rainer, nimm all deinen Mut zusammen und mach dich raus. Du schreist am Besten so laut, dass sie verschwinden und du läufst dann im Bach und im Flußbett zum See! Wenn der tief genug war, dann war ich gerettet.

Mutig riss ich den zweiten Reißverschluß auf, sprang hinaus, schrie dabei so wild wie möglich, schaute in gelbgrüne Augenpaare, die mich aus allen Richtungen umzingelt hatten. Die dichtesten waren gerade mal zwei Meter entfernt, die am weitesten entfernten 10 Meter! Die Augen waren zwei Sekunden später verschwunden, als hätten sie ihre innere Lampe ausgeknipst.

Ich bemerkte zu meiner Überraschung, dass sie fluchtartig und lärmend durch das Unterholz brechend das Schlachtfeld räumten. Dabei nahm einer mein Zelt mit und schleifte es noch 10 Meter, bis er sich von ihm befreien konnte. Im gleichen Augenblick entdeckte ich ihre beachtliche Größe. Das konnten niemals Wölfe sein.

Ich spürte meine Erleichterung, die mich sofort am ganzen Körper zittern ließ, spürte, wie sich die Angst legte. Ich staunte und begann, langsam zu begreifen. Je mehr ich begriff, desto mehr musste ich lachen. Es hatte sich bei den nächtlichen Besuchern um Deers gehandelt, das waren amerikanischen Rehe, welche ca. 1/3 größer als die europäischen Arten waren. Ich hatte auf ihrem Weg gezeltet, und ein Bock war in meine Zeltabspannung geraten und daraufhin auf mein Zelt gestürzt. Es benötigte mehrere Versuche, um sich daraus zu befreien, und da die anderen Tiere der Herde die hilflose Lage mitbekamen, wurden sie natürlich auch immer unruhiger und wussten sich nicht anders zu helfen, als zu bellen und das Zelt zu schubsen.

Erst jetzt spürte ich die Erleichterung so richtig. Mir war während des Abenteuers absolut heiß gewesen, nun da die Entwarnung kam, begann ich langsam zu frösteln. Ich spürte die Anspannung, in der ich mich befand, noch lange im gesamten Körper. Ich war total froh, dass es nicht

Wölfe waren. Im Nachhinein kam es mir naiv vor, dass ich gewagt hatte, splitternackt, bewaffnet nur mit einem Taschenmesser, wild schreiend und gestikulierend aus meinem Zelt zu hopsen. Das musste ein Bild für die Götter gewesen sein. Ich hätte ziemlich gelacht, wenn es auf Leinwand festgehalten worden wäre.

Es war 4 Uhr in der Frühe! Zum Schlafen würde ich sowieso nicht mehr kommen. Ich suchte mein Zelt zusammen, welches bis auf eine abgerissene Schnur noch vollkommen intakt war. Hoffentlich konnte sich der Rehbock aus der Schlinge befreien. Zum Frühstücken war es noch zu früh, und so ging ich zum Davis Lake hinunter, sprang in den See und tummelte mich in dem eisigen Wasser. Ich hielt mich bestimmt eine halbe Stunde dort auf und verließ gerötet und kribbelnd den See.

Ich bekam Abstand zu dem Abenteuer mit den Rehen.

Ich wollte heute noch zum Lemondo Lake, der mitten in der Pampa lag. Der Straßenverlauf dorthin führte über eine Hochebene. Meistens waren das besonders attraktive Routen, da sie viel Abwechslung versprachen. Außerdem würde es sich wieder um eine Forststraße handeln die unbefestigt war, was auch attraktiv war. Gegen 7.00 Uhr machte ich mich auf den Weg und tatsächlich ging die Straße schon bald in einen Waldweg über. Ich fuhr Richtung Osten, der Sonne entgegen, war lange Zeit geblendet. Ich hörte die markanten Adlerschreie und sah schon bald ein Paar am Himmel seine Kreise ziehen. Wunderbar! Osten war auch eine schöne Richtung, sie versprach die aufgehende Sonne, damit den Beginn eines neuen Tages und ermöglichte mir neue Einblicke.

In Amerika war die Besiedlungsrichtung die entgegen gesetzte. Mir fiel es schwer, mir vorzustellen, dass hier schon Menschen gesiedelt hatten, aber tatsächlich war die Gegend eine bevorzugte Indianergegend. Die Indianer konnten in den Wäldern nach Beute jagen, sowie auf den Plateaus Feldarbeit verrichten und sich bei Überfällen schnell in die Berge, verziehen. Davon war nichts zu spüren und zu sehen. Außer dieser Straße begegnete mir den ganzen Tag überhaupt kein Hinweis auf Menschen. In der Ferne entdeckte ich auf einem Berghang Tiere.

Durch mein Fernglas erkannte ich 5 Pferde, die wild und scheinbar unbändig miteinander um die Wette galoppierten. Ich konnte ihr Spiel eine gute Stunde lang immer wieder beobachten. Manchmal verschwanden sie und kamen dann an irgendeiner Stelle wieder zum Vorschein. Wow, das waren die Beobachtungen, welche ich mir ersehnt hatte. Momente nur, aber ich freute mich so riesig, dass diese Momente ausreichten für mehrere belanglose Tage.

Abends kam ich an einem Maisfeld vorbei. Ich testete die Reife der Kolben und freute mich über deren weichen Zustand. Sie waren essbar und da meine Verpflegungsreste dem Ende entgegengingen, klaute ich mir 5 Kolben und fuhr mit einem zufriedenen Grinsen weiter. Dies war erst mein zweiter Diebstahl.

Den ersten hatte ich in einem Supermarkt vor 3 Jahren begangen. Ich hatte mit klopfendem Herzen und schweißnasser Haut einen Müsliriegel entwendet. Ich war so aufgeregt, dass er mir damals überhaupt nicht schmeckte, und ich hatte immer noch ein schlechtes Gewissen, wenn ich an dieses Ereignis zurückdachte. Ich wollte es einfach mal ausprobieren. Es klappte, allerdings hatte ich 5 oder 6 Anläufe benötigt. Ich wollte mir beweisen, dass ich auch illegale Sachen machen konnte.

Das Ernten des Maises war nicht illegal, sondern ich fühlte mich eher wie ein Sammler und Jäger, der sich sein Essen verdiente. Zeiten ändern sich. Ich änderte mich, und das war ein Merkmal des natürlichen Lebens. Ich war voller Zuversicht, dass ich mich auch an die bevorstehenden Veränderungen anpassen konnte.

Gewandelt halt!

Und noch etwas wurde mir hier und heute bewusst. Ich nahm einem Farmer etwas weg, und schon war ich verbunden mit der politischen Geschichte Amerikas. Auch die Siedler, welche in Tracks mit bis zu 50 000 Wagen in das gelobte Land vorstießen, waren Räuber. Niemand sah es so, bis auf die Unterlegenen, die Indianer. Vor allem sahen es nicht die aus Europa, überwiegend Deutschland und Irland, eingewanderten Menschen. Aber gerade die ersten Siedler hatten die angestammten Indianersiedlungen bekämpft, nicht umgekehrt, wie es Filmindustrie und amerikanischer Mythos und patriotische Parteien immer wieder falsch darstellten.

Ihr ganzer Reichtum begründete sich auf rücksichtsloses Verhalten anderen gegenüber. Dieses rücksichtslose Verhalten ihrer Vorfahren wurde von Amerikanern seltenst kritisch betrachtet, sondern im Gegenteil heroisiert und mythisiert. Der amerikanische Traum! Vom Tellerwäscher zum Millionär, von einem Computerbastler, der es bis zum

Besitz der größten Computerfabrik schaffte, von Mr. Mc Donald, der durch Fließbandarbeit in Restaurantbetrieben die größte Fast Food Kette aufbaute, oder von Onkel Heinz, der mit seinem Ketchup die Welt eroberte. In all diesen privaten Erfolgsstorys gab es aber auch Verlierer. Die Angestellten bei Mc Donald, welche zu einem Hungerlohn arbeiteten. Onkel Heinz hatte dem Boden soviel Wasser für die Bewässerung seiner Tomaten entnommen, dass der Grundwasserspiegel in den Einzugsgebieten seiner Gewächshäuser gleich um mehrere Meter sank und nun gerade Kalifornien kurz vor dem Verdursten war. Trotzdem wurde nicht an Wasser gespart, sondern man baute aufwendige Dämme und Stauseen, pries sie als den glorreichen Fortschritt und vergaß dabei die negativen Auswirkungen auf Mikroklima und das weitere Absinken des Grundwasserspiegels.

Ich begegnete immer häufiger den Anzeichen von Ausbeutung der Natur. Vorgestern sah ich zwei Eisentürme, die entweder Erze aus dem Berg oder Öl aus den Tiefen hervorgeholt hatten. In deren Umgebung gab es noch zerfallene Bretterbuden, einen Zaun und mehrere verlassene Autos. Am Tag davor war es die Stadt Sisters, welche im Ortskern zwar historisch, romantisch wirkte, in den Außenbereichen traf ich aber auf viele alte Industrieanlagen und leerstehende Wohnhäuser. Man lebte nach dem Motto: Nach mir die Sintflut, verließ den Ort und suchte einen anderen, an dem das neue Geld nur so floss. Momentan war es das Silikon Valley, wo die bedeutendsten Computerfirmen ansässig waren. Jeder der etwas verdienen wollte, zog in dieses südlich von San Francisco liegende Tal.

Oder der Goldrausch in Alaska, der mit viel Masse und noch mehr Mythos erzeugt wurde. Anschließend wurde Alaska wieder verlassen. In der Zwischenzeit hatten Hunderttausende ihr Leben verloren, waren entlang des Yukon und anderer größerer Flüssen gezogen und hatten dort massenweise Holz eingeschlagen, welches als dringend benötigtes Baumaterial verwendet wurde. Es wurde überhaupt nicht bedacht, dass die Bäume dort aufgrund der geringen Wachstumsperioden schon hunderte von Jahre dort standen. Man nahm das Gold aus den Flüssen, und als das Gold dort nicht mehr vorrätig war, grub man es aus der Erde heraus. Man achtete aber auch hier nicht darauf, dass ganze Berge einstürzten, weil sie unterhöhlt waren. Man rodete weiterhin die Hänge ab, obwohl es immer wieder zu Erdrutschen kam. Man verlegte den ganzen

Flusslauf, um ihn für die Goldgewinnung attraktiver zu machen, man sprengte Berge und alles, was im Wege stand. Man baute mit Quecksilber Gold ab, so dass die Umgebung verpestet und verseucht war und Millionen von Fischen im See verendeten. Die Goldsucher hatten es geschafft, einen Teil dieses wundervollen Landes, welches Jahrtausende benötigt hatte, um zu wachsen und zu entstehen, in nicht einmal 15 Jahren herunter zu wirtschaften und das Ökosystem für Jahrhunderte mit Schrott und giftigen Substanzen zu belasten. Man ging einfach weg, suchte sich eine neue Gegend, welche Profit und Erfolg versprach und fing da von vorne an.

Ich spürte meine Wut über dieses Ausnutzende der amerikanischen Bevölkerung, über ihr Streben nach Reichtum und ihre permanente Befriedigung der Gier nach Erfolg.

Gar nicht weit von hier, im Nachbarstaat Utah, gab es die meisten und größten Indianerreservate. Hier lebten Nachfolger der Crow und Sioux und anderer größerer und kleiner Indianerstämme immer noch in ziemlicher Armut. Sie hatten 1/10 des Einkommens eines Durchschnittsamerikaners und es gab eine Arbeitslosenquote von 85 %!

Auch das machte mich wütend, und ich merkte, wie meine Distanz zu den Amerikanern größer wurde. Mir fiel es schwer, ihr Gehabe um Anerkennung und Erfolg, ihr patriotischstes Empfinden und den damit verbundenem Rassismus und ihr Auftreten in der Politik mit dem Motto: „Wir sind die Größten," zu tolerieren. Und ich merkte immer deutlicher, ich war zu wenig Patriot, um mich von ihrem Wahn anstecken zu lassen. Da war ich ganz der bekannte deutsche Kritiker, und ich gefiel mir wesentlich besser in dieser Rolle.

Ron sagte in einem Gespräch, er mochte die Leichtigkeit der Amerikaner, weil Ideen freiheitlicher umgesetzt werden könnten. In Deutschland würde durch viele Regeln die Leichtigkeit abhanden kommen und für ihn wäre es wichtig, Amerika vor noch mehr deutschen Einflüssen zu bewahren. Und das kam von einem gemäßigten Amerikaner, der mehrere Jahre in Deutschland gelebt hatte und der mit einer deutschen Frau verheiratet war. Freiheit bedeutete für einen Großteil der Amerikaner, all das zu tun, was ihnen gerade in den Sinn kam. Das war ja auch für mich wesentlich, allerdings empfand ich mich in Einklang mit meiner Umgebung, schoss nicht auf andere Menschen, nur weil sie einen anderen Glauben hatten, oder weil ihr Land ein wenig mehr Öl hatte, fuhr nicht mit einem 30 Liter fressenden Truck zum nächsten Fastfood Restaurant, warf keine Plastik- und Aluminiumverpackungen direkt auf die Straße und ich würde auch niemals aus Jux und Dollerei einen Schwarzbären jagen gehen und ich würde mir auch keinen Revolver und kein Gewehr anschaffen.

Ich ging immer mehr auf Distanz und freute mich, ein Deutscher zu sein, auch wenn es hier in Amerika wesentlich aufregender war. Ich war ein wenig stolz auf meine deutsche Erziehung, mein deutsches Elternhaus, meine deutsche Sozialisation, denn ich hatte dort Respekt gelernt vor jedem Menschen, vor jeder Kreatur und vor der Natur.

Ich empfand Dank für eine so harmonische Umgebung und dafür, dass ich nicht der Terminator geworden war oder in einem zerstörerischen Umfeld aufwachsen musste.

Dank für mein Umweltbewusstsein, Dank für mein nachhaltiges Denken, Dank für meinen respektvollen Umgang mit den Anderen, Dank für meinen respektvollen Umgang mit der wundervollen und berauschenden Natur, die es ja auch in Deutschland gab, Dank für mein Gewissen, Dank für mein Erziehungsumfeld, Dank für mein Dasein.

Und mir wurde auch bewusst, dass die Amerikaner nicht gerade pfleglich mit Minderheiten umgingen, weder mit Indianern noch mit Schwarzen noch mit Andersdenkenden und auch nicht mit Ausländern und schon gar nicht mit sozial Randständigen, z.B. Behinderten. Ich würde über kurz oder lang behindert sein, und mir wurde klar, das Amerika nur für gesunde und elanvolle, arbeitende Patrioten ein Land mit Zukunft war. Und all die Merkmale trafen auf mich nicht zu, so dass ich hier schon bald um meinen Platz kämpfen müsste. Und das konnte ich nicht und wollte ich auch nicht. Meine Perspektive lag in Deutschland. Das war mir vor meiner Reise nicht bewusst gewesen, denn ich wollte gerade dem spießbürgerlichem Denken entfliehen, etwas Neues ausprobieren. Das hatte ich nun ja getan, und nun steigerte sich meine Sehnsucht nach Heimat.

So erging es mir, der ich heute wenig geradelt war, viel pausiert hatte und viel Staub auf der trockenen Straße und bei den historischen Einblicken schlucken musste. Der Lemondo Lake war der passende Ort, all diesen Staub abzuspülen und die frische Luft und das kalte Wasser zu geniessen.

In der Nacht träumte ich von Renate, einer Frau mit der ich eine Beziehung gehabt hatte, die lange Zeit als meine Traumbeziehung galt. Zumindest von meiner Seite aus. Renate war allerdings 13 Jahre älter, und so gab es immer wieder Differenzen. Und nun träumte ich, dass sie mir 10,- DM geben würde, damit ich mir Mundwasser kaufen konnte. Ich hatte ihr als Gegenwert beim Bett bauen geholfen. Anschließend wollte sie zu mir, um mit mir zu schlafen. Ich wollte aber lieber bei ihr bleiben, weil ich ihre Wohnung kuscheliger fand. Wir blieben bei ihr und Janina. Ihre Tochter war als Störenfried nicht mehr da. Der Traum zeigte mir eine Stärkung meiner Position, die ich mir immer gewünscht hatte, die ich allerdings aus Rücksicht auf die Familiensituation von Renate nie mir erkämpft hatte. Ich wunderte mich über diesen Traum, jetzt 5 Jahre nach Beendigung unserer Beziehung.

Gestern war meine Gedankenwelt auf politische Vergleiche und negative Seiten der Amerikaner ausgerichtet gewesen. Mit dem Fazit: meine Heimat war Deutschland und besonders Kassel. Renate wohnte auch in Kassel, und ich fühlte mich in ihrer Umgebung immer wohl und heimisch. Sollte das ein Hinweis auf die Wiederbelebung unserer Beziehung sein? Mal schauen! Es war zumindest ein Hinweis darauf, dass ich dieses Gefühl von Heimat und Familie kannte.

Heute fuhr ich noch weniger, ich saß nur 30 km auf dem Sattel, hatte kein Ziel und ging den Gedanken von gestern noch nach. Ich erlebte ähnlich schöne Außenerlebnisse wie Innenerlebnisse.

Außerdem traf ich ein Pärchen, welches den Pazific Crest Trail wanderte. Sie waren im Süden in der Sierra Nevada gestartet, und wollten in einem Monat noch die Grenze zu Kanada erreichen. Ich ließ mein Rad stehen, und wanderte den Nachmittag mit ihnen zusammen. Sie waren in meinem Alter und ganz schön verstaubt. Als ich ihnen das sagte, konterten sie gleich, ich würde auch nicht so aussehen, als wenn ich nur eine schnelle Morgenrunde drehen würde.

Ich schaute an mir herunter und musste den beiden unverzüglich Recht geben. In meiner einzigen Radlerhose waren aufgrund diverser Stürze mehrere Löcher. Mein hellgrünes T-Shirt war durch das ständige Schweißabwischen mittlerweile gescheckt. Dort, wo sich der Schweiß sammelte, gab es Salzränder. Außerdem hatte die Sonne den Rücken und Teile der Frontseite gebleicht. Seit ich Heike verlassen hatte, hatte ich nicht mehr gewaschen, denn in den kalten Nächten trockneten die Shirts so gut wie gar nicht. Ja, mein Gesicht war struppig und der gesamte Körper braungebrannt. So ein Aussehen bekommt man nicht mit einer kurzen Morgenrunde hin. Daran hätten sich selbst die besten Visagisten aus Hollywood die Zähne ausgebissen.

Mir war das egal, und es war nett, ähnlich empfindende Menschen zu treffen, die mit ureigenen Fortbewegungsmitteln unterwegs waren. Sie hatten den vorgestrigen Tag am Crater Lake, dem einzigen Naturschutzgebiet in Oregon verbracht und waren total begeistert. Wir unterhielten uns über die Basics, das hieß: Wasser, Schlafen, Essen und wilde Tiere. Sie hätten in Nevada einen Puma aus der Ferne gesehen und insgesamt 3 Klapperschlangen am Weg umgehen müssen. Ich erzählte von Alaska und Vancouver Island, und es machte so richtig Spaß mit den beiden herumzublödeln und fachzusimpeln. Meiner Sehnsucht nach einer längeren Wanderung würde ich gerne noch mal nachgehen. Ich freute mich schon auf die nächste Höhlenwanderung.

So etwas hatte ich schon des öfteren mit Tomek und weiteren Männern unternommen. Es war jedesmal ein Erlebnis. Wir gingen dann mit 18 - 20 kg schweren Rucksäcken, vollgefüllt mit Lebensmitteln und vor allen Dingen, Wein und Schnaps, 4 oder 5 Tage von Höhle zu Höhle, schliefen dort und kamen völlig verdreckt und nach Lagerfeuer stinkend aber total glücklich und erfüllt in die Zivilisation zurück. Vielleicht können wir das ja noch einmal ausdehnen.

Ich bekam hier umsonst und draußen Ideen für mein weiteres Leben, und es verfestigte sich der Eindruck, dass ich hier in den Staaten nicht überwintern würde. Ob ich den Mut und die Geduld besaß für ein normales Leben mit Frau und Job, wusste ich immer noch nicht. Irgendwie hatte ich in der letzten Woche auch kein einziges Mal an Heike gedacht. Selbst als ich die finanzielle Hilfe benötigte, war sie als potentielle Helferin gar nicht in meinen Gedanken aufgetaucht, wahrscheinlich, weil sie gerade erst mit ihrem Arbeitsleben begann und noch keine Rücklagen aufbauen konnte. Oder war da in meinem Kopf noch irgendein Hintertürchen, welches sich immer noch weigerte, eine stabile Beziehungsarbeit zu leisten und mich daran hinderte, mich 110 %ig in die Beziehung zu ihr zu begeben? Und wenn ich mir Geld von ihr leihen würde, dann wäre ich in einer Abhängigkeitsposition, und das mochte ich gar nicht. Wilde Gedanken, die sich, als ich abends wieder alleine war, in mein Bewußtsein drängten.

Meine Lebensmittel waren aufgebraucht, ich hatte nur noch 3 Maiskolben, die ich in Alufolie wickelte und in das Lagerfeuer warf, welches ich auf Grund des mangelnden Brennstoffes wieder entfacht hatte. Ich befand mich in einer Höhe von 2000 Metern. Es gab keinen Wald mehr. In dieser Höhe hatte ich Schwierigkeiten, genügend Holz zu finden. Als das Feuer so vor sich hin prasselte, musste ich immer wieder an die schöne Gegend hier in Oregon denken, die ich als abwechslungsreich und frisch empfand. Und an das Glück, welches mir immer wieder begegnete und im rechten Augenblick mich vor Mißgeschicken bewahrte. So würde ich auch in der nächsten Zeit wieder genügend zu essen bekommen. Davon war ich fest überzeugt, legte trotzdem für morgen früh einen schon gegarten Maiskolben zur Seite.

In der Nacht träumte ich davon, dass Papa in meinen Armen gestorben war und ich hatte es lange Zeit gar nicht bemerkt, bis mich Mama darauf aufmerksam machte. Mir gruselte und ich bat, dass es nicht wahr sein möge. In der nächsten Telefonzelle würde ich unbedingt anrufen. Auch wenn dann mein Barvermögen gegen Null tendieren würde.

Nach zwei Radelstunden erreichte ich den National Park Crater Lake. Es ging immer wieder bergauf und bergab, die Landschaft wechselte von dem typischen braun hin zu grünen Nadelhölzern. Hier standen noch mehr Schlotreste, und die waren noch wesentlich bizarrer und schmaler als die Stumpen, welche ich beim Vulkan St. Helen gesehen hatte. Der Ausbruch hier war schon 6000 Jahre alt, und so war mehr Verwitterungsgestein sichtbar. Die Bewaldung an den unteren Berghängen war dunkelgrün, kräftig, nährstoffreich und wesentlich üppiger als am Mount St. Helen. Hier am Crater Lake war der Sieger schon eindeutig zu bemerken; es war die Pflanzen- und Tierwelt mit ihrer wiederkehrenden Kraft. Alles Tote wird gewandelt. Es würde nicht mehr lange dauern, dann wären kaum noch Zeugnisse der Eruption zu bemerken.

Man konnte den Berg auf einer geteerten Straße umrunden, und da ich von der Hochebene ein wenig hinunter fuhr, hatte ich schon einen wunderbaren Blick auf seine Umgebung. Die einerseits schroffen und steilen Kraterwände waren bis zu einer Höhe von circa 200 Meter unterhalb des

Kraterrandes kahl, braun, kantig, bizarr und wirkten abweisend. Der untere Teil der Hänge war mit teilweise dichtem Nadelwald bewachsen, der durchlöchert wurde von den zahlreichen nach oben strebenden Pinacles, welche nicht so recht in eine Waldlandschaft hineinpassten. Sie wirkten befremdlich, aber auch beeindruckend. Ich fuhr fasziniert die Straße entlang, hielt häufig, um einen besseren Überblick zu bekommen, ertastete den Lavastein, der zerbrechlich wirkte und es teilweise auch war. Er war nicht so scharfkantig wie der Stein am Mount St. Helen, dafür poröser. Nachdem ich den südlichen Scheitelpunkt umfahren hatte, ging es wieder bergauf, aber nicht steil. Nach einer halben Stunde erreichte ich zum ersten Mal den Kraterrand und war überrascht, dort einen blau schimmernden See zu sehen. Er war so etwas von tief blau und reflektierte diese Farbe in seine Umgebung, dass vieles einen blauen Schimmer der Frische erhielt. Es war der tiefste See Amerikas. Kein Wind kräuselte die Oberfläche, es gab nicht eine Welle. Er war still und ruhte in sich.

Ich wollte auch diese innere Ruhe haben, von daher suchte ich mir eine Stelle, an die wenig Touristen gelangen konnten, setzte mich bequem auf einen Baumstumpf und ließ den See einwirken auf meine Seele, auf meine Stimmung. Ich hatte in den letzten Tagen soviel schöne Natur und nette Begebenheiten erlebt, und war dadurch offener und freier geworden. Gerade das gestrige Wandern mit den beiden Amerikanern war lustig und erfrischend gewesen. Sie hatten viel gelacht und ich auch. Das tat mir gut. Es tat mir gut, über mich zu lachen und meine Missgeschicke auch lustig zu erzählen.

Ron war auch ein sehr lustiger Mensch. In einem unserer Gespräche erwähnte er, dass er beim Umzug in das neue Haus fest der Meinung war, dass er seine geliebte CB-Funkanlage in den Umzugskarton gepackt hatte. Und als er diese auspacken wollte, stellte er fest, sie war gar nicht mehr da. Er konnte sich deren Verlust nicht erklären. Einen Monat später traf er sich zufällig mit seinem Nachbesitzer und dieser offenbare ihm, er fände es klasse, dass Ron ihm die Funkanlage geschenkt hätte. Er hätte einen sehr guten Empfang. Ron zeigte mir seine Antennenanlage. Man konnte sie gar nicht übersehen, denn sie füllte eine Seite seines Zimmers aus. Ron hatte damals ziemlich gelacht.

Ich hätte mich über dieses Missgeschick geärgert, hätte mir tagelang Vorwürfe gemacht. Ich hätte schlechte Laune bekommen. Und ich hatte gestern den Eindruck, dass es mir gut getan hatte, mich selbst auf die Schippe zu nehmen.

Ich hatte mich von ihnen mit einem warmen Händedruck und mit den aufrichtigen Worten „It was really nice to meet you" verabschiedet. Man konnte immer die Sache von mindestens zwei Seiten betrachten, und vielleicht sollte ich in Zukunft die einfachere Seite wählen. Und die war zweifelsohne, die humorvolle und weniger die dramatische. Ich nahm mir hier am Crater Lake vor, mein Leben mehr aus der positiven Sicht zu bewerten und auch mehr von meinen positiven Seiten zu erzählen und die netten Anekdoten über meine Missgeschicke zu verbreiten.

Die Schönheit vom Crater Lake, die Ruhe und Tiefe und der gestrige Kontakt mit den Wanderern beflügelten mich ähnlich wie der Mount St. Helen mich beflügelt hatte, und ich sang weiter radelnd das Lied von Konstantin Wecker: „Genug ist nicht genug, denn alle Lust will Ewigkeit ...!"

Ich wandelte neue Pfade, ging neue Wege, bekam auf ihnen mehr Sicherheit und ich trainierte nicht mehr meinen Körper durch Radeln, sondern auch meine innere Einstellung und überprüfte neue Varianten. Es war wie beim Radeln, eine Umdrehung nach der Anderen, ein Schritt nach dem anderen und an den Kreuzungen und Abzweigungen konnte ich mich lenken lassen von der Umgebung und von meinem Instinkt. Der gestrige Entschluss, mit zu wandern, war auch ein spontaner gewesen, und ich hatte diese Spontaneität nicht bereut. Diese Spontaneität war mein Potential. Das Vertrauen in meine instinktmäßigen Handlungen konnte ich mit einer neuen Einstellung zu meinem Leben verbinden, die da hieß: „Mit Humor geht das Leben leichter und ich habe diese Fähigkeit, über mich zu lachen!"

Wandlungen halt, nicht mehr nur getrieben!

Der Tag endete mit einem berauschenden Sonnenuntergang und gleichzeitigen Sonnenaufgang in meinem Inneren.

Gestern Abend hatte ich meinen letzten Maiskolben gegessen und war heute mit einem Knurren im Magen aufgewacht. Ich kratzte die restliche Marmelade und die letzte Peanutbutter aus den Gläsern, radelte Richtung Mount Thielsen, der mich reizte, weil er ein Berg war, der über 3100 Meter hoch war und den ich gerne als Ersatz für den Denali und den Mount Rainier bestiegen hätte. Ich konnte ihn schon aus der Ferne erkennen, da er aus dem Hochplateau einfach so in die Höhe ragte und solo dastand. Abgesehen von paar Schneeflecken war er braun und kahl, und bis ich seinen Fuß erreichte, wandte ich selten den Blick von ihm ab. Er hatte nichts majestätisches, nichts besonderes. Er wirkte eher wie eine Schutthalde, die der Erdenerschaffer auf der Ebene ausgekippt und dort vergessen hatte.

Es waren keine Menschen dort, keine Autos am Wegesrand, und so konnte ich ziemlich sicher sein, alleine die Wanderung unternehmen zu können. Man konnte die Steigung schlecht einschätzen, aber ein Hinweisschild teilte mir mit, ich wäre auf einer Höhe von 5300 Fuß. So waren es circa 1300 – 1400 Höhenmeter, die ich überwindend musste. In Anbetracht der Tatsache, dass ich wenig gegessen hatte und über keinen Nachschub verfügte, nahm ich mir vor, mich zu bremsen und meinem sonstigen Gewohnheiten zum Trotz nicht hochzustürmen, sondern langsam zu starten.

Wandlungen halt!

Der Trampelpfad führte direkt nach oben ohne ersichtliche Serpentinen, ein Zeichen dafür, dass er nicht sonderlich steil sein würde, sondern gleichmäßiges Besteigen erfordern würde. Nach kurzer Zeit war ich genau in dem gleichen Rhythmus wie beim Radeln: ein Schritt, ein Atemzug, ein Schritt, ein Atemzug, das Herzklopfen meines Motors war laut aber nicht überlaut, meine Muskeln, waren aufgewärmt, aber nicht überhitzt, mein Schweiß rann, aber er strömte nicht. Es waren alles Zeichen dafür, dass ich nicht über meine Grenzen ging und mich nicht zu schnell verausgabte. Nach der ersten Stunde gab es die erste Trinkpause, nach der zweiten Stunde die nächste, nach der dritten Stunde die letzte, und ich war froh immer noch im selben Rhythmus, mit der gleichen Belastung wie am Anfang laufen zu können. Jetzt waren es nur noch 200 Höhenmeter. Mittlerweile lief ich auf einem kleinen Grat. Ich ging im selben Tempo weiter. Es wurde nun ein wenig steiler. Ich verkürze meine Schritte, aber ich blieb trotzdem in meinem Rhythmus. Als ich die Spitze erreichte, nahm ich die Umgebung wahr. Vor mir war eine Abbruchkante, die ich nicht erwartet hatte. Daran konnte ich den Mount Thielsen als Ex-Vulkan erkennen, der in grauer Vorzeit entstanden war und mittlerweile erodierte. Deshalb auch der lose Schottercharakter des Berges. Die Abbruchkante fiel direkt bis auf Plateauhöhe ab.

In der Ferne, im Osten, hatte ich einen Blick auf bewaldete und verschneite Rocky Mountains, in der Nähe war nur die fast graue Umgebung des Ex-Vulkans. Hier hatte sich keine neuen Grünbepflanzungen durchsetzen können.

Es bedurfte anscheinend des Zusammenwirkens mehrerer glücklicher Umstände, um Leben wieder entstehen lassen zu können. Hier war es tot geblieben, hier hatte die Natur für keine Erneuerung gesorgt. Hier war alles öde. Ich war ein wenig enttäuscht über diese Tatsache, nahm mir aber trotzdem die Zeit, eine Stunde auf dem öden, ausgetrockneten Sandhaufen zu verbringen.

Mein Umgang mit Zeit hatte sich in den letzten Tagen gewandelt. Ich war relativ planlos und ziellos durch Oregon geradelt, und hatte mich von Tag zu Tag spontan weitergehangelt. Dadurch hatte ich keinen Zeitdruck, irgendeinen Ort zu irgendeiner Zeit anfahren zu müssen, und konnte da übernachten, wo ich wollte. Diese Freiheit zu haben, tat mir gut. Ich empfand es als unwahrscheinliche Erleichterung, jeden Morgen in neue Abenteuer, in neue Herausforderungen auf zu brechen. Auch die drei Vulkane hatten mir gezeigt, dass ich auf dem richtigen Weg war, mich mehr mit dem was da war, anzufreunden und nicht zu sehr in der Vergangenheit verhaftet zu bleiben. Das Abenteuer der neuen Wege stärkte mich und meine Ausgeglichenheit.

Ich erhielt durch meine Erlebnisse immer öfter die Botschaft, stärkeres Vertrauen in die regelnde Kraft der Natur zu haben. Ich war schließlich schon den fünften Tag fast ohne Geld unterwegs, und ich hatte genügend physische Nahrung und innere Nahrung erhalten. Momentan lief alles gut. Ich blicke mutig in die Zukunft und wollte die Erfahrungen, welche ich in den vergangenen 3 ½ Monaten gemacht hatte, nicht missen. Ich bereute es mittlerweile sehr, dass ich aus Gewichtsgründen bei der Abreise auf den Fotoapparat verzichtet hatte, denn ich war ein bildhafter Mensch. Vielleicht konnte ich ja noch ein paar Postkarten erstehen. Mal schauen.

Und dann war da noch das Erlebnis des Berggehens. Ich hatte zum ersten Mal mich richtig eingeschätzt, so dass ich am Fuß nicht überdreht hatte und trotz wenig Nahrung eine außerordentliche Leistung vollbracht hatte. Ich empfand tierischen Stolz darüber. Und ich nahm Abschied von dem schnellen Erklimmen eines Berges, von dem schnellen

Hochbringen meiner Herzfrequenz, von dem schnell vorbei fahren und dann eine Pause machen. Ich war kein Sprinter, selbst in der Schule und später bei Leistungsmessungen schaffte ich es selten, die 100 Meter unter 13 Sekunden zu sprinten. Ich merkte, dass das gleichmäßige Tempo, die gleichmäßige Belastung, die gleichmäßige Verteilung meiner Tagesleistung wesentlich effizienter waren, um meine Ziele zu erreichen. Und das war wichtig, da ich ja über einen längeren Zeitraum mit Chorea Huntington leben musste, die allmählich sich verschlechterte oder veränderte. Genau darauf wollte ich mich ein wenig einstellen.

Meine Mutter musste 12 Jahre auf ihr Sterben warten. Viele Ärzte und Bekannte hatten ihr Ableben schon Jahre eher prognostiziert. Es war dieses langsame Hineinschleichen in die Krankheitsphase, welche mich bisher immer geängstigt hatte, und ich wollte nicht an den Punkt gelangen, ähnlich wie meine Mutter das Leben nicht mehr als lebenswert zu empfinden und den Punkt der Selbsttötung dann überschritten zu haben.

Ich wollte so bewusst wie möglich in die mich ängstigenden Phasen übergehen und dazu brauchte ich einen langen Atem, Durchhaltevermögen, Kraft und Ausdauer. Ich merkte, dass ich körperlich an allem dazu gewonnen hatte und auch eine psychische Stärkung erfuhr und lernte, alte Sichtweisen zu ändern.

Das war ein beruhigendes Gefühl für den Rückweg, für meine Zukunft, für meine Gegenwart.

Also lief ich den Berg mit viel Elan hinunter, im vollsten Vertrauen, mir könne nichts passieren. Allerdings geriet ich schon kurze Zeit später aus dem Gleichgewicht, stürzte in den Kies und schürfe mir meine rechte Seite. Okay, was war denn das? Das kannte ich ja gar nicht mehr! Ich konnte nicht die Symptome leugnen. Sie waren da, und würden häufiger kommen.

Sei zufrieden, dass dir nichts passiert ist! Und das war ich auch, wusch mit dem Trinkwasser meine Wunden aus und machte mich wieder auf den Weg nach unten.

Obwohl ich jetzt nicht mehr leichtsinnig schnell lief, stürzte ich auch noch auf die andere Seite. So sah ich wenigstens gleichmäßig zerschürft aus. Die eine Seite sollte ja nicht neidisch sein auf die andere und so bekam sie unten auch noch einen Schluck Wasser, Reinigungseinheiten und Streicheleinheiten.

Es war später Nachmittag, ich fuhr die Hauptstraße Richtung Pazifik, wo nach 20 km eine kleine Ortschaft auftauchte, die sogar über einen Einkaufsladen verfügte. Ich probierte mein Glück, ob ich wieder mit Karte zahlen konnte.

Bingo! Es funktionierte. Also trank ich auch noch einen Kaffee und rief Papa an. Er war selbst am Telefon, und ich war sofort beruhigt! Ja, und dann telefonierte ich noch mit Martina, die schon längere Zeit auf meinen Anruf gewartet hatte, sich dann aber dachte, es würde schon einen Grund haben, dass ich mich nicht meldete. Sie hatte noch keinen Job, und von daher verabredeten wir uns für die erste Septemberwoche in Seattle. Sie würde gerne 2 Wochen mit mir die Pazifikküste verunsichern, mehr könnte sie sich finanziell nicht erlauben. Klasse! Das klappte ja alles wie am Schnürchen.

Abends überlege ich, wie es noch weiter gehen könnte. Kalifornien war nicht mehr weit, und es wurde ja von vielen als die schönste Landschaft der Welt bezeichnet. Also warum nicht nach Kalifornien, San Francisco, Los Angeles, Hollywood und so weiter. Ich musste an meinen Hausarzt in Kassel denken, der während seines Anerkennungjahres dort gelebt und gearbeitet hatte, und der mir die Pazifikküste ans Herz gelegt hatte, vor allen Dingen den Highway 101, welcher wunderbare Küstenabschnitte versprechen würde. Außerdem wäre da auch noch der Redwoodnationalpark mit den größten und ältesten Bäumen der Welt. Kai und Susanne, zwei Studienkollegen, machten in St. Louis Obispo ein halbjähriges Praktikum, und in L.A. wohnte die Schwester von Aneta, meiner Lieblingskollegin aus meinen IB-Zeiten, und sie würden mich mit Sicherheit bei sich übernachten lassen. Von daher gab es viele Anlaufpunkte, viele Möglichkeiten. Das nächste und attraktivste Ziel wäre nun erst einmal, die Küste zu erreichen und den Highway 101 zu finden.

Am nächsten Tag war Roseburg mein Ziel, eine Kleinstadt, direkt an der Küste gelegen, ca. 140 km entfernt, aber da es heute nur bergab ging, war ich zuversichtlich, heute noch in ihre Nähe zu gelangen. Die wenig befahrene Straße folgte einem Bachlauf, der langsam floss. Daher war das Gefälle nicht zu steil. Ich fuhr also zuerst gemächlich, bis ich irgendwann feststellte, dass es immer weiter bergab ging und das Gefälle überhaupt kein Ende mehr zu nehmen schien. Nebenher immer wieder der vor sich hin gluckernde Bach, die zunehmende Bewaldung und irgendwann der Übergang ins Farmland, welches durch seine gold-gelben Weizenfelder im Kontrast zu grünen Wäldern und Obstplan-tagen stand. Wow! Es war so schön und abwechslungsreich hier in Ore-gon. Konnte Kalifornien noch schöner sein? Ich konnte es mir nicht vorstellen. Nach 125 km Radeln hatte der Tag ein Ende. Seit 50 km blies mir der Küstenwind kräftig ins Gesicht, so dass ich Roseburg heute nicht mehr erreichen konnte. Trotzdem war ich zufrieden. Ich war zum ersten Mal mit einer durchschnittlichen Geschwindigkeit von 25 km/h geradelt und nun an meiner körperlichen Grenze.

Um vor Roseburg noch einen Schlafplatz zu finden, schlug ich mich auf einen Feldweg und traf nach wenigen Metern auf eine Farm, welche in einem netten kleinen Tal sehr romantisch gelegen war. Ich wollte dort am liebsten übernachten, und ging deshalb zum Farmhaus, um nach-zufragen. Walt und Tracy waren ein älteres Ehepaar mit groben Händen, denen man ihre harte, lange Jahre andauernde Farmarbeit ansah. Sie gaben mir ihren besten Campplatz, schenkten mir reichlich Obst, Brot Gemüse, Wasser, Milch, und Tracy wollte mir einen Burger zubereiten. Ich lehnte dankend ab, nahm aber ihre sonstigen Gaben liebend gerne an. Sie erzählten, dass Walts Urgroßvater aus Deutschland stammte und mit der Pionierwelle in den 90igern des vorletzten Jahrhunderts nach Oregon gekommen war und diese Farm aufgebaut hatte. Ja er erzählte stolz von ihm, was für ein tüchtiger Mann er gewesen war.

Ob sie einmal nach Deutschland wollten, frage ich noch, aber sie ver-neinten, denn sie als Farmer könnten nicht in den Urlaub fahren. Ihre Söhne würden in der Stadt arbeiten, das hieß, sie hatten kein Interesse an Landwirtschaft, und dieser Bauernhof würde über kurz oder lang verfallen und dem Erboden gleich gemacht werden. Ich fand es richtig schade um Walt und Tracy, die ihr Herz auf dem richtigen Platz hatten. Bodenständig, halt!

Am nächsten Morgen brachten sie mir Kaffee hinaus, bauten einen Campingtisch auf und stellten Brot und Eier hinzu. Sie ließen mich mit der Mahlzeit alleine, sie müssten noch raus aufs Feld, und verab-schiedeten sich von mir. Ich könnte das Geschirr einfach stehen lassen. So unkompliziert konnten Menschen sein, so unkompliziert konnten Kon-takte sein. Ich genoss diese Leichtigkeit.

Ich fuhr durch Roseburg und überquerte die Interstate 5. Sie war hier dreispurig und lärmend, und ich freute mich, dass ich mich überwiegend auf leisen Strassen bewegen konnte. Vielleicht erreichte ich gegen Abend die Küste. Es müsste möglich sein.

Mit dem stärkenden Frühstück und der Motivation, heute noch ein Bad im Pazifik nehmen zu können, radelte ich, mit der Sonne im Rükken, weiter. Am späten Nachmittag erreichte ich Cocqueil, wo ich zum ersten Mal den Ausblick aufs Meer geniessen konnte. Da ich immer noch 300 Meter über dem Meeresspiegel war, ging es eine Stunde lang nur noch bergab nach Bandon, welches mich mit warmer frischer Luft begrüßte, einem Strand und einem ersten Bad im Meer. Ziel erreicht! Ähnlich mussten damals auch die Siedler empfunden haben, als sie nach langem Weg und unendlichen Strapazen das Meer sahen und sie am Ziel ihrer Träume waren. So erging es auch mir. Ich wandte mich in Richtung Süden, schlug mein Zelt direkt am Strand auf, ließ die Sonne im Meer untergehen und fühlte mich glücklich und zufrieden.

Auch am nächsten Morgen sprang ich erst einmal ins Meer, frühstückte, und radelte anschließend weiter auf dem Highway 101, der in vielen Filmen eine Rolle spielte, z.B. in „Die Vögel" von Hitchcock oder in Verfilmungen mit Cary Grant. Meist führte er direkt an der Küste entlang, war deshalb sehr kurvenreich und mäanderte ständig auf und ab. Er hatte dem ersten Anschein nach einen unwahrscheinlichen Klippencharakter, und häufig brachen die Wellen direkt an der Steilküste, die dadurch bizarr wirkte. Die Bucht mit Sandstrand in Bandon war eher die Ausnahme. Trotzdem sollte ich immer wieder wunderbare Strände erleben, die abends menschenleer waren. Ich staunte den ganzen Tag über diesen herrlichen Küstenabschnitt, der sich meist wild und unberechenbar darstellte.

Für mich war er der Inbegriff von Romantik.

Südlich von Gold Beach fand ich wieder einen herrlichen Schlafplatz. Heute begegnete ich endlich mal wieder einem anderen Fahrradfahrer, und wir winkten uns freudig zu. Es gab noch andere Tourenradler, andere, welche ähnlich locker und leicht durchs Leben gingen wie ich. Das erfreute und bestärkte mich.

All das was ich momentan anpackte, machte ich richtig.

Aufgrund der starken Brandung war ich gestern nicht im Meer gewesen, nutzte aber heute Morgen die Ebbe, welche den Einstieg wesentlich erleichterte.

Gegen Mittag erreichte ich südlich von Brookings Kalifornien. Leider war die Straße stark befahren, so dass ich keine Pause einlegte, sondern es vorzog, dem Verkehr zu entkommen. Schon am frühen Abend, hatte ich dann meine ruhige 101 wieder für mich alleine, und genoss es immer mehr zu radeln, in meinem Tempo, in meinem Rhythmus, der mir so an Herz gewachsen war. Ich achtete darauf, dass ich in der Ebene nicht schneller als 20 - 21 km/h fuhr. So hatte ich für die vielen kleinen Hügel und Berge noch genügend Puste. Ich erinnerte mich an meine ersten Berge vor 4 Monaten, und wie leicht es mir mittlerweile fiel, einen Berg einzuschätzen und ihn nicht zu schnell an zu gehen. Ich fuhr wesentlich geduldiger und runder und nicht mehr im Hau-Ruck-Verfahren.

Die Küste blieb ähnlich schön und abwechslungsreich, und ich hatte auch keine Schwierigkeiten, an Proviant zu kommen oder eine Schlafstelle am Meer zu finden. Die Wellengeräusche waren ein wundervolles Einschlafmittel, und ich wachte entspannt auf. Bisher hatte ich mir nie Gedanken um Sicherheit in Puncto Diebstahl gemacht. Ich würde in absehbarer Zeit auch in größeren Städten übernachten müssen, und vielleicht sollte ich mein Sicherheitsdenken noch einmal überprüfen. Ein Schloss wog fast ein Kilogramm und das war 1 kg zuviel. Da ich den ganzen Ballast aus Alaska Tomek übergeben hatte und ich mich mit dem Treckingrad light anfreundete, wollte ich es weiterhin so locker und leicht behalten. Außerdem war sicheres Abschließen nur mit großen Aufwand zu erreichen, den ich gar nicht betreiben konnte. Am leichtesten wäre der Diebstahl der Taschen, aber bisher hatte ich immer der abschreckenden Wirkung von alt und rostig, wenig wert und schwer ziemlich erfolgreich vertraut. Aber wie wäre es, wenn jemand, z.B. des nachts, wenn ich wegen der Brandung absolut nichts hören würde, sich an meine komplette Ausrüstung heranmachen würde? Bisher hatte ich nur Wertsachen mit ins Zelt genommen und einen Großteil des Gepäcks einfach auf dem Rad gelassen. Mein Rad wog immer noch über 40 kg. Und das konnten die meisten nicht so ohne weiteres aus dem Sand entwenden. Da war ich mir ziemlich sicher. Also schlief ich auch die nächste Nacht gut und erholsam.

Die Tage wurden gegen Mittag unwahrscheinlich heiß, und ich radelte gerne in der Frühe los. Dann war ich meistens allein unterwegs. Ich nahm die Stimmung auf und freute mich riesig, nicht in irgendein Großraumbüro zu müssen oder mich mit Jugendlichen in Kassel herum zu ärgern. Ich musste auch nicht mein Kind in den Kindergarten bringen oder meiner Frau das Frühstück zubereiten. Auch darüber freute ich mich jeden Morgen, wenn ich alleine als Radfahrer unterwegs war und ich nur ab und zu einem Auto begegnete.

Heute war es anders. Als ich auf den Highway 101 Richtung Süden einbog, sah ich an der nächsten Kuppe gerade noch einen anderen Tourenradfahrer verschwinden. Es war gegen 08.00. So etwas war mir noch nie passiert. Ich versuchte ihn einzuholen. Vielleicht war er ja nett. Ich hatte Lust auf lockere Gesellschaft. Ich kam ihm zwar näher, aber ich holte ihn nicht ein. Erst als er die nächste Pause machte, erreichte ich ihn. Er war total überrascht, da auch er mit keinem anderen Radler gerechnet hatte. Wir kamen ins Schwatzen, und da er mir sehr sympathisch war und anscheinend mein Tempo fuhr, beschlossen wir, gemeinsam zu radeln. Er hieß Marc, stammte aus Toronto und war im Frühjahr gestartet, um die Panamerica bis nach Feuerland zu fahren.

Panamerica, wie schön das klang. Panamerica verhieß Abenteuer pur, versprach schöne Gegenden, herausragende Natur, wundervolle Landschaften, interessante Städte. Panamerica klang schon vom Wort her warm und wunderbar. Panamerica führte durch etliche Länder, versprach nette Menschen, versprach heiße, schwitzende Tage, versprach viel Sonne, Sonne bis zum Abwinken, spanische Mentalität, aufregende Durchquerungen unbekannter Landstriche, versprach auch die behördlichen Schwierigkeiten, von einem diktatorischen Land in das Nachbarland zu gelangen. Panamerica versprach Armut und Reichtum, Hitze, Sand und Sonne, genauso wie Kälte, Durst und Entbehrung.

Panamerica versprach Romantik.

All das kam mir in den Sinn, als Marc dieses magische Wort aussprach. Mein Lieblingskontinent während meines Erdkundeunterrichts war zweifelsohne Südamerika. Ich war fasziniert von den Anden, vor allem von den dort lebenden Indios, von den Regenwäldern im Norden und in Brasilien, war fasziniert von den Megastädten Mexico City, Rio de Janeiro, Sao Paulo und Lima.

Bernd fiel mir ein. Ich hatte mir als Polizeibeamter in Kassel eine Arbeitsstelle mit ihm geteilt. Da er als Sicherheitschef der Lufthansa für ein Jahr in Lima gearbeitet hatte, übernahm ich seine Aufgaben in Kassel, wenn er mal wieder in Südamerika war. Bernd hatte von dort die Idee mitgebracht, Kaffee von kleinen Kooperativen in Deutschland zu vermarkten. Wir beide starteten mit einer Tonne Kaffee, ließen sie in Bremen rösten und verkauften den Kaffee zu einem fairen Preis, das hieß 8,50 DM pro Pfund. Der Geschmack war eher bitter, stark und kräftig. Leider war das nicht jedermann Geschmack, so dass wir Schwierigkeiten hatten, die Probetonne zu verkaufen. Außerdem fiel der Kaffeepreis von Tschibo und Eduscho auf unter 7,- DM und das waren Preise, mit denen wir nicht konkurrieren konnten. Es war ganz gut, dass wir unsere Jobs hatten und nicht auf das Geld angewiesen waren. Wir verkauften nur 600 kg, den Rest mussten wir vor Ablauf des Mindesthaltbarkeitsdatums verschenken. Es wurde mir klar, dass fair gehandelte Produkte damals äußerst schlecht an den Kunden zu bringen waren und dass ich absolut kein Geschäftsmann war. Ich fand das nicht so schlimm, da ich kurz vor dem Abschluss meines Abiturs stand und mich schon auf Studienplätze in den Fachbereichen Landschaftsplanung und Sozialwesen beworben hatte. Dort sah ich eher meine berufliche Zukunft.

Aber mein Interesse an Südamerika war geweckt, und nun, da Marc von der Panamerica erzählte, hing ich mit meinen Gedanken wieder in dem Kontinent meiner Träume, Südamerika! Okay, ich spürte die Sehnsucht nach der Ferne, den Reiz von anderen Kulturen, vor allem denen der indigenen Völker. Ich hatte Interesse an ihnen, weil ich über Bilder und Vorträge mir ein romantisches Bild gemacht hatte. Aber das hatte ich ja auch von den Indianern hier in den Vereinigten Staaten gehabt, und musste mir dennoch eingestehen, dass zwischen meinen Bildern, meinen Vorstellungen, meinen Träumen und der Realität ein riesiger Unterschied bestand. Ich war ein Romantiker. Die Realität sah anders aus. Aber die Romantik war wesentlich leichter zu leben als die Gegenwart. Auch, wenn ich es mir selbst selten eingestand.

Trotz all dem, die Panamerica reizte mich, wie alles andere extreme, herausfordernde und ferne. Ich schwelgte gerne in Träumen. Gut, dass ich mich vor ein paar Tagen mit Martina in Seattle verabredet hatte, denn so brauchte ich mir keine weiteren Gedanken mehr machen. Ich war ein gewissenhafter Mensch, der seine Verabredungen einhielt.

Wir hatten uns viel zu erzählen, und so verging der weitere Tag wie im Flug. Marc wollte gerne auf einem Campingplatz übernachten, und da ich auch schon 10 Tage keine Dusche mehr von innen gesehen hatte, willigte ich ein. Ich war finanziell wieder flüssig und konnte mir eine Dusche leisten. Hier auf dem Campingplatz trafen wir noch andere Radler, die alle auf den Weg in den Süden waren, meistens mit Ziel San Francisco! Es war eine lebhafte Gesellschaft.

Wir saßen Bier trinkend am Lagerfeuer, und jeder erzählte ein paar Reisestorys. Ich gab meine Anekdote von den gewehrliebenden Amerikanern, welche sich gleich immer bedroht fühlen, zum Besten. Ich führte die Geschichte weiter aus und mokierte mich darüber, dass die Amerikaner sich durch den Kommunismus gefährdet sahen. Ich musste allerdings feststellen, dass ich mit der Pointe entweder falsch lag, oder aber irgendeinen Übersetzungsfehler gemacht hatte, denn eine junge Frau aus Nebraska fragte empört, ob ich denn in Ostdeutschland aufgewachsen wäre. Die Roten, damit meinte sie die Kommunisten allesamt und insbesondere die Russen, würden die Amerikaner mit ihren Raketen bedrohen. Außerdem wäre Amerika ein wildes Land und hätte viele wilde Tiere, und es würden auch in ländlichen Gegenden immer mehr Menschen bedroht. Man könne sich nur mit Waffen dagegen wehren. Punktum. Es war keine weitere Diskussion möglich!

Ich fühlte mich ein klein wenig als Spielverderber in der lustigen Runde und machte mich deshalb auf in mein Zelt.

Marc war früh wach, und so konnten wir alsbald in den neuen Tag starten. Er war von Beruf Koch in einem renommierten Hotel, fand es irgendwann öde, immer im Bratendunst zu stehen und wollte, bevor er sich einen neuen Job suchte, die große weite Welt erkunden. Seine Reise finanzierte er über Artikel in diversen Sportmagazinen oder Abenteuerzeitschriften. Deswegen würde er die Abende oder einen ganzen Tag pro Woche für das Niederschreiben seiner Texte benötigen. Ich konnte mir ihn überhaupt nicht als Schreiberling vorstellen, denn er war von knorriger Statur und sein ganzes Wesen deutete eher auf 10 Jahre Zwangsmatrose auf irgendeinem Segler hin.

Mir fiel ein, ich müsste unbedingt die nächste Gelegenheit für den Kauf eines Flugtickets nutzen. Bisher verfügte keine der Ortschaften, die wir durchquerten, über ein Reisebüro. Theoretisch könnte ich Seattle innerhalb der zwei Wochen auch noch mit dem Rad erreichen, aber ich hatte mittlerweile dermaßen viel Lust auf San Francisco bekommen, denn wirklich niemand beklagte sich über diese Stadt, sondern alle posaunten ihre Liebe zu San Fra (so kürzten viele Amerikaner den Namen der Stadt ab) mit theatralischem Gehabe hinaus: „beautyfull, nicest city of the world" und weitere Steigerungen der Superlative. Von dort würde ich bestimmt einen Flieger nach Seattle bekommen.

Teilweise verließ der Highway 101 nun die Küste, wand sich ins Landesinnere und wurde von riesigen Bäumen umsäumt. Wir befanden uns von einem Moment zum anderen im Redwood National Park und bestaunten die Giganten, welche bis zu 100 Meter in die Höhe ragten und teilweise 1000 Jahre alt waren. Im Vergleich dazu waren die Fichten mit ihren 40 Meter Länge Liliputaner! Mir wurde klar, dass ich hier unbedingt noch einmal wandern wollte, und so baute ich abends bei Elk Prairie mein Lager auf. Marc schlief auch hier, er wollte allerdings am nächsten Tag weiter Richtung Süden, Richtung Südamerika, Richtung Panamerica. Der erste überwältigende Eindruck von den Bäumen hier ließ mich dem morgigen Abschied leichter entgegensehen.

Ich hatte kein schlechtes Gewissen, meinem Traum Panamerica nicht weiter zu verfolgen, sondern freute mich auf den bevorstehenden Wandertag.

Wir verabschiedeten uns mit einer Umarmung, wünschten uns gegenseitig alles Gute und so wenig Speichenbrüche und Plattfüße wie möglich! Das Miteinander war sehr angenehm und unkompliziert. Ich hinterließ ihm noch meine Adresse. Falls er es mal zu einem Buch über seine Erlebnisse auf der Straße nach Süden bringen sollte, sollte er mir doch ein Exemplar davon schicken. Leider habe ich die vergangenen 10 Jahre nichts von ihm gehört. Schade!

Die Nacht war kühl und heute war es bedeckt. Ich freute mich darüber. Die besten Voraussetzungen für meine Wanderung in den Wald. Ich mochte keine warme schwüle Luft, und hatte schon gestern das ganz eigene Klima des Regenwaldes gefühlt und die enorme Luftfeuchtigkeit hatte sich auf meine Bronchien gelegt.

Von Elk Prairie aus konnte ich eigentlich in alle Richtungen gehen, aber es zog mich erst einmal zurück Richtung Norden und eine Stunde später Richtung Küste. Ich überquerte erst einen kleinen Bachlauf, der langsam dahin plätscherte modrig braun schimmerte und nach verfaulten Bäumen roch. Es ist ein dumpfer Duft, der sich über alle anderen

Gerüche legte. Ich mochte ihn überhaupt nicht. Ich hatte mir die pure Natur angenehm riechend vorgestellt, aber sie war nicht immer so, wie ich sie haben wollte. Das erinnerte mich an meine Realitätsferne, welche ich Tagträumer manchmal hatte. Naja! Ich blieb trotzdem in der Nähe des Baches, weil ich lautes Quaken vernahm und vielleicht ein paar Frösche entdecken konnte. Und in der Bachnähe entdeckte ich Farne, welche sich äußerst prächtig und in schimmerndem grün präsentierten. Sie waren höher als ich und hatten einzeln stehend einen Durchmesser von 3 Metern.

Ich fühlte mich wie in einer anderen Welt, in einer anderen Zeit. Ich war ein Kleinkind, welches sich zum ersten Mal in den gigantischen Wald hineintraute. Neugierig und mit staunenden Augen nahm ich diesen Bewuchs wahr, betastete ihn ungläubig, spürte die zarten Häärchen auf den Blättern, spürte die Spinnweben. Manchmal empfand ich Ekel bei diesen Berührungen. Ich tauchte weiterhin durch die Farne, stolperte manchmal über vermoderte Bäume und Äste, die so vermost waren, dass ich sie gar nicht mit meinen Augen erkennen konnte. Andere wiederum zerfielen, als ich meinen Fuß auf sie setzte, in einzelne Stücke und hinterließen rötlichen Staub, welcher noch mehr stank. Ich versuchte, von da an rücksichtsvoll für meine Nase zu gehen und nicht mehr auf morsche Äste zu treten. Das gelang leider nicht immer!

Ja, und da standen Tausende von diesen alten imposanten Redwoods herum! Sie zu beschreiben fällt mir nicht leicht. Sie waren unbeschreiblich! Mir fehlen die passenden Superlative. Ich empfand sie nicht als schön und ich war auch nicht in der Lage, sie mit anderen Bäumen zu vergleichen. Sie beeindruckten mich durch ihr Dasein, sie beeindruckten mich durch ihr immer-noch-da-sein, sie beeindruckten mich durch ihre Vielfalt an Erscheinungen, sie beeindruckten mich durch ihre Masse, sie beeindruckten mich durch ihre Unterschiedlichkeit, sie beeindruckten mich durch ihre Geschichte.

Sie beeindruckten mich durch ihre Unsterblichkeit!

Bäume, welche 1000 Jahre alt waren und tausende von Stürmen, hunderte von Orkanen, hunderte von Waldbränden fast schadlos überstanden hatten, waren für mich unsterblich. Aber es war nicht nur mein angelesenes Wissen über sie, welches sie so beeindruckend wirken ließ, sondern es war meine erfühlte Achtung davor, dass sie dort standen und sie standen wie ein Fels in der Brandung. Massiv! Sie trotzten den natürlichen Umständen.

Der Trotz war ihre Lebensader und ihre Stärke und erinnerte mich an das dramatische Ende des John Maynard im Gedicht von Theodor Fontane:

"Hier ruht John Maynard! In Qualm und Brand,
hielt er das Steuer fest in der Hand,
er hat uns gerettet, er trägt die Kron,
er starb für uns, unsre Liebe sein Lohn.
John Maynard."

Nur, das die Bäume immer noch standen und ihre Aufgabe, welche auch immer das sein mochte, täglich weiter erfüllten.

Und eine Aufgabe wurde mir immer deutlicher bewusst, wenn ich ihre Äste betrachtete. Gerade die unteren, waagerecht ausladenden Äste von dreißig, vierzig Metern Länge, die selbst so dick waren wie der Stamm der Deutschen Eiche, waren Träger von schmarotzenden Pflanzen wie den Hemlock Fichten, welche sich vor 80 Jahren auf ihren Ästen als Samen eingepflanzt hatten und nun zu stattlichen 25 Meter hohen Bäumen gewachsen waren und jeden Tag die Nährkraft aus dem Redwood zogen. Auch andere Büsche, Laubbäume und Gräser wuchsen auf den undurchdringlich erscheinenden Ästen. Es war eine kleine Welt geboren. Diese Welt war nicht mehr zu trennen von der anderen. Sie waren eine Symbiose eingegangen und profitierten voneinander! Diese ganz eigene Welt fand ich phantastisch, dieses Eingehen aufeinander, dieses Leben miteinander und eventuell dieses Sterben miteinander. Der Redwood war nicht nur ein Baum alleine. Er war in Beziehung getreten zu anderen Lebewesen, und er lebte noch. Ganz im Gegensatz zu einem Stein, den ich nicht als Lebewesen empfand. Zwar beheimatete er auch nach Jahren Moose und Kleinstlebewesen und bot auch Grundlage für Wachstum. Aber er war tot. Und dieser majestätische Baum eben nicht!

Ich dachte über mich, dachte über mein Beziehungsleben nach. Ich legte sehr viel wert auf Autonomie und versuchte, einengende Kontakte und Beziehungen zu vermeiden. Fühlte mich dadurch stark und kam sehr gut klar in Situationen, in denen andere sich einsam und hilflos fühlten. Heike und Angelika als Partnerinnen waren in gewisser Weise stärkend für mich, aber sobald ich nur ein kleines Anzeichen von Fesselung oder Bindung empfand, fühlte ich mich bedroht und schützte mich durch Rückzug, durch Flucht. Zu häufig hatte ich die Bindungen in meiner Familie verflucht, denn ich war überfordert, meine kranke Mutter zu versorgen.

Ich war hilflos den kleinen und großen Dramen gegenüber, die sich aufgrund ihrer Behinderung ergaben.

Ich war hilflos gegenüber den bevorstehenden Entwicklungen.

Ich war hilflos, wenn mein Vater aufgrund der Überlastung Alkohol trank und dann ausfällig wurde, und überhaupt keine Stärke von ihm ausging. Auch er war hilflos. Und auch die anderen Familienparteien hatten keine Lösungen, keine Rezepte parat.

Ich begriff erst jetzt, dass ich in einer hilflosen Familie aufgewachsen war, welche allerdings das Modell Kleinfamilie als das einzig wahre propagierte und so überfrachtete. Das Modell war gescheitert, aber keiner wollte wahrhaben, dass es gescheitert war. Keiner wollte zugeben, dass die bisher begangenen Lebenswege die falschen waren. Keiner wollte umkehren, wahrscheinlich, weil jeder dann für sich selbst die Verantwortung hätte übernehmen müssen. Dazu war ich nicht im Stande, und deshalb verließ ich das sinkende Schiff schon rechtzeitig. Deswegen hatte ich ein schlechtes Gewissen.

Nein, ich war nicht John Maynard. Ich hatte nicht diese Kraft, nicht diese Ausdauer, nicht diesen Trotz, den Ungebilden des Familiensturmes zu widerstehen. Ich sprang als erster vom Boot. Meine Brüder folgten, meine Omas nahmen den Umweg über ihr Ableben, mein Patenonkel flüchtete sich in die Arbeit. Nur mein Vater und Tante Karola überlebten auf dem Familienschiff.

Ja, dadurch, dass ich Flucht als Hilfsmittel für meine Gesundung empfand, setzte ich sie immer häufiger ein. Das schlechte Gewissen, Papa und Karola alleine zu lassen, war mit der Zeit verlorengegangen. Ich hatte mir eine dicke Haut zugelegt, welche mit der des Redwood konkurrieren könnte. Und das war wichtig für mich gewesen. Die Fluchtmöglichkeiten waren die Basis für innere Heilung und Stärkung. Dieses unteilbare Wesen Rainer war mir heilig geworden.

Nun entdeckte ich hier die Wichtigkeit, Beziehungen einzugehen. Sah hier als Vorbild die ältesten Bäume, die stärksten Beziehungswesen, welchen ich je begegnet war. Ich war tragfähige Bindungen bisher nicht eingegangen und die, welche es zweifelsohne gab, bewertete ich als „Nicht so wichtig." Zumindest nicht so wichtig wie meine Autonomiebestrebungen.

Ich verleugnete die Notwendigkeit, Beziehungen zu haben. Das war doch krankhaft. Der Mensch war, genau wie der Redwood, ein komplexes Geflecht aus Lebensader und auf Zusammenleben ausgerichtet. Menschen waren befreundet.

Ich empfand jetzt im Moment eine starke Rührung, einen ganz tollen Freund in Tomek zu haben, der mit seiner Klarheit, seiner Empathie und Stärke mich häufig stützte.

Ich empfand dieselbe Rührung bei Angelika, welche mit ihrer sanften Stärke und ihrem duldendem Charakter mir Freiraum gegeben hatte, empfand die Rührung auch bei Heike, welche mit ihrer jugendlichen Naivität es immer wieder schaffte, mit mir zu kokettieren. Empfand Dankbarkeit gegenüber meinen Arbeitskollegen, die mir Freiraum gaben und mich mit meinen Sonderlichkeiten trugen. Gegenüber meinen Brüdern, die sich manchmal in ihrer Hilflosigkeit an mich wandten und mich dadurch als Autorität würdigten. Gegenüber allen Bekannten und Freunden, welche mir immer wieder ein oder beide Ohren für meine Sorgen liehen.

Ich setzte mich an den Fuß eines Baumes, spürte die stärkende Rinde und ließ mich in meine Erinnerungen hineinfallen. Die Tränen kamen und versickerten schon bald im fruchtbarem Boden. Sie nährten andere! Ich begriff mich als Teil einer großen Gemeinschaft, die trug und verband.

Es waren nicht nur meine Tränen, meine Geschichte, die ich als Gegenleistung für andere gab, sondern da war die tiefe Liebe zueinander. Auch die diversen egobezogenen Interessen, der andere Teil des Beziehungsgeflechtes. Die waren auch da, und es war nicht schlimm, da sie ja auch Nahrung waren. Jeder gab und jeder nahm.

Und da war noch etwas, was mich hier am Fuße des Redwoods verweilen ließ. Ich fühlte mich geschützt. Geschützt durch das dichte, undurchdringbare Blattwerk. Kein Sonnenstrahl erreichte mich, kein Wind der mir ins Gesicht blies, kein Regentropfen, der im Falle eines Schauers mich benässen würde.

Und dieses Empfinden von mütterlicher Geborgenheit ließ mich träge fühlen. Ich brauchte nicht aktiv zu sein. Ich brauchte nicht der Sonne hinterherradeln. Ich brauchte keine Ortsveränderung. Ich brauchte keine Motivation für den weiteren Tag. Ich konnte ihn einfach ausklingen lassen, ohne den Druck des Weitermüssens.

Ähnlich wie am Trout-Lake, fühlte ich mich hier zu Hause und konnte mir vorstellen, hier zu wohnen. Solange ich meinen Verstand ausgeschaltet ließ und nur meinen Gefühlen tief in mir lauschte und nachging, fühlte ich mich pudelwohl, wie als Kind im Wald meines Dorfes, in dem ich viel gespielt hatte. Damals vergaß ich in den Laubwäldern immer Zeit und Raum, was des Öfteren zu Vorhaltungen von meinen Eltern führte. Darüber hinaus war der Wald aber nie nur Versteck vor den kontrollierenden Blicken der Erwachsenen, nein er bildete auch Raum für neugierige Erkundungen der Pflanzen und Tiere. Wie häufig war ich im Angesicht von Rehen oder Hirschen, Hasen oder Füchsen, erschrocken, und hoffte doch, ihnen noch ein wenig näher zu kommen. Es war das kindliche Spiel im Umgang mit der mir unbekannten Natur, und auch hieran fühle ich mich erinnert. Wahrscheinlich war es die Größe der Bäume. Ich hatte nie Angst im Wald bekommen. Hatte mich meistens wohl und aufgehoben gefühlt.

Und nun war das Gefühl wieder da, dieses Geborgensein im Laubwald. Heimat meiner Kindheit! Schön!

Zwei Stunden später stromerte ich los, wandte mich weiter Richtung Pazifik und war neugierig auf das Zusammentreffen von Meer und Wald. Wollte die Grenze sehen und erfühlen. Damals, im Wald meiner Kindheit, war der Übergang fließend. Ich musste erst eine Wiese überqueren, dann ein leichtes Dickicht, aber dann war ich schon im bezaubernden Laubwald, der gerade zum Herbst hin mich in Bann zog. Wenn man mich suchte, konnte ich selbst die Sucher sehen, verhielt mich aber still und nutzte die Baumschatten, um nicht bemerkt zu werden. Ich fühlte mich in diesem Spiel immer als Sieger und antwortete auf die Fragen, wo ich denn gewesen sei, meist mit: „natürlich im Wald."

Warum bist du nicht heimgekommen, beantwortete ich mit: „Ich habe die Zeit vergessen".

Die Grenze zwischen Wiese und Wald hatte ich zu meinem Vorteil ausgenutzt. Deswegen mochte ich Übergänge. Ich fühlte mich stark, unbeobachtet und unverletzlich.

Auch beim Radeln waren die Übergänge - von der Ebene hinein in die Steigung oder über die Bergkuppe hinweg in die Abfahrt - die Belohnung für das langweilige Strampeln in der Ebene. Meine Lieblingsjahreszeiten waren Frühling und Herbst. Der eine versprach in zarten Tönen den Sommer und der andere mit prächtigen Farben den Winter. Es war die Andeutung von dem Vollkommenen, welches mich außerordentlich befriedigte. Es war die Andeutung von einer Wandlung. Es war die Hoffnung auf Änderung. Es war der Beginn eines neuen Prozesses, welchen ich schon immer erlebt und geliebt hatte.

Es kam etwas Neues! Auch für mich kam mit dem Beginn von Chorea Huntington etwas Neues. Wenn ich sie ganz losgelöst von meinen Erfahrungen mit meiner Mutter betrachtete, war sie auch ein Übergang. Übergang zu andern körperlichen Erscheinungen. Übergang zu veränderten psychischen Verhaltensweisen, Übergang zu anderen Lebensformen, Übergang zu anderen Umgangsformen. Übergang zu anderen Denkstrukturen. Übergang zu neuen Arbeitsbedingungen und einem anderen Arbeitsfeld.

Übergänge halt! Wandlungen!

Ich hörte das Meer wesentlich früher, als ich es sehen konnte. So war ich überrascht, als sich der Canyon, in dem ich zum Schluss lief, sich öffnete und weitete und die Brandung des Meeres gegen einen kleinen Sandstrand preschte. Der Bach im Canyon war derselbe, welcher mich schon zu Beginn begleitet hatte. Teilweise war er verschwunden, nun war er wieder da und ergoss seine Tropfen mit letzter Kraft ins Meer. Die anlandenden Wellen schubsten ihn zurück, bis er sich mit den riesigen Wassermengen vereinte. Er war Teil vom Ganzen geworden!

Ich war drauf und dran, mich auch als Teil des Ganzen zu sehen, fühlte mich vereint mit den Menschen in meinem Leben, mit meinem Beziehungsumfeld und gestärkt in Bezug auf die Zukunft!

Der Weg zurück zum Zeltplatz war, obwohl ich genau dieselbe Strecke wählte, ein anderer als der Hinweg. Ich fühle mich gestärkt durch die Erlebnisse, durch die Empfindungen, durch meine sich ändernde Einstellung und Gedankenwelt!

Endlich verließ ich die trostlose Ebene. Es ging wieder bergauf. Zurück zur Heimat! Zurück zu mir! Zurück zu meinem neuen Leben! Zurück in die neue Zukunft! Wie auch immer sie aussehen mochte. Ich spürte soviel Vertrauen dadurch, das ich war, der ich war. Ein sich wandelnder Mensch! Und für die Zukunft nahm ich mir vor, nicht mehr von der Krankheit Huntington zu sprechen, sondern sie als Änderungsprozeß in meinem Leben zu bezeichnen. Es war Herbst, der da nun kam! Und das war, zusammen mit dem Frühling, ja meine Lieblingsjahreszeit!

Die Nacht auf dem Campingplatz direkt unter den Redwoods war ausgesprochen erholsam. Am nächsten Morgen radelte ich durch weitere imposante Abschnitte dieses so wundervollen Naturparks. Am frühen Nachmittag erreichte ich Eureka, welches über einen netten Hafen verfügte. Dort sah ich zum ersten Mal Pelikane, wie sie mit ihren riesigen, geöffneten Schnäbeln Flugzeugen, welche zu einer Bruchlandung ansetzen, glichen und Fische aus dem Wasser filterten. Sie sahen aus wie Wasserlöschflugzeuge, welche ihre Wasserbehälter im Flug füllten! Es sah wahnsinnig tolpatschig, träge und behäbig aus. Ich verbrachte bestimmt 2 Stunden bei ihnen, bewunderte ihre lustigen Flugshows.

Ich bemerkte im Hafenbereich den riesigen Fahnenmast, an dem die kalifornische Flagge im Wind spielte. Es war das erste Mal, dass ich die amerikanische Flagge nicht sah. Meistens waren öffentliche Gebäude mit beiden Flaggen versehen. Hier war nur ein Mast vorhanden. Ein kleines Zeichen der politisch aufmüpfigen Kalifornier, die eher links als rechts wählten? Der Grizzly auf weißem Hintergrund, roter Stern und roter Streifen unten! Es passte so gar nicht in meine Vorstellung, dass sich dieses kräftige Tier langsam an einem Mast hin und her wand! Wenn ich mir nationale Flaggensymbole aussuchen würde, wäre ich eindeutig für Vögel. Sie waren meist am Himmel, meist unerreichbar, meistens hatten sie den besten Überblick und konnten von daher am distanziertesten beurteilen und entsprechend handeln. Ein Flaggensymbol sollte doch politische Identifikation erzeugen. Der Grizzly war im Vergleich zum Vogel einfach zu gewichtig, nicht behände genug für all die umfassenden politischen Aufgaben. Sein einziger Vorteil als Wappentier war seine dicke Haut, die mich nicht nur an Kohl, sondern auch an Eisenhower erinnerte, der nach militärischen Grundsätzen wie:

„Ich befehle und du führst aus" regierte. Genau für solche Regierungs-
typen war der Grizzly ein Symbol, aber nicht für fortschrittliche, alternative Kalifornier.

Wahrscheinlich hatten sich die kalifornischen Staatsgründer und Flag-
gensymbolerklärer gewandelt, und da war ich wieder bei meinem Thema. Die Wandlung! Überall passierte Änderung, und das war ein fort-
schreitender Prozess. Manchmal geschah er rasend schnell, dann
wiederum langsam, aber selbst, wenn er nicht mehr sichtbar war, war er
da, ruhte sich vielleicht ein wenig aus. Wichtig war die eigene Bewertung, die eigene innewohnende Fähigkeit des Seins und des sich
Fühlens in dem Sinne: Ist das Glas halb voll oder halb leer? Ist es halb
voll, ist es nicht vollkommen. Vollkommen wäre es, wenn die Flüssigkeit bis zum Glasrand reichen würde, zum Beispiel ein leckeres Bier,
wenn ich außerordentlich durstig bin, am besten noch eine zweite volle
Flasche direkt daneben steht. Eine andere mögliche Beurteilung war, zu
sagen, es sei halb leer, und ich kann noch genügend Bier trinken.

Die Tage hier taten mir gut. Es ging ein wenig langsamer als zu Beginn meiner Reise in Alaska, wo ich das Glas immer in einem Zug leer-
te. Chorea Huntington war Teil meines Körpers. Und ich beurteilte ihn.
Das war überaus wichtig, denn ich nahm die Hoheitsrechte in meine
Hand. Ich überließ sie nicht mehr den Berufspolitikern, in diesem Falle
den Medizinern. Ich war maßgeblich für die Beurteilung meines körperlichen Empfindens und beauftragte die Mediziner, Hilfsmodelle zu
entwickeln, neue Wege zu erkunden, neue Möglichkeiten zu testen.
Zum ersten Mal entwickelte ich Perspektiven zu einer neuen Haltung
gegenüber Morbus Huntington. Wow!

Ich war ein wenig stolz auf unseren deutschen Adler, der Kraft, Erneuerung und Übersicht verkörperte. Ich wünschte der kalifornischen
Bevölkerung ein anderes Wappentier und würde beim Kongress in Sa-
cramento den Pelikan vorschlagen! In seiner Tolpatschigkeit lag viel
Niedlichkeit, welche einen überaus hohen Sympathiewert bedeuten
würde.

Anschließend ging ich in die Stadt um ein Flugticket von San Francisco nach Seattle zu kaufen. 45,- Dollar. Das war sehr günstig. Ich kaufte
eines für den 8. September. Martina wollte am 9. September kommen.
Ich könnte dann schon einmal alleine die Stadt auskundschaften, alleine

ein Hotelzimmer mieten, alleine durch die Gassen strömern. Ich war da ein wenig der Steinzeitmensch, welcher neue Orte erst einmal alleine erkundete. Das Fahrrad musste ich irgendwo in San Francisco lassen. Martina kam ohne eines und da wir uns mehr auf Stadtbesichtigungen versteift hatten, wäre es ja auch überall im Weg. Ich hatte schon häufiger Lagerhäuser gesehen, in denen man für eine geringe monatliche Gebühr Stellplätze mieten konnte. Wahrscheinlich ließ ich das Rad dort oder in dem Hotel.

Am Hafen, in einem factory outlet shop, kaufte ich mir noch ein neues T-Shirt. Die Kommentare der beiden Wanderer letzte Woche über mein verdrecktes und verschwitztes Aussehen, hallten noch in meinen Ohren nach. Und außerdem würde ich wahrscheinlich immer mehr Menschen treffen. Die Ortschaften, welche ich durchradelte, nahmen zu. Ihre Größe stieg. Die Menschen häuften sich langsam, genauso wie die Autos. Ich war nicht mehr in der Wildnis, aber im Vergleich zu Deutschland war ich noch in absolut paradiesischen Verhältnissen.

Gegen 16.00 brach ich noch mal auf Richtung Süden. Der Highway verließ hier den küstennahen Bereich und schraubte sich ein wenig durch das hügelige Hinterland. Es war wunderbar, zu radeln. Die Temperatur war bei lauen irgend etwas in den 20iger Graden, kein Wind, leichte Wölkchen, und vorne am Horizont zwei Radler. Es waren bestimmt zwei Frauen, da sie rötliche, bunte Trikots trugen. Ich versuchte, sie einzuholen, wollte mit ihnen ein Schwätzchen halten, wollte Kontakt. Vielleicht waren sie ja genauso nett und unkompliziert wie Marc, der kanadische Guy, wie er überall genannt wurde.

Radler kommunizierten häufig an den gemeinsamen Zeltplätzen über a) ihre Tour, b) über die Touren von anderen Bekannten und c) über herausragende andere schon bewältigte Etappen. Häufig war ein gewisser Sports- oder Abenteuergeist vorhanden. Man versuchte meistens, sich als der Tollste mit den meisten Tageskilometern, den schönsten Gegenden oder attraktivsten Fahrrädern zu einer weiteren unsterblichen Bikerlegende zu machen. Da die Bikergemeinde relativ klein war, wurde Marc, der bis an die Südspitze Patagoniens unterwegs war, relativ schnell bekannt und benannt. Als ich etwas später die beiden Frauen erreichte, begrüßte mich eine von ihnen, „Hey you`ll be the german alaskian guy!" Stimmte zwar nicht ganz, aber ich war perplex, da ich wusste, was sie meinte. Nun war ich auch schon zum Gesprächsstoff von anderen Radlern geworden.

Ich war ein wenig stolz, denn meine beiden unbekannten Gegenüber wussten schon mehr über mich als ich über sie. Ich fragte nach ihren Namen und ihrem Ziel. Kathy war Biologin in irgendeinem Institut, Melissa irgendwie ohne Ausbildung, aber sie würde teilweise als Sekretärin, teilweise als Verkäuferin, teilweise als Putzfrau arbeiten. Immer häufiger traf ich auf Menschen, die von einem Job alleine nicht leben konnten und gezwungenermaßen einen Zweit- oder Drittjob annahmen.

Naja, da der nächste Campingplatz noch 20 Meilen entfernt lag, konnten wir gemeinsam nach Redcrest radeln. Es war nun wieder Rushhour, und wir konnten nicht so richtig erzählend neben einander radeln, sondern fuhren hintereinander zum Zeltplatz. Wir errichteten dort in unmittelbarer Nähe zueinander unsere Zelte, entzündeten ein Lagerfeuer und quatschten munter drauf los.

Sie wohnten beide in San Fra, waren Mitte zwanzig und Schulfreundinnen. Sie waren in Arcata gestartet und wollten während ihres Urlaubes den Higway 101 Richtung Süden befahren. Arcata hatte ich vorgestern durchquert. Theoretisch konnte man auch bei langsamster Fahrweise nach 12 Tagen San Fra erreichen.

Das wäre ja ein Kurztrip. Na ja klar, sie hätten auch nur 10 Tage Urlaub. Stimmt, das war mir ganz entfallen, und ich dankte allen deutschen Gewerkschaften, die fleißig darum bemüht waren, unseren deutschen Urlaubsanspruch nahezu zu verdreifachen.

Es wäre weiterhin üblich, sich in der Freizeit karitativ zu betätigen. Für ein berufliches Vorwärtskommen sollte man schon ein wenig engagiert sein. Das bedeutete unbezahlte Überstunden und als Vergütung eine sichere Stelle, jeden Abend Anerkennung durch lobende Vorgesetzte, die Einbeziehung in kommunale und identitätsstiftende Abendveranstaltungen mit dem Thema: Wie halte ich unsere Gemeinde sauber? Oder: Kann man Farbige in gemeinschaftliches Leben integrieren? Puh, das hörte sich anstrengend an. Auch hier lobte ich mir unsere deutsche Vereinskultur, welche sich um solch anstrengende Themen intensivst kümmerte, meist zwar mit wenig Erfolg in kultureller und politischer Hinsicht, aber dafür mit sehr viel Erfolg in Puncto Wirtschaftsförderung durch hohen Konsum von Bier und Grillwürstchen sowie zahlreichen Aufträgen für Pokalhersteller und Graveure.

Wir hatten uns viel zu erzählen, und so beschlossen wir, den nächsten Tag zusammen zu radeln. Ich erfuhr noch einige Details aus ihrem Leben, und gerade daran war ich interessiert, denn das offensichtliche Amerika kannte ich ja schon relativ gut.

Immer wieder ging es in ihren Erzählungen um ihre Jobs. Die standen im Mittelpunkt ihres Lebens. Eine Beziehung hatten sie beide nicht, natürlich jede Menge Freunde. Kathy wohnte seit einem Jahr in einer WG und Melissa aus finanziellen Gründen noch bei ihren Eltern. Die Mieten in San Fra wären sehr hoch, und beide würden fast die Hälfte ihres Lohnes für Unterkunftskosten aufbringen. Familienplanung war ihnen auch außerordentlich wichtig. Dazu gehörte allerdings eine feste Absicherung durch ihren Job. Gerade Kathy betonte die Wichtigkeit, Karriere zu machen. Sie würde in einer kleinen Firma mit 75 Mitarbeitern arbeiten, und es gäbe Möglichkeiten, diverse Projektleiterstellen zu bekommen. Sie arbeitete offiziell 45 Stunden, blieb aber gerne wöchentlich mindestens 10 Stunden länger. Sie betont immer wieder ihre Freiwilligkeit, und dass es sich später einmal auszahlen würde. Ich erzählte aus dem deutschen Arbeitsleben und merkte die riesige Distanz zwischen beiden Ländern. Ich freute mich über das einfachere Leben in Deutschland, über meine Jobsituation und das nicht anbiedern müssen an irgendwelche Jobgeber.

Nachdem ich den Polizeidienst verlassen hatte, konnte ich frei meinen Arbeitgeber bestimmen. Ich war derjenige, welcher sich den Job aussuchte. Ich hatte mir das Bewusstsein erarbeitet, der Job war ein Teil meines Lebens, zeitlich sogar ein ziemlich großer Teil, aber er war es auf keinen Fall wert, schlaflose Nächte zu verbringen. Er war es auch nicht wert, mit Vorgesetzten oder Mitarbeitern zusammen zu sein, welche ich nicht mochte, oder die mit schlechter Laune den Arbeitsplatz vermiesten. Das war mir durch die hierarchische Struktur bei der Polizei absolut wichtig geworden.

Ich hatte in meinem Aufgabenbereich Einblick in die Personalplanung gehabt, und es war total interessant, wie sich Menschen anders darstellten, wenn eine Beförderung anstand. Die meisten wollten davon profitieren und leckten Stiefel hier und Ärsche dort. Widerlich! Besonders widerlich war das Intrigieren. Ich als kleinster potentieller Multiplikator von positiven Seiten eines Bewerbers in der Personalexekutive wurde besonders häufig als kleines Rad im wichtigen Prozeß gesehen und benutzt. Das hatte immerhin den Vorteil, dass ich nie angeschnauzt wurde, sondern ein freundlicher Grundton vorherrschte. Der begann mich allerdings zu nerven, wenn man unbedingt mit mir alleine in die Kantine zum Essen gehen wollte. Spätestens, wenn beim Bezahlen mein Nachbar sagte: "Laß doch mal stecken," wurde mir die Bedeutung des Anbandelns bewusst. Ich reagierte bei Gleichrangigen mit der Bemerkung, ich wäre schon so häufig zum Essen eingeladen worden, dass ich Millionär wäre, hätte ich jedes Mal angenommen und das gesparte Geld gut angelegt. Bei Vorgesetzten ging es aufgrund ihres Alters und ihrer Erfahrung diskreter zu. Meistens wurden Geburtstagsfeste als Anlass genommen, mich einzuladen. Wenn ich mit dem Einladenden weder einen Arbeitsplatz teilte noch wusste, ob er verheiratet war oder nicht, wurde mir der Hintergrund deutlich. Spätestens, wenn dann in Bierlaune gemeinsam Lieder gesungen werden, und zwar Lieder der deutschen Folklore, wurde es mir absolut zuwider, und ich ergriff die Flucht mit der Bemerkung: „Sorry, ist nicht mein Stil, danke für die Einladung." Die Überschaubarkeit einer Hundertschaft hatte den Vorteil, dass sich solche Dinge relativ schnell rum sprachen, und spätesten nach einem Jahr des erfolglosen Anwerbens wurde ich nur noch von den ganz neuen, direkt von der Polizeischule rekrutierten Beamten angefragt, meistens sehr naiv und direkt, und die Verneinung hinterließ eine Rötung im Gesicht der Jünglinge.

Ja, ich kannte die Strukturen, in denen Kathy arbeitete, ein wenig und konnte ihr Interesse, als Frischling in der Firma weiterzukommen, verstehen.

Im ersten Jahr meiner Ausbildung wollte ich auch die Karrierelaufbahn hinaufklettern, und ich hatte mein Beförderung genau durchdacht und anvisiert. Ich hatte relativ gute Leistungen in allen Unterrichtsfächern und gute Beurteilungen durch die Vorgesetzten. Und eine sehr gute Motivation.

Im zweiten Jahr änderte sich mein Einsatz- und Ausbildungsort, und der Schwerpunkt der Ausbildung änderte sich in Richtung Praxis. Die Polizeitätigkeit geriet absolut in den Hintergrund, und in den Vordergrund rückte der militärische Aspekt. Ich hatte einen radikalen Abteilungsleiter, welcher absoluten Gehorsam erwartete, Drill auf dem Exerzierplatz und das gemeinsame Auftreten von uniformierten Polizeibeamten auch in der Freizeit als maßgebliche Erziehungsziele sah. Ich widersprach immer häufiger und erfragte den Sinn für die spätere Polizeitätigkeit. Erst in Einzelgesprächen, dann bezog ich die Gruppe mit ein, und schließlich fragte ich auch im großen Zugrahmen nach dem Sinn, zum 345sten Mal das Maschinengewehr auseinander zunehmen und ich wollte wissen, warum ich als Polizeibeamter mit einem solchen Mordsteil überhaupt umgehen musste. Niemand konnte antworten, und irgendwann waren den Leitern meine Fragen zuwider. Sie „beförderten" mich in den Sicherungsdienst, wo ich nur mit einem Kollegen intrigieren konnte und ansonsten Radio FFN hörte.

Meine Noten blieben weiterhin gut, die Beurteilung ähnlich, wie die vorangegangen. Meine Motivation war gegen Null gesunken. Im dritten Ausbildungsjahr in Kassel blühte ich voll auf, denn es ging um Rechtsfragen und Polizeitätigkeiten. Ich beendete diesen Abschnitt mit einer glatten 1 und freute mich auf die Praxis.

Die Polizeieinheit in Eschwege, in die ich nun wechselte, war noch konservativer, noch rückschrittlicher als das, was ich im zweiten Ausbildungsjahr erfahren hatte. Schon im ersten Monat eckte ich mit dem Chef an, der sich alle Mühe gab, mir zu zeigen, dass ich einfach nur Befehlsempfänger war. Ich wehrte mich zuerst mit Dienst nach Vorschrift, anschließend mit häufigem Nachfragen bei politischen Einsätzen, bei denen uns die Hintergründe für den Einsatz nur oberflächlich dargestellt wurden und alternative Sichtweisen keinen Raum hatten. Es war ein passendes Forum für mich, denn es wurden bisher überhaupt keine Fragen gestellt. Und den Vorgesetzen ging die Puste aus angesichts meiner simplen Fragen: „Wer profitiert denn von dem Einsatz an der Startbahn West? Ist es denn nicht das gute Recht der Anwohner, dagegen zu protestieren? Was ist, wenn die älteren, 70 jährigen Omas nach der Aufforderung, den Platz zu verlassen, dies nicht taten? Setze ich dann auch den Schlagstock ein?" Nein, zuerst sollte ich sie wegtragen und in die Arrestantensammelstelle bringen. Und dann würden sie arrestiert werden, nur weil sie dort saßen und es der Flughafengesellschaft nicht passte? Und war es nicht genauso sinnvoll, gegen die Flughafengesellschaft vorzugehen, da sie den Forstwald fast illegal erworben hatte? So bezeichnete ich zumindest das Aneignen eines Waldes mit mehreren Hektar zu einem Spottpreis von 1,- DM. Ich schaffte es immer wieder, wütende Vorgesetzte, nachdenkliche Untergebene und in ihrer Freizeit miteinander diskutierende Polizeibeamte zu hinterlassen.

Die Realität am Flughafen Frankfurt sah noch anders aus. Es war alles ziemlich wild durcheinander und beim ersten Einsatz dort eskalierte es schon nach kurzer Zeit.

Der Einsatzleiter schickte uns vor den Zaun des Flughafengeländes, vor dem die Demonstranten eine absolut friedlich verlaufenden Sitzblockade abhielten. Er ordnete an, vier Demonstranten am 60 Meter entfernten Waldrand zu ergreifen und in die Arrestantensammelstelle zu bringen. Was er gegen sie hatte, wusste wahrscheinlich nur er. Vielleicht waren es ja Nachbarn von ihm, die sich über sein Grillverhalten negativ geäußert hatten. Naja! 60 Meter Vorsprung sind 59 Meter zuviel für einen Überraschungsangriff. Der Wald war 10 Meter näher, die Hindernisse und unsere Schutzkleidung verlangsamten uns um 100 %. Die Umwege durch das Demonstrantenfeld um 1000 %. Es war vollkommen aussichtslos, die 4 zu erreichen und festzunehmen. Der Hundertschaftsführer sah das anders, und wich von der sinnvollen Taktik, einen Greiftrupp von 4 Mann zu bilden ab. Er schickte die gesamte Hundertschaft auf das Feld in die aussichtslose Arbeit. Für über die Hälfte der Beamten war dies der erste richtige Einsatz. Wir waren alle aufgeregt und verängstigt. Warum schickte er uns in die Höhle der Lächerlichkeit? Die Demonstranten waren zunehmend gegen uns gestimmt. Manche stellten sich uns in den Weg, das wurde als Widerstand gegen die Staatsgewalt interpretiert. Die betreffenden Personen wurden mit Nachdruck zur Seite geschoben, und wenn das nicht erfolgreich war, nach hinten weitergereicht und arrestiert. Wir bekamen immer mehr Prügel, mussten immer mehr Prügel austeilen und waren überhaupt nicht mehr Herr der Lage. Trotz Unterstützung durch zwei weitere Hundertschaften war das Unternehmen vollkommen aussichtslos, und so mussten wir blutend den Rückzug antreten.

Wir hatten ca. 70 Gefangene gemacht, ein Großteil davon waren Senioren, der andere junge Studenten. Die 4 am Waldrand wartenden Menschen waren nicht dabei. Aber dafür fanden sich bei der Durchsuchung 18 Zwillen, dazu gehörige Stahlkugeln, 16 Taschenmesser, ein Baseballschläger, alles Waffen oder waffenähnliche Gegenstände, die einen Einsatz nachträglich rechtfertigten.

Als ich unserem Einsatzleiter begegnete, war sein Blick genau so eisig wie meiner. Ich wollte nie mehr unter ihm an einem Einsatz teilnehmen. Es sollte genauso kommen. In der Folge verweigerte ich erfolgreich jeden Einsatz, ließ mich krankschreiben und intrigierte weiterhin gegen ihn. Aber auch gegen mich selbst, da ich als Polizeibeamter keine Perspektive mehr hatte. Meine bis dahin aufgebaute Karriere und meine Zukunftsvorstellungen blieben auf der Strecke.

Ja, ich kannte kleine Firmen, hatte selber nach oben gestrebt und gegen andere intrigiert. Es freute mich riesig, den Absprung geschafft zu haben. Und mein Schritt, in die absolute berufliche Unsicherheit zu kündigen, war ein Akt der Befreiung. Ich konnte wieder atmen, ich konnte frei über meine Zeit bestimmen, ich brauchte nicht mehr die verhasste Uniform zu tragen, ich brauchte nicht mehr in dem System von Hierarchie, Struktur, Vorgesetzten und Untergebenen zu lavieren. Ich brauchte meine Meinung, meine Persönlichkeit nicht mehr zu verkaufen. Vor allem brauchte ich mich nicht mehr verbiegen oder gegen die kleinen, spitzen Bemerkungen anderer Polizeibeamter zu intervenieren. Mein Fell war dick geworden. Ich konnte viel vertragen und meine damalige Partnerin Renate wunderte sich über die lange ausgehaltene Zweispaltung. Sie sorgte sich um meine Gesundheit. Mir wurde deutlich, wie ich jeden Tag auf einem schmalen Grat wanderte zwischen Dienst und Freizeit, zwischen Anpassung und Distanz. Das, was ich erlebte, war etwas ganz anderes als das, was ich war, was ich wollte und was ich mir wünschte. Renate brauchte viel Geduld, meine, sie nannte es immer die weichen Seiten, zum Vorschein zu bringen. Ich genoss die Erkundung dieser lange verschütteten Aspekte.

Ja, so langsam reifte ich zum vielfältigen Rainer, der sowohl kritisch, stark und mit einem ausgemachten Sinn für Gerechtigkeit urteilen konnte, als auch warmherzig zärtliche Beziehungen leben konnte, und der sich jederzeit Perspektiven erarbeiten konnte. Ich hatte ja schon einmal die absolute Sicherheit einer Beamtenlaufbahn hingeworfen. Damals waren es Wandelzeiten und Zeiten der Erneuerung.

Auch die Wandelzeiten mit Morbus Huntington waren Wandelzeiten und Zeiten der Erneuerung!

Ja, Kathy war ähnlich motiviert wie ich zu Beginn meiner Polizeiausbildung. Sie machte ihren Job mit Sicherheit gut. Sie lobte ihre Firma von vorne bis hinten. Und auch das ist mir bekannt. Immer wenn die „Firma" etwas Außergewöhnliches von mir wollte, benötigte ich ein Motivationsgegenstück, welches meinen hohen Einsatz rechtfertigen sollte. Dies geschah meist durch die positive Absolutisierung meiner Arbeitsstelle. Genau dies kann man eine gewisse Zeit aufrechterhalten, aber ich fühlte mich bald ausgebrannt, erschöpft, so dass ein Schlussstrich von Nöten war.

Genau dieses Verhalten der Absolutisierung sah ich bei Kathy, und ich erzählte ihr von meinen Erfahrungen. Sie war weit davon entfernt, irgendwelche Parallelen zu sehen. Ich wünschte ihr, dass sie Recht behalten würde, denn sie war sehr nett und ich mochte die Vorstellung von ausnutzenden Firmen nicht.

Wir radelten dem Abend entgegen. Die Redwoods wurden wieder dichter, und wir fanden eine romantische Campmöglichkeit bei Richardson Groove. Es war nett mit Melissa und Kathy zu radeln und Neuigkeiten aus amerikanischer erster Hand zu erfahren. Wir waren dadurch nur 60 Kilometer geradelt, und ich wollte unbedingt in San Fra noch ein paar Tage und Nächte verbringen, bevor ich zu Martina fahren würde. Also beschloss ich, die beiden zu verlassen, aber die ehrlich gemeinte Offerte anzunehmen (eine von den wenigen in den Vereinigten Staaten), in San Fra vorbeizukommen, sie zu besuchen oder auch mein Rad dort unterzustellen. Dies hatte ich vorher schon erfragt, um einen sicheren Platz zu haben in dem etwas kriminelleren Ort als der Wildnis, in der wir uns wieder befanden.

Die Verabschiedung am nächsten Morgen war herzlich. Mein Wunsch, sie zu besuchen stand fest. Die Route wandte sich am Mittag wieder zum Meer hin, ging von dem reinen Waldgebiet in ein felsiges Hügelgebiet mit spartanischem Bewuchs über, und immer stärker wurden die windzerzausten Kiefern und Gräser, welche sich im Wind wiegten. Das auf und ab einer Küstenstrasse mit messerscharfen Klippen und Steilabhängen! Sehr, sehr romantisch und schön! Ich fand eine nette Möglichkeit, bei Westport am Strand zu schlafen. Ich traf dort ein Radelpärchen, welches auf dem Weg nach San Fra war, um an dem dort stattfindenden Bikemessenger Race teilzunehmen. Es wäre die abgefahrenste Radveranstaltung, die es je geben würde. Falls ich dort wäre, sollte ich unbedingt reinschauen. Und dieses unbedingt wurde von ihnen so betont, dass ich schon fast überredet war. Die beiden lieferten Kurierpost in irgendeiner Kleinstadt in Minnesota aus, und sie waren mit ihren schicken Mountainbikes und voller Radlermontour, gespickt mit diversen Reklameabzeichen ihrer Auftraggeber, unterwegs. Oh, wenn ich doch jetzt meinen Fotoapparat gehabt hätte! Ich würde wahrscheinlich ein lustiges Bild schießen können.

Die Attraktivität des Highways 101 steigerte sich am nächsten Tag noch. Bizarre Steinskulpturen, vom Wind geformte Bäume und bunte Gräser begleiteten mich den ganzen Tag. Alles wies darauf hin, dass schon seit Jahrzehnten, Jahrhunderten, vielleicht sogar Jahrtausenden die vorherrschende Windrichtung eindeutig Westen war. Nichts stand gerade! Alles war schief, dem ständigen Wind entgegengesetzt. Anpassung an die stärkere Umgebung, Anpassung und Symbiosen!

Ich schlief bei Mendocino, nahm die Künstlerkolonie hier an der Küste wahr, bekam aber keinen Zugang zu den hellen Häusern, denn ich war in anderen Gedanken. Die überaus bizarre Küstenlinie und das heutige Durchfahren dieser überaus bizarren Natur hatte einen ganz eigenen, bezaubernden Eindruck hinterlassen. Es war eine einmalige Landschaft, welche ich bisher so noch nie gesehen und erlebt hatte. Und irgendetwas stimmte nicht!

Alles sah hier so aus wie eine Fönfrisur von irgendwelchen Nobelfriseuren. Allerdings fehlt heute der reale Wind. Ich wollte mich aufgrund der Tatsache, dass der Baum nach links wuchs, nach rechts legen um der Windkraft entgegenzuwirken. Und genau dieser Gegensatz ließ die Durchquerung sureal erscheinen.

Am nächsten Morgen war wieder alles okay. Der Wind frischte auf und blies ein wenig aus nordwestlicher Richtung, was mich bis nach Gualana trieb. Unterwegs traf ich weitere Radler, die zu dem bike messenger race in San Fra wollten. Auch sie sahen unwahrscheinlich bunt und freakig aus. Einer von ihnen hatte ein Tuch zu einem Piratentuch zusammengefaltet und als Sonnenschutz auf seinen Kopf gesetzt.

Irgendwann unterwegs hatte ich tierischen Bock auf Rindersteak. Ich kaufte mir im nächsten Geschäft eine ziemlich dicke Scheibe, dazu

Kräuterbutter, Zwiebeln und Aluminiumfolie. Es würde ein richtiges Leckerchen werden, und der Gedanke an den Geschmack ließ mich schon frühzeitig nach einem geeigneten Campground Ausschau halten. Mein Körper sehnte sich nach Eiweiß. Ich klopfte das Steak noch mit einem Stein, würzte es und warf es in das Lagerfeuer. 20 Minuten reichten, und der Geschmack war umwerfend lecker. Etwas salzig, aber ansonsten super. Dazu noch ein Bier! Ich gierte nach mehr, musste leider mit Tortillas vorlieb nehmen und beschloss, morgen ein weiteres Steak einzukaufen. Der Mann braucht Träume und Ziele, zumindest manchmal! In der Nacht litt ich unter Bauchschmerzen. Da es sich immerhin um ein 400 Gramm schweres Steak handelte und ich diese massenweise Aufnahme von Eiweiß nicht gewohnt war, trieb das Steak noch seine kleinen Rachespiele.

Wahrscheinlich würde ich morgen den Point Reyes national seashore Park, der schon in der Nähe von San Francisco war, erreichen. Es war nicht nur ein Küstenschutzgebiet, sondern enthielt auch Waldabschnitte, Hügel, Strauchgewächse, halt all das, was sich innerhalb von Jahrtausenden angesiedelt hatte und von den Menschen bisher nicht zerstört werden konnte. Vielleicht konnte ich ja im Park übernachten.

Es gab mehrere Einfallstraßen aus nördlicher Richtung nach San Francisco. Der Higway 101, auf dem ich mich immer noch befand, war allerdings aufgrund seiner kurvigen Streckenabschnitte nicht für den Massenautoverkehr am frühen Morgen gedacht. Von daher fiel mir der Mehrverkehr am nächsten Tag überhaupt nicht auf. Alle nördlichen Strassen vereinigten sich allerdings vor der Golden Gate Bridge. Sie war die einzige Nord-Süd-Brücke. Dort würde es voll werden. Trotzdem war ich ziemlich gespannt, denn die Golden Gate Bridge sollte ein absolut sehenswertes Highlight sein. Ich war gespannt auf diese Stadt mit den vielen Hügeln, vielen steilen Straßen, Straßenbahnen, Hafengebäuden, Brücken, Bankgebäuden, Einkaufzentren und vielem mehr. Ich hatte noch mindestens 5 Tage. Das war ein wenig davon abhängig, wie weit ich es heute noch schaffen würde.

Unterwegs sah ich am Berghang Weinreben, Weingärten und auch zwei Weingüter. Hier war ich in der Ecke der bekannten kalifornischen Weine. Obwohl ich in Deutschland wesentlich mehr Wein als Bier trank, hatte ich bisher keinen dieser zu der teureren Kategorie zählenden

Weine ausprobiert. Deren Ruf allerdings war weit bekannt, und gerade der Zinfandel und Cabernet Sauvignon standen auf meiner Wunschliste ganz weit oben. Ich überlegte kurz, ob ich nicht für einen kleinen Schoppen einen kurzen Abstecher auf mich nehmen sollte. Nach einem Blick auf die Sonne fuhr ich weiter. Ich wusste, dass Sonne und Alkohol bei mir überhaupt nicht zusammen passten, und dass der heutige Radeltag dann schlafend an der Weinverkostungsstelle enden würde. Spätestens in San Fra würde ich zugreifen.

Die Zahl der Radfahrer, die als Ziel San Franzisko hatten, wuchs. Ich fühlte mich als ein Teil von ihnen. Das Verhältnis von Autos zu Fahrradfahrern war mittlerweile auf 1:20 angestiegen, und dadurch entstand Solidarität. Dies merkte ich an meiner Wut, als ein Autofahrer einen mir unbekannten Radler schnitt. Der Radfahrer fuhr allerdings neben einem anderen und ziemlich mittig auf der Fahrbahn. Das Auto konnte gar nicht anders, als sehr eng an ihnen vorbei fahren. Die beiden Radfahrer beschimpften den Autofahrer, und ich, der ich 130 Meter dahinter fuhr, auch. Ich erinnerte mich an meine Erfahrungen mit Autos und identifizierte mich sofort, unverzüglich, automatisch mit den Opfern. Das sollte irgendwann doch einmal aufhören. Ich musste ein wenig objektiver werden. Es war einschränkend, sich nur solidarisch mit den Opfern zu geben. Einschränkend für mich, wenn ich als Huntington Erkrankter gleich in die Opferhaltung hineinging. Dann würde es schwer sein, ein normales Leben mit Arbeit und Beziehung zu führen. Welcher Arbeitgeber würde mich anstellen, wenn ich meine Objektivität verlöre? Also Rainer, pass auf! Bleib bei deiner Fähigkeit, zu differenzieren!

Ich fand einen netten Beach am Abend, war hier ziemlich alleine und überlegte, ob ich noch mal zum nächsten Supermarkt fahren sollte, um mir ein Steak zum Braten am Lagerfeuer zu kaufen. Aber ich dachte kurz an die gestrigen Blähungen und das Magenzwicken und entschied mich lieber für Pfannkuchen. Dementsprechend ruhig und magenschonend wurde meine Nacht. Morgen wollte ich noch einen Spaziergang im Point Reyes national seashore Park machen und dann auf jeden Fall weiter Richtung Stadt, Richtung Zentrum, Richtung Kultur.

Es war neblig und ich hatte während der Nacht gefroren. Ich nahm mir Zeit bis der Nebel verschwunden war, so dass die anschließende Wanderung im unberührtem Nationalpark ein großartiges Erlebnis darstellen würde. Gerade die wilde Küstenlinie mit Treibholz, muffeligen Algenresten, kreischenden Möwen, kreischenden Seeschwalben, kreischenden Krähen, tosender Brandung im diffusen Morgenlicht war einfach wunderschön! Wahrscheinlich war es das vorerst letzte Mal, dass ich in unberührter Natur war, das letzte Mal ein Stück Alleinsein, ein Stück Einsamkeit, mit der ich so gut umgehen konnte, die mich zu mir brachte, die mich stärkte. Heute würde ich schon in San Francisco übernachten. Ich wusste ziemlich wenig über die Stadt, umso gespannter bin ich auf das, was mich erwartete!

Die letzten Meilen zur Golden Gate Bridge, nach dem Mittag, verflogen wie im Traum. Schon bald sah ich die rötliche Brücke. Der Verkehr auf ihr war kaum zu erkennen, aber sie leuchtete markant im Sonnenschein. Ich nahm eine Pause, um den Eindruck dieser großen, sehr rund wirkenden, warmen Brücke zu genießen. Ich befand mich in dem Hippystadtteil Sausolito und wagte noch einen kurzen Gang zu den östlichen Hausbooten, welche farbenprächtig ein buntes Bild von Lebensfreude, Schick und Ausgelassenheit kreierten. Wahrscheinlich würde ich noch mal in der Abenddämmerung zurückkommen, um hier den kalifornischen Wein in einer von den kleinen Bodegas oder einem verträumten Restaurant zu genießen. Aber nun trieb es mich weiter Richtung Brücke. Ich wollte weiter, wollte die Brücke aus der Nähe sehen, wollte sie spüren, wollte sie überqueren, wollte den Wind auf meiner Haut und ich wollte rein nach San Francisco. Angezogen von den Geheimnissen der Stadt, angezogen von den vielen positiven Meinungen über sie, angezogen von den interessanten und unterschiedlichen Stadtvierteln, angezogen von dem Rummel und angezogen von meiner Lust auf Abenteuer unter Menschen! Ich wollte Erlebnisse, Kneipen, Kultur!

Vor dem Erreichen der Brücke traf ich auf einen Schild, welches auf eine Campingmöglichkeit im Golden Gate Park hinwies. Dies würde bedeuten, ich müsste nicht in einem muffigen und wahrscheinlich teuren Hotel übernachten. Ich wollte die Möglichkeit abchecken und fuhr den Hinweisen entsprechend. Ja, schon nach 3 Kilometern hatte ich den Campground auf der nördlichen Seite der San Francisco Bay erreicht, und ich fand eine wundervolle Stelle für mein kleines Zelt mit Blick auf San Fra und vor allen Dingen mit Blick auf die Brücke. Ich schlug sofort zu, baute mein Zelt auf und genoss den Blick auf das wundervolle

Stadtbild. Anschließend warf ich mein Gepäck vom Rad in das Zelt hinein und machte mich auf zu meinen ersten Trip in die Stadt.

Als ich die Brücke erreichte, war es 15.00 Uhr. Der Verkehr war gering. Ich traf einen amerikanischen Radler, welcher sich als Stadtführer anbot und auch gleich ein Hotel empfahl. Ich hielt ihn für einen Hotelschlepper, sagte deshalb dankend ab und fuhr langsam im Tross von Autos auf der 4-spurigen Brücke Richtung Süden. Der Wind hielt sich in Grenzen, mein Gefühl nicht! Ich war euphorisch und konnte meinen Tatendrang kaum bändigen. Die Brücke war lang und sehr gut befahrbar.

Ich pausierte dreimal, um die warme Stimmung auf der Brücke in meinen Erinnerungen aufzusaugen. Ich machte tausende innerliche Fotos und wünschte mir eine reale Kamera. Sie fehlte mir in diesen außergewöhnlichen Momenten. Schade, dass ich auf die schwere Kamera verzichtet hatte! Nach Erreichen des südlichen Festlandes hielt ich mich an der San Francisco Bay Richtung Osten, fuhr irgendwann auf der Golden Gate Promenade und umkurvte die ersten Jogger, die ersten Skater, die ersten Spaziergänger, die ersten Kinderwagenschieber! Alle sahen sie hier sportlich aus, die meisten, im Gegensatz zu den eher dicken Nordstaatenbewohner schlank, viele sogar kurz vor der Magersucht. Zumindest nach der Ferndiagnose eines Deutschen, der mit seinen 80 Kilo bei einer Größe von 192 cm auch nicht gerade fett war. Viele hörten Walkman und schienen überaus guter Dinge. Wahrscheinlich joggten sie schon den ganzen Tag und hatten schon genügend Eu-Stress erzielt, um sich nun glücklich und gelassen wie nach einem Joint allererster Qualität zu fühlen. Mein Ausdruck wäre ein anderer. Sie waren locker. Ich wäre verkrampft. Sie hatten eine Leichtigkeit sich zu bewegen. Ich dagegen würde nach soviel Stress produzierendem Sport kräftig tretend unterwegs sein. Wie machten das die adretten San Fra-Sportler? Ich empfand ein wenig Neid! Nach kurzem Überlegen kam ich zu dem Schluß, es müsse die Musik sein, welche sie ein wenig leichter dahin schweben ließ, denn ein Großteil von ihnen war mit dem Walkman unterwegs.

Vor mir der hölzerne Hafen von San Francisco, der lange Zeit der größte und geschäftigste an der ganzen amerikanischen Westküste war. Die Piers schienen kurz vor dem Verfall zu sein. An einem Pier wurde Obst angeboten, ich griff zu. An einem anderen Blumen. Ich griff nicht zu. Am dritten wurde Fisch angeboten. Auch hier griff ich nicht zu, aber ich nahm den Geruch wahr, nahm die Händler wahr, welche ihre Waren anpriesen und nahm die Passanten wahr, welche ruhig ihren Dingen nachgingen. Ich sah mindestens 4 Touristengruppen. Die Teilnehmer waren ausnahmslos ältere Semester, meist schon kurz vor Beendigung ihres Rentnerdaseins und hoffnungslos überfordert mit den riesigen Distanzen zwischen den Piers. Sie schoben müde und schwitzend ihre 100 kg schweren Körper und 6 kg schweren Kameras über die Holzplanken, schoben ihr Basecap in den Nacken, visierten ein Ziel an, hielten kurz Atem und Organismus an und drücken nach kurzer Zeit ab. Getroffen oder nicht? Ich wusste es nicht, vermutete allerdings, dass es ein Fehlschuss war, denn nach kurzer Pause wankten sie ein paar Meter weiter und versuchten erneut ihr Glück. Es war schwierig, mit einem Wohlstandsgewölbe auf unebenem Boden sicher zu gehen, und so glichen sie einer Entenfamilie in der ersten Woche, welche watschelnd nach einem Tagesausflug zum See zurückkehrte. Ich wartete noch ein wenig in der Hoffnung, eine dieser Menschenenten würde den Weg ins Wasser finden! Leider vergeblich.

Dafür wusste ich mittlerweile, dass eine dieser Gruppen aus Texas kam, denn sie trugen überwiegend den großen Texanerhut, Jeans mit T-Shirt, manche mit einem kurzarmigen Hemd. Und in der Nähe stand ihr Bus mit Aircondition, getönten Scheiben und der texastypischen Lone Star Flagge mit einem roten Stern. Gegensätze! Politisch waren Texas und Kalifornien soweit entfernt wie Bayern und Hamburg. Die adretten gesundheitsbewussten Kalifornier mit Hang zu ökologischen Produkten, die fetten Texaner mit Hang zu Fastfood, riesigen Herden, riesigen Feldern mit industriellem Top und Hightech Landwirtschaft, mit Hang zu Öl und riesigen Gewinnen, und die Kalifornier mit Hang zu Windkrafträdern und Solarzellen und dem Gewinn der Computerfirmen. Beides waren reiche Länder, ansonsten glänzten sie nicht mit gemeinsamen Standards, Ansichten und Lebensgewohnheiten. Gegensätzlichkeiten! Sie zogen sich aber auch an!

Hier an den Hafengebäuden tauchten sie diesmal alle drei auf: Die amerikanische Flagge, die kalifornische und die Flagge von San Francisco. In meinem Reiseführer wurde der Vogel als ein Phönix beschrieben, der aus der Asche auferstanden war und in Erinnerung an die verheerende Katastrophe von 1906, als ein Großteil der Stadt brannte, als Flaggentier gewählt worden war. Darunter: "Oro en Paz, Fierro en Guerra", was so viel bedeutet wie: "Golden im Frieden, Stahl im Krieg". Man merkte noch den spanischen und mexikanischen Einfluß.

Schienen kreuzten die Fahrbahn. Gleise führten zu einer überdachten Hafenanlage. Hier war noch mehr Trubel. Ein Fischrestaurant grenzte ans andere, Möwen kreisten über dem Pier 39. Die Region nördlich der Chestnut Street und östlich der Van Ness Street kannte fast jeder in den USA unter dem Namen Fishermans Wharf. Es ging mittlerweile auf 19.00 Uhr zu. Die Restaurants waren gefüllt. Künstler, Kleinkünstler, Pantomimen, Clowns, Akrobaten gaben ihr Bestes und wurden von Kindern und Älteren bestaunt und beklatscht. (Wahrscheinlich war zwei Jahre zuvor eine von ihnen die Clownin Dizzy, die 1991 in San Francisco lebte und auch in der Fishermans Warf auftrat und Kinder und kindliche Erwachsene verzauberte! Ich lernte diese phantastische Clownin leider nicht mehr als Clownin kennen, sondern 1998 als Anja M. Ich verliebte mich unsterblich in sie und sie sich ebenso unsterblich in mich. Wir sind seitdem ein Paar und leben mittlerweile gemeinsam in Berlin.) Heute war der 3. September. Eine lockere Atmosphäre machte sich breit. Ich gehe gedanklich zurück zum Pier 39 und eventuell kommt unsere Liebesgeschichte, kommen unsere Erlebnisse in einem fortsetzenden Buch.

Speziell am Pier 39 wurde man in den Bann dieser Jahrmarktstimmung mit Essensbuden, Boutiquen, Exklusivläden und Ständen gezogen. Ich schlenderte durch diese freundliche Gegend und aß eine Meeresfrüchtepizza in einem Restaurant, von dem aus ich die heimliche Hauptattraktion des Pier 39 und des Fishermans Wharf, die Seelöwen, beobachtete. Diese räkelten sich auf den Stegen des Piers, unbeeindruckt von den in der Nähe anlegenden Booten. Genauso wenig störten sie sich an der Masse von Menschen in San Fra, die sich ihnen näherte. Auch hier waren es meist dicke Amerikaner. Wenn sie ihre T-Shirts auszögen, würden sie ohne weiteres mit ihren Speckröllchen, aufgedunsenen Gesichtern und breiten Stiernacken mit den Seelöwen in ihrem Werbeverhalten und Schönheitsempfinden konkurrieren können.

Gegenüber lag die Gefängnisinsel Alcatraz. Täglich konnten die Touristen die Insel mit Booten besuchen. Ich hatte erst zweimal ein Gefängnis von innen gesehen. Von innen gesehen hieß bei mir allerdings nicht, dass ich dort eingesessen hatte, sondern dort mit meinem Volleyball Club Freundschaftsspiele austrug. Es war immer ein interessanter Nachmittag, denn die Knastmannschaft legte sich bei ihren Heimspielen, unterstützt von vielen laut grölenden Fans, ins Zeug wie der Wirbelwind, und wir hatten nie eine Chance gegen 200 Kehlen. Dafür hatten sie bei unseren Turnieren ständig das Nachsehen. Gegensätze, halt! Die Seelöwen hatten hier das Heimspiel und gewannen gegen die trägen Touristen 1:0.

Mittlerweile verzauberte die Abendsonne die Golden Gate mit einem dunklen, orangen warmen Ton. Von irgendwo her klang Livemusik. Eine romantische Stimmung ebnete den Weg für mich Richtung Stadtmitte. Ich sah vor mir einen hellen, eckigen Turm, der anscheinend relativ neu war. Wahrscheinlich der Transamerica Pyramid. Ich richtete mich nach ihm. Vom Hafen aus ging es bergauf. Fast alle Straßen waren steil, manche noch befahrbar, manche könnte ich nur mit einem sportlichen Ziel erklimmen, das ich heute nicht hatte. Ich schob die Kearney Street hoch. Die Gegend änderte sich sofort. Die Hafenszene verschwand. Erste viktorianisch aussehende Häuser wechselten sich mit Geschäftshäusern ab, und irgendwann überwogen die kleineren und größeren Geschäfte. Es war lebendig. Menschen kauften ein, andere waren auf dem Weg nach Hause, vereinzelt gab es Kneipen, Bistros, Bars. Viele, die noch einen Snack im Gehen nahmen, viele, die noch ein Stück Pizza verdrückten, viele die einen geschäftigen Eindruck machten, nicht wenige, die einen Anzug trugen. Immer mehr chinesische Geschäfte, immer mehr Chinesen, welche behände durch die Straßen wuselten. Echt irre. Ich fühlte mich schon bald wie in einer chinesischen Stadt. Handel und Wandel. Überall. Es war quirlig, lebendig. Mittlerweile war es dunkel, und ich wandte mich Richtung Westen, um den Heimweg anzutreten. Morgen musste ich unbedingt noch einmal hierher ins chinesische Viertel. An der Powell Street traf ich auf das erste Cable Car, welches sich bimmelnd und vollbesetzt die Straße hinunter schlich. Es war hier wirklich steil. Manche stöhnten schon beim bloßen Gehen. Ich wandte mich Richtung Fort Mason, welches in den Sezessionskriegen eine wichtige Rolle gespielt hatte. Es war beleuchtet und von hier oben gut sichtbar. Die Golden Gate Brücke hatte sich wieder gewandelt. Die künstliche Beleuchtung ließ sie fleckig wie einen Leoparden erscheinen. Mal dunkelrot, mal hell gelb, mal orange. Wandlungen halt!

Die Brücke war ein Faktum. Sie stand einfach da. Meine subjektive, sich ständig ändernde Perspektive ließ andere emotionale Eindrücke zu. Ich freute mich über so viele unterschiedliche Erscheinungen und wünschte mir für meine bevorstehende Erkrankung auch die vielen positiven Sichtweisen, die möglich waren. In einer Bodega trank ich einen Chardonay, der teuer, aber nur halb so gut wie sein Ruf war. Nach Mitternacht erreichte ich mein Zeltplatz. Alles war noch da, und ich schlief mit dem Gefühl, einen wunderschönen Tag erlebt zu haben, ein.

Ich erwachte spät. Es war schon halb 10, der Nebel brach gerade auf. Die Brücke war noch verhüllt. Nur die hundert Meter hohen Träger ließen erahnen, dass dort über der Bay irgendetwas ist. Ich kochte einen Kaffee, aß Toast mit Peanutbutter und Orangenmarmelade, da ich schon einen ziemlichen Hunger verspürte.

Die Sonne hatte mittlerweile den Kampf gegen den Nebel gewonnen, dafür hatte ich den Kampf gegen das Schicksal verloren. Von einem Moment zum anderen wurde mir schlecht, schwummerig vor den Augen und ganz heiß. Eine Sekunde später wieder eiskalt. Der Schweiß lief in Bächen hinunter, und ich hatte eiskalte nasse Haut, als wenn ich dem Meer entstiegen wäre. Mir fiel es schwer, einen klaren Gedanken zu fassen. Campinggäste, welche ich um Hilfe bitten könnte, waren keine in der Nähe. Also versuchte ich auf allen Vieren kriechend, die Zentrale zu erreichen.

Ich wusste, dass ich, sobald ich aufstehen würde, wie ein Klappmesser unter Spannung wieder zusammenklappen würde. Ich erreichte die Rezeption. Eine Frau kam schon heraus. Ich suchte krampfhaft die englischen Worte für meinen Zustand. Vergeblich! Außer „Help" fiel mir nichts ein. Aber das konnte sich die Frau auch denken. Sie rief über ein Walkie Talkie einen Sanitäter, der hier auf dem Grundstück Dienst tat. Soviel bekam ich noch mit. Anscheinend war ich nun in sicheren Händen. Ich ließ mich von daher aus der Sitzhaltung fallen und merkte nur noch ein Zittern, einen abrupten Brechreiz und dann war ich schon im Nirwana.

Ich bekam lange Zeit nichts mit. Dann wurde an meinem Körper gerüttelt, an meinen Armen, meinen Beinen. Jemand versuchte, meine anscheinend bleischweren Beine auf irgendetwas zu wuchten. Mindestens zwei Menschen sprachen laut auf mich ein, was ich absolut nervig fand, und dieses ständige Rütteln am Arm war auch nicht von der feinen englischen Art, sondern entsprach eher einem Rugbyspieler, der dem Gegenspieler sein Spielgerät entreißen wollte. Mittlerweile konnte ich wieder sehen. Da ich aber direkt in die Sonne schauen würde, öffnete ich meine Augen nicht. In der Ferne das Martinshorn (ich vermutete, es wurde hier anders genannt, aber es war deutlich das Signalhorn der Ambulance). Die Frau von der Rezeption sprach immer noch mit mir. Der Rugbyspieler spielte weiter sein Spiel, und nun kamen zwei andere Männer. Einer schien der Trainer der Rugbymannschaft zu sein, denn er gab dem Rugbyspieler sofort die Anweisung, meine Beine hoch zu wuchten. Außerdem fragte er mich nach meinem Namen, den ich ihm auch wahrheitsgemäß mitteilte. Weitere Fragen folgten.

Mein Verstand konnte nicht folgen, aber die Frau von der Rezeption begriff auf einmal, dass ich kein Ami war und sprach mich mit einem schwäbischen Akzent an. Ich lispelte irgendetwas von Danke.

Nun hatte der Trainer wieder die Hoheit übernommen. Er fragte mich über die dolmetschende deutsche Rezeptionsfrau, ob ich was gegessen hätte?

„Toast mit Orangenmarmelade und Peanutbutter."

Ob sonst noch etwas besonders war?

„Nee."

Ich hätte einen Kreislaufzusammenbruch. Er würde mir eine Lösung injizieren, welche den Elektrolytehaushalt wieder regulieren würde. Nun gab er dem 3. Mitspieler im Team einen Hinweis, mir eine Nadel ins Fleisch zu rammen. Ich bekam wenig davon mit, hörte noch ein anderes Martinshorn und dachte noch, dass es wahrscheinlich ein epidemieartig sich ausbreitendes Virus sei, das nicht nur mich, sondern auch noch andere erfasst hatte. Doch schon bald tauchten noch zwei Mediziner in weißen Kitteln auf, sprachen irgendetwas Unverständliches miteinander und ließen die Rezeptionsfrau dolmetschen. Er war wahrscheinlich der Ranghöchste im Medizinerteam, und ich sollte sofort in ein Krankenhaus gebracht werden. Ich war nicht einverstanden, hatte absolut kein Interesse an weißen Kitteln, schnarchenden Bettnachbarn und dem hemmungslosen Ausgeliefertsein an Patientenstorys über eiternde Mandeln, wuchernde Beulen, etc.

Es wäre wichtig, da sie die Ursache nicht wüssten und mein Kreislauf stabilisiert werden müsste. Ich blieb bei meinem Nein, hatte immer noch keinen Bock auf Krankenhausatmosphäre.

Mittlerweile war das zuletzt gekommene Team bereit, zu verhandeln, denn sie gingen auf mich ein und boten mir eine weitere kostenlose Infusion und einen Transport nach Sausolito an. Das wäre näher. Die anderen waren ein Team eines kleinen unbekannten Krankenhauses auf der südlichen Seite der Bucht. Sie waren schneller, aber pfuschten in den Hoheitsgewässern der Sausolitoaner Ärzteschaft herum. Mittlerweile stritten sie offen miteinander. Da mein Kreislauf so stabil war, dass nichts mehr flimmerte und flirrte, beendete ich den Streit dadurch, dass ich bestimmt sagte, ich würde in keines von den beiden Krankenhäusern gehen. Die Rezeptionsfrau intervenierte nun in meinem Sinne und erwähnte, dass sie hier im Park auch über ein Hostel verfügten, in dem ich ein Bett finden könnte.

Super, ich sagte zu. Das erste Team brachte mich in dieses Hostel, das andere verließ den Platz als Verlierer, natürlich mit quietschenden Reifen, was auf einen gewissen Frust schließen ließ. Es war ein 4-Bett Zimmer, etwas dunkel durch die mächtigen Eichen, welche vor dem Fenster standen. Noch waren keine Gäste da. Liebend gerne nahm ich dieses Zimmer und ebenso liebend gerne unterschrieb ich den Wisch, mit dem sich das Team aus der Verantwortung frei kaufte. Übrigens wollten sie keine Krankenkassenkarte haben und Geld für die Kurzbehandlung musste ich auch nicht abdrücken. Wahrscheinlich kam die Rechnung irgendwann nach Deutschland.

Ich bekam noch eine weitere Infusion, welche meinen Kreislauf weiter stabilisieren und meinen Blutdruck etwas nach oben bringen sollte. Des weiteren viel Orangensaft, Kaffee, Cola! Okay, machte ich doch gerne, wenn ich dadurch dem Krankenhaus noch mal von der Schippe gesprungen war.

Die Rezeptionsfrau brachte mir noch meine Klamotten, die sie wahrscheinlich erst einmal einsammeln musste. Die Arme hatte soviel Arbeit meinetwegen. Es fiel mir schwer, das anzunehmen. Aber wenn ich ihren Bemerkungen Glauben schenken durfte, machte sie es gerne. Sie war übrigens Praktikantin, zwei Monate hier und sprach ein fließendes amerikanisch. Neid!

Okay, ich war zufrieden mit meinem Verhandlungserfolg. Ich war schon oft genug wegen solcher Kreislaufzusammenbrüche in deutschen Krankenhäusern gelandet, um zu wissen, dass es nach spätestens einem Tag wieder gut sein würde und ich mich wieder in der Lage fühlen würde, Bäume auszureißen. Die Vermutungen über Ursachen reichten von zu wenig Flüssigkeit über hoher Beanspruchung durch Sport, zu wenig Ernährung, zu viel schlechter Luft bis zu viel Alkohol und zu schneller Bewegung für meinen Körper. Ich konnte keiner These so richtig glauben. War ja auch nicht wirklich wichtig. Fakt war, ich brauchte einen Ruhetag. Und viel aufputschende Getränke und Speisen. Ich war also nicht wirklich besorgt um mich, fand es in erster Linie schade, dass ich einen Tag in San Francisco verlor und wahrscheinlich einen langweiligen Tag hier im Bett verbringen würde.

Die Rezeptionsfrau kümmerte sich äußerst sorgfältig, brachte mir einen englischen Roman, Saft und Wasser und belegte mein Zimmer mit einem Deutschen, der mir am Nachmittag eine Riesenpizza besorgte. Abends zauberte er einen Burger mit Pommes herbei. Und jede Menge Cola. Auch er war nett und hilfsbereit, auch wenn er einen Texanerhut trug und damit angab, eine Firma zu gründen, welche Holz für Parkettfußböden nach Deutschland transportierte. Abends füllte sich das Zimmer. Mir ging es schon wieder besser. Meine Rezeptionsfrau, deren Namen ich leider vergessen habe, brachte mir eine Schlaftablette, und ich erwachte am nächsten Morgen gut ausgeruht und mit viel Tatendrang.

Getrieben von meinem Bewußtsein, einen Tag bei sonnigstem Wetter nichts tuend im Bett gelegen zu haben, obwohl San Francisco direkt in der Nähe war!

Getrieben von meinem Bewußtsein, etwas zu versäumen! Getrieben von meinem Drang nach Erlebnissen und den ersten Eindrücken von San Francisco vorgestern!

Den gestrigen Tag sah ich in meiner Vorstellung als Verlusttag, nicht als das was er auch war. Ein Erholungstag, den ich sogar dringend benötigte. Ich war noch ziemlich verbunden mit den Werten meines Vaters.

Papa arbeitete viel und lange. Seine Pausen waren selten und äußerst kurz. Er arbeitete nach dem Leistungsprinzip. All das, was er an einem

Tag an Fliesen verlegte, konnte er abends in Geld umrechnen. Für ihn war effizientes Arbeiten absolut wichtig, und dementsprechend leitete er uns an, unseren Kopf bei der Arbeit zu benutzen. Das hieß, zu schauen, wie man einen langen Weg abkürzen konnte, wie man die Arbeitsmaterialien am Besten in den 3. Stock bekam, wie man seine Kräfte am Besten einteilte.

Sein zweites Dogma war das ausdauernde Arbeiten. Dazu gehörten zwei Viertelstunden Pausen maximal innerhalb von 12 Stunden Arbeitszeit! Er war das, was ich einen Workaholic nannte. Er bezeichnete dies als fleißig und gewissenhaft. Beide meinten wir dasselbe. Nämlich die Konzentration auf etwas Wesentliches, etwas Wichtiges, etwas was zu erledigen war.

Ich habe Papa nie gefragt, warum er so arbeitete, warum diese Tugenden wichtig waren. Wahrscheinlich hätte er geantwortet, er wisse es nicht oder die Zeit (womit er die Moral seiner Elterngeneration meinte) wäre damals so gewesen. Ich wusste auch nicht, ob ihm die Verquikkung zu seinem Elternhaus aufgefallen war, und ob er versuchte, etwas zu ändern. Ich wusste es nicht! Aber was ich wusste, war, dass er häufig auf mich den Eindruck hinterlassen hatte, getrieben zu sein. Und ich wusste, dass Oma als moralische Instanz und stets vorhandene Mauer in unserer Familie ein unüberbrückbares Hindernis darstellte. Vermutlich waren weder Papa noch Mama in der Lage, an dieser Mauer vorbeizuhuschen.

Naja, jetzt war ich an der Stelle angelangt, an den moralischen Werten meiner Eltern sowie der Vorkriegsmoral meiner Oma zu rütteln. Und was tat ich? Ich konnte den gestrigen Erholungstag nicht positiv sehen, sondern bewertete ihn als Verlusttag. Ich war noch nicht so weit fortgeschritten, wie ich es hoffte. Die Stiefel meiner Vergangenheit waren getragen. Ich wollte mir hier in Amerika noch neue besorgen! In deiner Größe, Rainer, für deine Zwecke, für deine Ziele, für deine Zukunft!

Vergangenheit versus Entwicklung

Ausgetragen!
Ausgelatscht, ausgeblichenes Leder.
Weiches Leder, warmes Futter!
Bekannt und geschätzt.
Dekaden getragen von Vorgängern.
Reingewachsen.

Erste Blasen, erste Schmerzen!
Erste Wunden.
Wechselnde Schritte, wechselnder Gang,
noch mehr Schmerzen, noch mehr Pein.

Auf der Suche,
nach dem nächsten Schuster.
Getrieben!
Weiches Leder überall!
Zum Greifen nah, ich seh es nicht.

Mit diesen Empfindungen brach ich gegen 11.00 auf nach San Francisco. Ich hatte mich entschlossen, ganz umzuziehen. Wollte auch abends mittendrin sein, Kneipen besuchen, Spaß haben. Dafür war es geeigneter, ein Zimmer vor Ort zu haben, um zu Fuß oder mit öffentlichen Verkehrsmitteln die Stadt kennenzulernen. Außerdem stand es an, einen Platz für mein Fahrrad und für mein Gepäck zu finden, das hieß Kathy zu treffen, um einen Termin zu vereinbaren. Ich erledigte das lieber nicht auf den letzten Drücker, denn schon am achten ging der Flieger nach Seattle. Und vor der möglichen Radübergabe stand das ungeliebte Telefonieren auf amerikanisch.

Die Golden Gate Bridge hatte wieder etwas magisch Anziehendes auf mich. Ich empfand sie als Brücke zwischen zwei Welten. Auf der südlichen Seite das städtische Leben mit Wolkenkratzern, Hafen, viktorianischen Häusern und Wohnvierteln, auf der nördlichen Seite das landschaftlich Reizvolle, das ländliche Leben mit dem Hippystadtteil Sausolito, welches eher einer Kleinstadt glich. Die Golden Gate Brücke wurde nach dem Tor zum Goldhandel mit dem Norden benannt und war immer noch ein Symbol für den Reichtum, der sich seit Bestehen des Goldrausches immer wieder positiv auf die wirtschaftliche Lage der Stadt auswirkte. Ich fand den rötlichen Ton der Brücke anmutig und konnte die Tatsache, dass sie die Brücke mit den meisten Selbsttötungen war, nicht nachempfinden. Ich erlebte sie als absolutes Highlight emotionaler Empfindung.

Eine Brücke, welche stärkte und verband und nicht schwächte. Sie war Verbindung zwischen Alt und Neu, zwischen Tradition und Zukunft, zwischen Alternativem und Altem! Gerade für mich, der ich heute Morgen noch ein wenig nachdenklich mit meinem gestrigen Tag gehadert hatte, war sie Symbol für das neue, für neue Perspektiven, die auf der Historie gründeten und im Jetzt ihren Fortklang fanden.

Mittlerweile war ich sicher, dass ich neues Leder für meine passenden Schuhe finden werde.

Am anderen Ende angekommen nahm ich Abschied. Ich wollte neue Wege gehen. Ich hatte die allerbesten Voraussetzungen dafür und beschloss, alte Wege nicht mehr zu betreten oder zu befahren. Ich würde neue Wege aussuchen, räumlich und metaphorisch, und würde sie mit Neugier gehen.

Von daher wandte ich mich nicht nach dem bekannten Weg nach Chinatown, sondern nahm den Weg über die Lombard Street Richtung Fillmore, steil hinauf durch viktorianische Wohnhäuser, welche allesamt den Wettbewerb, unsere Straße soll schöner werden, gewonnen hätten. Hier sollte es laut Reiseführer diverse günstige Hotels geben. An der Pine Street wandte ich mich entgegen der Fahrbahnrichtung weiterhin schiebend, aber nun in einer Ebene, Richtung Westen. An der Ecke Buchanan Street traf ich auf den „Hotelschlepper" von vorgestern. Ich ging auf ihn zu, hielt ein Schwätzchen, und wirklich konnte er mir ein sehr günstiges Hotel empfehlen, welches zwei Blöcke weiter lag. Ich ging schnurstracks dorthin, bekam dort mein Zimmer und die Möglichkeit, mein Rad in der Lounge abzustellen. Das Zimmer war okay, etwas dunkel und muffig. Es roch nach Tausenden von Übernachtungen und wahrscheinlich nach 10 000 Päckchen Zigaretten, welche wartende Gäste im Zimmer geraucht hatten. Dafür war es mit 29,- Dollar pro Nacht für hiesige Verhältnisse ziemlich günstig. Nach dem Auspacken räucherte ich das Zimmer mit meiner kleinen Selbstgedrehten ein wenig ein, denn sonst wären es wahrscheinlich harte Momente für mein Duftorgan gewesen. Und dann nichts wie raus, ab in die City.

In der Parallelstraße gab es ein Cablecar, welches ratternd die California Street entlang kreuchte. Ich kaufte ein Ticket für zwei Dollar, wunderte mich über das komische Gefährt, wunderte mich über die ruckartige Anfahrt, dann das gleichmäßige Fahren, das seitliche Schaukeln, die relativ wenigen Menschen in der Bahn, das laute Fahrgeräusch, das laute Bremsen.

Die erste Cable Car wurde vor 120 Jahren in Betrieb genommen. Mit deren Hilfe sollte der schwierige und gefährliche Lastentransport durch Pferde auf den steilen Straßen von San Fra ersetzt werden. Es gab immer wieder schwere Unfälle mit Pferdekutschen, bei denen die meist vierspännigen Wagen rückwärts die steilen Straßen hinunterrasten. Da die Cable Cars erheblich sicherer waren, ermöglichten sie auch die städtebauliche Entwicklung. Bislang fast unzugängliche, hochgelegene Gegenden, wie Nob Hill waren nun erreichbar. Damit hatten die Cable Cars einen beträchtlichen Anteil daran, dass sich San Francisco so entwickelte, wie es heute war. Sie wurden sogar unter Denkmalschutz gestellt und waren bei Einheimischen und bei Touristen sehr beliebt.

Die Cablecars wurden von einem unterirdischen, ständig gleich schnell laufenden Endlosdrahtseil angetrieben, an das sie sich mit einer Kralle eingreifen oder ausklinken konnten. Von daher das ruckartige Fahren, welches viel Feingefühl beim Einschleifen der Kralle in das Transportband erforderte. Der Fahrer gab sich mit Sicherheit viel Mühe, ich allerdings, der das sanfte Anfahren von Straßenbahnen in der Kasseler City gewohnt war, fand an dem heftigen Anrucken keine richtige Freude. Zu sehr wurde ich hin und her geworfen. Außerdem war die Geschwindigkeit relativ langsam. Aber es war eine alt bewährte Technik. Leider gab es nur noch drei funktionstüchtige Linien, und ich fuhr gerade die am wenigsten frequentierte. Dafür erreichte ich schon bald das Finance district mit einem Bankgebäude neben dem anderen.

Hier waren noch mehr adrette Menschen unterwegs, die in Anbetracht der Sonne und der Temperatur von 30 Grad Celsius ihre Jacketts lässig über ihre Schulter trugen, Krawatte jedoch verkrampft um den Hals. Meist waren sie jung, um die 30, meist in Gespräche vertieft. Zwei saßen im Schatten und tranken einen Cappucino, ließen sich von einer ebenfalls jungen Frau den Nacken massieren, ein anderer sogar den

Kopf. Es erinnerte mich an das Paschaverhalten von Löwen, die eine Löwin angeheuert hatten, ihren Nacken und Kopf zu lecken. Jede Menge Autos, viel Gehupe und an den Kreuzungen wild gestikulierende Polizisten, die den Verkehr lenkten, obwohl die Ampel in Betrieb war. Und auch hier unüberhörbares Pfeifen der Polizisten, welche durch Gestik, Mimik und Körperspannung mit vollem Elan, viel Schweiß und voll uniformiert ihre Arbeit verrichteten und die verstopften Kreuzungen nur mit Mühe freihalten konnten. Dazwischen wieder ein Martinshorn, welches Gott sei Dank nicht für mich gedacht war. Und immer wieder attraktiv gekleidete junge Männer, selten in Begleitung von Frauen.

Den attraktiven Frauen begegnete ich in der Market Street, wo sie, meist in Begleitung von Frauen ihres Alters, Einkaufbeutel der Marken Gucci und Co. schleppten. Wahrscheinlich waren sie Busenfreundinnen, denn man musste schon eng miteinander befreundet sein, um bei herrlichstem Wetter in Einkaufszentren die Freundin zu begleiten. Ich folgte ihnen, um dem Anziehungspunkt ihres Interesses ein wenig näher zu sein, bzw. ihn kennen zu lernen. Nach dem Durchschleusen durch eine Glastür befand ich mich in einer offenen und hellen Abteilung des Glaspalastes. Ich wurde begleitet von uniformierten Body Buildern mit Handfunkgeräten; Tageslicht von oben, riesigen Bäumen im überdachten Innenhof, ein Springbrunnen lief an einer Glasfassade herunter. Einzelne Einkaufsläden waren verbunden durch einen Rundweg, welcher ca. 15 Meter breit war und immer wieder durch Bäume aufgelockert wurde. Ich hatte den Eindruck, ich wäre in einem Park. Alles war liebevoll begrünt. Das einzige, was fehlte, war der reale Himmel. Ich versuchte, ihm ein Stück näher zu kommen, fuhr mit einem Lift durch eine Glashülle in die erste Etage, drehte da meine Runde mit einem ähnlichen Gefühl wie in der unteren Etage mit etwas kleiner geschnittenen Geschäften und Boutiquen. Dasselbe galt auch für die dritte und vierte Etage. Obwohl ich nun ganz weit oben war, vermisste ich den Himmel. Die Menschenmenge war gering. Wahrscheinlich lagt das an der Exklusivität der Geschäfte, denn diese Plaza genannte Shoppingmall hatte astronomische Preise. Nirgends wurde ein T-Shirt unter 125,- Dollar angeboten. Manche Hemdenpreise starteten erst mit Tausenderbeträgen. Ich war in einer anderen Welt. Da, wo Geschmack und Luxus unabänderbar mit schleimenden Verkäufern und Verkäuferinnen einhergingen, wo jedes Geschäft über einen eigenen Wachservice verfügte und wo der Kleidungsstil schon wieder so nobel und elegant war, dass er, zumindest für mich als Allerweltklamottenträger, sich nicht von herkömmlicher Kleidung unterschied.

Wieder draußen freue ich mich über die nach Autoabgasen stinkende, lärmende Stadt voller lebendiger Menschen und vor allen Dingen darüber, wieder unter freien Himmel zu sein und nicht eingesperrt in einem Glashaus. Ich war halt ein unverbesserbarer Frischluftfanatiker.

Abends wurde es hier noch lauter, noch gedrängter, so gedrängt, dass kaum ein Mensch auf den breiten Bürgersteigen Platz fand. Ich wand mich durch kleine, enge Nebenstraßen Richtung Haight Asbury, dem gerade aktuellen Szenestadtteil. Ich kam immer mehr an freakigen Menschen vorbei, die teilweise auf den Treppen ihrer Vorgärten saßen, quatschend mit ihren Nachbarn. Bei einigen sah ich die braune Papiertüte kreisen, welche in den Vereinigten Staaten über Alkoholflaschen gestreift wurde, da hier das trinken von Alkohol in der Öffentlichkeit allerstrengstens verboten war.

An einer Telefonzelle kramte ich Kathys Telefonnummer heraus und rief sie an. Sie war leider schon ins Wochenende zu Verwandten gefahren, allerdings würden ihre Mitbewohner auch das Fahrrad entgegennehmen. Wir verabredeten uns für morgen früh in der Kearneystreet. Hatte also doch geklappt mit meinem Englisch am Telefon. Und Kathy hatte ihren Mitbewohnern auch schon Bescheid gesagt. Das lief ja super!

Ich erreichte einen kleinen Park, den Pan handle, in dem noch mehr Menschen gelassen in der Abendsonne saßen, mit ihren Kindern spielten oder auf dem Weg nach Hause waren. Eine friedliche Atmosphäre. Mein Magen knurrte, und ich ging in die nächste Bar. Oh, sie war voll, so voll dass die Luft schlecht war und von daher ging ich raus. Die nächste war ebenso überfüllt. Erst beim vierten Anlauf konnte mein Wunsch nach einem Sitzplatz erfüllt werden. Ich setzte mich zu einem Pärchen, bestelle mir ein Budweiser und kam schon bald mit den beiden ins Gespräch. Es waren Studenten, die Computertechnik studierten und auch in diesem Bereich arbeiten wollten. Sie erzählten euphorisch von den Chancen in diesem Bereich. Ich erzählte von meinen Reiseerlebnissen, meinen Eindrücken, meinen Begegnungen mit netten Amerikanern, die meist aufgeschlossen und freundlich waren. Auch sie waren offen, aber auch sie hielten den Waffeneinsatz gegen andere absolut für notwendig als Schutz vor Eigentum und Gesundheit. Einer von den beiden hatte einen älteren Colt, dazu eine Schrotflinte. Er fühlte sich damit sicher und könnte im Notfall seine Familie schützen. Dass er dabei auch umkommen konnte, schien ihm nicht bewusst zu sein.

Was er denn davon halte würde, dass in Deutschland nur die Polizei über Waffen verfügte, und dass es in Deutschland eine sehr geringe Anzahl von durch Kriminalität Getöteten gab und nur der geringste Teil von ihnen mit Schusswaffen getötet wurden?

„Naja, Deutschland wäre ja auch kein Vorbild. Es würde dort immer noch Kommunisten geben, welche eine Gefahr für die freie Welt, die Wirtsschaft und die Vereinigten Staaten wären." Nach soviel Nationalismus hatte ich die Schnauze voll und verließ die Kneipe.

Ich wandte mich in Richtung Uni, deren Ziegelsteingebäude mit Efeu überwachsen und mit Scheinwerfern angeleuchtet waren. Sie gaben ein phantastisches Bild ab und erinnerten mich an die Marburger Uni. Als ich Marburg kennenlernte, studierte meine damalige Freundin Barbara dort Psychologie. Es war ein interessantes Leben, so ganz anders als ich es kannte, die vielen Kneipen, meist mit einem alternativen radikalen Linkstouch und Getränken, welche schon damals cuba libre, free RAF oder no more nukes hießen und mich über den Inhalt der Mixdrinks in Zweifel ließen, allerdings nicht über ihre radikale Herkunft und „staatsbedrohende" Zielrichtung. Ich war 19 Jahre alt und hatte gerade meine Polizeiausbildung hinter mir. Ich war gerade nach Kassel umgezogen, kannte von daher nur konservative Eckkneipen mit herkömmlichen Schnitzelgerichten, in denen ein überbackener Camembert mit Preiselbeeren schon eine alternative Revolution darstellte. Ich stand den radikalen Elementen der Marburger Szene skeptisch gegenüber, trotzdem reizten mich die Diskussionen mit Barbara, ihren Kommilitonen und Martin, der radikale Ideen und Elemente in Köln annahm und in unserer Familie verbreitete. Es krachte manchmal zwischen uns. Heute kann ich es als notwendigen Versuch sehen, sich als Zwilling von dem anderen abzugrenzen, eine eigene Identität zu gewinnen. Wir verloren uns dadurch ein wenig aus den Augen. Martin ging nach Hamburg, Anarchie suchend und findend, ich kündigte mit 24 Jahren meinen Polizistenjob und brauchte keine Ideologie mehr zu vertreten. Ich wurde freier und wir näherten uns wieder an.

Ja, es waren diese roten Ziegelsteine, diese kleinen Gebäude, die mich an Marburg denken ließen. Es waren die vielen Fahnen, welche aus diversen Fenstern hingen und irgendwelches patriotisches Gedankengut zum Besten gaben. Ich konnte die Radikalität, die aus ihnen sprach, nachempfinden. Ich spürte das Blut und die Ehre, und die Notwendigkeit Einzelner, diesen Traditionen in persönlichen unsicheren Zeiten zu folgen und die Burschenschaften zu beleben. Okay, ich hatte meistens ein ungutes Gefühl ihnen gegenüber, manchmal auch Angst empfunden. Mittlerweile wusste ich, dass dieses martialische, imposante Auftreten aus einer persönlichen Verunsicherung und Angst resultierte und auf einem fehlenden positiven und starken Vater in wichtigen Entwicklungsphasen basierte. Meine Motivation, zur Polizei zu gehen - und die Strukturen dort waren ähnlich wie bei Burschenschaften - resultierten aus meinem häufig als schwach erlebten Vater. Von daher erlebte ich Burschenschaften, Zirkel, Armeen, die Polizei oder sonstige nach außen hin stark und kompromisslos auftretende Zusammenschlüsse als weniger beängstigend. Je stärker eine Gruppe versuchte, ein Mitglied zu binden, desto eher würde es sich daraus lösen. Von daher hatten solche Gruppen für mich ihre Bedrohung verloren. Sie lösten sich meist von innen heraus auf oder stagnierten.

Ja, damals in Marburg erlebte ich meine ersten Umbrüche und intensive Zeiten, vor allem bedingt durch die dreijährige Beziehung zu Barbara, welche mir Orientierung gab, allerdings auch Trubel in meinem Gefühlsleben verursachte. Ich hatte sie schon in Alme, meinem Herkunftsort, kennen gelernt, und wir führten eine Wochenendbeziehung mit vielen Höhen und wenig Tiefen. Die Aufenthalte bei ihr in Marburg waren ein intellektuelles Gegenstück zu meinem Polizeileben und motivierten mich zur der Anmeldung an der Abendschule in Kassel, wo ich mein Abitur nachholte. Die Grundzüge wurden hier in Marburg gelegt, und lange Zeit wollte ich hier auch wohnen. Nur dadurch, dass Barbara die Beziehung zu mir beendete, war Marburg für mich auf einmal unerträglich geworden. Trotzdem war ich fasziniert von diesem quirligen Unileben und bewahrte meine Motivation zur Änderung als ein Andenken an Marburg.

Änderungen! Nun war ich wieder in Phasen der Änderung und Neuorientierung. Chorea Huntington war nun mein Lebenshintergrund und brachte viele Chancen. Ich musste sie in meinem Leben nicht euphorisch begrüßen. Das wäre zuviel Nähe zu ihr. Allerdings waren die Auswirkungen durchaus auch positiver Natur, wie z.b. meine Zunahme an Leichtigkeit, mehr Mut zum Außergewöhnlichen, mehr positives Denken hier in den Staaten. Ich erhoffte mir für meine Zukunft auch eine Jobmäßige Abwechslung. Mittlerweile fiel es mir immer schwerer, mich weiterhin als Sozialarbeiter in der offenen Jugendarbeit vorzustellen. Immer seltener dachte ich an meine Kollegen, immer seltener an die Jugendlichen, zu denen ich Beziehungen aufgebaut hatte, immer seltener dachte ich an eine 40 Stunden Arbeitswoche.

Konkrete andere Jobvorstellungen waren nicht vorrätig, aber ich merkte meine Tendenz, zu vertrauen. Vertrauen auf die richtige Chance, auf den richtigen Zeitpunkt! Vertrauen auf meine Fähigkeit, aus Intuition heraus den richtigen Weg zu wählen! Was auch im Jahr 2001 klappte, als mich eine Freundin auf einen Job in der Behindertenarbeit aufmerksam machte. Bis dato hatte ich diesen Bereich auf Grund meiner Verflochtenheit mit der Geschichte meiner Mutter und meiner eigenen Betroffenheit von Behinderung aus meinen Überlegungen ausgespart. Meiner Bewerbung folgte die Einstellung und die Tätigkeit in einem Arbeitsfeld, welches mich motiviert und welches mir viele positive Rückmeldungen gibt. Ich fühle mich an diesem Arbeitsplatz wohl und übe nach nun sieben Jahren diese Tätigkeit immer noch freudig aus.

Danke dem Schicksal!

Ich saß bestimmt zwei Stunden so sinnend auf einer Mauer. Dann wandte ich mich in das östlich gelegene kleine Straßengewirr, wo viele Häuser mit Charme und netten, bewachsenen, beblumten, bunten Vorgärten, welche durch verzierte Eisengitter auffielen, standen. Die Straßen waren so steil, dass man sie unmöglich mit einem Fahrrad oder einem Auto von unten nach oben hätte bezwingen können. San Francisco lebte und leuchtete in der Nacht genauso wie am Tag. Es faszinierte durch unterschiedliche Kultur, den ständigen Wandel, den Gegensatz von Alt und Neu, den vielen Parks und breiten Straßen, die jetzt, kurz vor Mitternacht, ruhig schliefen. Im Park am Jefferson Square begegnete ich einem sehr gut aussehenden Schwarzen, der mich freundlich ansprach. Ich hätte ein nettes und markantes Gesicht und mein Arsch wäre auch nicht von schlechten Eltern. Ich war total baff über die diese direkte Anmache, errötete, fiel aber sofort in Schmunzeln. Ich wusste nichts zu antworten. Musste ich auch nicht, denn der Schwarze war schon weitergezogen. Ich nahm die Bemerkung als Kompliment und, da er auf meine Antwort überhaupt nicht gewartet hatte, als Indiz dafür, dass er mich wirklich nur attraktiv fand.

Ich schlief schlecht. Ich hörte Rascheln von irgendwelchem Ungetier und machte Licht an. Ich fand zwei Kakerlaken und tötete sie mit einem gezielten Schlag meiner Rechten. Das Rascheln hörte auf, allerdings hatte ich den Eindruck, dass mich nun Läuse als Mahlzeit für ihr nächtliches Mahl aussuchten. Ich holte meinen Schlafsack und meine Isomatte heraus und schlief auf dem Fußboden ausgebreitet die gestörte Nacht zu Ende.

Am nächsten Morgen beschwerte ich mich bei dem Portier über die ungebetenen Gäste und bekam ein neues Zimmer zugewiesen, welches zumindest auf den ersten Blick etwas sauberer erschien. Es war auch nicht so verraucht wie das gestrige. Mal schauen, was der Praxistest heute Nacht ergeben würde.

Der graue, feuchte Nebel ließ mich, der ich aufgrund der schlechten Nacht schon früh auf war, frieren. Es dauerte eine Stunde, bis ich mich nach draußen ins nächste Cafe wagte, um zu frühstücken. Inzwischen packte ich meine sieben Sachen, sprich den Rucksack, mit den nötigsten Utensilien für den Flug nach Seattle übermorgen. Alles andere blieb hier bei Kathys Mitbewohner. Nach dem Frühstück wurde es auch gleich wärmer. Die Sonne mogelte sich hervor und ließ sich Zeit mit ihrer Entscheidung, in den Tag zu starten. Manchmal brauchte man halt länger. Es war gegen 11.30, bis sie ihren Kampf gewonnen hatte, aber dann als klarer K.O. Sieger. Sie schien mit voller Wucht auf die Stadt, und vor allem mich! Ich fuhr mein Fahrrad samt Gepäcktaschen in die Kearneystreet, fand die angegebene Adresse schon bald und schellte bei den angegebenen Namen. Der Summer tönte. Ich drückte die Tür auf, es war eng. Ich musste in den 2. Stock. Das würde ich mit Fahrrad und Gepäck auf keinen Fall schaffen, so dass ich erst mal hoch ging und fragte, ob mein Rad eventuell einen Garagen- oder Kellerplatz bekommen könnte. Die 3 Mitbewohner waren äußerst hilfsbereit. Sie halfen mir, die Klamotten über die schmale Treppe nach oben zu schaffen, aber Kathys Wohnung war eng. Vielleicht 70m², und jeder hatte ein kleines Zimmer. Es war mir äußerst peinlich, da weder im Flur noch sonst wo Abstellraum für mein Rad sichtbar war. Wir wuchteten es auf Kathys Hochbett, zogen ihre Matratze ein wenig nach vorne und konnten es so an die Wand lehnen. Nur gut, dass ich es ein wenig gesäubert hatte. Ich trank mit den dreien noch einen Kaffee, ließ Kathy schöne Grüße ausrichten und verschwand mit einem immer noch leicht schlechten Gewissen. Ich hatte nicht gewusst, dass Studenten hier so beengt lebten. Aber Kathy hatte ja schon die hohen Mietpreise in den Städten erwähnt.

Ich schlenderte durch die Straßen von San Francisco und kaufte mir meine beiden ersten CD`s, obwohl ich noch über keinen CD-Spieler verfügte. Ich bemerkte allerdings den Trend auch in Deutschland und würde mich von meinen alten LP´s sowieso verabschieden. Ich war im Kaufrausch, und man bot mir einen Gameboy an. Tomek hatte seiner Tochter einen geschenkt und wann immer ich ihn besuchte, spielten wir um die Wette Tetris auf Sarahs Gameboy. Gott sei Dank verfügte der Verkäufer ausnahmsweise über kein EC-Karten Lesegerät, und ich nahm das als Zeichen, dass ich keinen Gameboy benötigte.

Ich ging neue Straßen, neue Wege. Es wurde enger und voller, viele chinesische Wörter wurden von der einen zur anderen Straßenseite geworfen. Und ich mitten drin. Es war nur eine gewisse Zeit aushaltbar, zumindest für mich riesigen Europäer, der sich häufig an diversen Dekorationen den Kopf stieß und dem Naturklänge wesentlich romantischer waren als das hektische auf mich einreden. Ich konnte mich nur für eine gewisse Zeit darauf einlassen, ansonsten kostete es zuviel meiner Konzentration.

Die Columbus Street nördlich von Russian Hill war gesperrt. Viele Menschen, die sich in diese Richtung bewegten. Was war denn da los? Ich ging meiner Neugier nach und traf einige Radfahrer. Ich sprach sie an, und sie antworteten, ob ich nicht wüsste, dass an diesem Wochenende die Meisterschaften im Fahrradkurierrennen stattfanden.

Es würde am Nachmittag mit zwei Frauenrennen gestartet und morgen mit den Herren fortgesetzt. Das hatte ich ja ganz vergessen. Ich folgte der Menschenmenge, die sich Richtung Hafen wand. Ab dem Embacedeo gab es nur noch abgesperrte Straßen. Fast alle Straßen nördlich der Union Street waren davon betroffen. Menschen säumten die Straßen, Musik drang aus Häusern, Musik drang von Straßenecken und versuchte, die Menschen anzuheizen. Da ließen die San Franciscoianer nicht lange auf sich warten. Sie waren heißblütig, die mittelamerikanischen Rhythmen waren ansteckend. Es war gerade 14.00, das erste

Rennen sollte gegen 15.00 Uhr gestartet werden. Die Stimmung hatte schon unglaublich zugenommen. Ich wartete auf das, was da noch kommen würde. Unten am Hafen standen überwiegend Touristen, welche sich von dem Flair der aufbauenden Stimmung, den vielen Lifebands, welche an Ecken spielten, ohne weiteres anstecken ließen. Ich wand mich zur Jonesstreet, denn dort war durch die Menschenmenge sichtbar, dass die Radfahrerinnen entweder den Berg herunter oder hochgefahren kamen. Das würde spannend sein.

Eine Stunde später hörte ich sie wesentlich eher als sie überhaupt zu sehen waren. Das Aufbrausen von zigtausenden Kehlen, das Hämmern auf Trommeln, das Erschallen von Fanfaren war unüberhörbar. Dann kam eine bunte Masse die Jefferson Street entlang gefahren. Ich sage gefahren, aber da sie von einem Berg runter rollten, hatten sie genügend Geschwindigkeit, um sie in der Ebene zu halten. Weil es ein Rennen war, rasten sie mit Helm und Mountainbike mit einer unglaublichen Geschwindigkeit. Selbst für mich, und erst recht für die rüstigen Rentnertouristen, die ihrem Erstaunen über den Blitz, den sie soeben wahrgenommen zu haben glaubten, gar keinen Raum geben konnten.

Von daher kam ihr Ooooh... und Aaah... als die erste Gruppe schon vorbei war, aber immerhin bekam der Hauptteil, die etwas langsamere Radgruppe, diese Anfeuerung mit. Und so ging es den ganzen Nachmittag. Die Radfahrerinnen waren viel zu schnell, selbst für mich, und so suchte ich mir einen Platz, von dem ich noch ein Stück in die Jones Street hinein schauen konnte, denn diesen steilen Berg mussten sie hinauf. Ich war gespannt, wie sie es schaffen würden. Sie nahmen die Kurve mit viel Risiko und einer Geschwindigkeit von 40 km/h. Einige schalteten runter, traten schnell, verklemmten sich in den Rahmen, und strampelten auf Teufel komm raus. Ich hörte das Ratschen ihrer Schaltungen noch lange, aber nach weniger als einer halben Minute waren sie aus dem Blickfeld verschwunden. Andere behielten zuerst ihren großen Gang bei, gingen in den Wiegetritt, und auch sie mussten etwas später in die kleinsten Gänge schalten. Auch sie verschwanden hinter dem Hügel. Unglaublich! Wie fix sie da oben waren und jede hatte noch ein Gepäckstück dabei, welches sie dort hinauf schleppte.

Der ausgelobte Kurs war ein Rundkurs, und so sahen wir alle 5 bis 6 Minuten die Radlerinnen vorbei flitzen. Es waren überwiegend bunt gekleidete Shirtträgerinnen unterwegs, die so individuell waren, dass man sie ohne weiteres erkennen konnte. Sie hätten also überhaupt keine Startnummern gebraucht. Das Feld war übersichtlich klein, vielleicht 250 Radlerinnen, und schon nach den ersten beiden Runden hatte sich das Rennen auseinander gezogen. Wir Zuschauer hatten nun Zeit, die einzelnen Fahrerinnen in ihrer eigen Dynamik, in ihrer eigenen Stärke, in ihrer eigenen Fahrweise und Ästhetik zu bestaunen. Ich, der ich mich nach 5 Monaten Radurlaub immer noch als Grobmotoriker auf dem Fahrrad betrachte, war fasziniert von den runden, fixen, gleichmäßig tretenden Beinen, von der gespannten Körperhaltung, von den graziösen, kräftigen Schulter- und Armbewegungen, von ihren Steuerkünsten und von ihrer Reaktionsfähigkeit.

Nach der dritten von sechs Runden stellte sich ein Führungssextett heraus, welches eindeutig um die Positionen zu kämpfen schien, mit Ausnahme einer blondhaarigen, welche, schon etwas müde wirkend, das permanente Schlusslicht in dieser Gruppe bildete. Alle anderen gingen mal abwechselnd in Führung. Dann gab es ein erstauntes Aufrufen, das andere wiederum beflügelte, anzugreifen. Es war ein Spiel zwischen Publikum und Sportlerin. Ein Spiel welches auf Gegensätzlichkeit fußte und einen unablässigen Kreislauf bildete. Ich erlebte so etwas zum ersten Mal, und ich war fasziniert von den Auswirkungen einzelner Anfeuerungen. Übrigens war ich sicher, dass die Blonde den Kontakt nicht mehr halten konnte und in die Hauptgruppe zurückfallen würde.

Die restlichen 244 fuhren etwas gemächlicher, flirteten aufgrund der etwas langsameren Geschwindigkeit etwas mehr mit dem Publikum und wurden natürlich gerade wegen des flirtenden Blickes angefeuert. Sie radelten etwas lockerer, nicht ganz so dynamisch, nicht ganz so sportlich wie das Führungsteam, dafür hielten sie mehr Kontakt zum Zuschauer.

4. Runde: Schleifendes Geräusch und das Schaben von Metall. Beim Einfahren in die Jefferson hatte eine Radlerin eine zu hohe Geschwindigkeit. Ich hörte es nur, sah nichts. Aber es war eine aus der 6er Gruppe gewesen. Die, welche bisher mit einem aggressiven Fahrstil aufgefallen war und am häufigsten die Spitzenposition eingenommen hatte. Ich erkannte sie mit Schürfwunden im Hauptfeld wieder. Verteufelt noch mal, fuhr die noch weiter? Warum denn das? Die Wunden mussten weh tun, und ihr anvisiertes Ziel war wahrscheinlich futsch. Andere Zuschauer reagierten ähnlich und feuerten sie dadurch aber an.

5. Runde: Immer noch häufiges Führungswechseln mit der Blonden im Schlepptau. Wow, die hielt sich wacker. Wette verloren, Rainer! Alle Sympathien gehörten den aggressiven, kämpfenden Fahrerinnen, welche das Rennen belebten, welche es spannend werden ließen! Meine aber auch der Blonden, die Mühe hatte, überhaupt dran zu bleiben. Ihr verbissenes Gesicht wirkte gezeichnet. Es war verschwitzt. Sie bewegte ihren ganzen Körper, um sich wieder im Windschatten der anderen auszuruhen. Gerade sie genoss auch meine Unterstützung. Ich sah meine Fähigkeiten in dieser Radlerin gespiegelt. Zwischen der Spitze und dem Hauptfeld hatte die Gestürzte schon wieder Boden gut gemacht. Tendenz eindeutig nach vorne.

6. Runde: Sie waren fast wieder zu sechst. Mittlerweile hatte die bissige Anschluss gefunden, die blonde Hinterradlutscherin hatte sich zum ersten Mal nach vorne gearbeitet, lag auf Platz 3, griff in der Kurve an und powerte den Berg hoch. Damit hatte keine von ihren Konkurrentinnen gerechnet, keine konnte kontern, alle waren überrumpelt. Die giftige gestürzte versuchte, noch mal zu kontern, versuchte, an den anderen vorbeizufliegen, allerdings gelang es ihr nur sporadisch, und dann waren sie schon wieder über den Berg. Aber wie weit war das Ziel noch entfernt? Ich würde mich freuen, wenn die Dauerkämpferin und am wenigsten Ästhetin gewonnen hätte. Schade, das ich bis morgen auf die Zeitung warten musste!

Auch die restlichen Starterinnen im Hauptfeld wurden in der letzen Runde mit besonders viel Applaus bedacht für ihre ungeheure Leistung, 6 Mal diese Berge mit Steigungen von über 20 %, hinauf zu fahren.

Nach einer wohlverdienten Zuschauerpause startete das nächste Rennen, bei dem nun jede Radlerin viele Pakete und Taschen, auf dem Rad, auf dem Rücken, auf der Brust, unter den Armen transportieren und an bestimmten Punkten abgeben musste. Mann, was waren die beladen, sie glichen eher einem Esel. Sie fuhren teilweise freihändig, diesmal etwas langsamer, dennoch war ihr Geschick im Umgang mit ihrem Handwerkszeug ohne Fernglas sichtbar.

Viele trugen ihre Staatsflagge oder auch die städtischen Symbole wie den Berliner Bären. Zwei Schwedinnen waren durch ihre blau gelben Shirts als solche zu erkennen. Zwei deutsche Wimpel, am Hinterrad und japanische Radlerinnen sah ich genauso wie die mit kanadischen Ahornsymbolen ausgestatteten Fahrerinnen. Das Entladen passierte an einer mir nicht einsichtigen Stelle. Allerdings sah ich von Runde zu Runde erleichtertere Radlerinnen, die eines ihrer grossen Pakete oder eine ihrer Taschen erfolgreich ins Ziel gebracht hatten. Zwei Frauen waren in der zweiten Runde schon ihrer Pakete ledig und spielten mit dem Publikum. Sie warfen unter großem Applaus ihre Helme in die tosende Menge.

In der nächsten waren ihre Shirts Opfer des heißen Tages und flogen durch die Luft. Ihre BH`s leuchteten in der Sonne. Der Applaus steigerte sich. Ob der Strip wohl weiterging? Wahrscheinlich nicht, denn wir waren im prüden Amerika, und da war öffentliches Entkleiden, wenn es nicht von irgendwelchen Promis passierte, verpönt und gesetzlich verboten.

Aber der Strip ging weiter. In der nächsten Runde erreichten sie schon die Hafengegend mit bloßem Oberkörper und wippenden Brüsten. Man hörte schon vorher das Aufbrausen der Menschenmenge, die jetzt nur noch Augen für diese beiden Kurierfahrerinnen hatte. Auch die anderen Rennteilnehmerinnen rasten nicht, sondern ein großer Teil flirtete auf irgendeine Art und Weise mit dem Publikum. Weitere Helme, Handschuhe oder Schuhe flogen mittlerweile durch die Luft und wechselten so ihren Besitzer. Die Band an der Ecke mit den lateinamerikanischen Rhythmen spielte, als wenn sie an einer Weltmeisterschaft für lauten Rhythmus teilnehmen würde. Die strippenden Radlerinnen drehten eine Ehrenrunde.

Mittlerweile griffen die ersten Polizisten nach den Fahrerinnen und versuchten, den Strip auf dem Rad zu stoppen. Die Menge buhte auf, und es war eindeutig, wer hier der Sympathieträger war. Sie gaben ein wenig Gas, entflutschen den Beamten, die hechelnd und in voller Montur, zwei davon reichlich dick, erfolglos und schwitzend versuchten, sie einzufangen.

In der nächsten Runde erschienen sie noch einmal. Zumindest eine hatte es geschafft, sich auch der Hose zu erledigen und den Griffen der Polizeibeamten zu entgehen. Sie fuhr mit viel Geschick um die Beamten herum, nutzte dabei die Sympathiewelle immer wieder aus und warf Handküsschen in die Runde. Oh, schade!

Da vorne hatten 10 Beamte, welche wahrscheinlich aus verschiedenen Stadtbezirken zu diesem „Notfall" gerufen worden waren, eine Kette über die Straße gebildet, direkt hinter der nächsten Kurve. Die Radlerin konnte die Beamten wahrscheinlich nicht sehen. Aber jetzt war sie im Scheitelpunkt der Kurve und entdeckte die Gefahr.

Vollbremsung, Rad in die entgegengesetzte Richtung und mit Vollgas zurück. Leider kamen ihr noch ein Paar Rennteilnehmerinnen entgegen, so dass sie ihnen ausweichen musste. Diese günstige Gelegenheit nutzten die Polizeibeamten, um sie festzuhalten und am Weiterfahren zu hindern. Unter lauter Buhrufen wurde ihr eine Decke umgeworfen. Mit viel Applaus wehrte sie sich gegen das rüde Vorgehen der prüden Uniformierten und wurde durch die immer noch buhende Menschenmenge zu einem Streifenwagen begleitet. Alles Weitere wurde heftigst diskutiert.

Es gab immer noch Radlerinnen, die ihre Päckchen nach Hause, sprich ins Ziel fuhren. Allerdings hatte die Stimmung merklich nachgelassen. Es wäre auch nicht mehr möglich gewesen, dieses ständige Auf und Ab der Highlights, den ständigen Dialog zwischen Radlerinnen und Publikum noch länger auf so hohem Niveau zu halten. Das Publikum hatte seinen Spaß gehabt, die strippende Radlerin ebenfalls. Genau wie alle anderen Teilnehmerinnen, hatte sie auf sich aufmerksam gemacht und eine freakige, lebhafte und bunte Stimmung erzeugt. Ich war gespannt auf die morgige Zeitung.

Die Menschenmenge löste sich irgendwann mehr langsam als schnell auf. Ich streunte versonnen und nachdenklich durch die Gegend und ließ dieses Raderlebnis Revue passieren. Mich bewegte die Leichtigkeit, mit der die Fahrerinnen ihre Runden drehten, aber auch ihre Leichtigkeit im Umgang mit den Behörden und dieses freakige Äußere, welches auf die kurze und schnelle Eigenbefriedigung abzielte. Sie schienen alle relativ locker, frei von konservativen Rollenbildern. Sicherlich hatten die meisten ihre ganz eigenen Grenzen, in denen sie lebten und arbeiteten und sicherlich waren sie genauso unfrei wie ich, wenn es darum ging Gut und Böse zu definieren. Sicherlich mussten dann auch sie schnell auf gewohnte Feindbilder wie z.B. Autofahrer, Polizei, Regen, Eltern, Gegenwind zurückgreifen! Wahrscheinlich fühlten sie sich manchmal auch eingeengt in ihrer Handlungsfreiheit. Sicherlich lebten auch sie nicht grenzenlos, gerade wegen der Internationalität der Bikeveranstaltung. Sie mussten in ihrem Rollenverständnis ständig freakig, ständig ein wenig aggressiv, ständig ein wenig anders sein. Sie hatten genauso ihre Grenzen, ihr Rollenverständnis wie jede kleine Gruppe, wie jeder

Schafzüchterverein oder jede Kegelschwester, genauso wie Politiker oder Polizisten, Handwerker oder Studenten. Es war ja auch wichtig sie zu haben, denn sie brachten Identität in identitätslose Gemeinschaften.

Ich schloss mich ein in die Kritik, denn ich war identitätsarm und hatte häufig versucht, eine eigene Identität zu bilden. Als immer noch Suchender fühlte ich mich ein wenig rast- und ratlos. Trotzdem war ich von der Radszene überwiegend positiv überrascht. Sie hinterließ ein Zeichen, ein Mal, in meinem Gedächtnis. Zumindest heute Abend fühlte ich mich ein wenig unbefriedigt. Ich empfand mich ein wenig dazu gehörend, allerdings nur ein wenig.

Bummelnd und wenig von der Außenwelt mitbekommend wandte ich mich Richtung Hotel und beendete den Tag sehr gut schlafend, ohne Kakerlaken- und Läuseeinsatz.

Den vorletzten Tag begann ich Zeitung lesend mit der vergeblichen Suche nach Berichten über die strippende Frau. Aber heute war Sonntag, wahrscheinlich erschienen sie erst morgen. Anschließend ging ich bummelnd durch den Golden Gate Park, der mit herrlichen alten Laubbäumen bewachsen war. Zum zweiten Mal hier in San Francisco wurde ich von einem Schwulen angesprochen und aufgefordert, mit ihm doch im nächsten Gebüsch zu verschwinden oder mit ihm ein Hotel zu besuchen. Auch er war ein sehr attraktiver Mann, diesmal ein Weißer. Schade, dass mich nicht eine ebenso attraktive Frau angesprochen hatte. Ich glaube, ich wäre schwach geworden. Mein letzter Sex mit Heike lag schon über ein Monat zurück, und ich hatte einfach Lust.

Hui, wie würde es mit Tina laufen, die ja auch schon seit Monaten ohne Beziehung sich durchs Leben schlug? Martina war meine erste Jugendliebe. Wir brachten unsere Beziehung auf Grund moralischer unterschiedlicher Werte allerdings nicht über 4 Monate hinaus, und seitdem waren wir dicke Freunde, da Sex keine Rolle mehr spielte. Wir verstanden uns gut, ohne viel zu reden. Ich würde diese Freundschaft, diese Nähe und Intimität nicht aufs Spiel setzen wollen durch ein Wiederaufleben unserer flüchtigen sexuellen Beziehung, die in der Vergangenheit für Schwierigkeiten gesorgt hatte.

Am Nachtmittag schlenderte ich ruhig Richtung Hafen. Ich verspürte keine Eile. Ich nahm die netten Häuser, Villen und Bungalows am Presidio wahr, welche meist zurücklagen mit einem großen Vorgarten, im

Gegensatz zu den kleinen, schmalen, beengten Vorgärten in Nob Hill, Fillmore oder Haight Ashbury. Es war alles etwas großzügiger, und hier sah ich auch Garagen. Unten am Hafen drängelten sich schon wieder die Menschen, und ich begab mich zu meinem gestrigen Platz, der hervorragende Sicht, außergewöhnliche Stimmung und noch bessere Erlebnisse gebracht hatte. Ob es heute wieder ähnlich gut, ähnlich aufregend, ähnlich erlebnisreich werden würde?

An den beiden Rennen nahmen ca. 1000 Radler teil. Ihr Fahrstil war aggressiver als der der Frauen. Die Männer kämpften mehr um die Plätze. Sie nahmen auch Kontakt zu den Zuschauern auf, flirteten mit ihnen, allerdings auf eine vollkommen andere Weise als gestern ihre weiblichen Vorreiterinnen. Aber vielleicht lag es ja auch daran, dass ich als Mann die weiblichen Reize attraktiver fand.

Das Publikum jedoch nahm ihre Leistungen und Bemühungen wahr, und die Stimmung war genauso gut wie gestern. Nicht wirklich glaubte jemand, nach den gestrigen Erlebnissen nun auch einen strippenden Fahrradfahrer zu sehen. Einige vollführten Kunststücke, bei denen sie verschiedene Sprünge zeigten, andere versuchten einen Wheeley, das hieß, nur auf dem Hinterrad zu fahren, andere gingen mit ihren Rädern so stark in die Bremsen, dass sie mit dem Hinterrad um die Kurven schlitterten. Das wirkte alles sehr gelungen, und ich staunte darüber, was man alles mit einem Mountainbike so anstellen konnte.

Auch hier gab es massenweise Bekenntnisse, wo man her kam, welches Land oder welche Stadt man vertrat. Nach den Amerikanern waren auffallend viele Kanadier und Holländer, sowie Franzosen und Italiener zu sehen. Ich sah nur vier oder fünf deutsche Flaggen, und ich fragte mich, ob es wirklich so wenig Teilnehmer aus Teutonien gab, oder ob sie zu den 500 nicht beflaggten gehörten. Zu denen, die sich nicht trauten oder es albern fanden, ihre Nationalität zu nennen? Ich vermutete das zweite!

Ich erinnerte mich an ein Seminar zum Thema „Identität? In Sonderheit Deutsche," welches ich vor drei Jahren mit Herbert an seinem Fachbereich bei einem Philosophen besuchte. Ich bezeichnete mich dort auf Nachfragen als Mensch, weder staatsbewusst noch staatenlos. Ich fand diese Bezeichnung treffend und ein wenig arrogant, ein wenig herausfordernd. Ich warf die Antwort aber auch in den Raum, um mich ein wenig zu schützen. Die meisten dort gingen der Frage nach deutscher

Identität nach. Ich wollte auf keinen Fall gleichgesetzt werden mit den grölenden Deutschen, welche beim Fußballspiel auftauchten, welche die deutsche Flagge schwenkten, wollte nicht in Verbindung gebracht werden mit den rechtsradikalen Vorfällen in Ostdeutschland. Wollte nicht gleichgesetzt werden mit Politikern aller Couleur, die nun nach der Wende steif und fest behaupteten, schon immer die deutschen Interessen vertreten zu haben und weiterhin zu fördern, und deren Lieblingswort die deutsche Einheit, mit Betonung auf deutsche, war. Wollte nicht gleichgesetzt werden mit all denjenigen die ihre wirtschaftlichen Interessen in den Osten transportierten und viele Menschen in den Ruin trieben und auch nicht mit denen, welche laut die Nationalhymne sangen. Wollte nicht erinnert werden an meine eigene Biografie als Polizeibeamter, der ich in Eschwege und Bad Hersfeld in ehemaligen Kasernen der Wehrmacht untergebracht war und dort deutsche Flaggen auf den Dienstgebäuden sah.

Da fiel es mir leichter, die neutrale Position des Menschen einzunehmen, die neutrale Position, des Beobachters aus der zweiten Reihe, die neutrale Position des ausgleichenden, im Sternzeichen Waage geborenen Grundcharakters. Es fiel mir leichter, auch die schon in meiner Familie eingenommene Rolle des Diplomaten, der beide Seiten verstand, zu vertreten.

Ich war der harmonisch denkende, ausgleichend handelnde und Streit schlichtende Part in unserer Familie. Ich war aber auch der ängstliche gewesen, der sich lange Zeit nicht traute, mit meinen Eltern über ihr Bewusstsein als Deutsche zu reden. Sie waren ja unter Hitler gross geworden. Zu sehr befürchtete ich negative Bilder und Geschichten über meinen Vater und meine Oma zu hören, die ich bisher als politisch korrekt und einwandfrei eingeschätzt hatte, und deren Selbstverständnis immer so war, dass sie alles Radikale, alles rechts und links Extreme von vornherein als nicht Gesellschaftsfähig abtaten. Ich hatte aber auch mitbekommen, dass es viele Menschen in der Hitlerjugend gegeben hatte, sowie viele bei der Wehrmacht und der SS tätig waren, und dass sich niemand dazu bekannte.

Alle fanden Hitler schlecht, in meiner Familie genau wie in den Familien meiner Freunde oder Bekannten.

Wo waren all die Millionen Menschen geblieben, welche mit ihrer Gesinnung den Weltkrieg oder das Hitlerregime haben möglich werden lassen? Wo waren sie, die direkt beteiligt waren an Krieg und menschenverachtenden Taten gegen anders Denkenden? Waren es wirklich nur die wenigen, welche während der Nürnberger Prozesse verurteilt wurden? Wo waren die ganzen Mitläufer, die unter dem deutschen Banner Millionen von Juden umbrachten und Gräuel in anderen Ländern verübten? Wo waren all die Mittäter an Krieg und Gewalt? Niemand, den ich kannte oder von dem ich hörte, wollte dabei gewesen sein. Niemand nahm seine Rolle an, und ich fragte mich, ob ich in Mathematik nicht aufgepasst hatte. Über 43% hatten 1933 Hitler gewählt. Grob überschlagen waren es 30 Millionen Menschen. Wo war das Gedankengut dieser 30 Millionen Menschen? Wo waren deren Nachkommen? Wie waren die Kinder von den Wählern aufgewachsen?

Jeder Dritte war an der Machtübernahme mit seiner Stimme beteiligt. Ich zählte in meiner Klasse durch, zählte in meiner Familie durch, zählte bei Bekannten und Freunden durch und versuchte, eventuell verstecktes, nationalistisches Gedankengut zu erforschen.

Vergebens! Keiner hatte irgend eine Verlautbarung diesbezüglich gemacht. Keiner, dem ich es zutraute. Nein, ich fragte lieber nicht nach! Irgendwo mussten sie ja sein. Meine Skepsis war groß. Deutschland, das sich wandelnde Land? Das konnte ich mir wirklich nicht vorstellen. Deutschland, das Land der Verdränger, das schon eher! Also verdrängte ich bis zu diesem Seminar auch und stellte mich nur als Mensch dar.

Während des Seminars wurden ähnliche Erfahrungen, ähnliche Sichtweisen anderer Teilnehmer sichtbar, und wir erarbeiteten positiv besetzte Grundwerte deutscher Geschichte. Vor allem in kultureller Hinsicht, in Hinsicht auf politische Aufklärung und den politischen Neubeginn mit dem Jahr 1949. Es war für mich ein Erfolg, obwohl ich nicht über ein besonders ausgeprägtes Kulturinteresse verfügte, auch nicht über die Kenntnisse der Werke deutscher Philosophen und Denker. Trotzdem wurde eine Basis sichtbar, auf der ich mich zwar immer noch nicht als Deutscher bezeichnete, allerdings als Fragender meine eigene Position stärkte.

Übrigens war Papa nie in der Hitlerjugend aktiv! Er wurde 1944 als 13 Jähriger aus Bochum aufs Land verschickt, und Oma holte ihn schon bald von Bad Rothenfelde ab. Oma stand der SPD nahe und war Hitler gegenüber äußerst kritisch eingestellt.

Dadurch fiel es mir leichter, meine deutsche Vergangenheit zu akzeptieren und mich als Teil der deutschen Geschichte und der deutschen Gesellschaft zu integrieren. Trotzdem hatte ich Schwierigkeiten mit den nationalen Geständnissen, den häufig an Patriotismus appellierenden Stellungnahmen und dem nationalem Gehabe der US-Amerikaner.

Ron sagte zu mir, dass ich ein typischer Deutscher wäre, der sich, sein Land und dessen Geschichte kritisch beurteilte (womit er Recht hatte) und dass es sinnvoller wäre, ein selbstbewussteres und positiveres Denken an den Tag zu legen. Auch damit hat er in seiner kurzen Beurteilung Recht. Ich versuchte, mich zu rechtfertigen und hatte damit die Opferhaltung angenommen, die er mir angeboten hatte.

Ja, hier beim Radrennen mit diversen Staatssymbolen wurde ich mit meiner deutschen Identität konfrontiert, und ich hatte immer noch keine passende Antwort für mich gefunden.

Was ich jetzt in meinem tiefsten Inneren erahnte, war, dass Deutschland, das Land, in dem ich geboren war und in dem ich lebte, einen riesigen Eindruck hinterlassen hatte. Ich war kritisch gegenüber den Vereinigten Staaten, die amerikanische Kultur wurde mir immer fremder, und immer schwächer wurde mein Wunsch, noch längere Zeit hier in den Staaten zu verbleiben.

Heimweh nach Deutschland!?

Oder nur Notwendigkeit, weil ich aufgrund mangelnder Aufgeschlossenheit der amerikanischen Gesellschaft gegenüber feststellte, dass ich nicht in diese integrationsfähig war? Vielleicht auch beides. Aber diese Erkenntnis stimmte mich nicht traurig, sondern sie motivierte mich zum Handeln. Nach dem Motto, wenn nicht hier, wo denn sonst. Martin hatte mir einen Tip für die Reise mitgegeben und versucht, mir drei Kriterien für die Integration mitzuteilen.

1. Einmal beim Friseur gewesen zu sein. Habe ich bisher mit Tomeks Hilfe erledigt. 2. Auf amerikanisch zu träumen. Ist mir nicht gelungen und 3. mit einer Amerikanerin zu schlafen. Ich habe mir als „Ersatz" Heike geholt. In allen drei Punkten hatte ich die „Integrationsprüfung" nicht bestanden. Okay. Dann beschrieb ich den mittlerweile fünfmonatigen Aufenthalt in den Vereinigten Staaten als Urlaub! Urlaub gab die Sicherheit, nach Deutschland zurückreisen zu können.

Mit diesem Gefühl betrachtete ich die letzten Kurierfahrer, genoss den letzten Abend kalifornischer Sonne mit einem diesmal sehr guten kalifornischen Zinfandel, einem Spaziergang durch den Buena Vista Park, diesmal ohne jede Anmache von Schwulen. Wahrscheinlich merkte man mir meine nachdenkliche Stimmung an, so dass ich in der Attraktionsskala der auf hip getunten Schwulen auf Minus 1 landete. Ich schlenderte durch das Szeneviertel Haight Asbury, empfand die Freundlichkeit der Bewohner hier als aufmunternd. Ich beendete die letzte Nacht mit einem zweiten Glas Rotwein, der mich so stark ermüdete, dass ich ins Hotelzimmer wankte und gleich in den Schlaf versank.

Ich träumte mich als Radfahrer, Kurierpost ausfahrend auf einem schicken Mountainbike. Toll, allerdings nicht auf amerikanisch!

Gegen 12.00 erreichte ich am nächsten Morgen den Flughafen und startete eine Stunde später. Es war so schön, wieder im Flieger zu sein. Das Erlebnis, in der Schwebe zu sein, über den Wolken war grandios. Meine Vision für weiteres Leben, der Sonne sehr nahe zu sein, erfreute ich mich auch diesmal ungemein. Wenn es nicht so eine Umweltverpestung wäre, würde ich das Flugzeug als Transportmittel Nummer Eins benutzen. Ich hatte Blick auf die Küstenberge, die flach und eben wirkten, manchmal kam das Meer in Sicht. Gerade die Erlebnisse an den Vulkanen sowie die Wanderung durch die Redwoods waren prägend gewesen, und ich erinnerte mich jetzt über den Wolken, gerne an sie.

Die Eindrücke waren noch nicht verblasst. Sie präsentierten sich mir als starke Erinnerungen von wahnsinnig wichtigen Änderungsprozessen, welche mein Selbstverständnis von mir als krank und behindert, wandelten. Dadurch entstanden neue Ideen für ein neues Leben mit Zukunft und Perspektive. Diese galt es zu bewahren und zu realisieren!

Wandlungen halt!

Seattle, Tina oder die Annäherung
an eine Rückkehr nach Deutschland

Der Flug war, wie bisher die meisten, viel zu kurz, viel zu wenig Zeit direkt unter der Sonne. Ich wäre gerne noch länger bei meinen schönen Erinnerungen geblieben. Ich wollte mit jeder Flugminute die Erlebnisse, die ich vor kurzer Zeit langsam erradelt hatte, mitnehmen und ausdehnen. Mein Gefühl für Zeit war abhanden gekommen, und ich wollte dieses zeitlose Reisen auskosten bis an die Grenzen des Universums.

Ich wollte in meinen Erinnerungen verharren, fühlte mich gehalten von ihnen. Mein Druck, etwas erreichen zu müssen, dieses ständig getrieben sein, war verschwunden. Deshalb überraschte mich die Ansage: „Bitte anschnallen, wir setzen zur Landung an," vollkommen. Das langsame Hinabgleiten, die sich vergrößernde Landschaft, in der Berge, Bäume und Häuser schon bald erschienen, gefolgt von dem langsamen Aufsetzen des Flugzeuges auf die Rollbahn, das Dahinpreschen mit 300 km/h über das Flugfeld, das Bremsen sowie das Hineinpressen in die Gurte erschien mir diesmal fremd.

Erst nach Verlassen des Flugzeuges hatte ich ihn wieder, den Kontakt zum Boden, das Empfinden wieder in der Realität zu sein.

Ich hatte mir aus meinem Reiseführer schon ein Hotel vorgemerkt, fuhr mit dem Bus in die Stadt und fragte mich zum Hotel durch. Ich bemerkte viele patriotische Flaggen, aber auch Fotos von Bill Clinton, dem Präsidenten.

Ich hatte ihn schon vor seiner ersten Wahl als Populisten bezeichnet. Genau wie unseren Schröder. Sie waren das Gefährlichste, was einem Staat passieren konnte. Populisten neigten zu Schauelementen, zu perfekten Auftritten mit ihrer egoistischen Persönlichkeit und gaben ein gefärbtes Bild der Lage ab. Sie zeigten sich ein wenig emotional und

236

zogen die Bevölkerung mit ins Boot nach dem Motto: „Wir schaffen es. Wir werden unser Wirtschaftswachtum steigern. Wir wollen einen neuen Staat." Emotionalität hatte in der Politik einen großen Vorteil. Sie ließ den normalen Bürger dem Politiker näher stehen und suggerierte, mit ihm auf einer Ebene zu sein Das war suggestiv, denn der Politiker spielte in einer ganz anderen Liga. Aber er benötigte die Zustimmung der Bevölkerung, und die erhielt er wesentlich eher, wenn er der Mann aus dem Volk war, der wusste was die wahren Bedürfnisse, was die wahren Interessen der Bevölkerung, waren! Der Vorteil einer solchen Politik war ein hoher Sympathiewert und damit ein einfaches Regieren. Außerdem konnte man die Stimmung manipulieren und die Bevölkerung merkte aufgrund der schauspielerischen Leistung und der Undurchsichtigkeit von Politik nichts von den wirklichen Interessen. Dann schon lieber Bush und Kohl. Da wusste man eher, was man wählte. Da hatte man, was man bekam. Da hatte man, was drauf stand! Ich unterstützte Emotionalität in der Politik selten. Sie war ausschließlich sinnvoll für rational denkende und handelnde Menschen.

Okay, dies ein kleiner Diskurs zu Politik. Ich nahm das Hotelzimmer. Ich fragte noch mal nach, warum heute geflaggt wäre. Ob irgendein Festtag wäre, den ich übersehen hätte? Konnte man so sehen. Präsident Bill Clinton würde heute zu einer Wahlveranstaltung kommen.

Wow, da hatte ich ja Glück! Ich kam gerade in Seattle an und würde heute mit Sicherheit eine kostenlose Show des politischen Entertainments erleben.

Ich trudelte durch die Stadt, so wie ich es häufig machte, wenn ich Zeit hatte, eine Stadt kennenzulernen. Trudeln hieß im besten Sinne, Zeit vertrödeln in dem ich Einheimischen folgte zu deren Lokalitäten, in deren Kneipen, in deren Einkaufszentren. Ich fuhr mit Bus und Bahn, und wenn jemand einen Donut in einem nichtssagendem Café bestellte, dann bestelle ich genau in diesem Ambiente denselben. Häufig entdeckte ich nette Sehenswürdigkeiten, hatte nette Erlebnisse mit einfachen Menschen, kleine Entdeckungen leckerer Spezialitäten, die in keinem Reiseführer erwähnt wurden.

Das war trödeln: Zeit haben mit älteren Rentnerinnen, hastig mit einem jung gebliebenen Mittdreißiger, der einen Kinderwagen schob, durchs Viertel rennen und seinem verzweifelten Blick begegnen, wenn ein zartes Stimmchen plötzlich zu knöttern anfing und irgendwann wie eine Sirene schrie. In diesem Blick lag die ganze Verzweiflung eines anscheinend schon langen Nachmittages mit wenig Erfolg in der Sirenenabstellzeremonie. Ich konnte dieses Gefühl sehr gut wahrnehmen und verstehen, und ich freue mich in dem Moment, keine Kinder zu haben. Ich würde in solchen Situationen einen Ausraster bekommen. Deswegen munterte ich den Mann mit einem Blick auf. Er versuchte, mir den Urheber des Sirenengeheuls zu zeigen. Das war ein rührendes Baby, zwei, drei Monate alt, und es hatte Bauchschmerzen. Ich konnte nicht länger zuhören und verschwand.

Bill Clintons Veranstaltungsort war leicht zu finden: Immer den Menschen hinterher, den geflaggten Straßen nach. Bill Clinton war berühmt und gut angesehen. Es gab viele positive Meinungen zu ihm, und als er, gefolgt von seiner angebeteten Hillary, endlich auf der Bühne stand, empfing ihn rauschender Beifall. Er erzählte, dass er heute Morgen noch an einer Wahlkampfveranstaltung im Staat Arizona teilgenommen hätte. Und er wäre über den Grand Canyon geflogen, hätte die Schönheit von Amerika wahrgenommen, und er war stolz, in einer Boeing geflogen zu sein. Es wäre absolut sicher und klar, dass die Firma Boeing hier in Seattle 1200 neue Stellen schaffen würde!

Noch mehr Applaus. Er sagte gar nicht, wie er die etwas angeschlagene Firma auf einen neuen Kurs bringen wollte. Er wiederholte immer nur als hätte er einen Sprung in seiner Platte: „1200 neue Arbeitsplätze." Vielleicht verstand ich auch nicht mehr. Auf jeden Fall waren alle Zuschauer zufrieden, applaudierten immer mehr, gelangten in den Takt, gelangten in Einklang. Der Präsident forderte seine Anhänger zu weiterem Applaus auf, indem er immer wieder auf sie zuging, die Arme hochriss und Gesten der Rührung sichtbar zeigte. Er ging unter im „Flowershower." Diesen Begriff fand ich am nächsten Tag in der Zeitung. Er traf zu. Massen an Blumen, welche auf der Bühne landeten. Ein Schauspieler, der nach dem Fall des Vorhanges auf die Bühne rauschte und seine Blumen einsammelte. Ein Schauspieler, der angewiesen auf den Dank und die Anerkennung des Publikums war. Er war schon eine bemitleidenswerte Figur. Wenn er mal nicht mehr Präsident sein sollte, so würde er mit Sicherheit weiter abhängig sein von diesem Publikum, und wenn er es nicht mehr nutzen konnte, würde er umsteigen, auf Alkohol und co.!

Ich war froh, nicht von der Gunst anderer Menschen abhängig zu sein. Ich beneidete Billi überhaupt nicht, der zwar der Menschenmenge entgegen lächelte, aber der verkrampft war. Unfrei! Verlogen! Und das in den Vereinigten Staaten. Und dieses ständige Schauspielern, dieses ständige sich groß und noch größer darstellen, ging mir mittlerweile auf den Sack, und mein Wunsch nach Deutschland zurück zu gehen, nahm konkretere Formen an. Ich konnte mir ein dauerhaftes Leben hier in den Staaten nicht mehr vorstellen. Dazu war ich ein zu ehrlicher Mensch! Und zu bodenverbunden!

Ich holte Tina am nächsten Mittag am Flughafen ab. Ich erkannte sie in der Menge schwer. Sie würde die kleine Heike auch nur um 1-2 cm überragen. Aber ich bemerkte irgendwann doch ihre gelb schwarz karierte Jeans, ihr dunkles T-Shirt, ihre runde rote Brille. Sie sprudelte gleich über, fiel mir in die Arme und erzählte und erzählte und erzählte. Irgendwann waren wir schon im Hotel, und da fiel ihr auf, dass sie ja noch gar nichts von mir wusste. Und da es ihr peinlich war, errötete sie, und das bei ihrer hellen Haut. Sie konnte es nie verbergen. Musste sie ja auch nicht. Als ich ihr das sagte, errötete sie noch mehr, sie war fast schon weinrot.

Wir gingen in die nächstbeste Bar, bestellen alkoholische Getränke, und der Barkeeper wollte meinen Ausweis sehen, um die Altersgrenze zu checken. Hey, ich war 30 Jahre alt. Die meisten schätzen mich aufgrund meiner mangelnden Hautpflege stets auf 5 – 10 Jahre älter, und dieser Knirps hinter dem Tresen wollte meinen Ausweis haben, weil er nicht glaubte, ich hätte schon die erforderliche Altersgrenze von 20 Jahren erreicht. Tina sah immer jung aus. Sie blieb von der Kontrolle verschont, und hatte natürlich nun den Lacher auf ihrer Seite.

Das Lachen, der lachende Umgang setzte sich fort. An diesem Abend, aber er hielt sich auch über den gesamten gemeinsamen Zeitraum. Wir stichelten einander häufig im positiven Sinn, so dass ich mich an die Zeit unserer Jugendliebe zurückerinnerte, als ich diesen erfrischenden Kontakt, diese Leichtigkeit, diese Keckheit von Martina zum ersten Mal bemerkte und mich häufig davon anstecken ließ. Wir waren im Dialog miteinander, der eine steckte den anderen an und wir befruchten einander. Zumindest unsere Lachmuskeln wurden strapaziert.

Die Zeit rückt zusammen. Ich habe zu den Tagesvorhaben keine weiteren Eckdaten, da ich kein Tagebuch mehr führte, und das Fotoalbum, welches Tina mir schickte, nur über 25 Photos verfügt. Für mich bleibt dieser Zeitraum dennoch bedeutend, da mein Wunsch wieder nach Deutschland zu fahren, immer deutlicher wurde. Nicht so sehr die Örtlichkeit von Seattle und Umgebung waren dafür entscheidend, sondern wahrscheinlich der lange Zeitraum von 5 Monaten in den Staaten. Von daher sind die folgenden Beschreibungen nicht mehr chronologisch geordnet, nicht mehr in der Beschreibung der einzelnen Tage, nicht mehr in den täglichen kleinen und großen Erlebnissen zusammengefaßt, sondern in Form einer groben Inhaltsangabe. Praktisch der Quintessenz.

Schon während meines Studiums begann ich eine Zusatzausbildung zum Erlebnispädagogen bei dem renommiertesten Anbieter in Deutschland. Wir segelten bei Sturm über die Ostsee, kletterten im Karwendel Gebirge, biwakierten auf 2500 Meter Höhe in Schnee und Eis während des Winters, unternahmen ausgedehnte Höhlentouren. Es waren wunderbare, interessante Begegnungen mit Menschen und der puren Natur. Alle stärkten meine Fähigkeiten und meine Sicherheit im Umgang mit den Techniken der einzelnen Sportarten. Ich fühlte mich wohl während der Erlebnisse.

Kurze Zeit nach den einzelnen Kursen, wieder zurück in der Zivilisation, meist wieder eingebunden in städtisches Leben, meist wieder im Arbeitsleben stehend, waren all die positiven Gefühle verschwunden. Auch die Lösungsstrategien, welche wir in Extremsituationen anwandten, verschwanden in der Diffusität des hektischen Stadtlebens! Schon nach kurzem stellte ich einen Bedarf nach mehr Erlebnissen fest. Jedesmal, wenn ich wieder im Alltagsleben angekommen war, versuchte ich einen neuen Schritt, das Erlebte in meine Gegenwart mitzunehmen oder zu übertragen. Immer wieder scheiterte ich daran, bis ich nach 1 ½ Jahren die Ausbildung gefrustet an den Nagel hängte.

Die Übertragung von Erlebnissen war zu erst einmal eine Gefühlssache, und Gefühle waren schlecht übertragbar. Außerdem steckte ich viele Erwartungen in die Erlebnispädagogik, da ich während der Arbeit mit Jugendlichen manchmal mit herkömmlichen Methoden der Sozialarbeit an meine Grenzen stieß. Ich wollte immer viel! Arbeitete mit viel Elan und Einsatz und wollte auch ganz schnell Erfolge, nach dem Motto: „Was mir hilft, das muss auch dir, Jugendlicher, gut tun." Natürlich lief ich mit so einem Bewusstsein gegen die Wand. Ich merkte erst jetzt, dass es vielleicht gar nicht ein Versagen der Erlebnispädagogik war, sondern meine Ungeduld und meine nicht realisierbaren Vorstellungen und Projektionen auf die Jugendlichen. Sorry, tut mir leid, dass ich Euch mit den ganzen Kletterworkshops und Kanuwochenenden genervt habe. Ich begann zu begreifen, dass die Erlebnisse einer gewissen Zeit bedürfen, um zu reifen. Einer gewissen Distanz! Zumindest bei mir verbocktem Rainer!

Mittlerweile verfügte ich über einen riesigen Fundus an außerordentlichen Erlebnissen, einem wahren Schatz und nun begann langsam der Lebensabschnitt, diesen Schatz zu heben und anzusehen.

Ich brauchte nicht mehr Erlebnisse, sondern wollte mich an dessen Aufarbeitung begeben!

Seattle wurde benannt nach dem legendären Indianerhäuptling Chief Seattle, der wegen seiner berühmten Rede eines der großen Idole der Ökologiebewegung des späten 20. Jahrhunderts wurde. Und auch ich war bei einem Vortrag, der mich 20 Minuten lang begeisterte, dann aber aufgrund der Länge, der Originalfassung und der vielen Wiederholungen langweilig wurde.

„Erst wenn der letzte Baum gerodet, der letzte Fisch gefangen ist, werdet ihr feststellen, das man Geld nicht essen kann."

Ich erinnerte mich sehnsüchtig an meinen kleinen Fiat, auf dessen Heckscheibe neben diversen anderen Aufklebern dieser Spruch auf weißem Grund mit einem Regenbogen als Dach prangte. Tja, Häuptling Seattle begleitete mich schon des längeren, und ich fragte mich nach dem Ergebnis. Ich war ein ziemlicher Öko geworden, war wie gesagt sogar Vegetarier und war vor allen Dingen selten Geld und Karriere hinterher gelaufen. Hatte mich nie verkaufen müssen. War bisher immer meiner Linie, meinen Grundsätzen treu geblieben.

Damals im Talbot Samba hatten Tina und ich unseren ersten Sex. Ich erinnerte sie daran, sie schmunzelte und prustete los.

Seattle hatte den Beinamen Rain City, und der Wettergott kämpfte mit harten Bandagen. Sturm und Wolken en masse, aber wir hatten Glück, wir erlebten keinen Tropfen. Selbst auf der Space Needle gab es einen klaren Blick über die Stadt und über die umliegenden Hügel, Berge, Seen und den vorgelagerten Pudget Sound.

Wir erlebten die 4 Tage als wohltuend, entspannend, wenig stressig und unkompliziert im Umgang miteinander. Seattle galt einerseits als die liebenswerteste Stadt der USA, was sich einerseits an einem streß-freien Autoverkehr zeigte, oder aber an den vielen Cafes, Spielplätzen, Einkaufszentren ohne Verkehr, Sportstadien, Parks und dem Hafen. Halt vieles, und vor allen Dingen waren es nicht die Extreme, die den Le-benswert nach oben puschten. Es waren nicht die höchsten Häuser, nicht die größten Hafenanlagen, nicht die teuersten Modegeschäfte. Es war die Mischung aus vielen guten Dingen, die den Reiz ausmachte. Auch die Kriminalität hielt sich in Grenzen. In Seattle lebte ein anderer Men-schenschlag, mehr Nordländer, weniger hitzige Latinos, mehr die Nach-folger gemütlicher englischer Gentlemen oder skandinavischer Baum-fäller. Lebendig im Sinne von Trubel erlebte ich Seattle in den Kneipen. Dort war es laut, lustig und offen, wie in einer mit Freunden und Ver-wandten überfüllten U-Bahn. Es herrschte eine jeder-spricht-mit-jedem und jeder–bestellt-für-den-anderen-ein-Bier-mit–Mentalität. Es war die Art von Kneipen, in die man auch als Familienangehöriger noch ging. Die Gäste waren meist locker gekleidet, manchmal Anzugträger, wenig Freaks. Halt wenig Extreme. Ich mochte diese Mischung und fühlte mich pudelwohl.

Tina als Architektin hatte einen ganz anderen Blick für Häuser, Stra-ßen und Untergrund. Sie war fasziniert und zeigte mir Feinheiten, die mir nie aufgefallen wären. Z. B. die bevorzugte Bauweise aus Stahlbe-ton, um Flexibilität und größtmögliche Sicherheit im Falle eines Erdbe-bens zu bieten. Es gab viele kleine und dezentrale Rettungsstationen, Krankenhäuser, Polizeistationen, um im Ernstfall eines Erdbebens gute Arbeit leisten zu können. Keine extremen Steilstraßen, sondern ausge-wogene Bebauung.

Besonders interessant war der Gang durch die „Alte Stadt," welche als Museum besuchbar war. Sie war auf Meereshöhe erbaut worden, verfügte über unzureichende Kanalisation, war von Hochwasser häufig geplagt und lag teilweise auf sumpfigem Gebiet. Es gab deshalb hochgelegte Boardwalks, hölzerne Bürgersteige, aber dazwischen verschlammte Strassen, in denen Erkrankungen und Seuchen sich ausgebreitet hatten. Gott sei Dank hatte es 1889 einen verheerenden Stadtbrand gegeben, nach dem diese Seuchenfabrik nicht wieder aufgebaut worden war. Wir waren in dieser alten Stadt. Wir nahmen die Feuchtigkeit an den Wänden wahr. Manche Blockhäuser standen herum. Plastikfiguren stellten nachdrücklich die Lebenswelt der ehemaligen Bewohner dar. Es stank fürchterlich. Nase zu haltend suchten wir schon bald den Ausweg.

Ende letzten Jahres war der Film „Sleepless in Seattle" in den deutschen Kinos angelaufen. Ich hatte ihn in Deutschland noch nicht gesehen, aber ich als Fan von quirligen Frauen mochte Meg Ryan. Und Tina war genauso quirlig wie Meg Ryan. Wir schauten den Film und kicherten ein wenig wie pubertierende Jugendliche. Wir saßen Schulter an Schulter mit dem Empfinden gedoppelter Energie durch die vertraute Umgebung, die vertraute Situation und das Gefühl, zu Hause zu sein. Heimatgefühle. War es bedingt durch die Nähe zu einer Frau oder durch die Tatsache, dass Tina und ich uns in einer ähnlichen Situation kennengelernt hatten?

Vielleicht aber auch der Kontakt zu ihr als Deutsche. Ich wäre am Liebsten in sie hineingekrochen. So wohl und geborgen fühlte ich mich in ihrer Umarmung, geschützt vor dem harten Amerika, geschützt durch unsere Vertrautheit, und in mir keimte der Wunsch nach Veränderung. Ich wollte noch einmal eine Beziehung mit einer Frau leben, mich einlassen, mit ihr Gemeinsamkeiten erleben, mit ihr gemeinsame Ziele entwickeln, mit ihr Alltagssituationen leben. Ich wollte Perspektiven im Alltag, einen neuen Job.

Das ging alles am Besten in Deutschland. Und das merkte ich hier in den Armen von Tina, die mich hielt. Es war angenehm, so gehalten zu werden.

Ich fühlte mich getragen und geschaukelt, und auch dies war für mich nicht mehr das pure Entfernen von meinen männlichen Anteilen, sondern das Ausprobieren, das sich Anpassen an andere Situationen.

Obwohl ich mich nicht als Macho bezeichnete, bekam ich manchmal, meistens von Frauen, den Vorwurf, ich sei einer und würde meine Rolle als Mann überbewerten. Ich sah die Kritik in Ansatzpunkten als durchaus berechtigt an. Trotzdem, ich war ein Mann, und zu einer Beziehung gehörten zwei. Beide konnten glücklich und zufrieden die Beziehung leben, solange sie in eine gemeinsame Richtung ging, solange ihr Ziel identisch war. Und nur solange! Bei nicht lösbaren Streitigkeiten musste einer in den sauren Apfel beißen und die Entscheidung, eventuell auch für beide, fällen. Und das war meistens, da die Frauen mehr für die Gefühlswelt zuständig waren und weniger die Entscheidungshoheit in kniffligen Fragen innehatten, der Mann. So war mein erlerntes Bild.

Eigentlich war Papa nie der natürliche Führungsmensch. Er hatte keine angeborene Autorität. Er besaß die Familienrolle des Oberhauptes und Lenkers nur auf Grund seiner Männlichkeit. Die natürliche Autoritätsperson in unserer Familie war Oma. Sie gab die Richtung vor und prägte durch ihre Statements den einzuschlagenen Weg. Prägte durch ihre moralischen Werte und durch ihr Dasein die Familie. Papa war häufig durch Arbeitseinsätze verhindert, und die vakante Rolle nahm ohne zu zögern Oma ein. Sie riet Mama, was zu kochen sei oder stellte den Speiseplan um und wenn Papa mal über Mamas Kochkunst nörgelte, bekam er von Oma ein Ausweichessen serviert.

Oma spielte ihre Sonderrolle in der gemeinsamen Wohnung auch Weihnachten. Sie stellte dann einen eigenen Weihnachtsbaum auf und beschenkte uns Kinder fürstlich, meist nicht in Absprache mit Papa und Mama und erkaufte sich hiermit Bonuspunkte im kindlichen Gefüge. Oma forderte uns Kinder auf, mit ihr zum Gottesdienst zu gehen.

Besonders mich hatte sie auserkoren, sie hierbei zu begleiten. Sie hatte meinen Unfall mit sechs Jahren und den darauf folgenden Krankenhausaufenthalt als Anlass genommen, mich aufzupäppeln und zu ernähren. Ich wurde ihr besonderer Liebling. Papa schien nichts dagegen zu haben. Vielleicht hatte er ja auch nicht die Traute, sich gegen Oma zu wenden. Allerdings hatte er auch Mama nicht darin unterstützt, ihre schwache Position gegenüber Oma zu stärken. So gab es immer wieder Kleinkrieg und die Kämpfe wurden selten direkt, sondern meist durch die Blume geführt. Papa hielt sich meist heraus, Oma gewann, Mama schmollte und abends als Papa endlich von der Arbeit zurück war und ich von ihm ein regulierendes Wort hören wollte, war er meist zu müde.

Das war seine Art der Flucht vor einer starken Oma, seine Art, mit der Hilflosigkeit ihr gegenüber umzugehen. Die natürliche Autorität genoss er ohne weiteres in den Bereichen des Geldbeschaffen, des in die Kneipe Gehens oder der handwerklichen Projekte im Haushalt. Da konnte ihm niemand das Wasser reichen.

Ich als Teil im System Familie wurde zwischen Oma und meinen Eltern positioniert. Ich vermittelte schon früh. Meistens unterstützte ich Omas Interessen, was natürlich auch meiner Förderung gleich kam. Ich lernte, diplomatisch zu handeln, indem ich zwischen den Stühlen sitzend beide Seiten kannte, beide schätzte, aber die nervigen Streitigkeiten hasste. Ich nutzte mein Wissen, um zu einem ausgeglichenen Familienverhältnis beizutragen.

Nun überdachte ich diese Rollenbilder. Damals waren sie notwendig für unser System Familie. Notwendig auch für jeden einzelnen in diesem fragilen System, notwendig auch für mich. In der Nähe zu Tina empfand ich Wärme, Stärke und Vertrauen, merkte meine Tendenz zum weinen, zum mich fallen lassen, zum schwach werden immer häufiger und wollte dem mehr nachgehen, mehr Schwäche zu lassen. Ich wollte nicht mehr der nur Starke sein. Ich wollte die Pascharolle verlassen. Ich wollte weniger in einer Rolle leben, die zwar Orientierung bot, allerdings auch Festlegung bedeutete. Ich wollte mir erlauben, auch mal passiv zu sein, aber auch aktive, mir bewusste Handlungsmöglichkeiten in Situationen der Schwäche ausprobieren.

Änderungen halt! Änderungen auch entgegen der mir bekannten Lösungsstrategien erarbeiten. Gegen den Strom! Nicht aus einer Antihaltung heraus, sondern im Sinne des neugierig ausprobieren!

Änderungen zum Schwach-sein-dürfen!

Tina und ich blieben 4 Tage in Seattle Wir überlegen kurz, ob wir an einem Konzert der hier heimischen Gruppe Nirwana teilnehmen sollten. Uns wurde die Entscheidung abgenommen, da es keine Karten im Vorverkauf mehr gab, und wir nicht stundenlang an dem Kartenhäuschen anstehen wollten.

Die Seattle westlich vorgelagerte Halbinsel wird von dem Olympic National Park bestimmt. Ich überredete Tina zu einer 10 tägigen Erkundung dieses Refugiums. Anschließend wollten wir nach Las Vegas fliegen. Hierzu überredete Tina mich, denn sie hatte Interesse am

Stadtleben und an verrückten Ideen, die in Zusammenhang mit Gestaltung von Plätzen und Wohnraum standen. Sie musste schon viel Überredungskunst aufbringen, um meine mittlerweile befriedigte Lust auf weiteres städtisches Leben neu zu erwecken. Alternativen für Tina waren San Francisco und L.A. oder San Diego. Alles für mich nicht wirklich interessant. Also willigte ich ein, ins Spielerparadies zu fliegen. Tickets kauften wir gleich in Verbindung mit dem Hotelzimmer. Auch dieser Flug war spottbillig. 48 Dollar für Hin- und Rückflug sowie drei Übernachtungen in Vegas.

Wir mieteten uns ein Auto und fuhren zunächst in entgegengesetzte Richtung nach Yakima.

Nach zwei Fahrtstunden verließen wir die Waldgegend, und die Landschaft ging über in Wiese und Weide. Es war einer der phantastischsten Übergänge, an die ich mich erinnere, und ich als Übergangsfan hatte schon viele solcher Übergänge erlebt und bewundert.

Der mit mächtigen Bäumen bestandene Wald, grün und braun, variierte immer mehr in diversen Farbabstufungen. Er war bewachsen von Rotholzzedern, die den Wald in einem warmen Farbton erscheinen ließen. Wir hörten einen klassischen Radiosender, der die Fahrt untermalte, als wären wir in einem erstklassigen Kinofilm. Wie lange hatte ich schon nicht mehr gute Musik genossen. Gute Musik passte zu den Bildern und verstärkte das emotionale Erleben. Diese Komposition von Farbgestaltung und Musik war so passend, dass wir überhaupt nicht reden wollten, was zumindest für Tina ein schwieriges Unterfangen war. Aber auch sie konnte sich dem Zauber der Naturgestaltung nicht entziehen. Nach dem Waldgebiet kam grünes Weideland, welches nach und nach durch mannshohes Büffelgras abgelöst wurde. Dieses Gras war goldgelb. Es strahlte in der untergehenden Sonne und hatte einen leuchtend roten Widerschein. Es strich sanft bewegt durch den Wind. Die Felder wurden nicht begrenzt durch Zäune. Ein Hügel nach dem anderen nahm dem Blick die Weite und schuf einen engen Raum aus sich wölbenden Rundungen. Es roch nach Heu, etwas intensiver, etwas eindringlicher.

Der Geruch betörte mich und erinnerte mich an die Zeit, als ich in meinen Kinder- und Jugendjahren auf Bauernhöfen half, Heu einzufahren. Nur war er hier etwas frischer. Des Weiteren waren die Grasflächen bewachsen mit wildem Mohn oder anderen bunten Sommer- und Herbstblumen, die ich nicht kannte, die allerdings wie kleine Farbtupfen das Gemälde komplettierten. Yakima selbst war ein Zentrum von Landwirtschaft und Holzwirtschaft. Eine nette Kleinstadt, in der sich der Yakima Fluss und der Naches vereinen.

Am nächsten Tag ging es zurück Richtung Westen. Wir fuhren Richtung Mount Rainier, von dem eine magische Anziehungskraft ausging, und ich erzähle Tina von den dortigen Erlebnissen. Sie hatte Lust, mit mir den Nationalpark für einen Tag zu bewandern. Wir fanden am Weite River einen passenden Trailhead und ließen unser Auto dort stehen. Wir wanderten im Mischwaldgebiet und bestaunten die Redwoods, die auch hier riesig waren, wenn auch bei Weitem nicht so massiv wie in Kalifornien.

Ich erzählte Tina von meinen Gefühlen, welche ich damals hatte, und Tina hörte einfach zu. Für mich war es ein Wiedererkennen, und ich merkte, wie durch dieses Wiedererleben sich meine Erfahrung in den Redwoods manifestierte als etwas Besonderes, als etwas Einmaliges, etwas, das einen hohen Wert in meinem Leben einnahm. Obwohl ich nicht gut erzählen konnte und mir manchmal die richtigen Worte fehlten, konnte Tina meine Stimmung nachempfinden.

Ich entdeckte so etwas wie Ehrfurcht vor dem Wald, aber auch Ehrfurcht vor mir. Ihre Stimme klang leise, als sie irgendwann abends im Zelt sagte: „Rainer, du machst es absolut richtig." Mehr nicht, aber dieser Satz ging runter wie Öl und manifestierte sich in mir.

Rainer, Du machst es richtig, sagte ich am nächsten Morgen auch zu mir selbst!

Abends erreichten wir Westport, eine kleine süße Ansiedlung mit einem faszinierenden Leuchtturm. Wir waren an der Pazifikküste. Es war Tinas erster Pazifiktag, und so beschlossen wir, morgen eine ausgedehnte Strandwanderung zu unternehmen. Jetzt war es schon dunkel. Um unsere Urlaubskasse nicht allzu sehr zu belasten, bauten wir an einem geschützten Ort in Meeresnähe das Zelt auf.

Der nächste Tag gab uns die Möglichkeit, bei unklarem Wetter, heftigem Wind und heftigen Wellen die Wettertüchtigkeit unserer Jacken zu testen. Am Strand wimmelte es von angeschwemmtem Holz, welches durch stundenlange Sonneneinstrahlung gebleicht und durch Witterung aalglatt poliert war. Seegras und Algen konnten sich an dem Holz nicht halten. Der ganze Strand wirkte steril. Die Flut schien hier jeglichen Müll und auch natürliche Überreste mit sich zu nehmen. Wir gingen nicht schwimmen. Es war weniger das kalte Wasser als vielmehr die extreme Brandung und der äußerst kalte Wind, was uns zurückhielt.

Noch etwas war anders und merkwürdig: Es waren die Hinweisschilder mit indianischen Namen: Cohassset, Taholat, Quinault. Sie verwiesen entweder auf Ortschaften, die von Indianern gegründet worden waren oder auf Indianerreservate, die in Eigenverantwortung von Indianern gemanagt wurden. Mir wurde deutlich, dass es hier viele Ansiedlungen gab. Viele Indianer lebten vom Fischfang, aber es sollte auch Stämme gegeben haben, die schon frühzeitig Ackerbau und Viehzucht betrieben und damit den Grundstein gelegt hatten für Ortsansiedlung, Handel und natürlich auch kleinem Reichtum. Hier wurden sie seßhaft und wurden einflußreicher. Chief Seattle war auch hier bekannt. Es gab Treffen verschiedener Indianerabgeordneter mit dem legendären Häuptling der Dumquish.

Es war Herbststimmung und auch die Indianerkulturen waren im Begriff, verloren zu gehen. Zumindest erweckten die diversen Reservate nicht einen Hauch von Hoffnung, alles war am Zerfallen. Viele bellende Hunde, viele Menschen torkelnd auf den Straßen. Viele Zäune, viele heruntergekommene Autos, manche ausgeschlachtet, manche verbrannt, manche bestanden nur noch aus einem Motorblock. Was machten die Indianer damit? Waren sie immer noch Sammler und sammelten den Müll diverser Industrieansiedlungen? Am schlimmsten fand ich, dass so viele Kinder, Jugendliche und im besten Alter stehende Menschen in dreckigen und abgeranzten Klamotten auf Bänken saßen. Manche glotzten TV in der nächsten Bar, manche hingen rum und ließen ihre Köpfe hängen.

Ich war erschrocken. Ich erinnerte mich an meine ersten Begegnungen mit indianischen Kulturen in Anchorage. Ich erinnerte mich an den Schmerz, den ich fühlte, wenn ich sie so leiden sah, und wollte ihnen am Liebsten hinüber schreien: „Steht auf und wehrt Euch!"

Vielleicht war es ja anmaßend, aber ich empfand mich im Gegensatz zu ihnen, als glücklich. Ich hatte mir eine Perspektive erarbeitet, ich hatte das letzte halbe Jahr sinnvoll genutzt, um mein Leben zu überdenken. Ich hatte eine positivere Einstellung gefunden, um für mein weiteres Leben motiviert zu sein. Wahrscheinlich waren die Indianer schon zu lange in ihrer Situation gefangen. Ein großer Teil war wahrscheinlich schon in destruktive Verhältnisse hineingeboren und hatte seit dem in depressiven Familien gewohnt.

Ich hatte einen Großteil meiner Kindheit, meiner Geschichte, in harmonischen Familienverhältnissen verbracht. Ich hatte immer eine Perspektive. Wir waren zwar nicht wohlhabend, aber wir konnten uns ziemlich viel erlauben. Und wir hatten Oma, die mit viel Elan die moralische Richtung zeigte, die immer wieder Wege aus der Krise wusste und dazu beitrug, dass ich meine Sünden mit zwei Rosenkranzgebeten tilgen konnte. Den Rest erledigte ich dann selbst bei den regelmäßigen Kirchgängen und Beichten. Im Vorfeld der Beichte zitterte ich meistens mit den anderen erbärmlichen Sündern und Dötzen vor der Kirche. Danach kam ich stolz und mit erhobenem Haupt durch das Kirchentor und wollte elanvoll weitere Taten vollbringen.

Ich hatte lange Zeit nicht verstanden, wie so etwas funktionierte. Da war jemand, der eine bestimmte Funktion hatte. Jemand, dem die Gesellschaft das Amt und Hoheiten zugewiesen hatte. Trotzdem waren es banale Worte, banale Handlungen, die Amtspersonen vornahmen. Manchmal sprach der Amtsinhaber in einer besonderen Stimmlage, machte die passenden Gesten, und ein Großteil der Gesellschaft richtete sich nach dem Inhalt des Gesagten, auch wenn es oftmals nicht nachvollziehbare, unlogische und blöde Handlungen oder Unterlassungen von einem forderte.

Ein Pfarrer, nicht sichtbar in seinem Beichtstuhl, hörte meine Sünden und entschied intuitiv, ich sollte fünf Ave Maria oder zwei Vater Unser als Buße beten. Ich tat es und wenn er gesagt hätte, ich solle dabei noch Liegestützen machen, so hätte ich es auch getan.

Es war schon komisch, welche Macht man einem Amtsträger gab. Oder dem Polizisten, der dem radelnden Kind auf dem Bürgersteig das Radfahren untersagte. Das Kind stieg ab. Erwachsene waren in ähnlichen Situationen schwerer zu dem gewollten Handeln zu überreden, aber mit ein wenig Geschick und Übung des Amtsträgers funktionierte es in den meisten Fällen doch. Ich erinnerte mich an meine vergeblichen Versuche während der Polizeiausbildung, von Autofahrern wegen Ordnungswidrigkeiten die Personalien zu ermitteln und mir doch ein wenig

Bakschisch, hier meine ich das OWI-Geld, zu geben. Es bedurfte häufig der Androhung von höheren zu zahlenden Geldern, und auch dann, fuhren manche einfach weiter und ließen mich verdattert stehen.

Ich hatte weder damals noch heute eine natürliche Autorität und musste auf die Macht der Uniform vertrauen. Mittlerweile sehe ich das ein wenig anders. Macht ist ein Vakuum, welches meist nicht an eine Person gebunden ist.

Macht ist auch kein Charakterzug, sondern sie liegt zwischen den handelnden Partnern und kann jederzeit von jedem ergriffen und genutzt werden. Klar gibt es Menschen, die sich immer wieder das Bündel holen als wäre es das ihre, und sie sind gewohnt, hinter ihm her zu hecheln wie ein Junkie hinter dem nächsten Schuss. Meist sind sie unzufrieden, wenn sie die Macht nicht haben, sondern der andere und versuchen, mit List und Tücke, Drohung und Gewalt an dieses kleine Bündel zu gelangen. Unsere ganze Gesellschaft basiert auf solchen mehr oder weniger sichtbaren Machtinteressen von Machthungrigen, Machtgierigen. Die Wortwahl zeigt schon, dass es sich um keine bewussten und rationalen Verhaltensweisen des Einzelnen handelt, sondern dass es ein triebhaftes und damit äußerst Zwangs gesteuertes Handeln ist, das dem Machtträger erst dann bewusst wird, wenn jemand anderes ihm dieses Überlebensbündel entwendet hat.

Die Indianer waren nicht aufgrund der natürlichen Schwäche machtlos, sondern sie waren es, weil sie nicht genügend um ihre Positionen in der Gesellschaft kämpften und von vornherein den Kopf einzogen.

Auch ich war kein absoluter Looser, nur weil ich Chorea Huntington hatte. Ich sah mittlerweile beide Seiten der Medaille. Ich war nicht der nur Unterlegene, denn ich war durchsetzungsstark. Manche behaupteten sogar, ich wäre trotzig, dickköpfig und stur. Was ich wollte, das kriegte ich schon irgendwie hin. Z.B. meine nicht mehr gewollten Startbahnwest Einsätze, einen anderen Arbeitsplatz, ein Jahr unbezahlten Urlaub, gute Freunde, nette Partnerinnen, Wohnung, Bauwagen, etc. Das alles hatte ich mir mit meinem starken Willen erstritten. Ich hatte das Heft in die Hand genommen, hatte mein Schicksal in die eigenen Hände genommen, hatte das Bündel Macht an mich genommen und hatte mich dadurch gestärkt. Ich wollte es in der Zukunft genauso tun. Noch mehr meine Vorteile durchsetzen. Schließlich hatte ich mittlerweile erfahren (im wahrsten Wortsinne), dass ich über eine jede Menge Ausdauer verfügte.

Ja, ich lernte, und hoffentlich auch die Indianer. Zwei Tage später fuhren wir nach La Push, einer Stichstraße zum Reservat der Quillayute Indianer. Dort wurde mir die Misere der dort lebenden Indianer derart körperlich bewusst, dass ich mich vor Übelkeit fast übergeben musste und Tina und ich schon bald den Rückweg antraten. Überall waren Alkoholleichen. Die depressive Stimmung und der stinkende Abfall waren zuviel für meine Nase.

Ich wollte nicht mehr in meine eigene Depression zurückkehren, sondern noch stärker die positiven Seiten leben, aktiv leben, nicht verwahrlosen, keinen Stillstand. Ich wollte bewusst und tief die Sonne des Lebens einatmen mit netten, freundlichen, ausgelassenen Menschen und mit Kollegen, die mich akzeptieren. Ich war ein Teil der Gesellschaft, und ich bestimmte das Verhältnis mit. Nicht mehr Dulden! Gestalten!

Mit Tina redete ich viel. Ich berichtete von meinen Gefühlen, ich redete über meine Wünsche, über meine Gedanken, über mein Jetzt, über meine Zukunft. Wir wanderten täglich im Olympic National Park, dem beeindruckenden Wald mit alten, großen Bäumen. Manchmal war er dunkel und unheimlich, manchmal hell und licht. Berge, Pässe, ausgetretene und ausgetrampelte Wege, unterwegs. Wir hatten Zeit im Wald. Ich genoss das Erzählen, das Anknüpfen an vorherige Erlebnisse. Ich fühlte mich gerade im Wald verbunden mit der Erde. Verbunden mit meiner Geschichte, und im Gespräch mit Tina festigten sich meine Gedanken, meine Planungen. Ich knüpfte ein Netz zwischen meiner Vergangenheit in Deutschland, den Erlebnissen hier in den Staaten, meinen Ideen, meinen Planungen, meinen Gefühlen und einer neuen Zukunft in Deutschland. Das war ein wunderbares Gefühl.

Die 10 Tage vergingen wie im Flug. Irgendwann waren wir wieder in Seattle, fuhren aber gar nicht mehr in die Stadt hinein. Wir nahmen in der Nähe des Flughafens ein Motel, gaben das Auto ab und verließen das Motel nur noch für ein Abendessen. Wir ließen uns am nächsten Morgen wecken für eine neue Erfahrung, eine neue Seite von Amerika, die Seite des Entertainments, die Seite von viel Geld und viel Schein.

Las Vegas, wir kommen!

Wieder flogen wir über Oregon mit seinen markanten und für mich bedeutsamen Kratern und Vulkanen. Diesmal überquerten wir die Cascade Range und flogen über ein Hochplateau. Rotbraune Erde wechselte mit dem Blau von größeren Seen, dem Eisblau von vereinzelten Schneefeldern im Gebirge, grünen Wald- und Wiesengebieten, vielen hellen Weizenfeldern oder dem Gold-Gelb der Prairiesteppen. Der Flug glich ein wenig dem Überqueren eines Schulatlanten, so genau konnte ich die landschaftlichen Höhepunkte und die landwirtschaftlich nutzbaren Flächen erkennen.

In der Realschule war ich von Atlanten beeindruckt. Ich hatte unwahrscheinliches Interesse an Erdkunde. Erstens wegen der gut aussehenden Lehrerin. Zweitens wegen der 1, die ich seit der 6. Klasse mit viel Fleiß erstrebt und erzeichnet hatte (ich hatte die Kontinente abgezeichnet und mit Buntstiften ausgemalt und bekam zum ersten Mal ein Lob für meine sonst unterdurchschnittliche Zeichenkunst) und drittens wegen der Parallelen von Kleinem und Großem.

Dies wurde mir als lang aufgeschossenem Lulatsch deutlich, als ich die Hierarchie in der Klasse erkannte. Es gab zwei Gruppen: Die Schüler aus Hoppecke und die aus Alme. Die Hoppecker Klassenfraktion war um vier Schüler größer als die der Almer. Einer von den Hoppeckern, klein, lange Haare, gutaussehend, hatte immer die größte Klappe und verschaffte sich Respekt durch geschicktes Verhalten bei Raufereien, bei denen er die stärkeren Hoppecker anfeuerte und gegen andere hetzte. Er war nicht mein Freund, aber er bettelte manchmal um Hausaufgaben bei mir. Ich gab sie ihm meistens um des Friedens willen, da es sonst schmerzhafte Hiebe von den zahlenmäßig überlegenen Hoppeckern gegeben hätte. Ich ließ mich beeindrucken, gab meine Hausaufgaben widerwillig preis und ließ die anderen auch bei Klassenarbeiten abschreiben. Ich wurde ein „sozialer" Mensch, der für seine Mitschüler da war.

Schon früh merkte ich, dass meine körperliche Länge nicht unbedingt ein Vorteil war, sondern sie nutzlos war bei einer großen Menge von Gegnern. Bündnisse gegen mich wurden gebildet, und so ging ich auch Bündnisse ein. Martin, mein Zwilling, und ich waren schon ein sehr gutes Team, dazu noch Roland der kräftigste Almer und Christoph der gewitzte. So konnten wir uns gemeinsam schon mal wehren, manchmal auch angreifen.

Aber am liebsten war ich der Alleingänger, der sich alleine durch wurstelte. Das hatte ich ja bei Oma, in deren Einfluss ich mich bewegte, immer mehr gelernt. Nun saß ich neben Tina, hatte mit ihr viele Gemeinsamkeiten, und sie hörte mir zu. Sonst war das meistens umgekehrt, da war sie der redende Teil.

Positionswechsel waren sinnvoll und brachten häufig eine Alternative. Auch beim Volleyball lebte eine Mannschaft von Dynamik, Positionswechsel und geistiger Geschwindigkeit. Ich hatte früher gespielt. In fast allen Spielen war ich zusammen mit Martin der dynamisch angreifende Teil. Wir hatten solange im Spiel Erfolg, bis man sich auf uns einstellte. Dann allerdings hatten Martin und ich Schwierigkeiten, uns gegen die Blöcke durchzusetzen. Wir waren damals nicht in der Lage, schnell umzuschalten, neue Finten und Varianten erfolgreich und schnell ins Spiel zu integrieren. Meistens musste jetzt die List unseres gewitzten Spielertrainers das Spiel entscheiden. Meistens klappte es. Auch ich trainierte tückische Schläge und listige Varianten und wurde für das Team unersetzbar.

Tina war in der Frauenmannschaft von Alme. Sie hatte aufgrund ihrer Größe nie die Dynamik, um die gegnerische Mannschaft unter Druck zu setzen. Sie erledigte ihre Aufgaben von vornherein mit List, Schnelligkeit und hoher Abwehrbereitschaft. Mit dem unbändigen Willen, den Ball zu erreichen, flog sie wie ein Adler im Sturzflug in alle Ecken und erhechtete unter viel Applaus der Zuschauer verloren geglaubte Bälle zurück.

Es war ca. 8 Jahre her, dass ich wegen vieler Verletzungen dem Volleyball den Rücken kehrte. Tina hatte erst vor kurzem aufgehört. Ich hatte gelernt im Team zu denken, im Team zu arbeiten und im Team Erfolg zu haben. Nun war ich fast ein halbes Jahr unterwegs hier in den Staaten. Meistens als Einzelgänger. Ich hatte gerade dadurch Erfahrungen gesammelt im Kontakt mit anderen, im Kontakt mit mir selbst und empfand mich gestärkt für die Rückkehr nach Deutschland. Nun empfand ich mich mehr als Einheit und prüfte diese Einheit nun im Dialog mit Tina, die mir immer wieder bestärkende Rückmeldungen gab.

Kurz vor der Landung war die Landschaft nur noch braun. Ein Hinweis darauf, dass wir nun über Wüste flogen. Von oben tauchte dann wie aus dem Nichts die Skyline von Las Vegas auf. Eine bunte Ansammlung von Beton, Straßen, Hochhäusern und grünen Parks. Sie wirkte fremd und hineingebügelt. Wie eine platte Insel im Ozean. Fremd, wie ich mich immer mehr hier in den Vereinigten Staaten empfunden hatte. Fremd, wie ich mich immer mehr im Kontakt zu den Amerikanern empfand. Fremd, wie ich mich in der gemachten Welt empfand. Ich sehnte mich nach Heimat.

Das Gefühl wurde noch stärker, als wir gelandet waren und nach dem Auschecken in einer überdimensionalen Limousine, die eine Länge von 10 Metern aufwies und 2,50 breit war, Platz nahmen. Es war ein Cadillac, der Ursprung der amerikanischen Automanie. Wir waren die einzigen Gäste, obwohl wahrscheinlich eine ganze Footballmannschaft Platz in ihm gefunden hätte. Der Chauffeur trug Uniform und weiße Handschuhe und fuhr uns zum zwölfstöckigen Hotel Desert Inn Resort. Dort erhielten wir unsere Kingsize Suite zugewiesen, welche dem Namen entsprechend riesig war. Das Bett hatte die Größe eines Fußballfeldes. Der Fernseher stand auf einem antiken Bord. Eine Schrankwand mit riesigen Türen sorgte für Ordnungsmöglichkeiten. Es gab zwei riesige Spiegel, in denen selbst die dicken Amerikaner ihre massigen Körper vollständig bewundern konnten, Telefon auf dem Zimmer und einen netten Text im Hotelführer, dass wir uns wohl fühlen sollten und alles Mögliche getan würde, um unseren Aufenthalt hier zur vollsten Zufriedenheit zu gestalten.

Hieß das übersetzt, sie würden unseren Aufenthalt auch finanziell sponsern oder hieß das, wir könnten auch Damen des horizontalen Gewerbes auf Hotelrechnung bestellen? Damit wir nicht allzu sündige Gedanken hatten, lag die Bibel, relativ unangetastet, in der Schublade direkt daneben. Praktisch als Wiedergutmachung oder damit wir von vornherein in den Zwiespalt zwischen Moral und Geld eingewiesen wurden. Praktisch als kleine Einweisung in das sündige Leben, welches uns hier in Vegas erwartete! Als weiterer Bonus erhielten wir den Hinweis, es gäbe eine Spielhalle mit allen erdenklichen Glücksspielen direkt in dem Hotel, im Keller, in den tiefen Katakomben unterirdischen und höllischen Lebens. Wir würden pro Tag und pro Person jeder 10

Gratisspielchips erhalten, die nur in dem Hotelcasino eingelöst werden konnten.

Wir konnten der Versuchung nicht widerstehen und begaben uns direkt in die Höhle des Löwen. Dort standen direkt im Foyer Reihe an Reihe einarmige Banditen, jene Maschinen, in die man einen Vierteldollar warf und dann einen Handgriff betätigte, worauf sich die Maschinerie der drehenden Symbole in Gang setzte. Davor befanden sich zur Verringerung von Bandscheibenschäden oder Muskelverspannungen Barhocker. Man sollte die gemütliche Atmosphäre genießen. Haha! Viele Maschinen waren besetzt. Meistens von älteren Menschen im T-Shirt-Look, manche Frauen mit Handtäschchen, Dauerwelle und Einkaufskörbchen aus Plastik. Die Körbchen dienten der Gewinnaufnahme, und tatsächlich hörte ich schon bald, wie in den metallischen Auffangbehälter massenweise klanghaft die Münzen purzelten als würde die Maschine überfließen. Der Gewinner scheffelte mit seinen fleischigen Händen die Münzen gedankenverloren in seinen Plastikkorb, der zu gut einem Drittel gefüllt war. Er selbst blieb dabei ohne Regung, ohne Emotion, freute sich mit keiner Mine über das Klingeln der Münzen, sondern nahm die nächste Münze aus dem Haufen und warf sie wieder in den Schlitz. Ebenso emotionslos. Er betätigte wieder den Griff, die Räder setzten sich wieder in Gang. Es dauerte drei Sekunden, bis sie geräuschlos anhielten, und der Spieler hatte die nächste Münze schon in der Hand, die er gedankenlos wieder in den Schlitz beförderte.

Ohne Beteiligung! Alle 5 Sekunden ein Vierteldollar, mal 12 macht drei Dollar in der Minute, mal 60 macht 180,- Dollar in der Stunde. Ein ziemlich guter Stundenlohn für den Banditen, ein ziemlich hoher Verlust für den unsympathischen Amerikaner mit Bierbauch, kurzen Hosen und Basecap. Ich gönnte ihm weitere 24 Stunden a 180 Dollar die Stunde Verlust, einen weiteren ganzen Tag an der Maschine mit einer geringen Trefferquote. Oh, was war ich gehässig. Eigentlich wollte ich auch die Banditen ausprobieren, war aber hin und her gerissen zwischen der Hoffnung auf einen glückhaften Gewinn und der Angst vor einem traurigen Ende. Das abschreckende Beispiel des dicken Amerikaners mit seiner Spielsucht hielt mich davon ab, zu spielen. Ich wollte selbst nicht abhängig sein. Wollte nicht in den Tran verfallen, nicht in den Automatismus von ständig Geld einwerfen, ständig sich dem Glück ausliefern, ständig die Spannung zwischen Verlust und Gewinn ertragen, sich ständig der unbeeinflußbaren Maschinerie hingeben.

Ich fühlte mich an meine Kindheit erinnert, als Papa regelmäßig sonntags in der Kneipe überflüssige Münzen in den Glücksspielautomaten warf und die Maschine von uns Kindern überwachen ließ. Er hatte die Angewohnheit, die letzte drehende Scheibe mit seiner Hand abzudecken und wollte sie so beeinflussen. Ich tat es ihm damals gleich. Wollte auch Spielgott sein, der für einen Hauptgewinn sorgte. Es klappte nie, und seit dem glaubte ich nicht mehr an meine Fähigkeit, das Glück beeinflussen zu können.

Ich hatte mich immer als Verlierer gesehen. Nachdem ich positiv auf Chorea Huntington getestet wurde hörte ich, die Zahl der Erkrankten in Deutschland würde ungefähr 3000 betragen. Lange Zeit hatte ich immer wieder die Wahrscheinlichkeitslehre zur Hilfe genommen und errechnet, dass Deutsche zu einen Prozentsatz von 0,00000461 an Chorea Huntington erkrankt waren. Beim Lottospiel 6 aus 49 lag die Wahrscheinlichkeit, zu gewinnen bei 0,0000000715% und war damit nur ca. 150 Mal geringer. Konnte ich denn so ein Pechvogel sein, dass ich so absolut auf der Verliererseite stand? Ich hatte im Lebenslotto eine geringe Chance auf Erkrankung und ich Depp und Looser bekam in dieser Kategorie den Hauptgewinn?

Wäre es dann nicht gerechtfertigt, ich würde einen 6er im Lotto gewinnen oder zumindest einen 5er? Wäre es nicht gerechtfertigt, einmal im Leben den Hauptgewinn zu ziehen? Einmal wenigstens die finanziellen Sorgen und Nöte zu reduzieren? Einen Ausgleich dafür zu erhalten, dass ich entgegen jeder Wahrscheinlichkeit erkrankt war?

Wäre es nicht gerechtfertigt, einmal im Leben auf der Gewinnerstraße zu sein? Wäre es nicht gerechtfertigt, einmal auf der Sonnenseite des Lebens zu sein?

Wäre es nicht gerechtfertigt, ohne gesundheitliche Sorgen zu leben, wie die restlichen 64 999 999 Deutschen auch? Wäre es nicht gerechtfertigt, dass trotz eines so geringen Erkrankungsrisikos die Medizin alles mögliche täte, um diese beschissene Krankheit wenigstens zu heilen?

Wäre es nicht gerechtfertigt, ich würde als Belohnung Ersatz in Hülle und Fülle in jeglicher erdenklicher Form erhalten?

Viele unbeantwortete Fragen, die mein Denken bestimmten. Häufig hatte ich mich an solchen Zahlen orientiert. Gott war schon tot. Die Mathematik wurde ein Begleiter, aber die Zahlen, die ich gedanklich schuf, waren erniedrigend, demütigend, entmutigend, nicht zu fassen. Mir war nicht nachvollziehbar, warum gerade ich solch einem Schicksal ausgesetzt werden sollte, warum ich auf der Looserseite des Lebens war? Die Zahlen waren so ernüchternd, die medizinischen Lösungsideen so fern, die Heilungsmöglichkeiten so ausgeschlossen, dass ich schon bald die Mathematik auch nicht mehr als hilfreich in meinem Leben ansah. Dabei war die Wahrscheinlichkeit, das erkrankte Gen von meiner Mutter geerbt zu haben, bei 50 zu 50 gewesen. Paritätisch! Ich hatte im Vorfeld immer darüber nachgedacht, ob es bei dem Gentest zu einem positiven Ergebnis kommen konnte. Die Wahrscheinlichkeit war hoch. Zumindest mehrere tausend Mal höher als das Erkrankungsrisiko für andere.

Eigentlich hatte ich wenig Grund, den Test machen zu lassen. Er war nur zur Bestimmung des erkrankten Gens notwendig. Nur eine diagnostische Notwendigkeit. Eine Notwendigkeit überwiegend für Mediziner, die darüber den Krankheitsverlauf beobachten konnten und eventuell später über einen Genaustausch Chorea Huntington medizinisch therapieren konnten. Das mit dem Genaustausch war nur eine Lösungsidee. Für mich war maßgeblich, dass ich kleinere Auffälligkeiten an meinem Körper wahrnahm, die mich verunsicherten. Ich ließ überraschend viele Sachen fallen, ich stürzte im Vergleich zu Bekannten und Freunden relativ häufig. Ich hatte eine leichte Körperunruhe und beim Volleyball traf ich immer häufiger den Ball nicht mehr richtig. Alles kleine Indizien, welche mich verunsicherten.

Meine Freunde und der Therapeut waren der festen Meinung, es handelte sich um psychosomatische Erscheinungen, um die Vorstellung, ich könnte krank sein. Ich schloss mich innerlich dieser Meinung an, aber wollte, um den Rest Unsicherheit aus meinem Bewußtsein zu entfernen, den Gentest machen. Ich wollte die kleinen Symptome aus meinem Leben verdammen. Ich wollte die Gewißheit, ich wäre 100 %ig gesund, 100 %ig nicht von Chorea Huntington betroffen. Ich wollte nach dem Test meine beruflichen Perspektiven überdenken, meinen sportlichen Hobbys uneingeschränkt nachgehen, mein Leben uneingeschränkt leben und ohne die Vorstellung, die kleinen Symptome könnten irgendetwas mit Morbus Huntington zu tun haben, mein Leben freier leben. Frei von Sorgen! Dies war meine Motivation für den Test, dies war meine feste Überzeugung.

Ich war sicher, der Befund würde negativ sein. Nur in einer kleinen Ecke meiner Gedankenwelt und meiner psychischen Welt, versteckt im Winkel von nicht Wahrnehmen wollen, gab es auch eine Skepsis. Von daher war ich ziemlich überrascht, als die Ärztin mir den positiven Befund mitteilte. Im ersten Moment verstand ich gar nicht, was sie eigentlich erzählte. Friedhelm, mein Therapeut, der mich begleite, übersetzte die schlechte Nachricht, und erst in diesem Moment begriff ich, was das hieß.

Ich erstarrte! Ich wollte es nicht wahr haben. Das durfte doch nicht wahr sein. Bleischwere legte sich auf meinen Körper, Bleischwere legte sich auf meine Motivation, Bleischwere legte sich auf meine Zukunft!

In dem Moment war ich tot.

Friedhelm führte mich an einen ruhigen Ort, in eine kleine Kirche. Ich empfand in diesen Moment meine Verbundenheit mit stillen Orten und sah den phantastischen Himmel und die phantastischen Farben des Indian Summer. Ich wusste, da möchte ich noch mal hin.

Das war mein Ausgangspunkt gewesen. Das war meine Motivation gewesen, nach Amerika zu reisen. Und ich bemerkte Wandlungen in meinen Beurteilungen von mir und meinen Zielen. Ich stand immer mehr als Gestalter meiner Gedanken und Ideenwelt im Mittelpunkt.

Gott ist tot! Es lebe Rainer! Gott hatte ich als Lösung meines Dilemmas aus meinem Leben verdammt. Die Mathematik als Prunkstück der Naturwissenschaft war als Lösungsidee tot! Ich hatte sie ebenso aus meinem Leben verdammt! Es lebe Rainer! Die medizinische Heilung für Chorea Huntington war noch nicht geboren. Die Forschung dazu steckte noch in den Kinderschuhen. Es lebe Rainer! Und immer wieder: „Es lebe Rainer!" Das war die einzige Orientierung, welche in meinem Leben nun Raum einnahm. Es lebe Rainer war der einzige Halt, welcher Hilfe versprach.

Es lebe Rainer war die Maxime, welche langsam in meinem Gedankenraum Platz einnahm. Es war das einzig Sinnvolle und motivierte mich, weiterzuleben. Und es wurde immer einfacher, ohne andere Ideologien zu leben. Es lebe Rainer war mein weiteres Ziel, war meine Perspektive, war meine Hoffnung.

Nun begab ich mich auf die Nehmen Seite des Lebens. Auf die aktive Seite, auf die Seite der Selbstgestaltung, auf die Gewinnerseite. Langsam, aber stetig.

Im Casinosaal waren mehreren Roulettetische besetzt. Zwei waren geöffnet, an denen sich mehrere Menschen versammelten. Einige, wie ich und Tina, waren der hintere Teil, der beobachtende, der erforschende, welcher die vorderen, an den Tischen aktiven Spieler doubelte und sich ein wenig in diese hineindachte. Was würde er setzen? Farbe, ja relativ gute Wahrscheinlichkeit von 50 %, aber ein wenig feige. Zahl brachte viel Knete, wenn man gewann. Im Moment setzte eine ältere Spielerin mehrere farbige Chips auf eine Zahl. "Kugel komm rüber," wünschte sie sich wohl, aber auch ihr sah man keine Regung, keine emotionale Beteiligung an. Die Kugel fiel. Sie rollte einige Sekunden lang und fiel in eine Zahlenvertiefung. Es war nicht die richtige. Der Croupier holte mit seinem harkenähnlichen Stab die Chips der Verliererin ein und teilte an die wenigen Gewinner einige Chips aus. Es war ein phantastisches Spiel, welches mich vielleicht vor ein paar Jahren noch begeistert hätte, nun allerdings nicht mehr. Irgendwie wirkten die meisten Menschen fremd, nicht ansprechbar, emotionslos. Ich fühlte mich an Science Fiction Filme erinnert, in denen ich ebenso leblose Mimen sah. Ich hatte das Interesse verloren mit den Mimen zu spielen. Ich erkundete die Räumlichkeiten weiter und entdeckte einen Raum, in dem Bingo gespielt wurde. Das ist doch interessanter. Da konnte man ein wenig mitreden, da war es lebendiger. Ich kaufte mir an dem Verkaufsschalter für meine Chips entsprechende Karten. Tina auch.

Wir verbrachten den Rest des Tages mit leckeren, günstigen Cocktails und leckeren, günstigen Snacks in der Casino Lounge. Eine ältere, schwarze Sängerin im Glitzerkleid und mit Glitzern in den Haaren, an den Armen und Fingern sang zusammen mit einem Pianisten Soullieder. Sie hatte eine warme, tiefe Stimme, in der ein Timbre mitschwang, das mich an Aretha Franklin erinnerte. Ich fand sie klasse! Ich mochte ihren leicht melancholischen Touch und ich mochte die Zurückhaltung, mit der sie ihre Lieder darbot. Ich applaudierte ziemlich laut und war überrascht, dass nicht das ganze Casino tobte. Viele nahmen sie gar nicht wahr. Sie waren vertieft in Gespräche, vertieft in ihre Spiele, waren vertieft darin, eine Strategie zu entwickeln, das Glück auf ihre Seite zu holen. Die Sängerin war für mich und Tina das Highlight des ganzen Casinogeschehens. Wahrscheinlich sang sie schon längere Zeit in Casinos, und ihre melancholische Stimmung hatte einen ganz realen Grund, nämlich den, sich täglich zu präsentieren ohne die erhoffte Rückmeldung des Publikums, ohne tosenden Applaus, ohne gemocht zu werden und das wahrscheinlich schon ziemlich lange ohne Perspektive. Oh, das war hart. Sie tat mir so Leid. Beim nächsten Lied applaudierte ich noch mehr. Sie nahm mich wahr.

Unsere Blicke hafteten länger aneinander. Ich erkannte in ihrer Traurigkeit meine eigene Traurigkeit wieder. Ich versuchte, in meinen Blick so viel Hoffnung wie nur möglich, so viel Anerkennung, wie nur denkbar und ganz viel Bestätigung zu legen. Ich war am manipulieren. Ich wollte die Menschen froh um mich haben, und ich konnte ihre Traurigkeit nicht stehen lassen. Es tat mir weh, wenn ich traurige und verzweifelte Menschen sah und mit ihnen zu tun hatte. Mein Gemüt war mitfühlend, mitleidend. Sie bemerkte es und dankte mit einem leichten Lächeln.

Las Vegas war eine Nachtstadt. Ich war kein Nachtmensch, von daher hatte ich Schwierigkeiten, die Schönheiten von Las Vegas überhaupt wahrzunehmen. Tina und ich pendelten den ganzen Tag auf dem Las Vegas Boulevard, dem Strip, hin und her. Tina machte lautstark ihrer Bewunderung diverser Gebäude Luft. Skurrile Hotelbauten erinnerten an Disneyland oder die Skyline von New York. Darüber hinaus verfügte fast jedes Hotel über sein eigenes Casino, welches mehr oder weniger dem unsrigen ähnelte. Jetzt, am Morgen, war am Strip wenig los. Die meisten Geschäfte waren bis in die tiefe Nacht hinein geöffnet und lockten mit Neonreklame, die Touristen anziehen sollte. Darüber hinaus wurden wir gegen Abend immer häufiger von leicht bekleideten Mädchen und Männern angesprochen, die uns einluden, dieses oder jenes Etablissement zu betreten oder zu besuchen. Der Strip war ca. 6 km lang. Wir brauchten lange, bis wir ihn durchmessen hatten. Wir ließen uns von einem Souveniershop nach dem anderen einladen, den amerikanischen Ramsch zu bewundern. Snackbars oder Restaurants der Extraklasse waren auch zu haben, wobei die meisten derart günstig waren, dass eindeutig eine Subvention von irgendeiner Seite im Spiele war. Meistens waren sie Casinos angegliedert, die einen Großteil der Kosten bestritten und so hofften, Kunden zu ergattern. Las Vegas lebte vom Glücksspiel. Alles andere war uninteressant. Das war offensichtlich. Ich fand, dass es ziemlich viele moralisch verkorkste Menschen, schuf. Tina fand es eher skurril und erlebte die Stadt als architektonische Besonderheit. Im Vergleich zu den Einwohnern überwogen die Besucher um ein Vielfaches, und die touristischen Massen wurden geschickt integriert. Die Kriminalität, welche zweifelsohne in Las Vegas blühte, war über Tag nicht sichtbar. Die Prostitution und das Glücksspiel gediehen abends und in der Nacht. Sie prägten das städtische Klima. Tina fand es interessant. Ich war eher gelangweilt und fühlte mich fremd im Kontakt zu den leichten Mädchen, in der lockeren, leicht flirtenden Grundstimmung des Miteinander. Ich empfand mich fremd im städtischen Leben. Ich bemerkte dieses Empfinden und dachte: „Hurra, ich lebe." Ich war ein empfindender Mensch, der Gefühle hatte und sie wahrnahm. Ich war ein emotionaler Mensch und konnte meine Emotionalität ausleben. Mit diesem Wissen über meine Grundstärke, rannte ich durch Vegas, durch die Casinos.

Ich blieb abends in unserem Hotelcasino hängen und setzte mich mit Tina vor einen einarmigen Banditen. Meine Hände schwitzten. Sie schwitzten so stark, dass ich ihre Feuchtigkeit beim Kontakt mit dem Arm des Banditen als kalt und kühl empfand. Ich schaute den Banditen an, schaute ihm in sein mit Fruchtsymbolen verziertes Gesicht und kam mir vor wie in einem Western von Sergio Leone mit dem Titel: "Duell in den Abendstunden." Ich nahm meine Münze, warf sie in den Schlitz und zog ruckartig an dem Arm des Banditen. Die Fruchtsymbole begannen, sich zu drehen. Für einen kurzen Moment verschwand die Klarheit der Symbole. Dann wurde die erste drehende Scheibe langsamer, und eine Erdbeere erschien. Die zweite Scheibe zeigte ebenfalls eine Erdbeere. Eine Sekunde später erschien ebenfalls ein rotes Symbol. Ich empfand eine ungemeine Spannung, die von dem Läuten eines Glockensymbols aufgelöst wurde. Es war eine Kirsche. Trotzdem ratterten Münzen in das Maul des Banditen. Ich zählte nach. Es waren 25 Quarter. 7 Dollar und 25 Cent. Ich konnte nicht glauben, dass ich gewonnen hatte. Ich war total baff, nahm die Münzen und zeigte sie stolz Tina, die meine Beute bewunderte, als hätte ich ihr einen gebratenen Ochsen serviert. Wir beschlossen, das Geld sofort wieder in den Banditen zu befördern, da es ja auch dort hin gehörte. Von einem Moment zum anderen machten wir genau das auch, was alle anderen Millionen Spielsüchtigen auch machten.

Wir ließen uns von dem Fieber anstecken, von diesem Gefühl, wir könnten auf eine relativ einfach Art und Weise reich werden. Nicht unbedingt Millionen verdienen, aber doch eine erkleckliche Summe, um unser Leben ein wenig komfortabler zu machen. Genau dieses Empfinden verknüpften Tina und ich jetzt mit dem Banditen. Wir konnten ihn eventuell überlisten, noch mehr von seinen Quartern heraus zu rücken. Tina und ich trafen die Verabredung, sobald das verspielte Geld weg war, keinen weiteren Cent mehr zu investieren. Das war meine Sicherheit, nicht süchtig zu werden.

Es ging weiter mit dem Spielen. Meistens wechselten wir uns mit der Bedienung des Banditen und mit dem Aufsagen verschiedener Wunschformeln ab. Wir wechselten uns aber auch ab mit dem Fluchen wenn im letzten Moment die passende Symbolik nicht auftauchte. Wir wechselten uns ab mit dem Suchen nach Gründen bei Erfolgen und Nichterfolgen. Immer wieder folgte das Spiel mit den sich drehenden Scheiben. Immer wieder warteten wir gespannt auf das richtige Symbol, und immer wieder gewannen wir. Es rannen Münzen durch die Schlitze, sowohl durch den Ausgabeschlitz als auch durch den Einwurfschlitz. Wir spielten bis tief in die Nacht, gewannen, verloren, aber zum Schluß hatten wir immer noch 14,- Dollar Gewinn.

Ich hatte einen süchtigen Abend erlebt. Auch die nächsten Tage spielten wir häufig, steigerten unseren Gesamtgewinn auf 28,- Dollar. Nicht viel, allerdings war es in Anbetracht meiner bisherigen Glücklosigkeit nett, zu wissen, es geht doch mit dem Gewinnen. Vielleicht blieb mein Hauptgewinn noch ein wenig verschlossen, vielleicht würde ich irgendwann noch eine medizinische Therapie bekommen.

Die Tage in Vegas waren äußerst heiß. Ich konnte mich nicht erinnern, schon mal 38° im Schatten erlebt zu haben. Gut, dass es Herbst und nicht Hochsommer war. Wir hielten uns meistens in Restaurants, Kneipen und Bars auf, tranken Cocktails, Bier oder versuchten Historie und Geschichte von vorbeischlendernden Menschen zu erdichten. Es war auffällig, dass die meisten relativ gelassen den Strip entlang schlichen. In der flimmernden Hitze konnte man es hier in der Stadt am Besten aushalten. Wir erkundigten uns nach Alternativen. Gut, es gab hier in der Nähe noch den Hoover Stausee zu besichtigen. Allerdings war ich nicht der Typ, der a) Interesse an einem gigantischen Stausee hatte und b) einen Tag damit verbringen würde, mit einem Bus zum See zu fahren um dort eine Kaffeefahrt zu unternehmen. Wir hatten ja ein Hotelswimmingpool und so genügend Möglichkeit, uns abzukühlen.

Mir wurde langweilig. Ich hatte genügend Stadt erlebt, ich hatte genügend Touristen gesehen, ich hatte die aufgesetzte amerikanische Freundlichkeit mittlerweile satt. Ebenso satt hatte ich den ganzen Luxus, das ganze Gehabe, das ganze Geld, welches hier in Vegas sichtbar war. Ebenso satt hatte ich die Reichen mit ihrem Trend, sich darzustellen, die Oberklässler, welche das Stadtbild mit schnellen, markanten Sportautos oder Cabrios der Extraklasse oder ihren distinguierten, abgedunkelten Limousinen, prägten. Ich kam mir in meinen verranzten Jeans mit einem Loch in den Beinen fehl am Platz vor. Tina erging es ähnlich, und so warteten wir geduldig auf unseren Abflugtag und erledigten nichts Besonderes.

Am letzten Abend nahmen wir uns vor, die am Banditen und beim Bingo erspielten 28 Dollar am Rouletttisch zu verspielen. Wir kannten mittlerweile den Croupier, den Tisch und die Regeln dieses Glücksspielklassikers, vor dem ich ein wenig Muffe hatte. Zu groß war mein Respekt vor dem Verlieren, ich fühlte mich durch Chorea Huntington gebeutelt. Hier am Casinotisch allerdings waren meine Gewinnchancen erheblich höher, und solange ich nicht den Fehler beging, auf eine aussichtslose Zahl zu setzen, konnte soviel auch nicht schief laufen. Außerdem wollte mir Tina auf die Finger schauen und als Aufpasserin fungieren. Wir hatten an der Kasse unsere 28 Dollar als höchsten Einsatz in Chips mit einem Wert von je 1 Dollar umgetauscht. Beim Hinsetzen an den Tisch wurde mir leicht übel. Ich überdachte mein Vorhaben, blieb aber mutig sitzen, Tina an meiner Seite. Wir nippten an unseren Drinks. Der Croupier gab uns die Aufforderung, zu setzen. Ich setzte einen Chip auf Rot, eine meiner Lieblingsfarben. Dann der Ausspruch. „Nichts geht mehr."

Er drehte die Scheibe und warf die Kugel geschickt in die Rollbahn. Ein, Zwei Sekunden vergingen. Das Rad verlangsamte sich, die Kugel sprang aus der Bahn und kam nach 10 Sekunden zur Ruhe. Es fiel die

34, eine rote Zahl. Der Croupier schob mir zwei Chips zu. Ich hatte zum ersten Mal gewonnen. Bei meinem ersten Spiel. Wow! Das fing ja gut an, so konnte es weiter gehen. Auch andere Mitspieler hatten gewonnen. Ich bekam es nur am Rande mit. Zu sehr war ich involviert in das Geschehen des Spiels. Der Croupier forderte unseren Einsatz.

Diesmal setzte ich auf schwarz und gewann wieder einen Chip hinzu. Der Croupier schob mir den Gewinn mit seiner Gabel zu und ich lächelte ihn zum ersten Mal an. Mittlerweile versuchte ich, die Miene der anderen Spieler aufzunehmen. Eine Frau hatte einen Stapel Chips auf eine Zahl bugsiert, und sie hatte verloren. Sie schwieg. Kein Ton des Jammers, kein Kommentar. Sie schaute unbeeindruckt auf den Berg Chips, der noch vor ihr lag und schob beim nächsten Einsatz wieder einen Batzen auf dieselbe Zahl, die eben noch verloren hatte, in der Hoffnung, sie müsse in diesem Anlauf fallen. Irrtum, sie verlor erneut.

Ich hatte auf Paar gesetzt und verlor auch. Ein erster Schweißausbruch überkam mich und lautlose Klagen gingen über meine Lippen. Tina gab mir den Rat, doch wieder auf meine Lieblingsfarbe rot zu setzen. Ich tat es. Die Kugel rollte. Sie fiel in eine schwarze Vertiefung. Was war denn bloß los? Hatte ich eine Pechsträhne? Übrigens hatte die Frau wieder auf dieselbe Zahl gesetzt, wieder einen Berg von mindestens 10 Chips. Und wiederum verloren. Und wiederum keine emotionale Reaktion. Die anderen Tischnachbarn setzten ähnlich vorsichtig wie ich, allerdings meistens höhere Beträge. Ich blieb meiner Farbe Rot treu und gewann diesmal. Die andere Spielerin blieb ihrer Linie treu und setzte mit vollem Risiko auf ihre Lieblingszahl. Sie verlor erneut und der Batzen an Chips hatte sich schon halbiert.

Ich fragte sie, ob sie nicht mal ihre Glückszahl wechseln wollte.

Aber nein, es wäre ihre Zahl, die sich aus der Addition ihrer Geburtszahlen ergab. Und meistens hätte sie mit diesen Zahlen gewonnen. Ich schlug ihr vor, sie könne es ja mal mit dem Subtrahieren ihrer Geburtszahlen versuchen. Sie schaute mich entgeistert an, als hätte ich ihr den Vorschlag gemacht, sie solle den Präsidenten persönlich ermorden. Obwohl ich ihn, wie in meinen kurzen Statements ersichtlich, überhaupt nicht mochte, lag mir dieser Gedanke fern, und mein Tipp war eigentlich als guter Ratschlag unter Spielern gedacht. Aber ich hatte irgendein mir unbekanntes, ungeschriebenes, Credo gebrochen, war mit meinen Bemerkungen anscheinend zu weit gegangen, denn die anderen Mitspieler am Tisch schauten mich aus weiten Augen vorwurfsvoll an.

Als ich die nächsten drei Runden mit Rot verlor, schlug mir sogar die offene Häme ins Gesicht. Vor allem von jener, die mittlerweile ihre gesamten Chips verloren hatte und mir anscheinend Vorwürfe für ihr Pech machte. Sie verließ sichtlich geknickt und angefressen den Tisch. So schnell waren die Emotionen hochgeschaukelt. Hinter der Fassade des abgebrühten Spielers oder besser gesagt der Spielerin, lagen die Nerven blank, und ein nicht hörbarer Hilfeschrei ging durch den Casinosaal. Das hatte ich nicht gewollt. Der Croupier ermahnte mich, ich solle ein wenig sensibler sein.

Ja, wer war denn unsensibel? Ich hatte in meinem ganz persönlichen Lotto, meinem ganz persönlichen Roulette auf 50 : 50 gesetzt und hatte verloren. Wer war denn damals sensibel gewesen? Klar, Friedhelm und Tomek. Nicht aber die Ärztin, die mir das Ergebnis des Gentest auf Chorea Huntington vorlas, als wäre es ein Wetterbericht. Sie hieß Zähler. Ihr Vorname war Birgit, sie war Ende 40, und sie hatte neben dem Doktortitel auch noch einen Professorentitel. Ich erinnerte mich noch genau an sie. Ich hatte den Eindruck, sie würde mich verarschen.

Ich konnte das Ergebnis nicht nachvollziehen. Ich konnte es nicht beanstanden! Ich konnte meinen mutigen Schritt nicht mehr ungeschehen machen.

Ich saß da wie der letzte Depp. Ich dachte, das darf doch nicht wahr sein. Nur noch raus hier. Weg aus diesem Institut! Nur noch weg von der bekittelten Ärztin, nur noch weg aus ihrem kleinen Besprechungszimmer. Sie sagte zwar, es würde ihr Leid tun, mir kein besseres Ergebnis sagen zu können, aber ich spürte es von ihr nicht. Ob ich denn einen Kaffee wollte, fragte sie. Ich sei so blass. Ich könne mich auch eine halbe Stunde hinlegen. Trotzdem war keine Empathie von ihr spürbar. Nur das ärztliche Interesse, jemanden der blass war, aufzupäppeln.

Oh, was war ich sauer. Aber auch hilflos. Ich bereute meinen vielleicht vorschnellen Entschluß, den Gentest machen zu lassen. Bat Gott, eine Zeitzurückstellung vor zu nehmen!

Vergeblich! Langsam ließen meine Kräfte nach. Ich wollte aufstehen. Meine Beine zitterten. Mein Körper zitterte. Und diesmal waren es definitiv nicht choreatische Bewegungen.

Es war das Nichtwahrhabenkönnen des Gesagten. Ich trank den angebotenen Kaffee. Es war billiger Automatenkaffee, er schmeckte schal und widerlich. Friedhelm half mir auf die Beine. Wir besuchten nach der Kirche ein Cafe, und da kamen mir die Bilder von dem Indian Summer, den farbigen, leuchtenden Blättern eines Laubwaldes und der ungebändigte Wunsch, ihn live zu erleben. Der damit verbundenen Herbststimmung, dem goldenen Herbst, dem Übergang in eine andere Jahreszeit, die eventuell kälter und rauher sein würde.

Ich hatte das Gentest Roulette eindeutig verloren!

Erst in Gesprächen mit Friedhelm, Tomek und anderen Freunden wurde mir die auch in dem Ergebnis liegende Chance klar. Also liebe Spielerinnen, lieber Croupier, ich kannte mich aus mit sensiblem Verhalten oder besser gesagt mit unsensiblem Verhalten! Ich kannte mich aus mit dem Verlieren.

Ich hatte eigentlich seit meiner Geburt den Eindruck, ich wäre der Verlierer. Ich verlor bei den Fußballspielen in meiner Kindheit und Jugend fast immer in zweistelliger Höhe. Ich strengte mich an auf der Realschule, paukte nachmittags und machte meine Hausarbeiten gewissenhaft, nur um eine drei zu bekommen. Ich lernte am meisten von meinen Brüdern. Mein Notenschnitt war immer der schlechteste, und hätte ich nicht im Sport ab und zu mal eine Eins fabriziert und wären meine Fähigkeiten in Erdkunde nicht immer eine Eins wert gewesen, dann hätte ich den Abschluß nicht mit einer 3,3 gemacht. Ich war neidisch auf Jürgen, meinem jüngeren Bruder, der das Gymnasium besuchen konnte, wenig Zeit für seine Hausaufgaben brauchte und trotzdem mit Einsern nur so glänzte. Ich musste ihn manchmal um Hilfe fragen, obwohl er drei Klassen unter mir war. Aber er kannte sich in Mathe, Deutsch und den naturwissenschaftlichen Fächern sehr gut aus. Es fiel mir schwer, ihn zu fragen. Dann schon eher Martin, der zwar auch keine Leuchte war, allerdings war er mein Zwilling. Wenn ich etwas von ihm falsch lernte oder falsch abschrieb, so blieb mir immer noch die Entschuldigung, er würde Fehler machen. Dies hätte ich bei Jürgen nicht anbringen können. Jürgen war zumindest in unserer Familie das Nonplusultra. Jürgen machte keine Fehler. Manchmal war es hilfreich, ihn zu fragen. Meistens empfand ich es als Belastung und fragte nicht. Dann schon eher die schlechten Noten riskieren oder mich mit Martin verbünden und bei ihm über Jürgen ablästern.

Jürgen war Papas Liebling. Er bekam mehr Aufmerksamkeit, Zuwendung, positive Zusprüche als Martin und ich. Papa war auch nicht so streng mit ihm wie mit uns. Damals war mir nicht bewusst, dass Jürgen eigentlich derjenige war, der unter der Familienhierarchie am meisten zu leiden hatte. Martin und ich schnitten Jürgen regelmäßig, da er auf Grund seiner schulischen Leistungen etwas außerirdisch wirkte. Martin und ich mussten büffeln für durchschnittliche Leistungen übernahmen mehr körperliche Tätigkeiten im Haushalt, zupften Unkraut hier und dort, bestellten den Garten, ernteten die Kartoffeln, zupften Kartoffelkäfer en masse von den Pflanzenblättern, putzten wöchentlich Papas verdrecktes Auto, hängten die Wäsche auf und spülten regelmäßig den Berg Abwasch. In meiner Erinnerung tat ich es immer mit Martin, nie mit Jürgen, der mit Hubertus irgendetwas spielte. Martin und ich nahmen Jürgen lange Zeit nicht in unsere gemeinsamen Arbeiten auf, nahmen ihn nicht zum Spielen mit und ließen ihn unsere Abneigung ziemlich deutlich spüren. Eigentlich waren wir ja nur neidisch auf seine Anerkennung durch Papa, durchschauten aber nicht, dass er auch nur ein Rad im Getriebe der Familie war. Oma hatte mich als Lieblingsansprechpartner auserkoren und Mama Martin. Jürgen blieb nur Papa, der noch nicht besetzt war. Papa war männlich und ihn umschwebte der Mythos, er wäre ein guter Papa. Dem wurde er allerdings aufgrund seiner häufigen Abwesenheit selten gerecht. Zumindest nicht dann, wenn Martin und ich ihn brauchten. Jürgen hatte ihn bekommen, und dies bekam Jürgen nun von Martin und mir zu spüren. Das tat mir im Nachhinein ziemlich leid. Erst, als ich schon pubertierend war, bekam ich wieder einen Draht zu ihm. Ich wollte meine beginnende Männlichkeit nicht nur in Auseinandersetzung mit Martin demonstrieren und üben, sondern auch durch Abgrenzung von dem noch kindlichen Jürgen. Der suchte nun in mir als Ältestem ein Vorbild, und ich konnte mir nun meine Führungsrolle von ihm bestätigen lassen. Er fragte mich als älteren Bruder um Rat in Puncto Mädchen, Beziehung und anderen wichtigen Dingen des täglichen Jungenlebens. Nun war die Rollenverteilung wieder umgedreht. Es tat mir gut, gefragt zu sein.

Das Verhältnis von Jürgen und Martin blieb bis heute angespannt. Sie schlossen bisher keinen Frieden und konnten sich nicht vertragen. Sie litten beide unter der jahrelangen Kontaktlosigkeit, können auch heute nichts miteinander anfangen, und wenn sie sich treffen, zieht schon relativ schnell Gewitterstimmung auf.

Dadurch, dass Jürgen in der Pubertät auf mich zugekommen war, konnte ich den Neid der vergangenen Jahre vergessen. Wir genossen unsere harmonischen Treffs, er in der Jüngerer-Bruder-Rolle, ich in der Älterer-Bruder-Rolle. Wie es eigentlich normal ist für Geschwister in der Kindheit. Diese Rolle verfluchte ich nun ein wenig, da ich auch die ihr innewohnende Verantwortung spürte. Es war auch ein Aspekt bei der Entscheidung, den Gentest zur Bestimmung von Chorea Huntington machen zu lassen.

Ich war der ältere Bruder! Ich musste vorangehen. Ich musste auch hier der erste sein, der ein positives Beispiel gab! Ich musste stark sein aufgrund der Rolle, die ich in der Familie eingenommen hatte. Ich war derjenige, der Jürgen ein gutes Beispiel geben wollte, wie man mit der belastenden Situation bewusst umging. Ich ahnte nicht, dass mich das Ergebnis so treffen sollte.

Nun saß ich am Casinotisch und dachte über Rot und Schwarz nach. Dachte an die Wahrscheinlichkeit von 50 zu 50, zu gewinnen, dachte an die Wahrscheinlichkeit von 0,00000461 an Chorea Huntington zu erkranken. Sah das Missverhältnis und dachte nun an die nächsten Runden, in denen ich doch endlich mal gewinnen musste.

Ich setzte auf Rot und Schwarz, verlor und gewann beim nächsten Paar. Ich setzte versuchshalber zum ersten Mal auf ein Quarter, auf ein Viereck, verlor auch hier, setzte das nächste Mal auf ein anderes Viereck, und die Kugel rollte auf die 28. Wäre sie eine Runde eher gefallen, hätte ich gewonnen. Den vierfachen Einsatz erzielt. So fluchte ich leise vor mich hin und dachte an die Frau, die immer auf ein und dieselbe Zahl gesetzt hatte, und die ich verprellt hatte. Oh, was hätte sie sich gefreut. Oh, was würde ich mich dann noch mehr ärgern und grämen. Ich war außer Kontrolle, merkte dies und dachte: Rainer bleib kühl, bleib gelassen. Bleib bei der vorab durchdachten Strategie, nur auf Farben oder Paare zu setzten. Ich wollte allerdings auch einmal gewinnen. Einen Hauptgewinn landen!

Das kleine Teufelchen in mir sagte: „Rainer, das kannst du nur mit einem größeren Risiko" und ich verfluchte die Hinweise des Teufelchens. Ich hatte schon einmal volles Risiko gesetzt.

Halt dein Maul! Ich war durcheinander. Ich wusste nicht, wem ich folgen sollte, setze zwei Runden zögerlich jeweils auf Paar, verlor beide Male und hörte die Stimme des Teufelchen, die mir in mein Ohr flüsterte: „Wenn du so weiter machst, wirst du deine restlichen Chips einfach so verlieren. Setz höhere Beträge. Setz auf Zahl."

Ich wollte nicht verlieren. Ich nahm eine Runde Auszeit und noch eine Runde, und nach der dritten Auszeit sprach mich der Croupier an, ich möge entweder setzen oder den Platz räumen, da noch Andere warten würden. Ich gehorchte ihm. Ich setzte alles auf die 12. Ich war am Zwölften geboren. Vielleicht brachte es Glück. Ich fühlte mich mies. Ich war im Moment des Setzens überhaupt nicht ich selbst. Ich war eine Rolle am Tisch, eine Marionette mit der man machen konnte, was man wollte. Ich fühlte mich elend. Ich fühlte mich falsch verstanden von Gott und fühlte mich falsch behandelt vom Croupier, der ja nicht wissen konnte, dass ich schon einmal einen absoluten Mißgriff getan hatte. Ich beobachtete die Kugel gebannt und starrte auf die Ausbuchtung, in die sie fiel.

Eine 27! Was hatte ich mit einer 27 zu tun? Konnte denn nicht die 12 fallen? Ich hatte schon wieder verloren. Einmal in meinem Leben wollte ich gewinnen. Einmal im Leben Glück haben. Ich fasste es nicht. Eigentlich hätte doch gar nichts schief laufen können. Ich hatte mich verunsichern lassen. War vielleicht auch naiv an das Spiel herangegangen. Ich war wütend auf mich und auf Tina, die im passenden Moment nicht eingegriffen hatte. Ich war sauer auf den Croupier, der mich nicht hätte auffordern sollen, zu spielen. Ich war wütend auf die andere Spielerin, die mich in Unruhe gebracht hatte. Ich war wütend auf Gott und die Welt. Ich verließ grummelnd, ähnlich wie die andere Spielerin, den Tisch, ging zum nächsten Tresen und trank meinen Frust mit ein, zwei Whiskey weg.

Tina versuchte, mich mit dem Spruch: „Pech im Spiel, Glück in der Liebe" aufzumuntern. Vielleicht war ja wirklich etwas dran. Vielleicht lagen meine Gewinnchancen eher im sozialen und damit emotionalen Bereich. Ich dachte an Angelika, bei der ich die Gewissheit hatte, dass sie zur mir stand, obwohl ich mit Heike liiert war, und sie das seit unserem letzten Telefonat auch offiziell wusste. Und ich spürte die Sehnsucht nach Heike, spürte der Leidenschaft unserer bisherigen Begegnungen nach und freute mich tierisch auf unser Wiedersehen. Ich hungerte nach den warmen und erotischen Umarmungen. Ich sehnte mich nach ihren Streicheleinheiten, sehnte mich nach Geborgenheit und sehnte mich nach einem Zurück, nach einem Zurück nach Deutschland. Nach Kassel, nach Gewohntem!

So verging der letzte Abend in Las Vegas. Den beiden Whiskeys folgten noch zwei Cocktails und die Gewissheit, kein Glücksspiel mehr zu beginnen. Ich würde auch weiterhin der Looser sein. Und oft würde ich solche emotional belastenden Situationen nicht mehr durchstehen.

Beim Abheben des Flugzeugs Richtung Seattle schien die Sonne wieder aus voller Kraft. Der braune Flecken unter mir löste sich schon bald in Wohlgefallen auf, die Erinnerungen an das Glücksspielleben begannen, zu verblassen. Schon bald waren Berge in Sicht, die freundlicher schienen als das trockene, verstaubte und versandete Braun von Vegas. Berge, die ich immer als Herausforderung empfunden hatte. Berge, schön und unheimlich zugleich, die mich mit ihrem Charme anzogen und becircten. Berge, die ein Empfinden von schwindelerregender Höhe erzeugten. Egal ob ich sie bewanderte oder bestieg. Sie forderten mich heraus. Berge, die auch sinnbildlich in meinem Leben einen hohen Stellenwert genossen und deren Bedeutung für mich immer sichtbarer wurde.
Sie gaben mir die Chance, mich an ihnen zu messen, mich auszuprobieren, körperlich aber auch seelisch. Dagegen war das Wüstenloch nur eine platte Attitüde von Dreck und Staub. Halt ein Loch in das man fallen und aus dem man auch hinausklettern konnte. Wie aus Las Vegas, der berüchtigten Glücksspielstadt. Ich war froh, ohne große Geldverluste entkommen zu sein. Ich war tierisch froh, wenig emotionale Blessuren erlangt zu haben. Und ich war froh, dass ich mich dem Glücksspiel gestellt hatte. Auf eine besondere Art und Weise konnte ich mich nun doch als Gewinner fühlen.
Ich hatte die Gewissheit erhalten, dass meine Beziehungen zu mir wichtigen Menschen trugen. Sie trugen ähnlich stark wie die Tragflächen, die das Flugzeug gleiten ließen.
Ich mochte mittlerweile die Klarheit der Bergluft, mochte die Kühle in den Morgenstunden, mochte die Weite der Sicht. Ich liebte mittlerweile die Klarheit von Natur, die klaren Worte, klare Aussprachen, klare Mu-

sik à la Dire Straits oder Chopin oder George Winston, meinem Lieblingspianisten. Ich liebte das Direkte, das Konfuse, das Leben pur, ohne jegliches Verdrehen.

Noch bis vor kurzem war ich als ausgleichender Waagemensch ständig auf harmonische Lösungen aus. Nun wurde ich langsam ein Mensch, der Konfrontation nicht mehr scheute, ein Mensch mit Ecken und Kanten, ein Mensch, der emotional beteiligt war, der sich über Kleinigkeiten freuen konnte, der sich über Änderungen freuen konnte. Ich nahm mich überall mit hin, auch den Ballast, welcher mich lange Zeit drückte, aber ich fand auch Wege und Momente, ihn anzusehen, manche Sachen über Bord zu schmeißen und manche Sachen noch da zu lassen.

Ich war am Ausmisten und trimmte, ähnlich wie ich mein Fahrrad im Laufe der Zeit immer mehr getrimmt und von überflüssigem Ballast befreit hatte, auch mich. Ich war immer häufiger am Ausmisten meiner Familienlast. Ich verbannte Überflüssiges in mein Tagebuch und befreite mich von dem Rucksack, der Morbus Huntington hieß, zumindest von den belastenden Anteilen. Von daher empfand ich mich Schritt für Schritt freier, leichter und humorvoller.

Gerade durch das Ausprobieren, was ich machen konnte, was noch gesellschaftlich tragbar war, prüfte ich mich. Ich erlebte nun im Flugzeug, hoch über der Landschaft und den vereinzelten Wolken, dieses Hochgefühl: „Ich bin und es ist gut so wie es ist." Ohne Wenn und Aber. Ich hatte Huntington, aber ich flog von einem Ort zum anderen, und jedes Mal empfand ich dasselbe Gefühl von Stärke. Ich war gewappnet für den bevorstehenden Kampf, mein Leben mit eventueller Arbeitslosigkeit oder Behinderung wieder zu probieren.

Vielen Dank Tina, die du mir immer wieder in Gesprächen und Handlungen einen Spiegel vorgehalten hast und mit deiner leichten Sichtweise der Dinge, mit der einfachen Bewertung von Situationen, einen riesigen Anteil an meiner Veränderung hast. Gerade deine Leichtigkeit, dein Humor, hat mich vor dem Fall ins Dramatische bewahrt.

Seattle kannte ich ja schon in- und auswendig. Wir hatten diesmal ein Zimmer in der Nähe des Airports gebucht, da Tinas Flieger morgen früh schon sehr zeitig abheben sollte. Mein Flug zurück nach San Francisco ging erst nachmittags. Wir trödelten noch einmal gemeinsam durch downtown. Ich bemerkte meine Unruhe. Mit Tina war es sehr schön, aber der morgige Abschied nahte. Ich würde wieder alleine sein. Ich wusste, dass ich dann erstmal keinen Besuch mehr bekommen würde. Sie waren mir so wichtig. Tomek, Heike und Tina. Sie waren Brückenpfeiler in der gesamten Zeit. Sie waren intensivste Austauschpartner und regten meine Phantasie und mein Denken an.

In den nächsten Tagen könnte ich eventuell Kai und Susanne besuchen, ein Kasseler Pärchen, das dort an der Gesamthochschule Sozialwesen studierte. Wir hatten flüchtigen Kontakt. Sie waren freundlich, nett und sportlich. Alles Voraussetzungen, um in Amerika Erfolg zu haben. Und sie waren Marke Sunnyboy, beide sehr gut aussehend, meistens braun gebrannt. Sie beabsichtigten, ab September in Santa Cruz ein halbjähriges Praktikum zu machen. Vielleicht könnte ich mich ja noch mit ihnen treffen.

Sie waren keine direkten Freunde. Von daher nicht in meine Themen involviert. Das Treffen würde vermutlich ganz anders werden. Sie würden mir mit Sicherheit Neuigkeiten aus Kassel mitbringen können. Aber die Intensität der letzten Tage mit Tina würden wir nicht erreichen.

Ich sagte es Tina und machte ihr ein Kompliment für die vergangen, gemeinsamen Tage, in denen sie mit ihrer Lockerheit meine Schwermut bekämpft hatte. Sie schaute mir einen Moment tief in die Augen. Ich hielt dem Blick stand. Ihre Augen füllten sich mit Tränen. Meine Augen füllten sich mit Tränen. Wir standen voreinander, irgendwo in Hafennähe, und trugen mit unseren Tränen zum Anstieg des Ozeans bei. Irgendwann nahm ich sie in die Arme. Ich hielt ihren Kopf und drückte ihn sanft nach hinten. Ich trocknete ihre Tränen mit meinen Küssen!

Ein schöner Abschied von Seattle. Am Hafen sitzend, die Sonne über den Inseln versinken zu sehen. Mit der Gewissheit, sie würde morgen wieder für uns aufstehen.

Tina hatte das Wecken des Motelservices anscheinend überhört. Ich hatte es wahrgenommen, war allerdings nach dem Wecken noch mal eingenickt in der Vermutung, Tina würde das Bad zuerst belegen wollen. Mein Blick fiel auf die Uhr. 05.30! Oh, verdammt noch mal! Der Flug sollte um 06.15 gehen. „Tina" rief ich und hörte als Antwort nur leise Schnarchgeräusche. „Tina, aufstehen. Wir sind spät dran." Bis Tina die Situation raffte, vergingen weitere fünf Minuten, aber dann lief es wie am Schnürchen. Ich rief ein Taxi, Tina ging schnell ins Bad. Ich ihre Koffer gepackt. Sie putzte kurz ihre Zähne. Warf sich eine Handvoll Wasser ins Gesicht und die restlichen Sachen in ihren Daypack. Das Taxi fuhr vor, wir raus. Der Portier schaute mit riesigen Augen und vermutete wahrscheinlich, dass seine 40 Dollar gerade flüchteten. Ich rief ihm zu, ich würde zurückkommen. Das Taxi fuhr sehr schnell zum Flughafen. Es waren nur drei oder vier Meilen. Er fragte, mit welcher Gesellschaft wir flögen und brachte uns 3 Minuten vor sechs zum Eingang. Ich warf ihm 10 Dollar zu. Ich begleitete Tina zum Ticketschalter. Kein Gast mehr. Sie wurde sofort bedient. Ich umarmte sie flüchtig, und schon war sie eiligst auf und davon.

Sie sprang in mein Leben und nun sprang sie wieder hinaus. Wie es Engel machten!

Reife - und die Entscheidung

Schon als ich San Francisco erreichte, wurde mir bewusst, dass ich nun in einer anderen Situation war. Meine gesamten Besuche waren abgehakt. Ich hatte die meisten netten Orte hier an der Westküste abgegrast und wusste nicht so recht weiter. Aneta, meine ehemalige Lieblingsarbeitskollegin, hatte mir noch Los Angeles empfohlen. Ihre Schwester lebte dort mit ihrem Partner, und sie hatte L.A. schon ein paar Mal besucht. Sie fand es klasse. Ich kannte ihre Wohnung, ich kannte ihre Kleidung und ich kannte ihre Vorliebe für avantgardistisches Aussehen. Wenn sie nicht so furchtbar nett gewesen wäre, hätte ich sie gar nicht wahr genommen. So unterschiedlich waren unsere Geschmäcker. Von daher wäre L.A. bestimmt für mich ein Graus und nicht unbedingt ein lohneswertes Ziel.

Ich wusste nicht, wo ich hinwollte und fühlte mich ein wenig in der Warteschleife. Entsprechend zögerlich verlief der letzte Tag. Nachdem ich Tina ins Flugzeug gesetzt hatte und ihr in Gedanken noch einen guten Flug gewünscht hatte, war ich in aller Ruhe zum Motel zurückgegangen, hatte gefrühstückt und den immer noch verdutzt dreinschauenden Portier bezahlt. Anschließend räumte ich das Zimmer auf, die Klamotten ein und verließ gegen zwei das Motel. Den Weg zum Flughafen ging ich diesmal langsam zu Fuß, checkte mich in meinen Flieger nach San Francisco ein und landete dort um 17.30. Ich fuhr mit dem Bus in die City, wo ich wieder mein Hotel mit dem bekannten Zimmer, ohne Kakerlaken, buchte. Ich telefonierte mit Kathy, um einen Abholtermin für mein Rad zu vereinbaren. Sie war nicht da, allerdings jemand aus ihrer WG, der sagte sie wäre wieder ein paar Tage bei ihren Eltern. Wow, die ist aber häufig auf Elternbesuch, dachte ich noch und verabredete mich nun mit einem Mitbewohner für morgen Nachmittag.

San Francisco interessierte mich heute nicht mehr. Ich war müde, legte mich zeitig schlafen und schlief bis in den späten Vormittag und bummelte durch die Stadt, wollte ziellos sein, wollte mich treiben lassen, wollte mich lenken lassen. So schlich ich durch die Strassen, mal hier hin, mal dort hin. Ich wollte unbedingt ein Souvenir von San Francisco mitnehmen. Ich dachte zum ersten Mal seit langem an ein Souvenir. Ich kaufte mir selten Souvenirs. Meistens reichten mir die im Urlaub gemachten Fotos als Andenken. Und da war ich schon an dem Punkt. Ich empfand mich als Urlauber, der irgendeine Reise machte und kurz vor dem Abflugstag bemerkte, er hätte noch kein Andenken.

Die letzten 5 Monate war ich als Reisender unterwegs, mit dem Ziel zu reisen um des Reisens willen. Mit dem Ziel, mich in den Vereinigten Staaten eventuell niederzulassen. Mit dem Ziel, eine neue Heimat zu finden. Mit dem Ziel, selbständig und Stadtfern zu überleben und den Winter hier in Amerika zu verbringen. Mir eventuell eine Arbeit zu suchen, um mein Leben zu finanzieren.

Es war für Ausländer verboten, zu arbeiten. Ich müsste zum Immigration Office gehen, um mir eine Arbeitsgenehmigung zu holen. Ich hatte diverse Adressen aus einem Buch „Jobben in den USA" fotokopiert, dachte an meine Zukunft, dachte daran, dass ich in Deutschland ja eine Arbeitsstelle hatte, die mich ausfüllte. Sie ruhte bis Ende April nächsten Jahres, aber ich konnte sie ja wieder aufleben lassen. Die meisten Anbieter von Jobs hier in den Vereinigten Staaten vermittelten Stellen auf größeren Campingeinrichtungen oder in Bars und Restaurants. Das waren Jobs, die ich noch nie gemacht hatte und sie interessierten mich auch nicht die Bohne. Aber es gab auch interessante Jobs, so z.B. in Ferienlagern für Kinder und Jugendliche mit dem Ziel, diesen ein wenig Natur zu bieten. Das hörte sich interessant an, hörte sich nach Erlebnispädagogik an. Die Bezahlung war gering, meist zwischen 3 und 4 Dollar die Stunde. Meistens waren die Einsatzzeiten begrenzt auf die Ferien, die allerdings schon vorbei waren. Es gab auch keine größeren Herbst- oder Winterferien, so konnte ich diesen Job auch nicht in Betracht ziehen. Und ich benötigte unbedingt Geld, denn von den 8000 DM war der größte Teil aufgebraucht. Gerade die Flüge und das städtische Leben hatten ein Loch in meine Reisekasse gerissen. Ich könnte maximal noch einen Monat überstehen. Danach müsste ich eine Arbeitsstelle und damit eine Finanzierung der teuren Wintermonate finden. Mir war klar, dass ich den Winter nicht in den teuren Städten verbringen wollte und konnte. Mein Zelt und meine Ausrüstung würden für den Süden ausreichen. Für den Dauergebrauch weit unterhalb der Frostgrenze waren sie nicht geeignet. Ich traute mir zumindest ein Dauercamp in Eis und Schnee nicht zu. Vielleicht sollte ich bis an die Grenze von Mexiko und dann vielleicht durch Arizona nach New Mexico, Texas, Louisana, Mississippi nach Alabama und letztendlich vielleicht nach Florida. Ich war mittlerweile gut im Radeln, konnte ohne weiteres 100 km am Tag schaffen. Die Distanz lag ungefähr bei 4500 km. Ich würde ca. 2 ½ Monate benötigen. Aber was dann?

Irgendwie müsste ich mir eine Einkommensquelle suchen, und dazu hatte ich so wenig Lust wie ein Bär zum fliegen. Ich konnte mir nicht mehr vorstellen, im amerikanischen Wirtschaftsraum tätig zu sein. Ich wollte nicht irgendeinen schlecht bezahlten Ferienjob, und erst recht wollte ich nicht in der Produktion irgendwelcher Autos oder Flugzeuge arbeiten oder sonstige nicht wirklich wichtige Arbeiten annehmen. Zum einen, um nicht die amerikanische Wirtschaft, die überwiegend auf Ausbeutung der natürlichen und humanen Ressourcen basierte, zu unterstützten. Zum anderen schätzte ich die Freiheit, die ich mir erradelt hatte, als ein unwahrscheinlich wichtiges Element in meinem Leben, in meiner Motivation weiter zu leben, ein.

Ich wollte immer noch an jeder Kreuzung die Möglichkeit, nach links oder rechts zu fahren, haben. Ich wollte weiterhin die Natur in voller Schönheit betrachten, sie geniessen, den Wind im Rücken spüren, den Regen auf der Haut! Ich wollte weiterhin unbefangen in den Tag hinein leben, zeitig aufstehen, und ich wollte glückliche Tage in schönen Gegenden, wollte Herausforderungen mit Steigungen und ich wollte weiterhin in meinem kleinen, gemütlichen Zelt übernachten, das Rauschen der Wipfel hören, das Heulen der Wölfe, dem Gezwitscher der Vögel, der Unruhe in der Nacht lauschen! Und ich wollte weiterhin in irgendeinen Wald scheißen oder an irgendeinen Baum pinkeln.

Es war derart unkompliziert und deswegen genoss ich diese Nähe zur Natur, dieses in ihr sein aus vollstem Herzen. Ich wollte weiterhin irgendeinen Mist laut grölen, nur weil es mir gerade in den Sinn kam. Auch das war ein Stück erlebte Freiheit. Aber auch zu dieser Freiheit benötigte ich ein Minimum an Geld.

Oder sollte ich versuchen, die Panamerica Richtung Süden zu fahren? Es wäre die beste Jahreszeit für dieses Unterfangen. Die Lebenshaltungskosten wären geringer. Ich könnte meine Zeit des Radelns ein wenig verlängern, aber ich müsste auch hier irgendwann Geld erwerben und das hieß, arbeiten gehen. Und das wäre in Mittelamerika oder Südamerika wahrscheinlich noch schwieriger, da ich überhaupt keine Sprachkenntnisse besaß. Die Löhne wären wahrscheinlich noch geringer. Ich würde nicht wirklich sparen können.

Die Panamerica bis Feuerland! Wow, ich würde jede Menge sehen und erleben! Mein großer Traum der Kindheit! Nun konnte ich ihn theoretisch in die Realität umsetzen. Ich brauchte nur Richtung Süden zu fahren. So nah wie jetzt würde ich wahrscheinlich nie wieder vor deren Realisierung stehen.

Aber es hielt mich etwas zurück. Ich war nicht mehr 100 Prozent motiviert. Ich dachte an Marc, den ich vor einigen Wochen getroffen hatte, und der mein Fieber ein wenig entfachte. Damals wäre ich gerne mit ihm gereist. Damals hatte ich als nächstes Ziel San Francisco und das Treffen mit Martina gerade geplant, so dass ich aus „organisatorischen" Gründen absagte. Jetzt war ich frei. Jetzt hatte ich keine anderen Termine. Jetzt könnte ich los. Jetzt könnte ich Südamerika, den brasilianischen Urwald, die argentinische Hochebene, die vielen Bergen in den Anden, erfahren. Jetzt könnte ich los zu den vielen kleinen Staaten, die mich faszinierten, seitdem ich die ersten Berichte über indigene Völker im Fernsehen sah, in denen Guatemaltekische Hochkulturen dargestellt wurden. Ihre religiöse und soziale Kultur interessierte mich.

Ich war interessiert an einfachem, gesellschaftlichen Leben. Ich war interessiert an funktionierenden, kleinen Gemeinschaften, in denen jeder ein Teil des Ganzen war, in denen jeder eine bestimmte Rolle ausfüllte. In denen jeder den Schutz der Gemeinschaft genoss. In denen jeder arbeitete und als Gegenleistungen Sicherheit und Geborgenheit erhielt. Und ich sehnte mich nach Geborgenheit und kleinen Gruppenzusammenhängen. Ich sehnte mich nach Dörfern, der Beschaulichkeit von Familien und dem Gefühl, ein Teil von ihnen zu sein.

Als ich mit Tina in diversen Hotels oder im Zelt dicht an dicht in einem Bett oder auf einer Isomatte geschlafen hatte, stieß mir dieser typische Frauenduft in die Nase. Er war exotisch, manchmal süß, manchmal verschwitzt, manchmal erotisch. Diese Mischung löste in meinem Kleinhirn den Wunsch aus, noch mehr von ihnen zu bekommen. Ich hatte ein unerfüllbares Bedürfnis nach körperlicher Nähe zu Frauen. Es waren keine erotischen Phantasien, keine sexuelle Gelüste, sondern in erster Linie war es das Bedürfnis nach Familie, nach Geborgenheit in der Familie, nach Nähe in einer kleinen Gemeinschaft, in der eine Frau mitspielte, in der eine Frau an meiner Seite war, in der eventuell Platz war für ein Kind. Danach sehnte ich mich. Ich wollte ein Teil einer Familie sein. Ich wollte eine Familie gründen, wie man in schönster Männersprache sagte. Ich erinnerte mich an meine Familie, an ihre Strukturen, an den Schutz, den ich empfunden hatte als Kind, erinnerte mich an die beginnende Krankheit meiner Mutter, die uns total verunsicherte.

Wir verließen uns auf ärztliche Ratschläge und fuhren von Spezialisten zu Spezialisten, ließen uns auf Quacksalber und wenig seriöse Behandlungsmethoden ein, um auch nur jede Möglichkeit der Behandlung meiner Mutter auszuschöpfen. Wir waren dermaßen verunsichert, dass wir von Homöopathie über Wünschelrutengänger bis hin zur Behandlung von Parkinson alles Mögliche ausprobierten. Die Diagnosen waren haarsträubend und aus dem Ärmel geschüttelt und deren Behandlungsansätze schlugen natürlich fehl.

Ich erinnerte mich an ein Krisenmodell von Erika Schuchardt, in dem sie den Ansatz vertrat, es gäbe plötzlich auftretende Ereignisse, die einen überraschten und überforderten, und der Mensch suchte zuerst einmal von sich aus nach Lösungen. Konnte er diese Lösungen selbst nicht finden, so nahm er Hilfsangebote gerne an und suchte Fachmenschen auf. In den seltensten Fällen hatte er Glück, sofort einen Fachmenschen zu finden, und eilte deshalb von einer Beratungsstelle zur anderen, von einem Arzt zum anderen. Häufig verblieb der Hilfesuchende in diesem Muster des Suchens. Er hatte mittlerweile nämlich eine Aufgabe, eine Motivation gefunden für sein weiteres Leben. Meistens war der Suchende irgendwann genervt, hatte all seine Kraft, Ausdauer und Energie in das Suchen gesteckt und fühlte sich ausgelaugt und ausgepowert!

Genauso erging es uns in meiner Familie, die wir mit der Krankheit von Mama nicht umgehen konnten. Zu bizarr waren ihre körperlichen Verschlechterungen, zu auffällig waren ihre körperlichen Zuckungen wie Schütteln, Zittern, Körperunruhe der Arme, Beine, der Mimik, die häufigen Stürze. Zu bizarr und nicht nachvollziehbar war ihre Wesensveränderung, da sie manchmal aggressiv wurde, stur, weinerlich! Zu bizarr waren ihre Verhaltensänderungen, da sie von einem Moment zum anderen Ladendiebstähle beging, über Kirche und Gott wetterte, uns und andere beschimpfte.

Wir waren vollkommen aus dem Häuschen. Wir wurden in unserem bisher weitgehend heilen Familienbild vollkommen durcheinander gebracht. Unsere Werte purzelten den Bach hinunter. Wir versuchten vergeblich, die kleinen Tragödien im Familienkreis zu behalten. Aber schon bald sprach die Nachbarschaft über uns, zuerst befremdet, dann anteilnehmend, manchmal mit helfender Hand zupackend, manchmal verwirrt aus dem Hause gehend, nach dem Motto: „Was ist denn bei den Wegeners bloß los." Irgendwann waren wir Dorfgespräch. Irgendwann schämte ich mich, Freunde oder Freundinnen mit zu meiner Mutter zu nehmen. Ich schämte mich über diese Scham und über das fehlende Zu-meiner-Mutter-stehen. Irgendwann kam auch Oma Gertrud, die Mutter meiner kranken Mama, nicht mehr nicht mehr zu Besuch und redete schlecht über sie und uns. Dann war es Onkel Reinhold, der die Familienbande zerschnitt und sagte, Mama wäre ja irr und gehöre nach Marsberg. Marsberg war ein Synonym. Marsberg war ein Ort, 20 km entfernt, in dem es die nächste psychiatrische Klinik gab, die im Volksmund nur Irrenanstalt genannt wurde. Ich war überfordert und mein Familienbild von einer helfenden Struktur war schnell zerbrochen. Mir blieb nichts anderes übrig, als ebenfalls das sinkende Schiff zu verlassen und nach Kassel zu ziehen.

Erika Schuchards Model sah an diesem Punkt einen Schnitt, eine Weggablung. Entweder wurde die Krise mit der Inanspruchnahme von fachlichen Hilfen gelöst, oder aber das Helfermodell, brach aufgrund von Überforderung der Helfenden zusammen. Was auch beinah bei uns der Fall gewesen wäre. Allerdings hatte irgendein Arzt von dem Chorea Huntington Zentrum in Düsseldorf gehört. Wir hatten zum ersten Mal den Eindruck, jetzt die richtige Diagnose zu haben, jetzt einen kompetenten Arzt zu haben. Jetzt würde alles besser werden, jetzt würde Mama wieder gesund werden.

Leider war die Krankheit nicht heilbar, sondern wurde von Generation zu Generation weitervererbt. Ich war geschockt!

Ich zog mich noch mehr in mein Kasseler Leben zurück. Ich versuchte, nicht an die möglichen Konsequenzen zu denken, was natürlich so sinnlos war wie der Versuch, einen Fußball in ein Golfloch zu platzieren. Ich lenkte mich viel ab. Ich spielte Volleyball. Wenn ich einen Ball nicht 100 % richtig traf, war es natürlich Chorea Huntington, wenn mir ein Teller beim Spülen zerbrach, war es natürlich Chorea Huntington, wenn ich einmal verbal ins haspeln kam, war es natürlich Chorea Huntington, wenn mein Gedächtnis mich im Stich ließ, war es natürlich Chorea Huntington. So verunsichert führte ich mein weiteres Leben und ging alltäglichen Verrichtungen nach.

Während meines Studiums der Sozialpädagogik traf ich Chrischie. Chrischie war Krüppel und lebte sein Krüppelsein voll aus. Er war liiert mit Winnie, einer gut aussehenden nicht Behinderten. Sie galten für mich als Traumpaar und sensibilisierten mich dafür, dass es möglich war, eine Beziehung zu leben, welche darauf baute, einander zu akzeptieren und zu respektieren. Sie waren häufig gemeinsam in der Öffentlichkeit und standen ohne Wenn und Aber zueinander. Wow! Ich war begeistert. Das müsste mir doch auch gelingen. Wir besuchten gemeinsam Veranstaltungen zum Thema Behinderung im Alltag, Behinderung in der Öffentlichkeit, Behinderung in der Partnerschaft! Und alles, was die beiden erzählten, war so natürlich. In ihrem Sprachgebrauch fand ich auch nicht die Begriffe wie krank für behindert, sondern sie redeten von Menschen mit Einschränkungen oder Menschen ohne Einschränkungen.

Bei einem gemeinsamen Discobesuch mit Rollstühlen während eines Selbsterfahrungskurses, bemerkte ich auch meine Fähigkeit, mit dem Rolli auf der Tanzfläche zu tanzen. Ich hatte viel Platz und Raum, und es wurde mit mir geflirtet. Ich wurde angeflirtet und musste nicht aktiv sein. Es tat mir gut, als offensichtlich Behinderter nicht ausgeschlossen und attraktiv für nicht behinderte Frauen zu sein. Ich hatte selten so viele Offerten bekommen, ich hatte selten so einen ausgelassenen Discoabend erlebt, ich hatte selten so viel Aufmerksamkeit erhalten. Ich nahm mir fest vor, wenn ich mal wieder solo sein würde, mir irgendeinen Rolli zu borgen und beim Tanzen in der Disco die Frau für mein Leben oder zumindest für eine Nacht zu finden.

Im Nachhinein war mir schon klar, warum ich mich so gut behandelt gefühlt hatte. Gerade Frauen hatten ein soziales Interesse, und wenn ein Behinderter an einem Ort auftauchte, an dem man ihn nicht erwartete, hatte er erst einmal Sympathiewerte und Bonuspunkte, nach dem Motto: „Der traut sich ja was." Genau das war auch mein Empfinden, meine

Einstellung, die sich während meiner Studienzeit drastisch änderte. Ich entfernte mich von der Vorstellung, Mama als Behinderte musste zu Hause bleiben, hin zu der Haltung, alles konnte man sich erstreiten und jeder öffentliche Raum war für alle zugänglich. Ich konnte diesen öffentlichen Raum nutzen, so viel ich wollte. Ich konnte ihn jederzeit nehmen, um in Kontakt mit anderen Menschen zu gelangen. Und das war wichtig. Falls sich irgendjemand an mir stieß, an meinem Äußeren, an meinem Verhalten, an meiner Behinderung, so konnte er es mir sagen. Mit diesem Bewusstsein, dass auch Behinderte einen öffentlichen Raum besetzten können, begann ich in Kassel, meine Identität anzunehmen. Ich übte mich in Kontakten zu Behinderten, wobei vor allem Chrischie einen maßgebenden Einfluss auf mich hatte.

Ja, so saß ich in San Francisco, war immer noch auf der Suche nach einem Souvenir aber fand keines. Ich dachte daran, dass ich einen enormen Wandel durchlebt hatte, gerade dann, wenn ich nicht radelte, sondern dem Erlebten nachspürte, wenn ich das Geschehene überdachte, wenn ich meine Zukunft überdachte. Sie wurde immer positiver, immer sicherer, immer konkreter. Genau das wollte ich doch auch, als ich mich vor 5 Monaten auf die Reise begab.

Mehr Perspektive! Das war mein Souvenir, welches ich aus San Francisco mitnahm. Das war meine Erinnerung an den kreativen Gestaltungsprozeß des Rainer, hier in Amerika.

Ich holte mein Fahrrad am nächsten Nachmittag ab und bedankte mich allerherzlichst für das Beherbergen meines Rades, richtete Kathy ganz liebe Grüße aus und hinterließ meine Adresse in Deutschland. Ich lud sie alle herzlichst ein, bei einem eventuellen Europaurlaub mich auch zu besuchen. Es war ziemlich nett gewesen, dass ich so einfach meine Sachen unterstellen konnte.

Ich würde auf jeden Fall Kai und Susanne besuchen. Leider verfügte ich weder über ihre Adresse noch ihre Telefonnummer. Ich wusste allerdings, sie machten beide ein Praktikum bei der Gemeindeverwaltung von Santa Cruz und betreuten dort obdachlose Menschen. Die Gemeindeverwaltung würde sich schon finden lassen. Vielleicht konnte ich mich dann durchfragen. Mal schauen!

Ich hatte wieder ein kleines Ziel, schwang mich auf mein Rad und fuhr Richtung Küste. Fast noch im Stadtgebiet erreichte ich die half moon bay, welche ein Erholungsgebiet war. Ich stellte mein Zelt auf. Endlich mal wieder im Zelt, endlich mal wieder die nächtlichen Geräusche, endlich mal wieder eine harte, aber bequeme Schlafunterlage, endlich mal wieder Natur um mich herum. Ich schlief den Schlaf des Gerechten, träumte von dem halben Mond, der der Bucht den Namen gegeben hatte und der einsam am Himmel seinen matten Schein auf das Meer warf.

Am nächsten Tag radelte ich vollkommen entspannt Richtung Süden. Ich war längere Zeit nicht auf dem Fahrrad unterwegs gewesen und musste mich ein wenig an den hier noch relativ starken Verkehr gewöhnen. Ein Großteil der Autofahrer, denen ich begegnete, war auf dem Weg zur Arbeit nach San Francisco, so dass ich es meistens mit Gegenwind, der durch die Sogwirkung der Autos entstand, zu tun hatte. Irgendwann sah ich ein Schild mit dem Hinweis, Santa Cruz 49 Miles. Kurz entschlossen entschied ich, dass dies mein heutiges Tagesziel sein sollte. Schon bald hatte sich der Verkehr fast zur Gänze gelegt, und ich fuhr den Highway 101, so wie ich ihn liebte, mit vielen Kurven, mit windschiefen Bäumen, mal bergauf, mal bergab, meist mit leichter Windunterstützung von hinten, aber immer mit einer skurrilen Landschaft vor Augen und dem Geruch des Meeres in der Nase.

Gegen Abend erreichte ich nach mehreren Pausen die Anhöhe kurz vor Santa Cruz und hatte einen wunderbaren Eindruck von dieser Kleinstadt, die direkt am Meer lag. Ich erkannte einen Strand mit viel Leben, viele Parks, einen Kirchturm und grün bewaldetes Hinterland mit Bergen und Anhöhen. Richtig idyllisch lag Santa Cruz dort. Ich begab mich erst einmal zum Strand, um von dort einen Weg Richtung Innenstadt zu suchen. Am Strand angekommen bemerkte ich einige Volleyballspieler, welche just for fun im Sand ihr Bestes gaben. Nach einer kurzen Verschnaufpause lud ich mich zum Mitspielen ein. Es ging noch, die Angaben klappten, mein Zustellspiel war so gut wie eh und je, meine Angriffe hatten eine durchschlagende Wirkung, meine Abwehr war wie eh und je äußerst schlecht. Ich gewann mit all meinen wechselnden Spielpartnern, gewann aber auch Lust am Spiel.

Ich gewann dadurch, es wieder einmal ausprobiert zu haben, ohne irgendwelche Einschränkungen von Huntington, ohne unsauberes Spiel. Ich konnte meiner Zukunft vertrauen. Wenn ich wieder in Deutschland war, wollte ich unbedingt weiterspielen. Ja, wenn ich wieder zurück war! Ich bemerkte die ganz tiefe Sehnsucht nach altbewährtem, nach Heimatgefühl, nach einer Partnerschaft!

Ich war ziemlich heiß auf Frauen. Ich sehnte mich nach ihnen, sehnte mich nach ihrer Nähe, nach ihrem Duft, nach den Zärtlichkeiten, nach Sexualität genauso wie nach dem vertrautem Umgang. Ich war kein Mann für One Night Stands. Ich hatte genügend Frauen kurz genug gehabt, um mich nach einer dauerhaften Beziehung zu sehnen. Ich wollte nicht mehr mit dem Bewusstsein wach werden: Liegt da nun jemand neben mir, oder ist es nur ein Fiktion? Ist es nun Heike oder Angelika oder wie sie sonst noch heißen könnten. Ich sehnte mich nach einer verbindlichen Beziehung mit erotischem Flair, sehnte mich nach einer Frau, mit der ich unsere gemeinsame Zukunft planen konnte. Ich sehnte mich nach einer Frau, die mich auch als Behinderten, als Menschen mit vielen Schwächen und Macken, akzeptierte und liebte.

Bisher hatte ich ein traditionelles Beziehungsbild, welches auf Gleichwertigkeit beruhte, allerdings auch ein Bild, in dem ich als Mann den Großteil der Geldbeschaffung übernahm. Die Frau war für Kinder und Haus und Garten zuständig. Diese Sichtweise wandelte sich langsam hin zu: Beide tragen einen Teil zur finanziellen Absicherung bei. Beide Partner tragen die hauswirtschaftliche Last. Beide Partner tragen Verantwortung für die Entwicklung der Partnerschaft. Beide Partner tragen Verantwortung für die Gestaltung der Zukunft.

Ich wollte kein Kind. Ich wollte Freiheit. Ich wollte frei sein von Verantwortung Kindern gegenüber unter dem Aspekt, dass ich Chorea Huntington weitervererben könnte. Ich wollte auch keine Kinder mit Chorea Huntington in die Welt setzen und vor allen wollte ich nicht als erkrankter Vater in der Situation sein, Erziehungsaufgaben zu übernehmen. Ich hatte die Schwierigkeiten in meinem Elternhaus erlebt, hatte die Unsicherheit erlebt, hatte den Trouble erlebt, welchen Morbus Huntington in unsere Familie brachte. Das wollte ich nicht. Ich wollte, wenn es irgendwie in meiner Macht liegen würde, Huntington aus dem Leben von Menschen verdrängen. Ich wollte es ausrotten, wenn ich die Fähigkeiten hierfür gehabt hätte. Ich war ziemlich sauer! Immer noch!

Auf den Einfluß dieser hässlichen und scheußlichen Krankheit, die unsere Familie äußerst stark belastet hatte.

Es war mittlerweile spät geworden. Ich hatte kaum noch Hoffnung, Kai und Susanne am Arbeitsplatz anzutreffen, wandte mich aber trotzdem Richtung Innenstadt. An den Markthallen hielt ich an, um nach der Gemeindeverwaltung zu fragen. Ja, die wäre gar nicht weit, aber es war schon 18.00 Uhr, und die Mitarbeiter würden schon Feierabend haben. Also sparte ich mir den Weg, schlenderte über den Markt, wo viel Gemüse, Melonen und Beeren lockten. Ich überlegte gerade, ob ich mir ein paar Honigmelonen als Abendessen kaufen sollte, als ich meinen Namen lauthals über den Marktplatz rufen hörte.

Auf der anderen Seite stand wild winkend und gestikulierend Susanne. Ich winkte ihr mindestens ebenso wild und heftig zurück. Ich hielt meine Freude nicht zurück und rief ihr genauso lauthals zu, ich würde mich ebenfalls freuen, sie zu sehen. Da das Rufen anscheinend die Marktbesucher störte, gab ich ihr durch Zeichen zu verstehen, dass sie zu mir kommen sollte, da ich mich mit meinem Rad nur schwer durch die Verkaufsstände wühlen konnte. 30 Sekunden später fiel sie mir in die Arme. Wir herzten uns, ich machte ihr Komplimente darüber, dass sie schon so braun wäre. Sie wäre ja schon 3 Wochen hier in Kalifornien, und ihr Praktikum ließ ihr viel Zeit zum sonnen und beachen.

Sie ging noch einmal zurück auf den Markt, kaufte etwas Gemüse und lud mich zum Abendessen ein. Ich begleitete sie anschließend zu ihrem Apartment. Sie wohnte zusammen mit Kai in einer kleinen Garage. Wohnraum war in Kalifornien begehrt und darum teuer. Die Garage bestand nur aus einem Raum, die Toilette befand sich im Garten. Es gab ein Bett, eine Schrankwand und einen Campingherd. Dafür zahlen beide 480,- Dollar. Eine ganze Menge Geld für 12 qm Wohnfläche. Dafür befand sich der Garten im Hinterhof und war riesig.

Die Besitzer wohnten direkt nebenan. Sie waren in meinem Alter und kamen herüber, als sie bemerkten, dass jemand Neues da war. Sie fragten mich Löcher in den Bauch, ich fragte Löcher in den Bauch zurück, so dass wir bald aussehen mussten wie ein großer Schweizer Käse. Die wichtigste Frage hatten sie gleich beantwortet: Ja, ich konnte hier im Garten übernachten. Da es nicht nach Regen aussah, war ich auch nicht darauf angewiesen, mein Zelt aufzubauen.

Susanne schnippelte die Zutaten für Salat und ich schmiss den Grill im Garten an. Sie wickelte noch Mais in Alufolie, bereitete ebenso Auberginen für den Grill vor, und wir erzählten munter von unseren Erlebnissen. Ich fragte nach der Kasseler Szene, die wir in und auswendig kannten. Ich bekam den Eindruck, es war vieles passiert. Einige hatten Jobs gefunden. Mein Vertreter beim IB hatte sich anscheinend gut eingearbeitet und erledigte die Arbeit gut. Das freute mich, denn als ich die Jugendlichen in Kassel Helleböhn und Niederzwehren Anfang des letzten Jahres verlassen hatte, hatten wir uns aneinander gewöhnt, und mir war es schwer gefallen, von ihnen zu gehen. Wir hatten gerade längerfristige Maßnahmen geplant und mir tat es leid, die Jugendlichen im Stich zu lassen. Ich war nun beruhigt.

Ich stellte mir die Frage nach dem „Wie weiter?" Ich hatte ja die Option, am ersten Mai kommenden Jahres wieder dort zu beginnen. Ich hatte zu Jürgen, meinem Chef, ein super Verhältnis. Er war dort ein wenig wie ein Vater, hatte mich gut eingewiesen und ich kam sehr gut mit ihm klar. Trotzdem wehrte sich irgendetwas in mir, meine Perspektive wieder in der Jugendarbeit zu sehen. Die Jugendlichen waren direkt und klar. Damit konnte ich gut umgehen. Ich konnte ihnen auch ihre Grenzen zeigen. Was mir mittlerweile schwer fiel, war, ihre Lautstärke auszuhalten, ihr aggressives und pubertäres Verhalten. Häufig musste man 100 % präsent sein. Und das war mit Huntington schwierig.

Kai kam! Kai war ein wunderschöner Mann mit blonden Locken, ebenmäßigen Gesichtszügen und einem durchtrainierten Körper, an dem ein Muskel den anderen verdrängte. Er war ein Sunnyboy und nun, da er total braun gebrannt war, sah er so gut aus, dass ich verstand, warum Susanne sich für diesen Mann entschieden hatte. Er übertraf die Leichtigkeit der kalifornischen Beachboys um Längen.

Wir herzten uns ein wenig und schäkerten miteinander. Es machte mir Spaß, mit ihm zu reden. Er erzählte von seinem Praktikum und kam immer wieder auf den Namen Al Gore zu sprechen.

Al Gore hatte hier in dem linken und alternativen Milieu einen sehr guten Ruf. Er hatte versucht, seinen politischen Einfluss als Senator von Kalifornien geltend zu machen und krempelte u.a. hier in Santa Cruz die Gemeindestrukturen von unten nach oben. Er schuf neue Beschäftigungsmodelle für sozial Schwache und Landstreicher. Er warb für mehr Umweltschutz in der amerikanischen Gesellschaft, besonders hier wo

Menschen wohnten, die alternativ dachten und das Geld hatten, Ökologie zu bezahlen. Er galt als großer Widersacher der Holzeinschlagfirmen, welche die Redwoods abholzten. Leider hatte er nicht so eine medienträchtige Ausstrahlung wie Bill Clinton und konnte nicht so gut reden wie dieser. Allerdings waren seine Ansichten und sein Interesse an einer politischen Wende hin zum ökologischen Handeln fundamentiert, und wenn er statt Bill Clinton die Nummer 1 gewesen wäre, so wäre es viel einfacher gewesen, einen Umschwung herbeizuführen. Vielleicht würde ich dann doch in den USA bleiben.

Es wurde ein schöner Abend. Wir grillten bis spät in die Nacht, tranken Bier und unterhielten uns über unsere gemeinsame Zeit in Kassel. Meine Sehnsucht, wieder in vertrauter Umgebung zu sein, erreichte ihren ultimativen Höhepunkt, und ich war fast schon entschlossen, meinen Rückflug nach Deutschland umzubuchen. Am liebsten sofort! Es hielt mich nichts mehr hier. Ich hatte wundervolle Natur genossen, war schöne Strecken geradelt, hatte auf meinem Tacho mittlerweile 4800 km mehr als vor einem halben Jahr, hatte Bären, Adler und andere wilde Tiere gesehen und war aus gefährlichen Situationen glücklich heraus gekommen. Hatte mich mit Heike, Tomek und Tina getroffen, und nun war ich mit Kai und Susanne zusammen. Ich erlebte die amerikanische Gesellschaft immer noch als oberflächlich und abweisend. Ich hatte es nicht geschafft, mich der amerikanischen Gesellschaft anzupassen, mich arbeitsmäßig zu integrieren. Ich hatte keinen Job ausprobiert und hatte meine Englischkenntnisse immer noch nicht so verbessert, dass ich mich ohne Schwierigkeiten unterhalten konnte. Nur manchmal gelang es mir, mich verbal sicher zu fühlen und über Small Talk hinaus Gespräche zu führen. Warum also noch bleiben? Warum also noch mehr versuchen, mich in die amerikanische Gesellschaft zu integrieren? Warum also nicht meinem Bedürfnis nach Heimat nachkommen?

In Kassel hatte ich Freunde, hatte eine nette Umgebung, eine Gesellschaft die ich kannte, einen Hintergrund, der für mich mehr Alternativen bot. Vielleicht war Chorea Huntington irgendwann ja heilbar. Wenn, dann könnte ich wahrscheinlich eher in Deutschland an einer Therapie teilnehmen. Ich sehnte mich nach neuen Perspektiven, nach neuen beruflichen Herausforderungen, nach neuen medizinischen Therapien und ich sehnte mich nach Alltag.

Alltag war mittlerweile das tägliche Reisen, das tägliche Radfahren, das tägliche Zeltaufbauen, das tägliche Zeltabbauen. Ich hatte tiefe Sehnsucht nach Ruhe, nach Beständigkeit, nach einer beständigen Beziehung, nach einem regelmäßigen Job, nach innerem Frieden, nach dem Gefühl zu Hause zu sein, nach dem Gefühl, in meine Wohnung zu kommen, die natürlich schön ist und in der ich mich mit meiner Partnerin treffe um eventuell mit ihr zu grillen, ins Kino zu gehen, Freunde zu besuchen, einen Tatort im Fernsehen zu sehen, die Nachrichten aus der Region und aus Deutschland zu verfolgen, halt ein wenig Teilhabe im Allgemeinen.

Hier war ich überall nur Durchreisender. Ich sehnte mich nach dem Settle down, und mir kam das Lied von Cat Stevens in den Sinn: „Settle down, I`m old, but I`m happy!" Mittlerweile war dies ein Sinnspruch, der häufiger in meinen Gedanken hängen blieb.

Ich war hier in den Staaten viel gereist, hatte viel erlebt, war dadurch etwas älter geworden, etwas ergrauter, etwas haarloser, aber ich war auch zufriedener geworden. Ich hatte überwiegend glückliche Momente in der Erinnerung. Ich war häufig singend und mit guter bis sehr guter Laune unterwegs gewesen. Ich hatte, wenn ich alleine war und mich treiben lassen konnte, die unwahrscheinliche Freiheit genossen, mich an jeder Kreuzung spontan für eine Richtung zu entscheiden.

Und diese Freiheit war ein Riesenschatz an Genuss und Unbekümmertheit, in dem Moment, im Hier und Sofort zu leben. Ich hatte es mir vor der Reise ähnlich attraktiv vorgestellt, allerdings war ich mit dem Ergebnis tausendmal zufriedener als ich es damals erhofft hatte. Ich konnte meinem Rhythmus, meinen Intuitionen, meinen spontanen Ideen und Anregungen nachgehen. Ich hatte mich dermaßen eins mit dem Rad, eins mit mir, eins mit der umgebenden Natur gefühlt. Dieses Einssein war der Schatz, den ich nach Deutschland mitnehmen wollte. Dieser Rhythmus, ohne Wecker aufzustehen und in meinem Tempo meinen ureigen Bedürfnissen nachzugehen, sei es nun der morgendliche Klogang in den Wald, sei es das Schlafen mit einer Frau, sei es das Radeln, sei es das Aufstellen meines Zeltes, weil Regen aufzog.

Diese Schätze waren wunderbar, und ich hatte sie erfahren, erradelt, erlebt und ich wollte sie auch in Zukunft erleben. Dies wurde mir in den Gesprächen klar, die ich mit Kai und Susanne heute und in den beiden folgenden Tagen führte. Kai und Susanne waren eine ganze Ecke jünger, und sie waren schon sehr lange ein Paar. Gerade im Vergleich mit ihnen sah ich mein Erreichtes als etwas Besonderes.

Es war schön, von der Heimat zu hören, es war schön, von Deutschland zu hören, es war schön, Neues aus Kassel zu hören. Ich würde mit Sicherheit nach Kassel zurückgehen. Aber es war für mich absolut wichtig gewesen, diese Reise mit den vielen Höhepunkten anzugehen. Es war wichtig, mich in die Auseinandersetzung mit mir und meinen Zielen zu bringen. Es war wichtig, meine körperlichen und seelischen Grenzen zu ertesten. Es war wichtig, mir deutsche Kontakte, deutsche Treffen, Treffen mit Freunden und Freundinnen zu ermöglichen. Sie gaben mir die Stärke und Gewißheit: „Ich bin, wie ich bin." Und: „Dein Lebenswert ist für andere genauso wichtig, wie für dich selbst, Rainer!" Darüber hinaus hatte ich immer wieder erfahren, Morbus Huntington wartete noch. Sie ließ mir Zeit, glücklich das Leben in meinem Sinn zu genießen.

All dies wurde mir im Gespräch mit den beiden immer deutlicher. So redeten wir viel, auch über ihre Zukunftspläne und die angespannte Jobsituation in Deutschland. Trotzdem wollten sie nicht in den Vereinigten Staaten arbeiten, sondern nur in Deutschland. Gut, sie hatten sich für ein längeres Praktikum hier in Santa Cruz entschieden. Aber ihre Perspektive sahen sie in Deutschland. Genau wie ich auch!

Ja, was machten wir sonst noch?

Susanne und Kai hatten den Hype, welcher in den Staaten ausgebrochen war, genutzt und sich Rollerskates gekauft. Sie waren ganz stolz darauf. Es waren die neuen mit vier hintereinander liegenden Rädern. Sie konnten ziemlich sicher fahren, drehten Kreise, sprangen die Bordsteinkante herunter, fuhren rückwärts, bremsten laut und wir machen einige Wettfahrten. Susanne auf Skates gegen mich auf meinem Rad. Im Sprint hatte ich mit meinem Rad noch Vorteile. Berg runter und dann mit Schwung und Elan die nächste Anhöhe hinauf war sie fast ebenso schnell. Auf langen Ebenen hielt sie locker mit. Ich war total erstaunt. Klar hatte ich diese neueren Skates schon des Öfteren auf irgendwelchen Promenaden gesehen. Es war der Trendsport hier in Kalifornien. Inliner wurden in Supermärkten angeboten und kosteten ca. 100 Dollar. Ich war überrascht, wie schnell und wendig man damit sein konnte, und ich war überrascht, dass gerade Susanne so ein Bewegungsgenie war, dass sie innerhalb einer Woche so eine wendige Fahrerin geworden war. Ich hatte noch nie auf Skates gestanden, hatte außerdem die ein paar Male, welche ich Schlittschuh gelaufen war, eine äußerst unglückliche Figur abgegeben.

Ich erinnerte mich an ein Foto von irgendeiner Klassenfahrt, auf dem ich mit Jeans, offener Jacke und offenem Hemd stocksteif und mit ausgebreiteten Armen in einer Geschwindigkeit, bei der mich auch Schnekken überholen konnten auf Schlittschuhen auf den Fotografen zu glitt. Im Gesicht war die pure Angst sichtbar. Ich hasste das Bild, da ich dort mit meiner Schwäche konfrontiert war. Ich wollte schön laufen, aber die krasse Realität war anders. Vor allen Dingen erinnerte ich mich an die acht schmerzhaften Zwangskontakte mit dem harten Eis und natürlich an den verkrampften Rainer, der angstvoll versuchte, gute Miene zum bösen Spiel zu machen. Ich erinnerte mich an diese pubertäre Zeit äußerst ungern. Meine Klassenfreundin gab im Gegensatz zu mir eine äußerst reizende Figur auf dem Eis ab. Ich erinnerte mich an meine zwiespältigen Gefühle. Ich wollte ihr meine Schlittschuhfähigkeiten zeigen, denn in erster Linie wollte ich mit Bernadette flirten. Und ich erinnerte mich an meine körperliche Verspanntheit, die dieses Unterfangen ad absurdum führte. All dies war auf dem Foto sichtbar. Ich hasste es. Ich hasste es, da ich mich mit meinen Unzulänglichkeiten konfrontiert sah. Seit dem hatte ich nie wieder auf dem Eis gestanden. Bernadette und ich beendeten eine Woche später unsere Freundschaft.

Daran erinnerte ich mich nun. Ich sah meine Entwicklung sehr positiv. Nun lebte ich mit meinen Ängsten und stellte mich ihnen. Ich hätte gerne die neuen Skates von Kai ausprobiert. Leider hatte er nicht annähernd die richtige Schuhgröße. Wir wetteten scherzhaft, dass dieser Sporttrend auch nach Deutschland kommen würde. Ich war ein wenig skeptisch, habe aber im Jahr 2002 in Berlin an einer Skateveranstaltung mit 70000 Skatern teilgenommen und im Nachhinein die Wette verloren. Ich hatte mir ein Paar gekauft, hatte einige Kurventechniken erprobt, hatte einen kleinen Sturzlehrgang absolviert und auch Bremsen gelernt. Es dauerte etwas länger als bei anderen und ich bin bis heute keine Grazie auf den Rollen, aber ich habe mich getreu dem Motto: „Ausprobieren ist besser als es erst gar nicht zu wagen" auf die Dinger gestellt und es hat geklappt. Super!

Wir aßen nachmittags zwei Torten. Ich hatte schon häufiger die bunten, kitschigen Torten mit Motiven zu jedem Anlass gesehen. Sie sahen so giftig und unnatürlich aus, als kämen sie direkt aus einer Hexenküche. Aber ich hatte sie noch nie probiert. Nun aber, da meine Zeit in den Staaten ablief, kaufte ich gleich zwei und machte mit den beiden ein Tortenessen. Die Torten schmeckten nur nach klebrigem Puderzucker. Sie sahen gerade für Kinder verführerisch aus, hielten aber geschmacklich nicht, was sie visuell versprachen. Es war nur Teig, etwas hauchdünne Marmelade und ansonsten nur Zucker. Gräßlich! Aber auch hier galt für mich: Ausprobieren!

Am nächsten Tag unternahmen wir eine Wanderung zum Hausberg von Santa Cruz. Wir liefen durch dichten Nadelwald, manchmal ziemlich dschungelig, manchmal ziemlich licht. Die Redwoods waren hier schon zum größten Teil abgeholzt. Sie waren Opfer der Holzindustrie geworden. Es wirkte dadurch alles ein wenig bekannter. Es erinnerte mich an einen jungen Wald in Deutschland. Der Wald hier hatte mittlerweile das Urwüchsige verloren, das Wilde verloren, das Ursprüngliche verloren, das ich ja so mochte. Es kam mir vor, als würde ich durch einen angelegten Park gehen. Es war nicht vergleichbar mit den Wäldern, die ich an der Küste erlebt hatte, und das stimmte mich ein wenig traurig. Ich liebte dieses urwüchsige, ich liebte dieses rauhe, ich liebte dieses kräftige, grüne und undurchdringliche, ich liebte diese Einigkeit, die ich in den ursprünglichen Redwoodgebieten erlebt hatte. Ich liebte meine Bindung zu dem Wald.

Ich empfand eine vertraute Beziehung zu ihm und ich erinnerte mich sehr gerne an meine ersten Begegnungen mit meinem Wald in Alme. Wir wohnten am Ortsrand und hatten als Kinder die Gelegenheit, den Wald in unserer Nähe zu erforschen. Ich erinnerte mich an das Gefühl, durch die Wiesen zu streifen bis die ersten Büsche anfingen. Ich ließ diese hinter mir und kroch dann manchmal auf allen Vieren durch Dornhecken, Haselsträucher, Holunder, Weißdorn wie in eine Höhle hinein. Aber dann erreichte ich irgendwelche Trampelpfade. Der Wald wurde hoch und lichter. Er war überwiegend aus Buchen und Eichenbestand! Die Sprache der Vögel änderte sich. Es waren nicht mehr die Meisen und Feldlerchen, die Spatzen oder Stare, die ich kannte, sondern hier herrschten die Stimmen der Krähen, welche mich lange beängstigten, hier herrschte das Klopfen des Spechtes, das warnende Kreischen des Eichelhähers, das markante und laute Kuckuck und das Gekreische von Raubvögeln vor. In dieser Höhle roch es anders als auf dem Feld. In dieser Höhle rauschte ständig das Blattwerk. In dieser Höhle war alles grün und im Herbst verwandelte sich dieses Grün in bunt. Ich hörte von irgendwo irgendwelche Rehe oder Hirsche durch das Gehölz brechen. Irgendwo krochen Fuchs und Marder aus ihrem Bau. Es war nie still. Es war nie unheimlich. Ich war bezaubert von dieser Welt, vergaß häufig die Zeit, verlief mich auch manchmal, aber ich orientierte mich dann anhand von markanten Hügeln oder der Eisenbahnlinie immer sehr gut. Ich kam häufig viel zu spät nach Hause.

Hier war meine Heimat, hier im Wald, der Aufregung brachte, etwas Abenteuer versprach. Hier baute ich mit Hubertus mein erstes Baumhaus, hier galt es, den Bullen und Kühen, die es von der Nachbarweide hierher verschlagen hatte, auszuweichen. Hier war meine sichere Umgebung. Es gab Felsen, die ich bestieg, von denen aus ich einen phantastischen Ausblick genoss, auf denen mich aber niemand sehen konnte. Maximal die Arbeiter aus dem nahegelegenen Spatbruch oder ein paar Waldarbeiter. Häufig war ich alleine hier, weil ich auch den Rückzug genoss, den Rückzug von meinen Brüdern, den Rückzug von meinen Eltern und all dem Streß, den Auseinandersetzungen, dem Nichtverstanden werden, dem Leistungsdrang, den Hausaufgaben.

Hier im Wald konnte ich gut abschalten.

Heute würde ich sagen, ich war instinktiv geflüchtet. Ich hatte mich den Aufgaben entzogen, ich hatte mich den Streitigkeiten zu Hause und der unruhigen Umgebung entzogen. Aber war es nicht auch okay, sich den Schutzraum zu suchen, den man benötigte?

In Gesprächen vor meiner Reise, sagten mir einige Freunde und Bekannte, ich würde bei der Reise nur meinen eigenen Ballast mitnehmen, und ich sollte mich lieber hier den Aufgaben von Chorea Huntington stellen. Ich hatte den Eindruck, ich müsste mich ihnen gegenüber rechtfertigen. In ihren Begründungen fielen häufig Argumente wie, ich würde vor der Realität fliehen, ich würde vor der nahen Zukunft fliehen, ich würde vor der Gegenwart fliehen und in einem mir unbekanntem Land Zuflucht erhoffen. Diese Argumente begleiteten mich einen Großteil meiner Reise. Ich hatte sie mir lange zu eigen gemacht! Wahrscheinlich, weil auch Zweifel in mir war, etwas das sagte, ja es stimmt. „Rainer du fliehst vor deiner Zukunft!"

Gerade mein ausgeprägtes Gewissen hatte mich begleitet, hatte mich häufig gemahnt. Die Erinnerung an Deutschland, an meine Umgebung, an meine Freunde war stets präsent. Selten war ich wirklich frei von all dem was ich als Erinnerungspäckchen mitgenommen hatte.

Häufig hatte ich an meine Vergangenheit gedacht, an meine Familie, häufig an meine Mutter, an meinen Vater, an meine Brüder. Ich war auch hier in den Staaten ein Teil von ihnen, und sie waren ein Teil meiner Geschichte. Sie waren ein wichtiger Baustein meines Puzzles, meiner Gene, meiner Herkunft. Und diese Bindung zu ihnen wurde mir nun bewusst. Sie wurde mir hier in Santa Cruz bewusst, in einem Wald, im Kontakt zu deutschen Freunden, mit denen ich darüber redete.

Hier wurde mir bewusst, dass ein Teil meiner Reise doch eine Flucht war. Ich nahm es diesmal nicht wertend zur Kenntnis, sondern ich war eher unberührter Betrachter meines eigenen Lebens. Ich war der Außenbeobachter einer Reise, die in Deutschland begonnen hatte und die in Deutschland enden würde. Ich war der wohlwollende Beobachter, der seine Erlebnisse sah, der seine Schwächen zur Kenntnis nahm und wie ein Trainer von außen Anweisungen gab. Es war gut so, wie es war! Ich hatte einen Schutzraum gesucht und gefunden. Ich hatte mich dem, was da war gestellt. Ich hatte meine Erfahrungen gesammelt mit dem was mir an Hilfsmitteln zur Verfügung stand. Ich hatte meinen Rhythmus gefunden, ich hatte ein neues Hobby gefunden, nämlich radeln. Und das waren nur einige Gründe, warum ich eine erfolgreiche Reise genoss.

In diesem Wissen beendeten Kai, Susanne und ich einen schönen Wandertag, und ich beschloss morgen mein Rückflugticket nach Deutschland umzubuchen. Es war Herbst, ich war in einer herbstlichen Stimmung.

Abends verabschiedete ich mich reichlich und herzlich von Kai und Susanne und umarmte beide. Beide wollten am nächsten Morgen, einem Montag, wieder früh zu ihrem Praktikum. Ich wollte erst später los, da ich ja noch auf die Öffnungszeiten des Reisebüros warten musste.

Ich fand noch einen lieben Abschiedsbrief von Susanne und verließ gegen 10.00 ihre Garage. Beim Kauf des Tickets achtete ich darauf, schon am 11.10. zu fliegen. Einen Tag vor meinem Geburtstag. Den wollte ich dann doch ganz gerne in Deutschland unter Freunden feiern. Es gab keine Schwierigkeiten, einen Flug von San Francisco nach St. Paul, Minneapolis für den 11.10. zu finden, und so buchte ich meinen Flug um. Ich würde dort einen Anschlussflug nach Boston erreichen und von dort direkt zurück nach Frankfurt fliegen. Abends gegen 21.00 würde ich in Frankfurt landen.

Deutschland, ich komme zurück, Kassel ich komme wieder!

Ich schrieb sofort Tomek und bat ihn, mich in Frankfurt abzuholen. Weiterhin schrieb ich meinem Nachmieter, ich würde im November wieder in meine Wohnung einziehen wollen. Es war der erste Brief an ihn, und ich fand es komisch, meine Adresse mit seinem Namen zu versehen. Wie würde er die Rückkehr aufnehmen? Hoffentlich war alles gut gegangen! Hoffentlich war die Wohnung in einem angenehmen Zustand, war nicht vermüllt oder unter Wasser gestellt, und hoffentlich hatte er seine Miete bezahlt. So verging der Entscheidungstag in Erinnerung an Kassel, in Vorfreude auf meine Wohnung, in Überlegungen praktischer Art. Ich wollte erst einmal bei Tomek in meinem Wohnwagen wohnen. Ich freute mich auf das Wiedersehen mit meinen Partnerinnen. Vor allem mit Heike. Ich hatte zwar des längeren nicht mehr mit ihr telefoniert, aber ich hatte Tina noch einen Brief für sie mitgegeben. Ebenso hatte ich vor Kurzem einen Brief an Angelika geschrieben. Ich hatte zwei wunderbare Frauen an meiner Seite. Ich hatte eine schöne Zeit mit Heike verbracht. Ich war immer noch wahnsinnig verliebt in beide.

Mir wurde deutlich, dass ich eine Dreierbeziehung führte, und mir wurde auch klar, dass diese Dreierbeziehung nicht mehr länger funktionieren würde, wenn ich zurück in Deutschland wäre. Beide würden einen Anspruch auf mich erheben. Beide würden ihr Interesse an mir deutlich machen und wahrscheinlich würden beide auch die Andere ausbooten wollen. Bisher hatte ich mir darum keine Gedanken gemacht. Bisher war ich in Amerika weit genug entfernt von solchen Gedanken. Bisher hatte ich mich noch nicht entschieden. In Deutschland würde ich mich entscheiden müssen. Am Liebsten natürlich für beide! Am Liebsten würde ich den diplomatischen Weg gehen, am Liebsten würde ich den Kompromiss gehen, und der Grund war eindeutig: Ich wollte keiner wehtun. Ob sie da mitspielten, war zweifelhaft! Ob sie da mitspielten war mir erst einmal egal. Ich würde das vor Ort klären. Klar war mir, dass ich mit beiden offen sein wollte.

Ich fuhr noch weiter Richtung Süden. Diesmal mit einem anderen Gefühl. Ich fuhr langsam und wenig motiviert. Machte viele Pausen und war ein wenig aufgeregt anlässlich meiner Entscheidung. Ich hatte hier in den Staaten kein Ziel mehr, und fuhr von meinem Abflughafen in die falsche Richtung. Ich hatte noch eine Woche Zeit, das war nicht viel. Theoretisch konnte ich noch bis St. Louis Obispo fahren und dann vielleicht mit dem Bus zurück. St. Louis sollte eine nette Stadt sein. Kai und Susanne hatten schon einen Ausflug dorthin gemacht. Aber mir war nicht nach Sightseeing, ich war melancholisch und antriebslos.

Ich campte auf einer Restarea in der Nähe von Watsonville. Es war eine von diesen wunderschönen Fast-Vollmondnächten. Es war eine von diesen fast schlaflosen Nächten. Ich merkte den Mondeinfluss deutlich und schlief sehr unruhig. Ich hörte ein Geräusch. Ich konnte es nicht deuten. War ja auch egal.
Ich hatte mein Fahrrad wie immer nicht abgeschlossen. Das Geräusch kam aus der Richtung meines Rades. Sollte tatsächlich noch in den letzten Tagen mein Rad geklaut werden? Sollte mir tatsächlich jemand etwas aus meinen Taschen entwenden? Jetzt, da ich mich entschlossen hatte, nach Deutschland zurück zu fahren, kam ein Dieb, um mich zu bestehlen? Das durfte doch nicht wahr sein! Das Geräusch verstummte.
Ich lauschte wartend in die Nacht hinein.
Da, wieder ein Geräusch. Diesmal kam es von der etwas oberhalb gelegenen Straße. Es war das Geräusch leiser Schritte durch das Gras.
Doch dann schon wieder ein Geräusch an meinem Rad. Die Entfernung von dem anderen Ort bis zum Fahrrad war bestimmt 30 Meter. Und so schnell konnte der eine nicht zum Rad gelangt sein. Dazu waren die Geräusche zu dicht hintereinander.
Also waren es zwei Täter. Ich verfluchte mich wegen meiner Nachlässigkeit. Ich ärgerte mich, dass ich das Fahrtenmesser wieder am Rad hatte, dass ich es wieder nicht in meinem Zelt verstaut hatte. Ich hatte

mir das ja nach dem „Wolfsangriff" vorgenommen. Ich ärgerte mich riesig.

In dem Moment kamen von der südlichen Seite noch weitere anschleichende Geräusche, und ich war mir sicher, dass ich es nun mit mindestens vier Dieben zu tun haben würde.

Okay. Ich hatte zwar kein Messer, die Diebe aber wahrscheinlich auch nicht. Sie vermuteten, dass ich schlief und von ihren Aktivitäten nichts mitbekam. Ich hätte also den Überraschungseffekt auf meiner Seite. Und der hatte ja auch letztes Mal funktioniert. Wahrscheinlich würden sie über meine Nacktheit lachen. Aber vielleicht war das auch abschrekkend. Das nächste Mal würde ich wenigstens ein T-Shirt überziehen.

Ich wand mich langsam und leise aus dem Schlafsack. Mittlerweile waren alle Diebe am Fahrrad. Ich hörte von den beiden Zeltseiten her keine Geräusche mehr. Hoffentlich saß keiner direkt neben meinem Zelt, mit einem Knüppel auf mich wartend. Dann hätte ich schlechte Karten. Aber dann hätte ich seinen Schatten schon durch das Zelt wahrgenommen.

Ich raus aus meinem Schlafsack. Bisher hatte ich keine Geräusch verursacht, aber nun musste es schnell gehen. Ich zog mit einem lauten Ratsch den Innenzeltreißverschluss auf, riss dann den Überzeltreißverschluß ebenso laut und ebenso schnell auf, schrie aus Leibeskräften, sie sollten verschwinden, sie sollten sich verpissen. Ich wandte mich Richtung Fahrrad, und noch bevor ich ganz aufgestanden war, sah ich kleine Schatten verschwinden, sah das Funkeln von Augen, hörte ängstliche Flucht, sah schwarz-weißes Fell im Mondschein glänzen.

Es waren Waschbären, die sich an meinen Fahrradtaschen genüßlich getan hatten. Mindestens eine ganze Familie. Ich hatte fünf Waschbären gesehen. Fünf von diesen kleinen, süßen Nagern. Sie hatten anscheinend Hunger und waren auf ihrer Suche über meine Lebensmitteltasche gestolpert.

Na, ja! Sie konnten ja auch fressen, aber bitte nicht meine Lebensmittel. Und bitte nicht in meine verschlossene Gepäcktasche hineinkriechen oder sie zerbeißen. Genau das hatten sie getan. Sie hatten diese dicken Gewebetaschen angenagt. Als ich den Schaden ein wenig genauer betrachtete, wurde ich ernstlich sauer, denn sie hatten schon ein faustgroßes Loch in die als bärensicher geltenden Taschen genagt.

Wow, was hatten sie für scharfe Krallen. Wow, was hatten sie für ein scharfes Gebiß und Wow, was hatten die kleinen Waschbären für einen starken Magen! Waren sie so ausgehungert, dass sie sich an meine Taschen begeben mussten? Waren sie als Familie so sozialisiert, dass sie gerade auf dem Stundenplan „Ortliebtaschen der Extraklasse zerstören" im Unterricht hatten? Mussten es die Eltern gerade jetzt, mitten in der Nacht, auf meine Lebensmittel abgesehen haben? Warum zum Teufel nahmen sie sich nicht irgendwelche anderen Opfer? Warum zum Teufel machten sie sich nicht über irgendeinen verdammten Mülleimer her? Warum zum Teufel mussten als Lernobjekt für ihre Unterrichtseinheiten meine geliebten Ortliebtaschen herhalten?

All die Fragen stellte ich mir und ihnen und da ich nicht wirklich eine Antwort von ihnen erhoffte, verscheuchte ich sie noch einmal mit meinem ganzen Ärger. Ich nahm die Tasche vom Fahrrad und stellte sie in mein Vorzelt. Ich legte mich wieder schlafen in der festen Überzeugung, die Waschbärenfamilie vertrieben zu haben und nun in Ruhe meine Nacht zu vollenden.

Denkste, Rainer! Kurze Zeit später wurde ich erneut durch Geräusche geweckt. Diesmal war ich mir von vornherein sicher, dass es sich bei den Verursachern nicht um Diebe, sondern um den Waschbärenclan handelte. Sie kamen zurück. Ich hörte sie in deutlich geringerer Entfernung zu meinem Zelt. Ich riss das Innenzelt auf, dann das Außenzelt und schaute direkt in ein Meer von im Mondlicht glitzernden Augen.

Ich erschrak! Sie waren in Greifnähe. Sie ließen sich nicht durch meine Geräusche abschrecken. Ich sah ihre spitzen Zähne und ihre scharfen Krallen. Ich überlegte nicht lange, sondern zog meine Hand, und meine Arme blitzschnell zurück.

Ich hatte tierische Angst, den Kürzeren zu ziehen.

Ich verfluchte mich wieder, da ich mein Fahrtenmesser immer noch in der anderen Fahrradtasche hatte. Ich ärgerte mich, nicht daran gedacht zu haben, dass der Waschbärenclan zurückkommen könnte. Ich ärgerte mich über meine Arroganz, die Situation falsch eingeschätzt zu haben. Nun war er wieder da, der Familienclan und wahrscheinlich hatte er noch Oma und Opa mitgebracht, denn es waren nun sieben. Sie waren nicht nur zahlenmäßig gewachsen, sie waren auch an Körpergröße gewachsen. Das zwar nicht real, allerdings sah es aus meiner Perspektive so aus. Ich hockte immer noch im Zelt und war nun auf Augenhöhe mit ihnen. Ich traute mich keinen Fuß aus dem Zelt. Ich wühlte hektisch nach meiner Taschenlampe, hielt sie ihnen entgegen und leuchtete sie direkt an. Sie wandten ihr Gesicht wild fauchend ab und verschwanden ein paar Meter.

Na also, geht doch! Aber wie weiter? Sollte ich es wirklich wagen, die 12 – 15 Meter zu meinem Rad durch die Meute hinweg zu gehen? Sollte ich dann wirklich mit dem Messer auf die kleinen, süßen Nager losgehen? Was war, wenn sie sich in der Zwischenzeit über mein Zelt hermachten? Was war, wenn sie sich in der Zwischenzeit über meine Lebensmitteltasche hermachten? Alles unbeantwortete Fragen!

Ich krabbelte aus dem Zelt und verscheuchte direkt vom Zelteingang die Waschbären mit wilden Armbewegungen und mit meiner Taschenlampe. Dies mit zweifelhaftem Erfolg. Sie zogen sich ein wenig zurück, hatten mich und das Zelt allerdings immer noch umzingelt und kamen langsam wieder näher.

Ich wandte mich an die Jungtiere, die wahrscheinlich am schreckhaftesten waren und sprang sie an. Ich hatte Glück. Sie verzogen sich bestimmt 10 Meter weit. Ich sprang die Alten an. Auch sie waren überrascht und zogen nun einen größeren Kreis. Nun lief ich zu meinem Rad, suchte in den Radtaschen mein Messer und fand es sofort. Ich hatte es häufig zum Brotschneiden verwendet, und wusste daher, wo ich suchen musste. Nun war ich bewaffnet und hatte ein enormes Sicherheitsgefühl. Nun war ich der Angreifer. Ich war nicht mehr in der Verteidigungsposition. Ich sprang wieder wild mit dem Messer wurstelnd auf die Bären zu, schrie sie an, leuchtete sie an, und sie verschwanden wirklich aus meinem Gesichtsfeld.

1:0 für mich. Ich fühlte Erleichterung! Ich blieb noch 10 Minuten mit der Taschenlampe sitzen. Leuchtete immer wieder in das angrenzende Gebüsch, in welches sie verschwunden waren. Bemerkte den Widerschein ihrer gespenstischen Augen. Kroch dann, immer noch ein wenig aufgeregt, wieder in mein Zelt, um mich erneut schlafen zu legen.

Würden sie wiederkommen? Würden sie es noch einmal wagen, mich zu attackieren? Würden sie ihre unterbrochene Unterrichtseinheit fortsetzen? Ich erinnerte mich an ihr Fauchen, an ihre wilde Entschlossenheit, ihre messerscharfen Krallen, ihre spitzen Zähne und ich bibberte aufgrund der inneren Erregung.

Mittlerweile war mir kalt geworden. Ich zog mein Shirt und meine Hose an und legte mich wartend in den Schlafsack. Lass das Vorzelt auf! Sie kommen zurück, Rainer. Paß auf! Ich passte auf und wartete. Ich dachte an die eigentlich so süßen Tiere. Dachte aber auch daran, dass sie mir etwas streitig machen wollten, und dass ich dieses Etwas ihnen nicht gönnte, nicht gab. Warum eigentlich nicht? Ich könnte sie ja füttern, und sie würden zufrieden mit einem gefüllten Magen von dannen ziehen. Ich merkte, mein bisheriges Handeln war ausschließlich reflexhaft bedingt. Ich merkte, dass ich ja auch logisch handeln konnte. Sie wollten Nahrung. Ich hatte genügend. Ich konnte ihnen etwas abgeben. Sie handelten instinktiv! Bisher hatte ich auch instinktiv meine Tasche geschützt. Ich hatte genauso tierisch gehandelt wie sie.

Ich war zum Tier redigiert, hatte meinen Verstand nicht benutzt, meine Überlegenheit als denkendes Wesen nicht genutzt. Das fand ich im ersten Moment schade. Aber ich empfand auch eine tiefe Genugtuung darüber, dass ich mit meinem intuitiven Handeln, mit meinem Brüllen und Schreien, mit meinem Gestikulieren und Wild-um-mich-schlagen Erfolg hatte. Diese Genugtuung wandelte sich ein wenig in Stolz. Ich spürte die innere Nähe zu meinen tierischen Veranlagungen, zu meiner Wildheit, zu meinem instinktgesteurtem Verhalten, zu animalischen Trieben! Ich empfand die Nähe zur Natur mit all ihren Facetten extrem stark und extrem bereichernd. Ich empfand die Ähnlichkeit von Trieb und Getrieben sein. Ich empfand die Nähe zu meinem Reisebeginn. Und mir kam die anfängliche Getriebenheit als passive Motivation meiner Reise in den Sinn. Ich empfand mittlerweile mein instinktives Verhalten, meinen Trieb, als ziemlich ausgeprägt.

Heute Nacht empfand ich Stolz über mein unreflektiertes, unmenschliches, gedankenloses Handeln. Wow! Änderungen halt!

Ich lag so wachend und sinnend im Zelt, bis mich der Schlaf übermannte. Als ich das letzte Mal auf die Uhr sah, war es 02.33 a.m. Diesmal waren es nicht die Geräusche, die mich weckten, sondern es waren die Bewegungen der Zeltplane.

Der nächste Angriff der Waschbären erfolgte. Ich war von einer Sekunde zur anderen hellwach. Sie waren schon im Vorzelt und zogen und rissen mit ihren Krallen an der Fahrradtasche herum. Ich schlug instinktiv gegen das Innenzelt, brüllte die Waschbären an, sie fauchten zurück.

Ich griff die Lampe, verscheuchte sie damit aus dem Zelt, war schon aus dem Schlafsack, war schon aus dem Zelt, hielt mittlerweile das Fahrtenmesser in der Hand und haute gezielt nach den kleinen Rackern, die geschickt auswichen und dann wiederum auf mich zukamen. Ich schlug mittlerweile auch mit links, mit der Lampe, und erwischte dabei auch ein Fell.

Ich spürte den Widerstand, den die Lampe beim Auftreffen hinterließ, hörte das wütende und quiekende Aufschreien, hörte das Fauchen der anderen und bemerkte ihren Abzug Richtung Gebüsch. Diesmal war kein Jungtier dabei. Diesmal waren es nur vier gleich große Tiere. Vielleicht wollten sie ihre Kleinen nicht in Gefahr bringen. Vielleicht waren sie aber auch nach den beiden ersten erfolglosen Nahrungsdieb-stählen geschwächt oder entnervt. Die Bären sammelten sich noch ein-mal in der Gebüschnähe. Ich nahm ihre leuchtenden Augen noch ein paar Minuten wahr. Es war eine gespenstische Stimmung.

Ich wartete noch 10 Minuten draußen, reflektiere die Nacht, reflektiere meine körperliche Erregung, reflektierte meine Angst, reflektierte die Ereignisse, reflektierte mein Handeln, reflektiere meinen Instinkt, und ich war super zufrieden. Es war 3.00 Uhr! Ich war müde und legte mich mit der Gewissheit schlafen, die Waschbären würden nicht wiederkom-men!

Und sie kamen auch nicht mehr. Ich hatte auch den letzten Kampf erfolgreich bestritten und erfreute mich meines Triumphes über die Waschbären und über die Goldmedaille für die Entdeckung meines In-stinktes und dessen Stärke.

Ich erwachte erst gegen 11.00 Uhr, als die Sonne mittlerweile heftigst auf mein Zelt schien und ich drückende Hitze und Durst empfand. Ich radelte den heutigen Tag genüsslich. Ich hatte keinen Zeitdruck, kein Ziel, keine Orientierung, keine Motivation, mich schnell zu bewegen, schnell zu radeln.

Es war anders geworden. Dadurch, dass ich mich entschieden hatte, nach Deutschland zurück zu fliegen, radelte ich entspannter. Nicht mehr sportlich, nicht mehr so dynamisch, nicht mehr so elanvoll, sondern eher gelassen und langsam und mit vielen Pausen und viel Sightseeing an der wilden Küste. Die Route 101 erschien genauso spektakulär wie eh und je, und ich hatte Zeit, einzelne Bäume wirklich zu bewundern. Ich ging zu ihnen, sah ihren knorrigen Stämme, ihre windgebeugten Äste, erspürte ihre knorrige Rinde, ertastete ihre markanten Stämme und ertastete ihre bemooste Rinde. Ich erspürte ihre Kraft, alleine auf irgendeinem kleinen Stück fruchtbaren Boden ihre Wurzeln in der Erde vergraben zu haben. Ich erspürte ihre Ausdauer, seit Jahrzehnten sich den ständigen heftigen Winden und häufigen Stürmen zu widersetzen. Ich verspürte ihren Lebenswillen und ihren Lebensmut. Sie waren Ausdruck von Wildheit und Eleganz. Sie waren Ausdruck von unbändigem Lebenswillen, unbändiger Energie und Kraft. Sie waren Ausdruck von ihrem Überlebenskampf, einem Kampf, den sie schon seit ihrer Geburt kämpften. Einem Kampf, der ihnen viel Energie abverlangte. Einem Kampf, der viel Nahrung kostete. Einem Kampf, den sie führten, weil sie einfach da waren. Ich bewunderte sie, da sie diesen heftigen Kampf schon seit Urzeiten zu gewinnen schienen.

Ich beneidete sie um ihren Lebenswillen und ihre Ausdauer und erhoffte mir für den weiteren Verlauf meines Lebens, genau diese so wichtigen Fähigkeiten und Charaktereigenschaften! Obwohl ich hier in den Staaten schon sehr viel Ausdauer und Lebensmut erlangt hatte. Hoffentlich blieb dies auch in Deutschland erhalten.

Bei den Bäumen handelte es sich meistens um Kiefern. Sie wurden nicht groß. Sie waren vielleicht 5 Meter hoch, dafür an die 100 Jahre alt. Ihr Astwerk war gebeugt vom Wind, und sie blieben mit ihrer Krone, die sich immer Richtung Land entwickelte, dem Wind fern. Sie überlebten, weil sie sich anpassten an die Lebensbedingungen, an die Schwierigkeiten. Genau da sah ich meine Schwierigkeit. Ich war manchmal ein ziemlicher Polterkopf, jemand der mit dem Kopf durch die Wand wollte. Ich war jemand, der rücksichtslos mit seinen Resourcen umging, der seine Kräfte und Grenzen manchmal überschätzte und der manchmal den falschen Weg einschlug.

Deswegen wünschte ich mir die Fähigkeit zur Anpassung an meine Lebensumstände sehnlichst! Ich wünschte mir etwas mehr Harmonie, mit mir und auch mit meiner Zukunft. Da gab es noch viel zu lernen.

Am späten Nachmittag erreichte ich Monterey, eine hübsche, kleine und lebendige Hafenstadt mit alten, aus Holz errichteten Hafengebäuden, Lagerschuppen, einem Holzpier, einigen Kuttern, Ausflugsbooten und schönen, aber nicht noblen Yachten. Über der Bucht kreischten Möwen und Pelikane. Sie waren hier in Massen zu bewundern, wie sie im Wasser schwimmend mit ihren riesigen Schnäbeln Fische fingen. Einige saßen am Strand und dösten. Sie waren dermaßen süß und tolpatschig, dass ich sie am liebsten gestreichelt hätte. Ich schaute ihnen stundenlang zu. Zwischenzeitlich ging ich in die Stadt, um dort nach einem Reebok Outletstore zu suchen. Ich wollte mir noch ein paar günstige Sportschuhe zulegen und vielleicht waren sie ja hier billig zu haben. Als ich den Shop fand, musste ich feststellen, dass sie 50 Dollar kosteten, und das war mir dann doch etwas zu viel.

Abends spazierte ich am Meer entlang zum Leuchtturm hin. Ich schaute dem wundersamen Schauspiel zu, wie die Sonne langsam im Meer abtauchte und wie Pelikane noch einmal auf Fischfang gingen. Ich sah in der Ferne irgendeinen Dampfer, der von einem Schwarm Möwen umflogen wurde.

Ich dachte an die Möwe Jonathan, die auch ein Grenzgänger war, und die außerhalb ihrer Gesellschaft Dinge ausprobierte, die man eigentlich nicht machte. Sie stieß sich manchmal Kopf und Flügel, aber sie übte ihre Flugkünste weiterhin, probierte ihre Andersartigkeit aus. Und manchmal war sie glücklich und zufrieden, manchmal zutiefst bedrückt und einsam. Trotzdem hatte sie für mich eine Leitbildfunkion.

Ich wollte meine Besonderheit auch leben. Ich wollte meine speziellen Interessen leben, wollte meine Behinderung weitgehend leben. Ich wollte weiterhin meine Grenzgänge unternehmen. Ja, sie hatte einen sehr großen Wert für mich, die Möwe Jonathan! Vielleicht hörte sie mir ja gerade zu.

Ich zeltete hier in der Nähe des Leuchtturmes. Die Küste war verklippt. Von daher von wenigen Menschen besucht und ich hatte den Eindruck, alleine zu sein mit mir und meinen Gedanken an die Möwe Jonathan.

Am nächsten Morgen radelte ich Richtung Süden, ich wollte heute noch nicht zurück nach Norden. Schon deswegen, weil der Wind heute besonders kräftig aus Norden blies. Da ließ ich mich lieber treiben. Außerdem gab es da noch den Ort Big Sur. Mein Homöopath in Kassel hatte in San Francisco sein Anerkennungsjahr gemacht, und er erzählte von diesem schön gelegen Küstenort und von der Poison ivy, die in Kalifornien und an der Westküste als Unkraut wuchs. Bei Kontakt mit dieser Pflanze konnten die schmerzlichsten Verbrennungen entstehen.

Ich begnügte mich damit, alle unbekannten Gewächse zu meiden. Nun sah ich es zum ersten Mal auf einem Naturlehrpfadschild. Poison ivy sah ähnlich aus wie Efeu, wuchs allerdings flach auf der Erde und rankte nicht. Es war auch von der Wuchskraft, nicht mit Efeu zu verwechseln, sondern hatte vielleicht eine Größe von einem Meter. Genau diese Pflanzen sah ich hier nun zu Hunderten, und ich freute mich, sie nicht angefasst zu haben.

Der Highway 101, der hier sehr dicht an der Küste verlief, führte mich wiederum durch fast unberührte Natur. Wahnsinn, wie schön die Welt sein konnte! Mit diesem zufriedenen Gefühl radelnd, erreichte ich abends dann die kleine Ortschaft Big Sur. Big Sur lag etwas oberhalb der Klippen. Man erkannte viele kleine Häuschen, aber auch große Villen mit Vorgärten. Big Sur hatte einen sehr prominenten Bürgermeister, nämlich Clint Eastwood, den Schauspieler und Filmregisseur. Es hieß einerseits, dass es deshalb einer der wenigen Orte in Kalifornien sei, der auf viel Polizei setzte und der deshalb über wenig Kriminalität verfügte. Andererseits war es eine kleine Ortschaft mit vielleicht 1 500 Einwohnern, welche wegen eines überwältigenden Klippenpanoramas bei Reichen sehr beliebt war. Darüber hinaus war es ein verschlafenes Nest. Es hatte so gut wie keine jungen Menschen. Zum Wochenende sollte man Big Sur nur besuchen, wenn man ausgemachter Fan von Ferrari oder diversen anderen noblen und auffälligen Sportwagen war, denn diese kamen aus L.A. ebenso wie aus San Francisco für einen kurzen Trip herübergefahren. Sie trafen sich in einem von den edlen Nobelcafés und Nobelrestaurant, wo Hummer, Kaviar und Lachs angeboten wurden. Man traf sich zum Reitausflug oder weil es einfach schick war, einmal hier gewesen zu sein.

Nun gut. Diese Infos hatte ich aus dem Reiseführer. Da ich wochentags dort war, sah ich keine einzige Luxuskarosse, stieß allerdings in einem Cafe auf Anekdoten von Henry Miller, der sich hier ebenfalls heimisch gefühlt und sehr viel geschrieben hatte. Der Reiseführer hatte Recht mit seinen Beschreibungen. Halt eine Promistadt, die ohne Promis nicht leben könnte und es zumindest fünf Tage in der Woche auch nicht tat. Ich sah jede Menge Läden, in denen New Age Artikel verkauft wurden, esoterische Bücher ebenso wie Bücher über Kräuterheilkunde oder „Positives Denken, Anleitung in 10 Schritten." Dann natürlich viele Storys über ihren Big Boss, der doch so erfolgreich Filme spielte oder kreierte, versehen mit vielen Lobpreisungen und Huldigungen an seine Person. Vielleicht saß er ja im Bürgermeisteramt? Als ich nach dem Ort fragte, an dem der Bürgermeister residierte, wurde ich an eine verbarrikadierte Villa verwiesen, die abgesehen von Überwachungskameras total verlassen schien. Dieser Ort war tot, zumindest jetzt und auch das Wochenende mit all seinem Leben und Trubel würde ihn mir nicht sympathischer machen. Auch nicht die Anwesenheit von ihrem Bürgermeister. Irgendwie kam mir die Ortschaft vor wie Disneyworld für Reiche, das schon seit langem geschlossen war. Es war ein einsamer Ort für viele einsame Menschen.

Ich fuhr 10 km weiter und fand abends meinen Schlafplatz direkt an einem total einsamen, aber wunderbaren Sandstrand. Ich gönnte mir diesen herrlichen Ort, da ich beabsichtigte, morgen oder übermorgen umzukehren.

Hier war ein wunderbarer Wendepunkt. Die Natur war wild und schön, hier war ich alleine, hier fühlte ich mich wohl, hier konnte ich noch einen Tag relaxen, entspannen und ausspannen.

Die Nacht war so wie viele andere, aber dennoch war sie anders als all die anderen. Sie war die Nacht an meinem südlichsten Punkt, sie war die letzte oder vorletzte Nacht, bevor ich wieder nach Norden aufbrechen wollte, wieder zurück nach Deutschland fuhr. Von daher schlief ich unruhig.

Die verschlafene Nacht verbannte ich mit einem Kopfsprung in den mittlerweile schon ziemlich kühlen Pazifik, gefolgt vom Trocknen im Sand und der wärmenden Sonne, gefolgt von dem Nachholen meiner Tagebuchaufzeichnungen. Gefolgt von weiterem Baden, dem Trocknen der nassen Haut, dem Salz von der Haut reiben und wiederum Baden. An diesem Tag ging ich fünf Mal ins Wasser. Jedes Mal sollte es das letzte Mal sein, aber dann kam der Wunsch nach einer Erfrischung wieder ungemein stark in meinen Sinn. Zwischenzeitlich fuhr ich zum Essen mal nach Big Sur. Ich ließ meine sämtlichen Klamotten am Strand in der Gewissheit, der nächste Mensch würde frühestens am Wochenende vorbeikommen.

Jedes Baden, jedes Sonnenbad nahm ich als Abschied wahr, nahm ich wahr, als wenn es das letzte Mal sei. Es kam eine melancholische Stimmung auf, abwechselnd mit einer Traurigkeit, abwechselnd mit Freude oder Vorfreude auf meine Wiederkehr nach Deutschland. Big Sur war so ziemlich der letzte Ort, in dem ich mich wohl fühlen würde. Er war zu clean, zu tot und passte in mein Bild von den Vereinigten Staaten. Die Welt der Schauspieler, der Möchtegern High Society, der Möchtegernkünstler. Von daher fiel es mir leicht, mich zu verabschieden.

Ich nahm den wunderbaren Sandstrand, die heftigen Wellen des Meeres, den Geruch des Salzes, den Geruch von Algen, das Gekreische der Möwen, das Geschrei eines Seeadlers, die Wildheit der Klippen, das Geheule des Windes, die Kraft des Windes und die Überlebensvielfalt der kleinen Gräser und Pflanzen mit in meinen Reisekoffer der Erinnerung und radelte am nächsten Morgen zurück, durch Big Sur hindurch ohne anzuhalten.

Ich fuhr nun noch langsamer, dem Wind entgegen. Ich machte wesentlich mehr Pausen, so dass ich nicht wie geplant Monterey erreichte, sondern vorher schon einen Schlafplatz suchte. Die Strecke war dieselbe wie vorher. Sie war einfach wahnsinnig schön, und die nächsten Tage waren verbunden mit tiefen Erinnerungen, z.B. an die Pelikane in Monterey, die Waschbären in Watsonville (ob sie meinen Angriff überlebt hatten? Ich hoffte, ja!), die netten Begegnungen mit Kai und Susanne, die markanten einsamen Kiefern, die Brücke über irgendeine Bucht, das nette Haus am Straßenrand.

Es waren Erinnerungen an Erlebnisse, die noch nicht lange zurücklagen. Sie würden in Bildern immer wieder in meinem Gedächtnis sein. Es waren prägende Erlebnisse. Ich hatte etwas Aussergewöhnliches probiert, ich hatte etwas Außergewöhnliches begonnen, als ich Ende April nach Alaska aufbrach, um den Indian Summer zu erleben, die Vielfalt der Farben zu sehen, den bunten Herbst. Nun war ich hier im Süden von den Vereinigten Staaten. Der Indian Summer war weit weg. Aber ich sah auch hier immer mehr Laubbäume sich verfärben, meistens waren es gelblich gefärbte Blätter von Pappeln, manche rote von Ahorn und auch das Poison Ivy verfärbte sich zu meiner Verwunderung in ein rostrot. Es war Anfang Oktober, es war angenehm warm, nicht heiß, sondern schön, um ein wenig aktiv zu sein.

Ich hatte so ziemlich alle Jahreszeiten erlebt, wenn auch nur teilweise und zeitlich begrenzt. Ich hatte Natur in all ihrer Wildheit gespürt, hatte Bären und andere wilde Tiere gesehen und überlebt. Ich nahm das als

Zeichen, mit ruhigen Gewissen Richtung Heimat zu fahren. Mein Rhythmus zu Beginn der Reise war geprägt von dem Grundgefühl, getrieben zu sein. Getrieben, etwas mit meiner Radreise erleben zu wollen. Getrieben von den Gedanken an Bären, Berge und Herausforderungen. Getrieben von den kleinen und großen Abenteuern, dem Ertasten und Erspüren meiner körperlichen und psychischen Grenzen. Getrieben von dem Wunsch, herauszukommen aus meiner kleinbürgerlichen Sozialisation. Getrieben, so weit weg wie möglich von den Erinnerungen an meine Mutter zu sein, getrieben von dem Wunsch, Chorea Huntington so weit wie möglich auszusparen. Getrieben von dem Wunsch, nur das Jetzt zu genießen, die Zukunft zu verdrängen. Halt getrieben!

Nun während der Rückfahrt nach San Francisco erlebte ich einen vollkommen anderen Rhythmus. Ich fuhr langsam und wenig, teilweise nur 60 km. Ich hatte selten den Eindruck ins Schwitzen zu geraten, ich strenge mich nicht an.

Ich fuhr aufrecht sitzend gegen den Wind, ohne es als unangenehm zu empfinden, wie es mir gerade in Alaska ergangen war. Es war das Empfinden, eine Brise auf der Haut zu fühlen. Es war das Empfinden, dass dieser Hauch Leben spendete. Dass der Wind berührte, dass der Wind mich berührte und streichelte und mir Kühlung brachte. Dass der Wind der häufig in der Vergangenheit, ein Ärgernis, ein Hindernis, eine zunehmende Anstrengung war, empfand ich nicht. Mein Tempo hatte sich auf 12 – 15 km/h reduziert und ich nahm den Wind an, als das was er war. Langsamkeit! Und trotzdem friedlicher Genuss! Viele, viele Badestops, viele Cafés, die ich anfuhr, um mir ein Stück Kuchen zu gönnen, was ich bisher aus Haushaltsgründen nicht so häufig in Erwägung gezogen hatte.

Ich sah die andere Seite. Ich fuhr dieselbe Strecke. Ich nahm sie ganz anders wahr. Manchmal erschienen mir die Örtlichkeiten fremd, so als wäre ich noch nie dagewesen. Manchmal hatte ich den Eindruck, Wow, es ist so schön hier, da müsstest du bleiben. Manchmal hatte ich den Eindruck, zurück zu kommen in eine bekannte Welt, an einen bekannten Ort. Dieses Gefühl der Vertrautheit war etwas Neues für mich. In meinem bisherigen Leben hatte ich es mir zu eigen gemacht, Wege und Straßen selten zurückzufahren.

Mein Leben lang hatte ich Runden gedreht mit dem Wissen, dann auch neue Wege zu fahren, neue Gegenden kennenzulernen, etwas Neues zu erleben und auszuprobieren. In Urlauben oder meinen Freizeitbeschäftigungen hatte ich immer Rundkurse ausgearbeitet. Ich war auch damals durchdrungen von dem Wunsch, etwas Neues zu erleben.

Halt getrieben von dem Erlebnishunger, der sich schon bildete, sobald ich einen Blick in irgendeinen Reiseführer warf. Während meines Erdkundeunterrichtes bildeten sich schon durch die bloße gedankliche Beschäftigung mit einem neuen Land, mit einer neuen Region in meinem Kopf Bilder und immer versuchte ich, Bezüge über diese Bilder herzustellen. Ich fand es absolut faszinierend, dass in Australien Wege oder Schienen hunderte Kilometer weit geradeaus verliefen. In meinem Sauerland, in dem es von Kurven, Kuppen und Hügeln nur so wimmelte, stellte ich mir vor, wie Menschen Straßen bauten, um Verbindungen zu schaffen. Ich sah die Ortschaften Alme, Madfeld, Thülen, Hoppecke vor meinem geistigen Auge und ich verband sie immer mit einem Rundkurs. Es war für mich eine unausgesprochene Maxime geworden, diese Rundkurse zu bevorzugen und ich ging davon aus, dass die meisten Menschen so dachten und handelten. Wie häufig war ich dann in meiner Vergangenheit in Streit geraten, wenn es meinen Freundinnen nicht so erging, und sie immer denselben, ihnen bekannten Weg zurücklaufen wollten? Damals hatte ich sie meistens überredet.

Nun betrat ich also Neuland, als ich beschloss denselben Weg zurückzufahren. Mein jetziges Motto: „Probier dich aus," fiel mir ein, und so probierte ich es aus.

Dabei fuhr ich den Highway 101 die nächsten Tage genauso zurück, wie ich ihn auch auf der Hinfahrt geradelt war. Ich stellte fest, dass ich auch jetzt etwas Neues sah, etwas entdeckte, das mir gefiel, etwas, das mich motivierte, langsam zurück nach San Francisco zu gelangen, dem Endpunkt meiner Reise hier in den Staaten. Von dort würde ich den Flieger nach Deutschland nehmen.

Und noch etwas war neu. Zu Beginn meiner Reise war ich motiviert durch das Gefühl, getrieben zu sein. Ich empfand einen unwahrscheinlichen Drang, weiter zu radeln wegen der noch zu erledigenden Wünsche. Damals wollte ich unbedingt Bären sehen oder den Denali besteigen oder den ganzen Tag radeln. Ich war besessen von vielen klei-

nen Ideen, ich war getrieben von meiner Unruhe, ich empfand ein Bedürfnis nach körperlicher Belastung, ich empfand ein unwahrscheinliches Streben danach, meine Grenze zu erkennen und jeden Tag zu
spüren. Besonders wichtig war mir der Wunsch, einen außerordentlichen Tag erlebt zu haben, der angefüllt war mit äußerlichen und inner-
lichen Herausforderungen, der angefüllt war mit Tausenden kleiner oder
großer Erlebnisse. Dieses Getriebensein war schließlich mein Motor
geworden für die zahlreichen Erlebnisse, die ich in mich aufsog wie die
Luft zum Atmen.

Morbus Huntington, bzw. meine Vorstellung, ich hätte ein zeitlich
befristetes Leben, das mir nur noch bestimmte Zeit für Erlebnisse ließ,
wurde zur fixen Idee. Ich wurde getrieben von meinem Traum, den ich
bei der Eröffnung des Gentestes hatte. Ich wollte diesen Traum in die
Realität umsetzen. Ich war bei weitem nicht so frei, wie ich gedacht
hatte und empfand gerade zu Beginn meiner Reise in vielem ein
„Muss." All dieses „Muss" war wichtig, damit ich mich bewegte, sowohl physisch als auch psychisch.

Ich bewegte mich immer weiter weg von Deutschland, von meiner
Heimat, von meinen Eltern, von den Erinnerungen an Chorea Huntington. Ich fuhr anfänglich Richtung Norden und wenn ich mich nicht
mit Tina oder anderen Freunden im Süden verabredet hätte, wäre ich am
liebsten immer weiter gefahren, bis ich irgendwann die Erde umrundet
hätte. Dies zwar nicht real, aber ich fühlte mich süchtig nach Mehr.

Ich war süchtig danach, außerordentliches zu leisten. Ich war so süchtig danach, dass ich es gar nicht merkte. So süchtig, dass Tomek mit
seinen Versuchen, mit mir ein lösungsorientiertes Gespräch über meine
Probleme zu führen, scheiterte. Ich hatte ziemlich lange verdrängt, ich
hatte ziemlich lange in Gesprächen seine Hilfsangebote kaputt geredet
oder mich nicht erreichbar gezeigt. Ich hatte mich häufig genug in meiner eigenen kleinen Welt abgeschottet, und ich hatte diese Welt gebraucht als Alibi, real existierende Probleme nicht anzugehen. Meine
„kleine Erlebniswelt" schien mir als besseres Model zur Lösung meiner
alltäglichen Schwierigkeiten und meiner Perspektivlosigkeit im Zusammenhang mit Chorea Huntington. Ich benötigte neue Sichtweisen
und dieses Angewiesen sein darauf hatte sich bei mir fast zur Sucht
entwickelt.

Ein Wendepunkt war die Wanderung im Denali National Park gewesen, als Tomek den ganzen Weg zum Peak auf mich einsprach, mir Therapie empfahl und ich ihm mehrmals wütend und barsch ins Wort fiel, halt total genervt! Aber gerade diese Genervtheit führte in den nächsten Abenden und Tagen immer wieder zu einem Rumoren in meinen Empfindungen. Ich fühlte mich schuldig ihm gegenüber und war betroffen darüber, dass ich so verbohrt war. Darüber hinaus empfand ich mich klein und das in dem Gebiet, wo alles so riesig und phantastisch ist, in dem Gebiet mit vielen, vielen wunderbaren Bergen und den vielen Flüssen. Das Lied, welches Tomek sang: „Der Fluß, der fließt ewig, ewig gleich und immer neu..." war ein enormes Einsicht- und Hilfsangebot. Genau dieses Teil sein von Natur, hatte ich dort nicht zum ersten Mal empfunden, aber es war das bedeutendste Mal, da es mir eine Wendung ermöglichte. Es gab die Natur, die vieles regelte, manchmal anders, als ich es für romantisch erachtete oder anders in dem Sinne, dass ich auf solche verrückte Ideen und Lösungen, welche die Natur mir bot, nicht kommen würde.

Es waren meistens nicht rational erklärbare Zusammenhänge, aber immer dann, wenn ich meiner Intuition folgte, meinem Instinkt folgte, hatte ich häufig äußerst angenehme Wege oder Lösungen oder Erlebnisse.
Ich war immer weiter in Richtung Süden gefahren. In die Richtung, in der die warmen Länder, die warmen Gegenden sich befanden, in der die offenen und freundlichen Südländer wohnten. Und ich hatte mich geöffnet. Diese Öffnung war für mich wesentlich und äußerst wichtig. Nur so konnte ich die wundervollen Begegnungen mit Heike, Tina und anderen Menschen erleben und mich nun öffnen für ein reales Beziehungsleben und das weitere Erleben von Morbus Huntington.

Ein weiterer Höhepunkt war die Wanderung in dem Redwood National Park, in dem ich die Gemeinschaft als stärkendes Element von Lebewesen bemerkte und mich als Teil einer Familie empfand. Auch meine Kratererlebnisse in Oregon, als ich meinem Ideal, ein intuitiv handelnder Mensch zu sein, am nächsten war, waren ein persönlicher Schritt Richtung Einheit.

Diese Einheit ermöglichte es mir, nun langsam nach San Francisco zu radeln, ohne irgendeinen zeitlichen Rekord brechen zu müssen. Auf einmal sah ich kleine Kinder lachend im Garten spielen. Ich hielt daraufhin an und redete mit ihnen. Da sie in ihrer Kindersprache nicht perfekt waren und ich im amerikanischen absolut unperfekt war, verstanden wir kein Wort von dem, was der andere sagte, aber wir lachten perfekt über die Situation und dann lachten wir über mein Fahrrad und wir lachten über ihre Schuhe und so weiter und so fort. Diese kleinen Begegnungen erfuhr ich als Belohnung und ich war gerührt.

Diese Erlebnisse waren Erlebnisse wegen ihres emotionalen Gehalts, wegen meiner Fähigkeit, Kontakte aufzunehmen, wegen meines intuitiven Handelns und nicht aufgrund des suchtmässigen Suchens nach irgendwelchen Highlights.

Als ich San Francisco am 10.10. vormittags erreichte, hatte ich den Eindruck, ich hätte viel mehr gelacht als sonst. Die Kontaktaufnahmen zu Unbekannten hatten sich verdreifacht und es war genau der richtige Weg, um nach San Francisco zu gelangen. Wo war mein Getriebensein geblieben? Wo war die körperliche Unruhe geblieben, wo war die Perspektivlosigkeit?

Morgen Abend würde ich wieder in Frankfurt landen. Tomek würde mich wahrscheinlich vom Flugzeug abholen. Ich wollte ihn noch einmal anrufen. Ich freute mich riesig auf all das Wiedersehen, auf Heike, auf Herbert und Sigrid, auf Irmela. Jetzt ging es darum, noch notwendige Flugdinge zu erledigen. Ich fuhr zu meinem schon bekannten Hotel, in dem ich ja schon gute und schlechte Nächte verbracht hatte. Es war einfach sehr günstig, und ich ließ mir das kakerlakenfreie Zimmer geben. Es war noch nicht besetzt, was meinen Humor anregte, da ich vermutete, dass die Amerikaner lieber mit Kakerlaken schlafen als ohne, und dass es einen wahren Ansturm auf gerade diese belebten Zimmer gab.

Okay, ich rief die Fluggesellschaft an und bestätigte meinen Flug. Es hatte sich nichts geändert, Abflug morgen früh um 06.30! Nun also noch Tomek anrufen und ihm den in einem Brief schon erwähnten Ankunftstermin bestätigen. Er und Irmela waren nicht da. Also quatschte ich ihnen den Anrufbeantworter voll. Es war komisch, mehrere 1000 km entfernt zu sein und trotzdem einen AB zu erreichen. Klasse, diese Technik heutzutage!

Jo, was gab es jetzt noch zu erledigen? In den letzten Tagen hatte ich mir eine gedankliche Checkliste gemacht, um das Notwendigste noch zu klären. Dazu gehörte natürlich, einen Fahrradkarton zu besorgen und das Rad einzupacken! Also fragte ich den Hotelbediensteten nach dem nächsten Fahrradladen, und ich machte mich auf den Weg. Der Radladen hatte Kartons, allerdings nur MTB-Kartons, und man verwies mich an einen anderen Laden. Auch dieser hatte keine großen Kartons. Das durfte doch nicht wahr sein! Allerdings wurde ich an den nächsten Laden verwiesen. Hier in San Francisco würden die meisten Kunden MTB`s kaufen. Die hätten die bessere Übersetzung. Ja, ja, ich weiß, allerdings war ich jetzt schon 1 ½ Stunden auf der Suche nach einem Karton und ich hatte mich ziemlich weit von meinem Hotel entfernt. Ich war zu Fuß unterwegs, da der erste Laden ja direkt um die Ecke war. Mittlerweile hatte ich aber in einem kleinen Store schon 2 Rollen Paketband erstanden. Es fehlte nur noch der Karton. Zwei Läden weiter hatte ich Glück! Es gab ihn also doch, diesen XXXL Karton. Ich nahm den Bus zurück, rempelte dabei einige Menschen an und entschuldigte mich für meinen ungeschickten Umgang.

Ich war ein wenig gestresst, da das Auseinanderschrauben des Rades seine Zeit brauchte. Ich kannte meine Fähigkeit bzw. meine Unfähigkeit, zu schrauben und zu demontieren. Es brauchte nur die verdammte Sattelstützenklemmung fest zu sein und schon hatte ich schlechte Karten. In Deutschland hatte ich mit einer Wasserpumpenzange nachgeholfen. Ich brachte alle Sachen ins Hotel, verzog mich in den sonnigen Hinterhof und fing an, mein Rad zu zerlegen. Ich hatte recht vermutet. Die Sattelstützenklemmung machte mir Probleme und ebenso die Pedalarme. Ich ärgerte mich ein wenig und fragte dann den Hotelier nach einer Rohrzange und einem dicken Hammer. Mit diesem schweren Gerät und der deutsch-amerikanischen Zusammenarbeit hatten wir schon bald die Schrauben gelöst sowie die Pedalen abmontiert. Nun verstaute ich das Fahrrad und meine letzten Sachen im Karton, verklebte ihn gründlich mit Klebeband und vergewisserte mich, dass nichts, was die Sicherheitsbehörden in Deutschland und Amerika beanstanden könnten, übrig war. Anschließend schaute ich auf meine Uhr: 06.10 pm! Es war später als ich gedacht hatte, allerdings hatte ich genügend Zeit, mir noch eine Flasche kalifornischen Rotwein zu kaufen und mich in irgendeinen Park zu setzten.

Ich wählte den Golden Gate Park. Er lag höher als die anderen Parks, war zwar ein wenig weiter entfernt, dafür hatte ich Ausblick auf die Umgebung. Ich hatte einen phantastischen Ausblick auf die Golden Gate Brücke, die in der Abendsonne in einem warmen Rot erstrahlte. Ich hatte Ausblick im Osten auf die unter mir liegende Stadt, ich hatte Ausblick auf das Meer und den phantastischen Sonnenuntergang und schon bald war ich in einer romantisch kitschigen Umgebung und einer romantischen Stimmung. Ich übernahm die wärmenden Sonnenstrahlen, die mich während eines großen Teils meiner Reise begleitet hatten.

Die Sonne war Orientierung und Wegweiser und vor allem Motivator. In den kalten Nächten in Alaska und an den verregneten Tagen hatte ich sie mir herbeigewünscht und es verging nur kurze Zeit, da erblickte ich sie irgendwo am Horizont. Entweder hatte ich total viel Glück mit ihr, oder ich dichtete sie in meiner Erinnerung hinzu.

Egal! Wesentlich für mich war ihre Kraft, ihre Wärme, ihre Helligkeit, ihre Gleichmäßigkeit, den neuen Tag einzuläuten. Der Rhythmus des ständigen Begleitens, der Rhythmus der ständigen Motivation. Sie war immer da. Sie war immer anwesend. Sie hatte mich geweckt, genauso, wie ich mich häufig mit ihr schlafen legte. Sie war der Garant für meine gute Laune gewesen. Sie war der Garant für meine ständige Bereitschaft weiterzuradeln, weiterzugehen, neu in den Tag zu starten. Sie war der Garant für das Gelingen meiner Reise und ich war ihrem Rhythmus gefolgt. Danke für diese Unterstützung, für das ständige Begleiten, für deine wärmenden Strahlen am Morgen nach den kalten Nächten in Alaska!

Danke, für deine Helligkeit am Morgen, für deinen Lock- und Weckruf! Danke für dein Begleiten in schwierigen Situationen! Danke für den Rhythmus, den du vorgabst und den ich angenommen hatte, nach all den verzweifelt kämpfenden Radelbemühungen!

Ich hatte zu Beginn meiner Reise andere Ziele, jetzt hatte ich positivere! Ich wollte dich weiterhin an meiner Seite wissen. Ich wollte dich weiterhin als meinen Motor für meine Zukunft, für mein weiters Leben in Deutschland. Ich brauchte dich als Motor, um in Deutschland mit Huntington zu leben. Ich benötigte weiterhin deine Unterstützung, die du mir freiwillig jeden Tag gegeben hattest und auch weiterhin von selbst, ohne jegliche Forderung, geben würdest. Das war ein Merkmal unserer Beziehung, dieses selbstlose Dasein von dir und mir. So konnte ich mit Perspektive zurückkehren, mit Morbus Huntington leben! So konnte ich die schwierigeren Zeiten, welche eventuell auf mich zu kommen würden, bewältigen.

Danke für diese Unterstützung und Erfahrung!

Eine leichte Brise kühlte meinen warmen Körper. Ich spürte die prikkelnde Kraft der Erfrischung. Ich hörte die Geräusche des Windes, der sich in den Wipfeln der Bäume zeigte. Auch du warst ein maßgeblicher Faktor für das Gelingen meiner Reise. Häufig hattest du mich aus dem Rücken kommend unterstützt. Du hattest mich die Berge hochgetrieben. Du hattest mich vor dir her segeln lassen. Du warst immer da, hattest schlechte Wolken vertrieben, hattest dafür gesorgt, dass die Sonne wieder erschienen war und auch du hattest einen Rhythmus, den ich erst lernen musste, an den ich mich auch anpassen musste.

Wie hatte ich zu Beginn der Reise in Alaska gegen dich gekämpft?

Wie hatte ich dich verflucht wegen deiner unwahrscheinlichen Kraft und Stärke? Wie oft war ich schon nach kurzer Zeit so ausgepowert, dass ich auf allen Vieren kroch? Wie heftig hattest du mich gehindert, Ziele, die so nahe waren, zu erreichen und das mit deiner unsichtbaren Kraft? Wie häufig hatte ich zu Beginn deine Stärke und deine Vehemenz verflucht, sobald du mir entgegen wehtest? Wie häufig hatte ich den Eindruck, du würdest einen Schatz beschützen und wolltest nicht, dass ich mich ihm näherte? Manchmal warst du unerbittlich.

Trotzdem hatte ich gelernt, mit dir zu leben. Ich hatte gelernt, deine größere Stärke anzuerkennen und sie zu nutzen, indem ich mit dir in eine Richtung unterwegs war. Ich hatte gelernt, mich an dir zu orientieren, mich anzupassen und gerade die letze Woche war eine der schönsten Wochen in meinem Leben, obwohl du mit all deiner Wucht und Heftigkeit mir von vorne ins Gesicht bliest. Ich war langsam gefahren und entdeckte ein Stück dieser Langsamkeit neu. Ging neue Wege, die mich stärkten dadurch, dass ich eine andere Welt sah, dadurch, dass ich mehr Zeit hatte für das ganze Drumherum, für das Kleine im Leben.

Und auch das würde ich für meine Zukunft unabdingbar benötigen. Dieses Orientieren an dem Kleinen, genauso wie an dem Großen! Das

Orientieren an meinen kleinen Fähigkeiten, genauso wie das Orientieren an meinen großen Fähigkeiten!

Mittlerweile war die Sonne im Meer versunken und die Nacht war eingeläutet. Ich saß immer noch sinnend und mit einem unwahrscheinlichen Glücksgefühl auf einer Bank. Die Zeit, welche ich hier in den USA verbrachte, empfand ich als äußerst kurzweilig, als äußerst abwechslungsreich, als erlebnisreich. Als Zeit, die ich gut genutzt hatte, wenn auch nicht unbedingt im Sinne von meinem Papa, der immer wollte, dass man rationell arbeitet. Mittlerweile fühlte ich mich in der Lage, zwei Wege zu gehen, auch wenn ich es mit einem geschafft hätte. Ich hatte mich nach all der langen Zeit ein wenig von den Erwartungen und Grundhaltungen meines Elternhauses entfernt und war freier geworden in meinen Einstellungen, freier geworden in meinem Umgang mit anderen und auch im Umgang mit mir. Außerdem empfand ich eine wunderbare Stärke meiner eigenen Position, eine Stärkung meiner persönlichen Ansichten und meines Handelns und Erlebens.

Ich empfand die Zukunft nicht mehr so bedrohlich wie früher, und die Gegenwart war intensiv, schön und zufriedenstellend. Ich war mir näher gekommen, ich war meiner Mutter näher gekommen, ich war meinem Elternhaus, meiner Sozialisation näher gekommen und dies, obwohl ich weit entfernt in den Staaten war. Mittlerweile hatte ich auch die Fähigkeit, die Vergangenheit anzuschauen und mich von ihr berühren zu lassen.
Ich sah die Qualitäten, die meine Jugend hatte, die Qualitäten, die mein Elternhaus hatte, die Qualitäten meiner Erziehung.
Ich sah auch das einengende, das moralische, das beängstigende sowie die Erwartungshaltungen anderer, die ich übernommen hatte.
Ich war allerdings auch in der Lage, sie wieder auf Distanz zu schikken, und das war eine äußerst wunderbare Fähigkeit.
Tomek würde es so formulieren: „Du kannst ja dein Päckchen anschauen und gucken, was gerade interessant ist, was gerade wichtig ist, und du kannst genau das, was du jetzt brauchst, herausnehmen und gerade das jetzt für dich nutzen. Das andere, das kann du auch in die Ecke stellen und wenn das Päckchen wieder muckt, kannst du es ja wieder hervorholen und erneut nachschauen."

Ich war zufrieden mit dem was ich machte, wie ich die Wandlungen akzeptierend förderte. Ich hatte gelernt, neue Wege zu gehen, ich hatte gelernt, wie ich einen Tag strukturierte, wie ich meiner Intuition vertraute. Gerade dieses instinktive Handeln empfand ich als Schatz, als etwas unglaublich Fruchtbares, als wichtige Basis, weiterhin als Behinderter zu leben. Weiterhin empfand ich mich als bewegter Mann, als Mann, der Bewegung brauchte, der Rhythmus brauchte, der seinem Bedürfnis nach Bewegung nachging. Vorbei war das zwanghafte Empfinden von getrieben sein. Ich war ruhiger geworden, ausgeglichener und hatte so etwas wie inneren Frieden gewonnen. Zwar verspürte ich noch immer die Tendenz, mich treiben zu lassen, aber die Sucht hatte sich reduziert, und ich machte wieder Beziehungspläne. Nicht hier in den Vereinigten Staaten, sondern in Deutschland, meiner Heimat, die bedeutender wurde für mich.

Ich war in Erinnerung an ein Gedicht, welches mich während meiner Jugendzeit stets begleitete, ich denke, es ist von Novalis. Es war nur ein Teil, an das ich mich erinnerte:

> ...
> und wenn Du dies nicht kennst,
> dieses Stirb und werde,
> bist Du nur ein trüber Gast,
> auf dieser dunklen Erde.

Es war weit nach Mitternacht, als ich endlich zum Hotel aufbrach. Als ich am Morgen in den Flieger stieg, hatte ich nicht nur mein Gepäck eingepackt, sondern auch all die Erfahrungen, die Begegnungen, die Ereignisse, meine Erlebnisse, meine Wandlungen.
Ich fühlte mich zum ersten Mal als erfolgreicher Erlebnispädagoge!

Der Flug war entspannt. Ich hatte während des Fluges an meine Zukunft gedacht, an meine Rückkehr, an meine Heimat Deutschland, an meine Geliebten Heike und Angelika, an meine schöne Wohnung. Ich fragte mich, ob sie noch bewohnbar war oder ob ich längere Zeit im Bauwagen schlafen würde. Ich fragte mich, wie und welchen Job ich weiter machen würde, denn es war klar, dass ich nicht mehr als Streetworker arbeiten wollte. Ich stellte mir Fragen über dies und jenes, blieb bei den Fragen stehen. Betrachtete sie als etwas, was in nächster Zeit erledigt werden musste. Die Antworten würden zwangsläufig kommen. Teilweise automatisch, aber sie würden kommen und da war ich 1000 % sicher...!

Der Zoll in Frankfurt machte Probleme. Er war der Ansicht, bei meinem Rad würde es sich um ein Neueinkauf aus den Staaten handeln, aber beim genauen Hinsehen konnten er sich von dem Alter des Rades überzeugen, denn die Erlebnisse, Stürze und Belastungen waren nicht spurlos an ihm vorbeigegangen.
Genau wie bei mir...!

Ausblick - Einblicke

Es ist Juli 2007. Mittlerweile hat sich viel ereignet. Ich stehe kurz vor der Kündigung aus meinem geliebten Job. Ich arbeite schon seit 6 Jahren in einer Behinderteneinrichtung in Oranienburg als Mitarbeiter im Gruppendienst. Seit 2005 nur noch 20 Wochenstunden, aber auch diese 20 Stunden sind mittlerweile zu viel, zu kräfteraubend, zu auszehrend. Ich habe die heftigsten Auseinandersetzungen mit meinem Chef, der mich mit meiner Behinderung ständig überfordert. Über kurz oder lang muss ich die Notbremse ziehen. Trotzdem hatte ich in den letzten 11 Jahren ein unwahrscheinlich intensives Leben. Es ging mit Höhepunkten weiter.

Dass ich meine Erlebnisse während meiner Reise erst jetzt aufschreibe, fast 11 Jahre nach den Ereignissen, hat natürlich mehrere Aspekte. Ich war meistens morgens in einem äußerst kreativen Prozess, in dem ich regelmäßig 3 - 4 Stunden mit mir und meinen Erinnerungen verbrachte. Dieser kreative Prozess ermöglichte mir einerseits eine distanzierte Sichtweise von meinen Erlebnissen, welche mich in meinen Erneuerungen bekräftigte. Die Bekräftigung wirkte stark in meinen Alltag hinein. Ich empfand mich während des Schreibens als ausgeglichen, als in meiner Geschichte stehend, als ruhenden Pol für meine Gegenwart. Andererseits empfand ich mehr Divergenzen, indem ich z.B. feststellte, dass ich hier in Deutschland lebe und bestimmt bin von alltäglichen Themen wie z.B. Arbeitsplatz, meiner langjährige Beziehung zu Anja, meine aufgrund von Huntington stärker werdenden Einschränkungen, wie z.B. der stärkeren Körperunruhe, stärkeren Belastungen durch Gedächtnisverlust, steigende Aggressivität, steigende Mutlosigkeit aufgrund immer noch nicht vorhandener Therapiemöglichkeiten bei Morbus Huntington. Ich bin in Auseinandersetzung mit den Erlebnissen, mit der Diskrepanz von „Gerne-sein-möchten" und der Realität. Diese Aspekte prägen meinen Alltag.

Dadurch, dass ich mich über das Projekt Buch, mit mir beschäftige, bringe ich mich und meine ureigenen Themen immer wieder von zwei Seiten ein. Mit der Erfahrung in meiner Vergangenheit und einer Vernebelung durch die Realität. Aus diesem Grund bin ich weiterhin im Werden und begleitet durch meine Möglichkeit, zu schreiben, bin ich in Auseinandersetzung mit mir, in einem äußerst produktiven und wichtigen Prozess. Also schreibe ich weiter, in der Hoffnung des stirb und werde, in der Hoffnung, dass mein erstes Buch veröffentlicht wird, in der Hoffnung, nach Beendigung des Schreibprojektes: „Getrieben" weiter schreiben zu können. Und in der Hoffnung, nicht in ein kreatives Loch zu fallen, jetzt, wo mein Job auf der Kippe steht.

Dank

Ein solches Buch kann nur durch die Unterstützung anderer entstehen. Vor allem muss ein vertrauter Rahmen die Diskussion erlauben, die unabdingbar ist für ein gewinnendes Schreiben. Mit gewinnend meine ich in aller erster Linie die positive Auseinandersetzung mit dem Thema. Es ist allerorts nicht leicht, Kritik zu äußern an jemanden, der sozial benachteiligt ist. Mittlerweile sehe ich mich nicht als behindert, sondern als beschenkt. Diese Sichtweise macht es meinem Gegenüber einfacher, Kritik zu äußern, so dass der Prozess der Kreativität erhalten bleibt, wenn nicht sogar gefördert wird.

Gerade die jahrelange Beziehung zu meiner Partnerin Anja hat so eine Vertrauensbasis. Anja war und ist deshalb ausschlaggebender Motor für das Projekt „Buch" und fördert, pusht und motiviert mich immer wieder.

Zu den positiven Vervielfältigern gehört weiterhin Martin, mein Zwillingsbruder, der mich immer wieder ermunterte, weiter zu schreiben und mich mit anderen Büchern und Autoren verglich. Dieses Vergleichen war ebenfalls wichtigste Unterstützung, da ich als Mann auch gerne in Konkurrenz mit anderen gehe und mich dadurch immer wieder selbst motivieren kann. Vor einem Monat haben wir uns ausgiebig über das Buch „In die Wildnis" von John Krakauer unterhalten und natürlich auch den gleichnamigen Film gesehen. Diese späte Phase mit rückblickenden Erinnerungen war enorm wichtig, zeigte sie mir doch dass auch andere Männer in die Wildnis gehen.

Aber es war nicht nur das eine Buch, über das wir uns intensivst ausgetauscht haben. Vor vier Monaten begann der Run auf Hape Kerkelings Buch „Ich bin dann mal weg." Wir fanden es lesenswert, allerdings beurteilte Martin mein Buch im Vergleich zum angesprochenen als wesentlich tiefer gehend, als wesentlich tiefsinniger und als wesentlich humorvoller. Gerade die letzte Charakteristik baute mich ungemein auf, da ich mich selten als humorvollen Erzähler gesehen habe, sondern eher als Mensch mit Humor für Erzähltes. Danke, Martin, für die äußerst produktiven Gespräche bei dir in der Wohnung und Danke auch für Deine Geldspende, ohne die ich nie den Wert des Buches für Dich erahnt hätte. Es erleichtert mir die Veröffentlichung ungemein.

Danke auch dir Tomek, der du die Freundschaft weiterhin pflegst, mich tolerierst und vor allen Dingen mich liebevoll auf den Topf setzt, wenn es gerade mal wieder angesagt ist.

Danke natürlich auch meiner lieben Lektorin, Barbara Lucassen, die mit Würde und Fachkenntnis, das Buch begleitete und mit mir den stilistischen „Weg des Helden" ging, Positives verstärkte und Negatives anstrich.

Vielen, vielen Dank an die Deutsche Huntington Hilfe, besonders an Frau Christiane Lohkamp, die mich überzeugte, andere Wege der Veröffentlichung auszuprobieren und dieses Buchprojekt durch die Abnahme von einer Kleinstauflage finanziell unterstützte.

Mein Dank geht auch an Herbert und Sigrid Möller, die beide selbst schreiben, natürlich auch einen Blick auf das Manuskript geworfen haben und mir schriftstellerisches Grundwissen beibrachten.

Ja, und zuletzt ist da noch mein lieber Vater, der sich äußerst rührend und aufmunternd um mich bemüht. Wir haben eine wundervolle vertrauliche Basis gefunden und ich kann nun der lang ersehnten teilhabenden Familie sicher sein. Danke, Papa, dass du diese Wandlungen von mir ermöglichst und mich ein funktionierendes Familienteil sein läßt.

Auch dir, Jürgen, sei ganz herzlichst gedankt, hast du doch für mich immer noch einen wichtigen Part in der Großfamilie, und zwar den des lieben, kleinen Bruders.